D1691118

Kobieta na krańcu świata

Martyna Wojciechowska

Kobieta na 2 krańcu Świata

zdjęcia Małgorzata Łupina

NATIONAL GEOGRAPHIC

Książkę tę dedykuję
najwspanialszej Kobiecie na świecie
– mojej Mamie.

Wstęp

Byłam mężczyzną. Dzisiaj tak to czuję. Tak bardzo skupiałam się na tej zmaskulinizowanej części duszy, że zapomniałam o Tej Drugiej stronie mojego charakteru. Lubiłam bardzo-ekstremalne-sporty, nie dawałam sobie prawa do słabości, wsłuchiwania się w emocje. Wszystko musiało prowadzić „dokądś" i „po coś". Obracałam się w męskim świecie i uznawałam jego wyższość. Pewnego dnia przypomniałam sobie, że głęboko pod skórą jestem Kobietą. I mimo że nadal lubię sporty ekstremalne i żyję dość niestandardowo – to moja kobieca natura doszła do głosu.

Wszystko zaczęło się 17 kwietnia 2008 roku, gdy urodziłam Marysię. Zrozumiałam, co to znaczy Miłość Bezwarunkowa. Spojrzałam inaczej na wszystkie Matki Świata i na ogrom Ich wyrzeczeń, które pozwalają wychować dzieci. Ale to był dopiero początek. Program „Kobieta na krańcu świata", który zaczęłam realizować dla telewizji TVN w 2009 roku, uwrażliwił mnie na problemy słabszej części świata. Spotkałam się z wyjątkowymi Kobietami, które zostały bohaterkami tego cyklu dokumentalnego. Dzięki Nim dowiedziałam się wiele o sobie, złagodniałam.

Sytuacja Kobiet na świecie nadal jest dramatyczna. Statystycznie mamy znacznie gorszy dostęp do edukacji, opieki medycznej i prawnej. W wielu regionach jesteśmy obywatelami drugiej kategorii. W Afryce kobiety są masowo poddawane obrzezaniu, w Indiach i wielu krajach muzułmańskich zabijane w imię honoru rodziny lub kiedy się znudzą mężowi. W niemal całej Ameryce Południowej kobiety są ofiarami przemocy domowej. W Chinach pięć milionów kobiet rocznie usuwa ciążę, gdy okazuje się, że mają urodzić córkę. Tym bardziej Kobiety zasługują na to, żeby pozwolić im mówić pełnym głosem.

„Życie jest dziwniejsze niż fikcja" – przekonałam się o tym wielokrotnie podczas realizacji programu „Kobieta na krańcu świata" i zbierania materiałów do tej książki. Losy moich bohaterek okazały się zadziwiające, fascynujące, inspirujące…

Z całego serca dziękuję każdej napotkanej Kobiecie, za to że opowiedziała mi swoją historię.

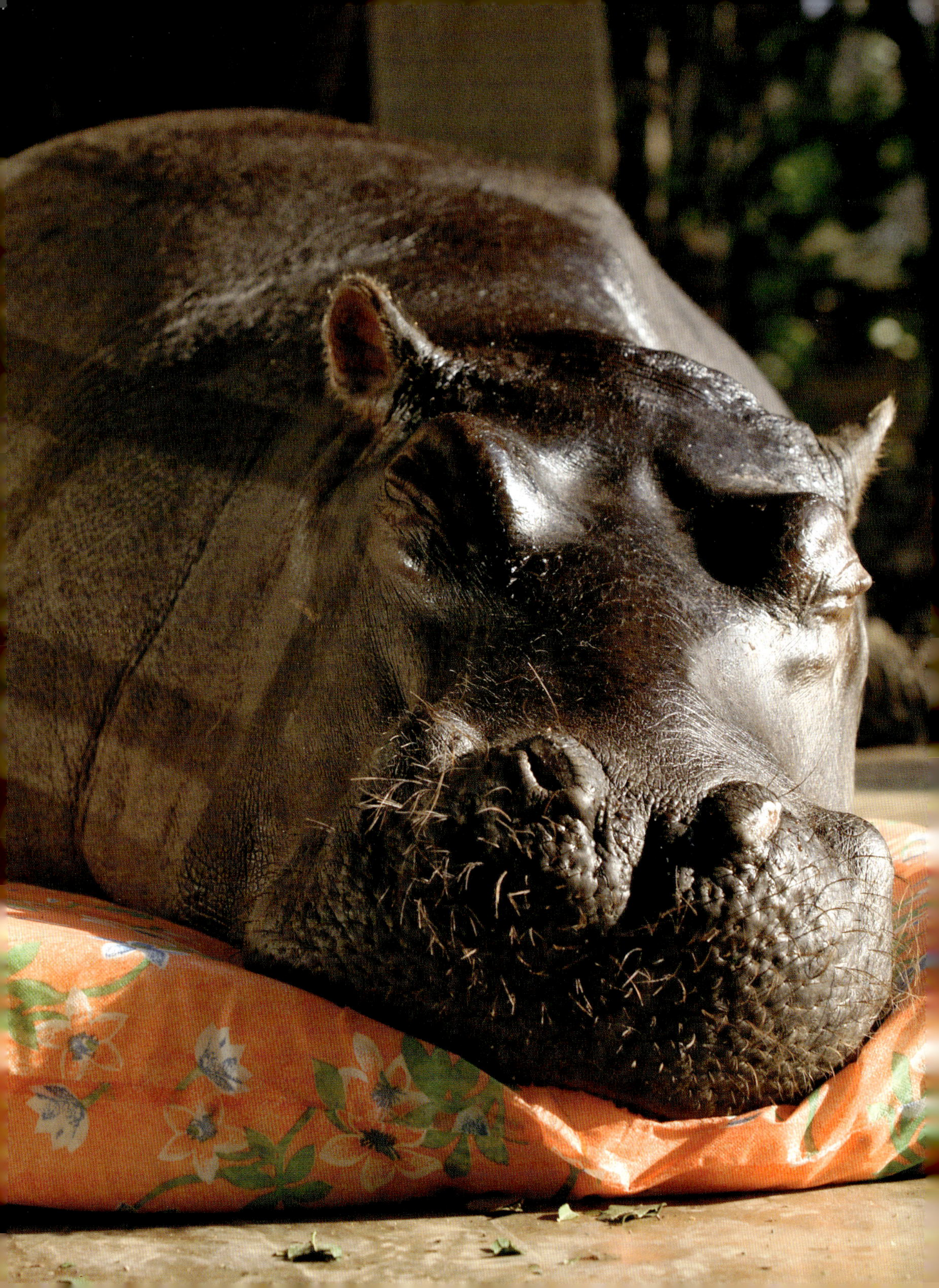

RPA
mama hipopotama

BOHATERKA: **SHIRLEY JOUBERT**
WIEK: **43 LATA**
STAN CYWILNY: **mężatka**
ZAWÓD: **kosmetyczka**
MIEJSCE AKCJI:
śladami dzikich zwierząt

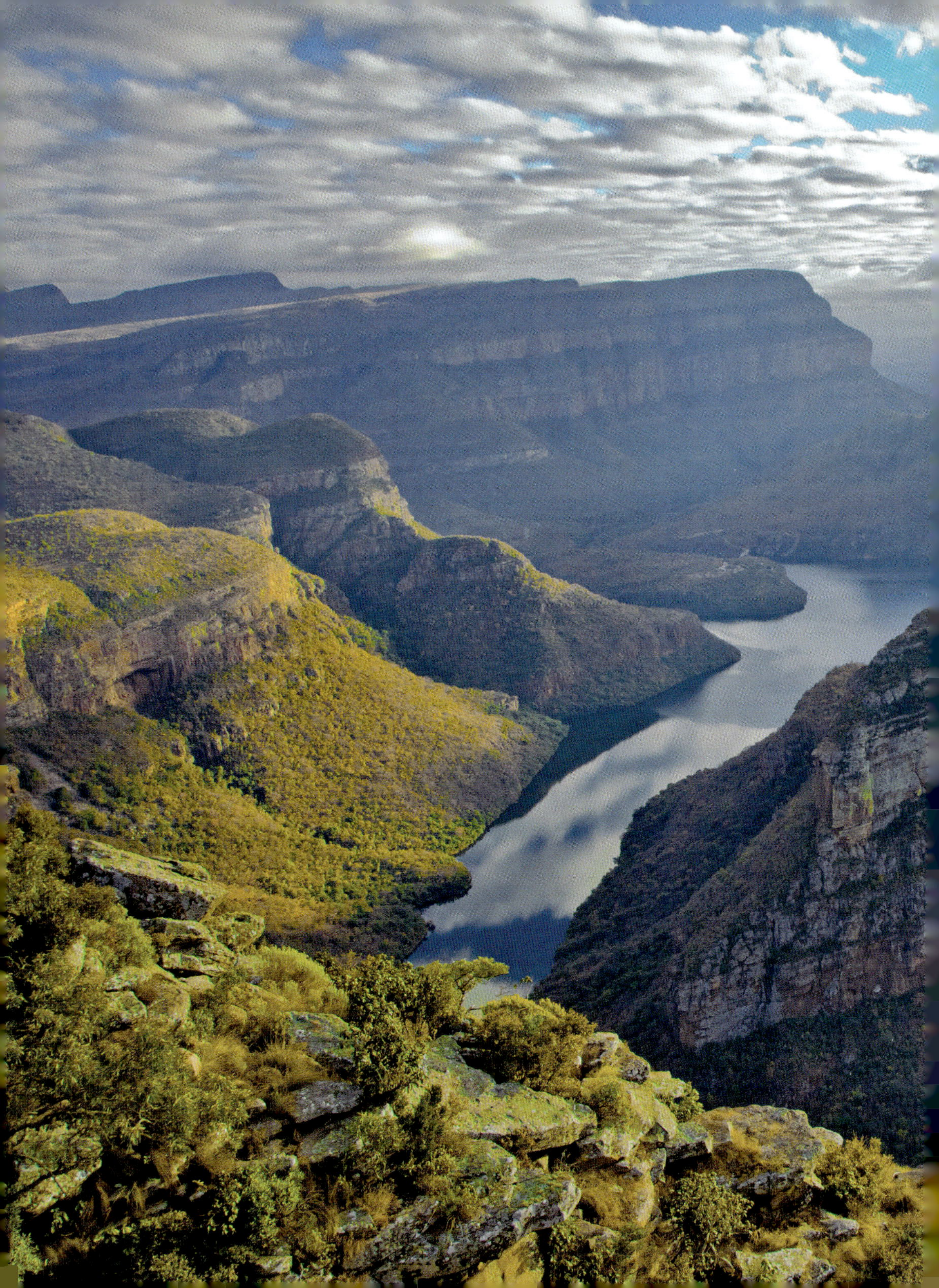

Kanion rzeki Blyde, trzeci co do wielkości na świecie.

Nazywam się Margaret Martin i jestem matką chrzestną Jessiki. Mieszkam w Stanach Zjednoczonych w Oregonie, więc żeby zobaczyć się z Jess, spędziłam 48 godzin w samolocie i kolejne 27 na lotniskach. Ale było warto! Pierwszą rzeczą, którą zrobiłam po przylocie tutaj, było danie jej wielkiego buziaka prosto w usta. Gdybym mogła ją objąć ramionami, chybabym ją zgniotła z miłości.

Jeśli kiedykolwiek odwiedzicie Toniego, Shirley i Jessikę, zapewniam was, że wasze życie zmieni się na zawsze. Dotknie was anioł zesłany przez Boga. Jess to najbardziej charyzmatyczne stworzenie, jakie spotkałam. Bez wątpienia oni są niezwykłą rodziną i jestem dumna, że stałam się jej częścią.

Fragmenty listu z fanklubu Jessiki

Spotyka się świnia z dzikiem. Ona ma chude, krótkie nóżki, które zdają się zapadać pod masą pękatego tułowia, głowę obciąża otłuszczone podgardle, a malutkie oczka i ryjek giną w nadętych policzkach. Dzik za to jest kosmaty, żylasty, hardy. Taki współczesny kozak, fafarafa. „Ja też kiedyś byłam dzikiem – mówi świnia, spoglądając na rozmówcę chyba z lekkim żalem... – tylko przez wychowanie u ludzi stałam się świnią".

Na ten rysunek Zbigniewa Lengrena natknęłam się jakiś czas temu, przeglądając archiwalne wydania jednego z tygodników. W pewnym sensie może się on stać metaforą tej opowieści.

Pierwszym udomowionym zwierzakiem był wilk. Piętnaście tysięcy lat temu już jako pies zamerdał radośnie ogonem na nasz widok. Osiem tysięcy lat temu zalety naszego towarzystwa doceniła świnia. Potem niemal hurtowo poddały się kolejne gatunki: owce, koty, kozy, bydło, kury, konie. Udało się nam oswoić słonie indyjskie, potrafimy się przyjaźnić z lwami i niedźwiedziami. A ja przyjechałam do Republiki Południowej Afryki, żeby poznać małżeństwo, które od kilku już lat dzieli dom, a nawet łóżko z… hipopotamem. Shirley i Tonie Joubertowie uważają dziesięcioletnią Jessikę za córkę. Ale ona zwyczajnym dzieckiem raczej nie jest. Jedzenie zabiera jej pięć godzin dziennie, za jednym razem potrafi wypić około dwóch litrów kawy, zdarza jej się zdemolować dom. Ich niezwykła więź niektórych rozczula, a innych przeraża.

Najstarsze dowody świadczące o kontaktach między hipopotamami i ludźmi pochodzą sprzed 160 tysięcy lat. I z całą pewnością nie były to spotkania miłe. Zwłaszcza dla hipopotamów. Ślady nacięć na ich kościach z tak zwanej Bouri Formation mówią, że przedstawiciele naszego gatunku polowali na te zwierzęta. I to skutecznie. Potwierdzają to liczące 5 tysięcy lat rysunki odkryte w jaskiniach gór Tassili n'Ajjer na centralnej Saharze. Hipopotamy znane też były w starożytnym Egipcie. To właśnie do bogini Tawaret o figurze przypominającej ciało hipopotama modliły się o ochronę kobiety w ciąży i te już rodzące. Bogini sprawowała też pieczę nad dziećmi. Zapewne Egipcjanie byli pod wrażeniem tego, jak hipopotamy opiekują się młodymi. Maluch nie odstępuje mamy przez cztery lata, a przez rok ssie mleko. Samica broni potomstwa przed drapieżnikami i obdarza nadzwyczajną czułością.

Mija szósta godzina, odkąd wyjechaliśmy z Johannesburga, zaczyna się ściemniać. Gładka jak stół droga właśnie przecina kanion rzeki Blyde. Boże, co za widok! Z piskiem opon zatrzymujemy się na poboczu. Ściany tego fenomenu natury zbudowane są z czerwonych piaskowców i dolomitów. Ciągną się przez ponad 20 kilometrów i opadają na 800, a miejscami więcej metrów. Te wymiary zadecydowały, że kanion zajął trzecią lokatę na liście największych na świecie. Ale nie tylko dlatego zasługuje na wyróżnienie. Wszystko w nim jest spektakularne. Od kształtów, w które układają się skały, po otulającą go roślinność. To chyba jeden z najbardziej zielonych kanionów na kuli ziemskiej. Tyle cudów natury już widziałam, a wciąż gdzieś odkrywam nowe zachwycające miejsca…

Jeszcze długo nasi operatorzy filmują zachód słońca, a ja karmię oczy. Kocham Afrykę Południową i jeśli kiedyś miałabym zamieszkać gdzieś poza Polską, to właśnie tu. Klimat, pyszne wino, ludzie – wszystko mi odpowiada. Ale najbardziej fascynują mnie niezmierzone przestrzenie, które kojarzą mi się z rajem, i dzikie zwierzęta. W RPA można spotkać trójkę największych ssaków, czyli słonia, nosorożca białego i hipopotama, a także najwyższe zwierzę, czyli żyrafę, najszybsze – geparda, oraz najmniejszego ssaka na świecie – ryjówkę malutką. Zresztą dla mnie wszystko tu jest „naj".

Już w ciemnościach dojeżdżamy do Hoedspruit, czyli niewielkiego miasta położonego w prowincji Limpopo. Po kilkunastu kilometrach pokonanych szutrową drogą zatrzymujemy się przed posiadłością Toniego i Shirley Joubertów. Wielka farma sąsiaduje z Parkiem Narodowym Krugera, gdzie na powierzchni niemal równej wielkości województwa podlaskiego żyje prawdopodobnie więcej dzikich zwierząt niż w całej Polsce. Wśród nich te największe – 8 tysięcy słoni, 600 nosorożców i 3 tysiące hipopotamów. A przecież to niewielki procent megafauny, która przemierzała te bezkresne tereny zaledwie wiek temu.

Bramę farmy dekorują tabliczki z ostrzeżeniem: „Wejście na teren posesji tylko na własną odpowiedzialność". Nie zostaje nam nic innego, jak cierpliwie poczekać na właścicieli – spodziewają się nas. Zresztą i tak nie możemy wejść. Brama jest zamknięta na kłódkę, a ogrodzenie wieńczy mocno splątany, wybitnie nieprzyjazny drut kolczasty.

Jestem Shirley Joubert. Dawniej prowadziłam salon piękności na przedmieściach Johannesburga. Przez 18 lat, dzień w dzień od szóstej rano do dziesiątej wieczorem, zajmowałam się robieniem fryzur, makijaży, paznokci. Wklepywałam kremy klientkom, interesowałam się nowinkami kosmetycznymi, całe moje życie kręciło się wokół tego. Dobrze mi się wiodło, nie powiem. Ale pewnego dnia pojawiło się całkowite wypalenie zawodowe. Miałam 36 lat i totalną depresję… Wtedy za namową matki wybrałam się z przyjaciółką na wycieczkę w okolice Parku Krugera. Średnio mi się ten pomysł podobał, bo, wiesz, ja zawsze byłam taką typową dziewczyną z miasta… Natura jakoś niespecjalnie mnie pociągała… Ale ta przyjaciółka w kółko mówiła, że „Tonie to i Tonie tamto" i że powinnam go poznać. Wciąż powtarzała, że nazywają go „Lwem", ponieważ nie boi się żadnego zwierzęcia, nawet lwów. Chyba wydało mi się to nawet w pewien sposób ekscytujące…

Tonie to klasyczny biały Afrykaner. Jego rodzina, jak wiele innych, przybyła tu z Francji z falą emigracji 1820 roku i wtopiła się w tę ziemię. Ogorzała od słońca twarz, wysoki, szczupły i żylasty. Nosi krótkie spodnie, czapkę i buty traperki na grubej podeszwie. Wygląda na szorstkiego gościa, który ceni sobie samotność i lubi godzinami włóczyć się bez celu po okolicy. Nie rozstaje się z papierosem, mówi rzadko w przerwach między zaciąganiem się i puszczaniem obłoków dymu. Z pierwszą żoną, która zmarła w trakcie rozwodu, ma syna i córkę. Syn zdążył się już ożenić i wyprowadzić. Córka podobnie.

Witając mnie, Tonie ściska mi dłoń mocno i pewnie. Natomiast Shirley, jak na byłą kosmetyczkę i wizażystkę przystało, przyjmuje nas w pełnym makijażu i beżowym komplecie w stylu safari dla posiadaczy co najmniej złotych kart kredytowych. Do tego kapelusz à la Indiana Jones. Nie wygląda to na codzienny strój, ale wiadomo – telewizja przyjechała. Shirley ma misternie ufryzowane ciemne włosy, z równą grzywką i kucykiem, oraz niesamowicie niebieskie oczy. Dostrzegam, że ten kolor to nie dzieło DNA jej rodziców, tylko efekt użycia soczewek barwiących. Zdecydowanie nie wygląda na dziewczynę ze wsi, choć widać, że jakoś odnalazła się w nowych realiach. Wcześniej busz znała jedynie z opowieści i krótkich wypadów z ojcem za miasto.

– Kiedyś już byłam zamężna – mówi bez skrępowania, zanim jeszcze zdążyłam ją o to zapytać – ale facet po sześciu tygodniach zaczął jęczeć i marudzić, że nie mam dla niego czasu. Ciągle był zmęczony i zaspany jakiś, więc wyrzuciłam go z domu. A potem oficjalnie wzięliśmy rozwód – kończy opowieść ze śmiechem.

Wdajemy się w rozmowę o mężczyznach i ich coraz mniejszej zaradności życiowej. Nawet odnajdujemy w tej sprawie wspólny język, choć Shirley jest wyraźnie spięta w naszym towarzystwie. Do końca naszego pobytu nie uda mi się pokonać tej bariery.

– Mam siostrę i dwóch braci. Jeden z nich mieszka w Johannesburgu, drugi zbudował sobie fabrykę w Natalu. Ja jestem najmłodsza – dodaje. – Urodziłam się 21 lat po ostatnim dziecku moich rodziców. Właściwie zanim przyszłam na świat, całe moje rodzeństwo zdążyło się już wyprowadzić z domu i pozakładać własne rodziny, więc chowałam się bardziej jak jedynaczka. Do dziś mam bliski kontakt z mamą, która codziennie do mnie dzwoni. Ale ona nie lubi Jessiki i uważa, że zwariowałam. Raczej mnie nie odwiedza. No cóż, inne życie sobie dla mnie wymarzyła…

Mama Shirley ma na imię Shortie, ma 84 lata i panicznie boi się Jess.

Mimo późnej pory Joubertowie rozsiadają się w otwartym patio przylegającym do naszych pokoi. Oboje zapalają papierosy, Tonie popija piwo z puszki.

– Od dzieciństwa marzyłam o takim domku na drzewie – mówię, gdy Shirley palcem pokazuje mi zakotwiczoną między gałęziami sporych rozmiarów budkę, w której mam spędzić kilka najbliższych nocy.

– Tonie zbudował go jakieś 10 lat temu – wyjaśnia sprowokowana moim wyznaniem. – Wszyscy goście, którzy do nas przyjeżdżają, zwykle w nim nocują. Uwielbiają go, bo jest bardzo wygodny i ma z okna piękny widok na rzekę Blyde.

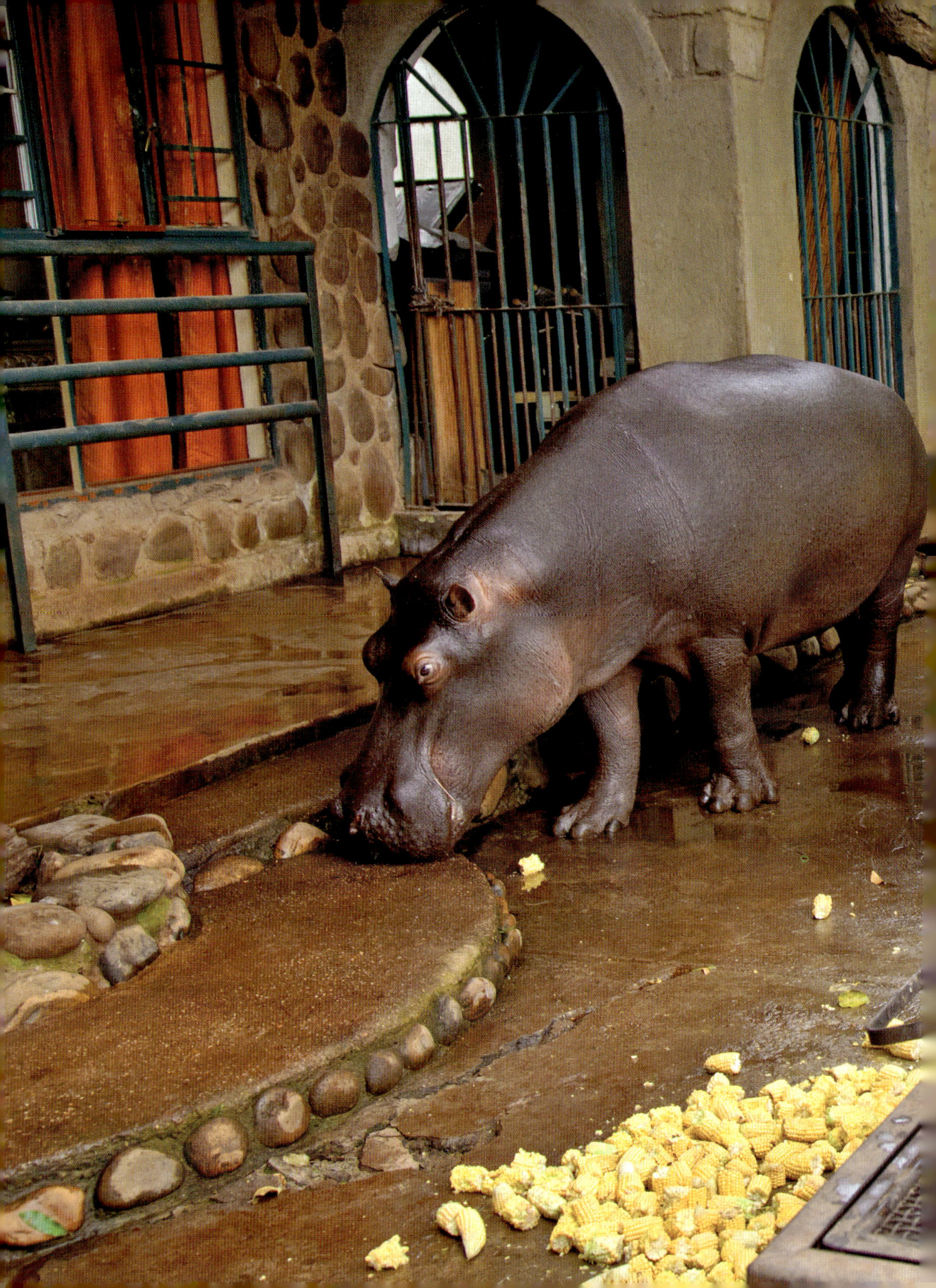

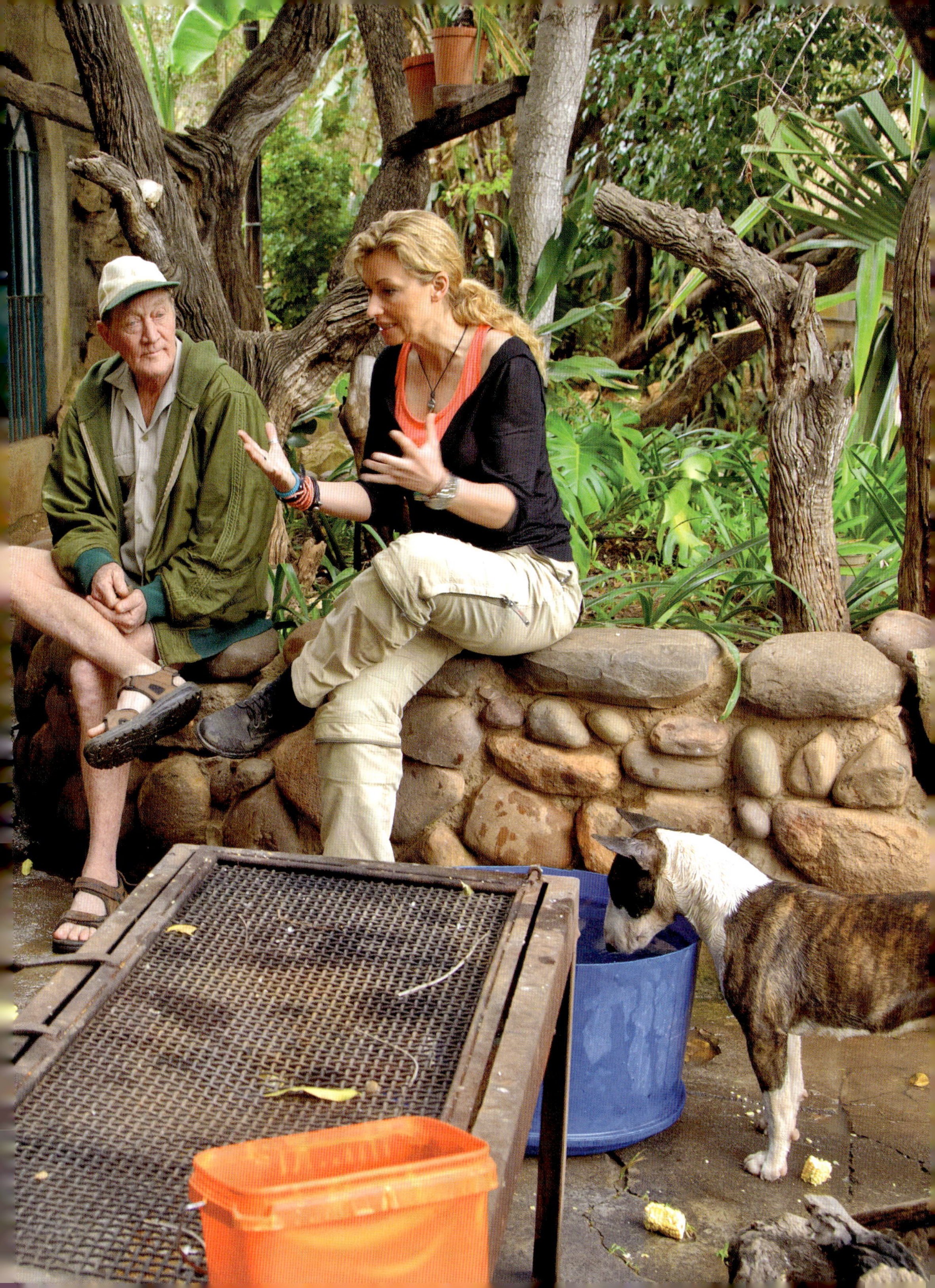

Prawdziwy dom Joubertów wzniesiony został na bardziej stabilnym gruncie. Na oko może mieć z 80 metrów kwadratowych. Kamienne ściany zwieńcza dach pokryty blachą. W środku tej rezydencji w stylu upadłej arystokracji jest kuchnia połączona z salonem, sypialnia i mała łazienka, ale Tonie deklaruje, że właśnie się rozbudowują. Ściany zdobią obrazy oprawione w złocone ramy oraz poroża bawołu i antylopy. Kolonialne sofy w kwiatowe wzory i komody stoją na betonowej podłodze, na której leżą resztki kukurydzy i szpinaku. Na wprost wejścia telewizor i sterta płyt DVD. Wszystko jest jakby przykurzone, choć czuje się atmosferę dawnej świetności. Podobnie przed domem. Na ocienionej zadaszeniem werandzie stoi zrobiony z siatki zardzewiały grill. Wszędzie rozsypane są resztki jedzenia, które teraz wyżerają wyliniałe bulteriery; jest ich chyba pięć. Tu coś odpada, tam fragment tarasu zarwał się ze sporym kawałkiem betonu, dziurawa beczka wala się przed drzwiami… Jakby nikomu nie zależało na porządku. A jednocześnie te złote ramy obrazów w środku i równe alejki dookoła domu wskazują na to, że kiedyś właściciel musiał sobie cenić spektakularny efekt wizualny.

Nazywam się Tonie Joubert i jestem emerytowanym strażnikiem Parku Narodowego Krugera. Całe życie opiekuję się zwierzętami. Patrolowałem i chroniłem tę okolicę. Zajmowałem się dzikimi kotami, słoniami, nosorożcami. Głównie to zdejmowałem wnyki i ścigałem kłusowników, bo jest ich tu wyjątkowo dużo. Teraz, choć mam na karku 62 lata i już nie pracuję, czasem dzwonią do mnie z parku z prośbą o pomoc. Chyba cenią sobie moje doświadczenie… Dumny jestem z tego!
A jak to się stało, że taki facet jak ja jest z Shirley? Poznaliśmy się przez znajomą. Pogadaliśmy jakąś chwilę i zaprosiłem ją, żeby wpadła kiedyś do mnie poznać Jessikę. Reszta poszła bardzo szybko – zakochała się w niej od pierwszego wejrzenia, a później zgodziła się wyjść za mnie. Uważam, że do siebie pasujemy, nasze małżeństwo jest bardzo udane. Shirley nigdy wcześniej nie miała okazji żyć po swojemu, łatwo ulega wpływom. Z początku wyzywała mnie od buszmenów, ale myślę, że teraz sama stała się już prawdziwą buszmenką.

W roku 2000, wbrew zapowiedziom wielu jasnowidzów, a może raczej czarnowidzów, nie nastąpił koniec świata, choć w Polsce skończyła się pewna epoka – z linii produkcyjnej zjechał ostatni fiat 126. W teleturnieju Milionerzy, emitowanym przez telewizję TVN, po raz pierwszy padła wygrana w wysokości 500 tysięcy złotych. W Ugandzie ponad 500 członków sekty Ruch Przywrócenia Dziesięciu Przykazań Boga popełniło zbiorowe samobójstwo. W Morzu Barentsa na głębokości ponad 100 metrów zatonął „Kursk" – rosyjski atomowy okręt podwodny. Rok 2000 przyniósł też katastrofalne powodzie w Mozambiku i Republice Południowej Afryki. Tysiące ludzi straciło życie, pod wodą zniknęły setki tysięcy kilometrów terenu.

Był rześki marcowy poranek zapowiadający gorące południe. Tonie spacerował wzdłuż wezbranej od deszczów rzeki Blyde, która przepływa tuż pod jego domem. Nagle usłyszał dziwny pisk, jakby łkanie. Skierował wzrok w miejsce, skąd dochodziły dźwięki. Tam, na piasku dostrzegł niemowlę hipopotama, prawdopodobnie wyrzucone przez wodę. Maluch próbował wstać, ale nie mógł, był zbyt słaby. Tonie wziął go na ręce, okazało się, że to kilkugodzinny noworodek – dziewczynka. Miała jeszcze pępowinę. Samiczka ważyła zaledwie 16 kilogramów, choć zwykle małe hipcie mają ciężar od 25 do 40 kilogramów i ponad 120 centymetrów długości. To był najmniejszy hipopotam, jakiego Tonie kiedykolwiek widział. Postanowił, że zabierze niemowlaka do domu, nakarmi, zaopiekuje się nim. Jako strażnik parku wielokrotnie ratował zwierzęta z opresji, choć nie słyszał, żeby komuś udało się w ten sposób ocalić akurat hipopotama. Nazwał malucha Jessiką, bo podobno to imię wyjątkowo do niej pasowało.

Gdyby Tonie zostawił wówczas hipopotamiątko, zapewne zostałoby zjedzone przez krokodyle. Bez jego pomocy nie miało żadnych szans na przeżycie.

– Myślisz, że Shirley wybrała ciebie tylko ze względu na Jessikę? – wypytuję Toniego, po tym jak usłyszałam ich *love story*.

– Jasne, że nie. – Czy mi się wydaje, czy wyczuwam w głosie Toniego delikatną nutkę kokieterii? – Od samego początku Shirley była pewna, że za mnie wyjdzie. Niezależnie od Jessiki. Kiedy mieszkałem tutaj tylko z Jessiką, mogłem mieć dziewczyny z całego świata.

Muszę przyznać, że podrywanie na hipopotama to całkiem niezła metoda. Przez chwilę zastanawiam się, jak sama zareagowałabym na faceta, który ma pod opieką takiego dzieciaka. Nieco później konfrontuję słowa Toniego z wersją Shirley. Rozbawiona odpowiada:

– Faceci są zbyt skomplikowani, żeby ich pokochać ot tak, od pierwszego wejrzenia. Oczywiście, że chodziło o Jessikę! Choć ta decyzja przyszła jakoś sama z siebie, zupełnie naturalnie. Po prostu w pewnym momencie zrozumiałam, że chcę z nimi być. Nie mogę mieć własnych dzieci, więc uznałam, że to Jessica będzie moją córką – zamyśla się. – Właściwie to Tonie mnie denerwuje i mam go dość... Ale nie zostawię przecież swojego dziecka!

Cały czas zastanawiam się, czy to aktorska kreacja i wyuczone formułki, czy Shirley faktycznie tak czuje i myśli.

Bez romantycznych randek, oświadczyn podczas kolacji przy świecach, pierścionka z brylantem i całej reszty, bo Shirley była zbyt zajęta, żeby zawracać sobie

JESSICA THE HIPPO
& PAL GORBI

Zdjęcia z rodzinnego albumu. Kiedy Tonie znalazł Jessikę, mała była kilkugodzinnym noworodkiem i ważyła 16 kilogramów. Od tego momentu stała się oczkiem w głowie nowych rodziców.

głowę, jak to nazwała – sentymentalnymi bzdurami. Zobaczyła nowy, ekscytujący rozdział swojego życia, którego początkiem stała się adopcja hipopotama. To olbrzymi obowiązek, znacznie poważniejszy niż przygarnięcie pieska czy kotka. Małym hipopotamem trzeba się opiekować do czwartego roku życia bez przerwy, bo jest wymagający i niesamodzielny, niemal jak ludzkie dziecko. A potem jest tylko gorzej, bo dbanie o ponadtonowe zwierzę nie jest, jak sądzę, łatwe…

Każdy mój dzień zaczyna się od przygotowania 20 litrów naparu rooibos dla Jessiki. Napój musi być letni i z dużą ilością cukru, inaczej go nie tknie. Później trzeba ją nakarmić – Jessica przychodzi do naszego domu, a ja przygotowuję jedzenie. Uwielbia szpinak, dla którego potrafi zrobić wszystko! Przepada też za słodką kukurydzą. Potrafi biec za samochodem, jeśli tylko wyczuje jej zapach. Jess zjada około 100 kilogramów pokarmu dziennie, a przy tym wszystko musi być świeże, więc zaopatrzenie robimy każdego dnia. Do tego spacery, masaże. I tak upływa mi cały dzień, w zasadzie od lat nie miałam wolnego… Ale nie narzekam. Bycie matką dla mojej Jess to najwspanialsza rzecz, jaka mogła mi się przydarzyć!

Najpierw na pomarszczonej tafli stawu o wymiarach basenu olimpijskiego dostrzegam pływające oczy i uszy. Chwilę później wynurza się pysk i masywny szarobrązowy kark. Uszy i nozdrza hipopotamów zamykają się automatycznie, kiedy znajdują się pod wodą. To żywioł tych zwierząt i są one świetnie przystosowane do wodnego życia. Potrafią nawet spać pod powierzchnią i instynktownie wynurzać się co pięć czy sześć minut, nie przerywając snu. Ale najbardziej spektakularna u hipopotama jest jego paszcza, która rozwiera się na ponad metr. W ten sposób zwierzę prezentuje swój śmiercionośny arsenał. Wielkie zakrzywione kły, ostre jak żyletki. Dolne mogą osiągnąć nawet pół metra długości i ważyć 2,5 kilograma każdy. Osadzone są w różowej, karbowanej skórze.

Tych kłów boją się wszystkie zwierzęta świata, nawet krokodyle. Służą hipopotamom wyłącznie do walki i rosną przez całe życie, nie ma więc obawy, że się stępią. Rozwścieczona samica broniąca młodego potrafi odgryźć nimi głowę gada w kilka sekund albo wdeptać go w błoto nogami. Pozornie niezgrabny i ociężały olbrzym zabija sprytnie i szybko. Nawet lew mu nie podskoczy. Hipopotam wciąga króla zwierząt do wody, przytrzymuje jego łeb pod powierzchnią i w ten sposób topi. Jak więc łatwo się domyślić, dorosły hipopotam nie ma wrogów. Oprócz uzbrojonego człowieka. I to z ciężką bronią, bo gruba na 4 centymetry skóra hipopotama jest prawie kuloodporna.

W bezpośrednim starciu z hipopotamem człowiek nie ma żadnych szans zarówno w wodzie, jak i na lądzie. Ten właściciel najkrótszych nóg i relatywnie największego brzucha wśród całej afrykańskiej megafauny potrafi biec z prędkością blisko 60 kilometrów na godzinę (wiem, trudno w to uwierzyć). Nie musi nawet kłapnięciem paszczy przepoławiać nas albo miażdżyć jak w imadle. Wystarczy się z nim zderzyć – waży niewiele mniej niż ciężarówka.

Ale Jessica to zupełnie inny przypadek. Jej przybrani rodzice twierdzą, że jest najmilszym i najłagodniejszym zwierzęciem świata, które kocha każdego i z każdym się przyjaźni. Mam nadzieję, że pokocha również mnie. W przeciwnym razie już powinnam zacząć się bać.

Do tej pory widywałam hipopotamy raczej z dużej odległości i to zwykle przez moment, kiedy właśnie chciały zaczerpnąć powietrza. Przyznam, że nie fascynowały mnie szczególnie. Uważałam, że mają komiczny wygląd i że są wyjątkowo niebezpieczne. Teraz mam hipopotama na wyciągnięcie ręki. Klęczę na drewnianym pomoście, a gigantyczne zwierzę przygląda mi się spod wody. Nagle Shirley mówi łagodnie:

– *Kom my liefie! Lekker tities* – co dla Jess oznacza mniej więcej tyle, że jej kochająca opiekunka ma butlę ze smokiem do ciumkania.

Hipopotamica niczym miniokręt podwodny podpływa do nas powoli. Blisko tona szarego cielska wyłazi na mnie i na rachityczny, jak mi się nagle wydaje, pomost. Odchylam się instynktownie i chyba tylko strach przed obciachem (kamery są już włączone, chłopcy filmują) nie pozwala mi wycofać się z tej sytuacji.

– Cześć, Jessica – witam się z nią głupawo.

Żeby poznać gwiazdę tego odcinka, musiałam zerwać się o piątej rano i pomóc Shirley przygotować dla niej porcję porannej herbatki rooibos, narodowego napoju RPA. Rooibos, *Aspalathus linearis,* to czerwonokrzew, który rośnie tylko w tym kraju i właściwie nie ma nic wspólnego z herbatą, choć tak zwykliśmy go nazywać. Z jego liści – po wysuszeniu, pocięciu i zalaniu wrzątkiem – uzyskuje się napar o miodowym, łagodnym smaku bez nuty goryczy. Nie zawiera także kofeiny, dlatego mogą go pić dzieci. Wśród zalet rooibos, których lista najwyraźniej nie ma końca, wyróżniają się następujące: zawiera przeciwutleniacze, które spowalniają proces starzenia się skóry, poprawia trawienie, zapobiega próchnicy, działa zarówno przy biegunkach, jak i zaparciach. Jednym słowem – cudowny lek na niemal wszystko. Pijąc hektolitry takiego napoju, Jessica musi więc być w superformie. Może też w tym tkwi sekret jej nietypowej dla hipopotamów łagodności?

Tymczasem trzymam w dłoni wielką butelkę, wypełnioną słomkową cieczą, na którą nadziany jest monstrualny smoczek. Jessica skończyła już 10 lat, ale dla rodziców wciąż pozostaje dzieckiem. Jak wielki odkurzacz, którego sama głowa potrafi ważyć ponad 200 kilogramów, w kilkanaście sekund wysysa zawartość butelki.

– Mrrrhmmm – Jess zdaje się mruczeć z zadowolenia.

– Zaakceptowała cię! – Shirley aż czerwienieje z ekscytacji. – Słyszałaś?! Robi tak, jeśli kogoś polubi! – teraz dumna mama klaszcze w ręce radośnie.

Zwariuję. Pochylona nad taflą wody poję hipopotama herbatą, nieporadnie głaszcząc zwierzę po zimnym, mokrym pysku, a jedno mruknięcie ma ponoć zadecydować o tym, czy mogę z nim spędzić resztę czasu, nagrać ten odcinek programu i czuć się przy tym bezpiecznie.

Zadowolona Jessica unosi się na wodzie. Jest wypełniona powietrzem, które połknęła w trakcie picia. Dzięki temu zamiast się zanurzać, pływa. Dorosłe hipopotamy tracą tę umiejętność. Są zbyt ciężkie, bo mają masywne kości. Spacerują więc dostojnie po dnie zbiornika w tempie nawet 8 kilometrów na godzinę, a gdy chcą zaczerpnąć świeżego powietrza, po prostu odbijają się nogami od podłoża jak od trampoliny.

Od Shirley dowiaduję się, że Jessica jest pojona pięć razy dziennie. – Przyzwyczaiła się do tego.

– Jeśli nie dostanie swojej porcji rooibos, to nie będzie sobą przez cały dzień – szczebiocze mama hipopotama.

Nawet nie zdajecie sobie sprawy, jak bardzo abstrakcyjna jest ta scena. Staram się za wszelką cenę trzymać emocje na wodzy, ale bez powodzenia. Wybucham śmiechem. To niewiarygodne! Słyszałam o psach uwielbiających lody czekoladowe, o kotach dostających świra na punkcie makaronu, ale w życiu nie widziałam hipopotama pijącego herbatkę na śniadanie. Scenarzyści z Latającego Cyrku Monty Pythona powinni tu szukać inspiracji do nowych skeczy.

– W jaki sposób udało wam się odkryć, co lubi Jessica? – postanawiam zgłębić temat niezwykłych kulinarnych nawyków zwierzęcia. Do tej pory byłam pewna, że hipopotamy to zdeklarowani trawożercy. A teraz cała moja wiedza została podważona.

Normalne, zdrowe na ciele i umyśle hipopotamy jedzą wieczorem. Aby wypełnić monstrualne żołądki, opuszczają wodę lub błoto – ich naturalne środowisko – i wychodzą na ląd, gdzie czują się zdecydowanie mniej komfortowo. Żeby dotrzeć na pastwisko, potrafią pokonać nawet kilka kilometrów. Potem przez cztery do pięciu godzin sumiennie wypełniają roślinami przewody pokarmowe. Uwielbiają młode pędy, ale w nocy nie widać najlepiej, więc jak

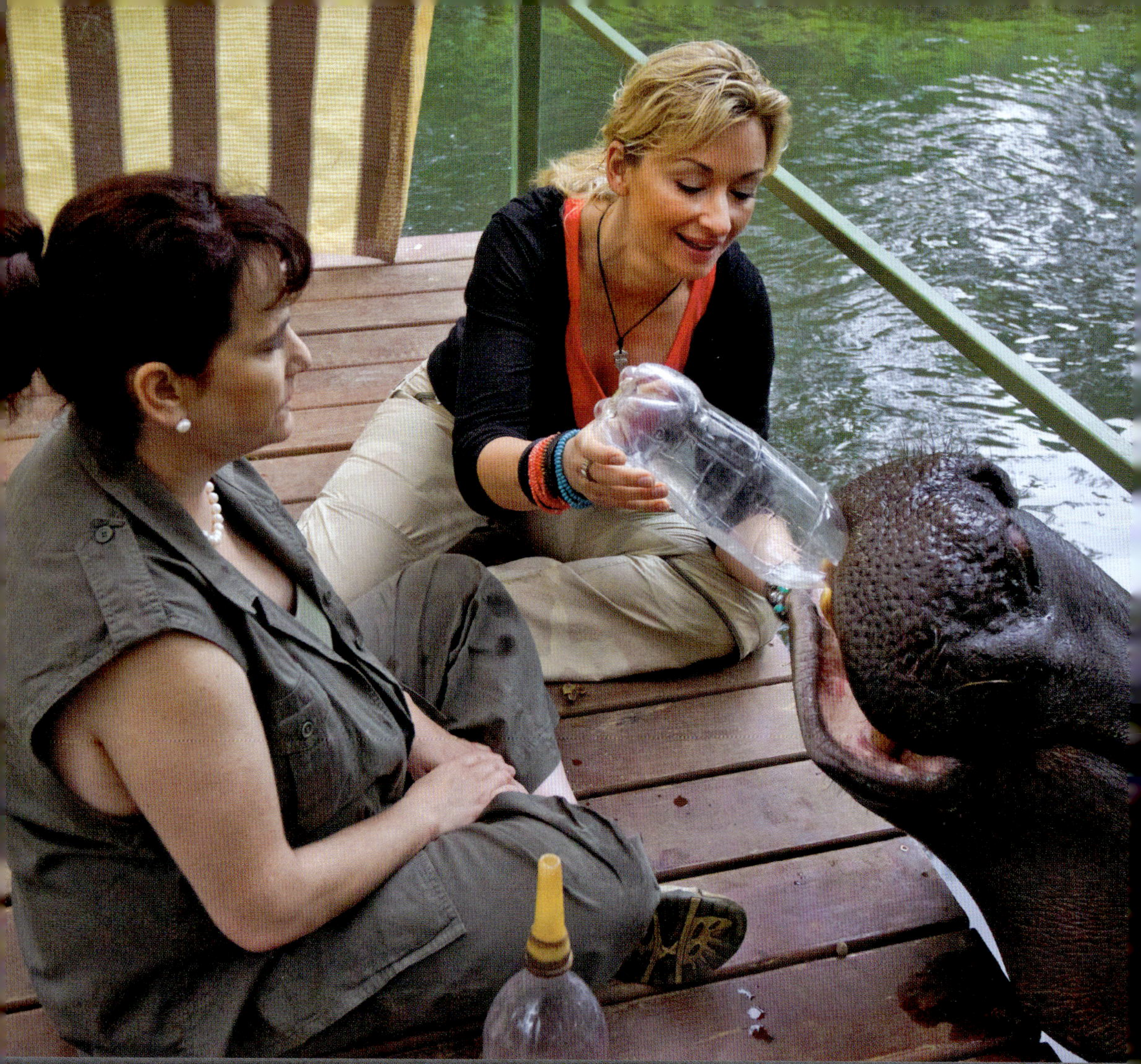

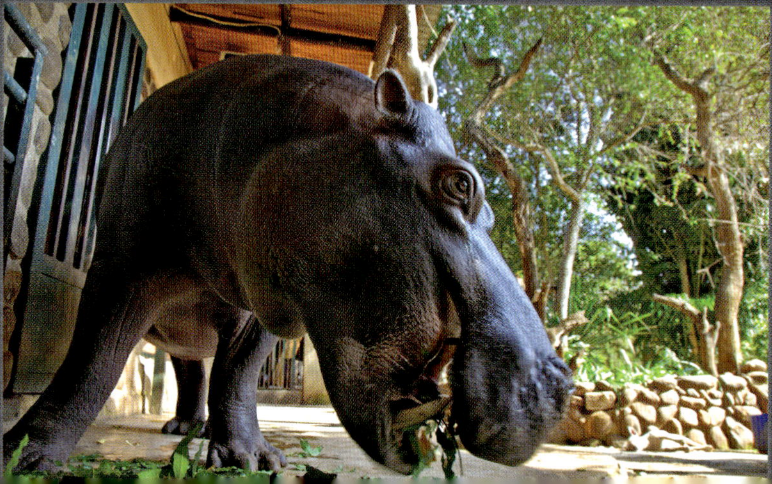

Dziennie Jessica zjada około 100 kilogramów pokarmu, ale lubi wykwintną kuchnię. Na śniadanie napar z rooibos, porcja szpinaku, słodka kukurydza… Wszystko musi być świeże!

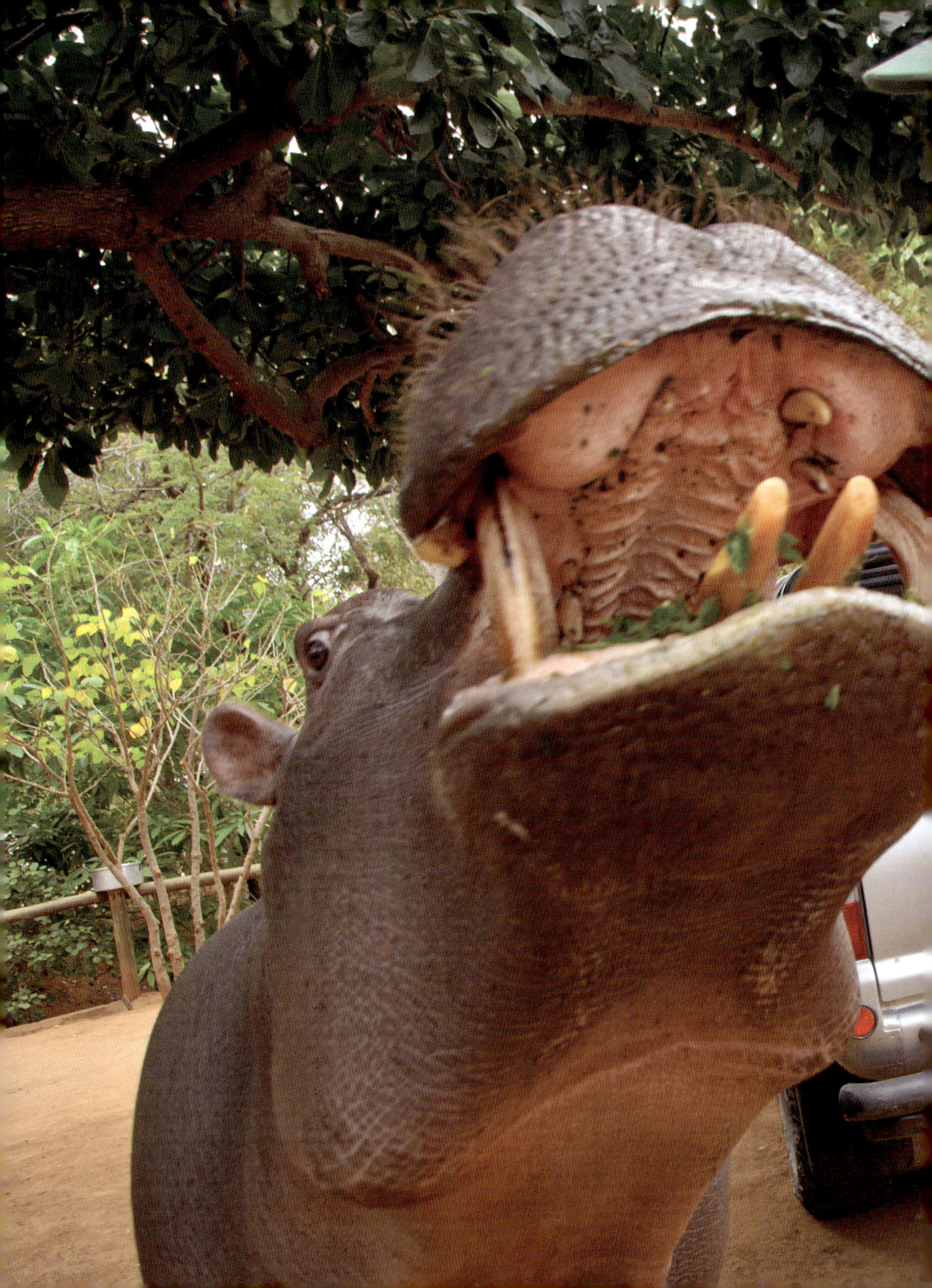

JessicaHip
Tel: (015) 795 5249/ www.jessica

BTS 722 L

znam życie, koszą wszystko, co popadnie. Średnio 60–70, może do 100 lub 200 kilogramów w przypadku samców. W akcie desperacji, z głodu zdarza się im pożreć padlinę, ale organizm hipopotama nie toleruje takich eksperymentów i może zastrajkować. A jak na tym tle prezentuje się dieta Jessiki? Shirley wprowadza mnie w szczegóły.

– Z początku jadła tylko pataty, ale to nie wystarczało, nie przybierała na wadze we właściwym tempie – mówi, czule gładząc Jessikę po głowie i powtarzając w kółko: „Moja kochana, moja słodka, moja dziewczynka".

Tempo tycia hipopotama jest iście olimpijskie. W przypadku samicy wynosi około 100 kilogramów rocznie.

– Zaeksperymentowaliśmy ze słodką kukurydzą i okazało się, że za nią przepada. Bardzo lubi też popcorn, a jednym z jej ulubionych dań jest szpinak. Cały czas musieliśmy się jednak trzymać zasady, że jeśli coś Jess nie smakowało, to nie należało jej tym karmić. I tak stopniowo odkrywaliśmy kolejne przysmaki, na przykład karmę dla psów. Ale tylko o smaku jagnięciny – zastrzega Shirley.

Kiedy Tonie znalazł Jessikę, była skrajnie wycieńczona. Nakarmienie jej wcale nie było łatwe. Nie wystarczyło nalać jej do miski mleka i zamoczyć w nim pyszczek, jak w przypadku kociaka. Zresztą mleko każdego ze ssaków ma inny skład. A jeżeli przeznaczone jest dla maluchów, które szybko powinny się usamodzielnić, to musi być prawdziwą bombą kaloryczną. Tonie przygotował dla Jessiki miksturę, którą nazwał „long life", ponieważ była bardziej pożywna niż świeże mleko od krowy. Jej bazą było oczywiście mleko wzbogacone stołową łyżką śmietany, żółtkiem i połową łyżki jakiegoś tajemniczego proszku (nie chce mi zdradzić jakiego). Jessica musiała szybko przybierać na wadze. Żeby prawidłowo funkcjonować, hipopotam powinien zjeść dziennie równowartość 10 procent swojej wagi ciała. Przy jej ówczesnej masie Jessica musiała wypić 1,6 litra mieszanki w porcjach, dokładnie co trzy godziny. Dwa tygodnie później liczba składników w miksturze została zredukowana do mleka i śmietany. Na tej diecie Jessica była do chwili, gdy ukończyła rok.

– Jednak nadal chciała coś ssać – opowiada Shirley. (W końcu jest ssakiem, więc to naturalne). – Tonie zauważył, że lubi kawę, bo podpijała ją z jego kubka. No więc zaczął dawać jej kawę, łyżeczkę rozpuszczalnej na 4 litry ciepłej wody. Zobaczyli to turyści i oburzeni zaprotestowali, mówiąc, że kawa, która zawiera kofeinę, w takich ilościach musi być niezdrowa dla zwierzęcia. Teraz nasza córcia pije rooibos i wszyscy są szczęśliwi.

Waga Jess może nie jest imponująca, ale mieści się w normie. Samice hipopotamów zwykle rosną do 25. roku życia i kończą z masą 1500–1800 kilogramów. Panowie tyją właściwie bez ograniczeń. Najcięższe osobniki osiągają 5 ton. Najgrubszy człowiek świata, Meksykanin Manuel Uribe ważył prawie 600 kilogramów (siedem razy mniej niż największy hipopotam), ale podobno ostatnio schudł o ponad 200 kilogramów, więc nie stanowi już konkurencji.

Cały czas nurtuje mnie jedno pytanie… Zastanawiam się, jak to jest mieć w domu stworzenie takich rozmiarów? Dorosły hipopotam poza wagą ma też słuszną wysokość – średnio 1,5 metra – i długość – ponad 3 metry. Przecież Jessica jest w stanie rozniesć na strzępy cały dom Joubertów (łącznie z wyposażeniem) w kilkanaście minut! A Shirley sprawia wrażenie, jakby jej to zupełnie nie przeszkadzało. Nie ma znaczenia, ile rzeczy zniszczyłaby Jessica, ona przymyka na to oko. Nie znam drugiej matki tak oddanej, wyrozumiałej. Zwłaszcza że, jak sama przyznała, trudno zdyscyplinować hipopotama. Gdyby jakaś kobieta powiedziała mi, że w ten sposób zajmuje się swoim dzieckiem, że tak całkowicie podporządkowała mu życie i czas, pomyślałabym, że ma jakiś psychiczny problem. I że wcale nie jest dobrą matką. Dość powiedzieć, że Joubertowie nigdy nie wyjechali na wakacje. Ba! Nigdy nie spędzili poza domem więcej niż jednej nocy! Ale ten przypadek wymyka się wszelkim schematom. Nikt bowiem ze znanych mi osób nie zaadoptował hipopotama. A z drugiej strony, ileż razy słyszy się o emerytkach, które jadają suchy chleb, bo inaczej nie byłoby ich stać na kupienie drogiej karmy dla kotka czy pieska?

Opieka nad Jessiką to poważne zajęcie, ale i najjaśniejszy punkt mojego życia. Nie zamieniłabym tego na nic innego na świecie. Ja nie postrzegam Jessiki jako hipopotama. Ja mam wrażenie, że to moje własne dziecko! Tyle tylko, że nie mówi. I bardzo mi to odpowiada! Mówiłam ci już, że nie lubię zbyt gadatliwych osób? A gadającego dziecka bym po prostu nie zniosła…

Hipopotamy są zwierzętami stadnymi i terytorialnymi. Jedna grupa zajmuje fragment rzeki bądź jeziora długości mniej więcej 250 metrów. Porządku pilnuje samiec zwany bykiem. Podlega mu harem złożony średnio z dziesięciu samic z młodymi. W stadach mogą też przebywać kawalerowie, ale pod warunkiem, że całkowicie podporządkują się zasadom, a są one proste – w tym miejscu rządzi tylko jeden hipopotam. Jeżeli Jessica najbardziej słucha się Toniego, to prawdopodobnie uważa go za przewodnika stada.

Samice nie walczą o dominację w stadzie, to domena panów. One całkowicie poświęcają się macierzyństwu. Mimo że hipopotamy w wodzie niemal stykają się ze sobą pyskami, nie nawiązują silnych relacji. Kawalerowie trzymają się blisko siebie, panie z maluchami również, byk przebywa głównie we własnym towarzystwie. Najsilniejsza więź łączy matkę z dzieckiem.

– Shirley, ty też karmiłaś Jessikę mlekiem, tak? – dopytuję.

– Tak. Nie – Shirley nie może się zdecydować, jakiej udzielić mi odpowiedzi. – Kiedy była mała, dostawała mleko. Ale teraz jest starsza i już go nie potrzebuje – mówi wymijająco.

Powoli orientuję się, że zaczyna mitologizować historię Jessiki. Tonie powiedział mi, że poznał Shirley, kiedy Jess miała już ponad dwa lata, ale z oficjalnej strony internetowej można się dowiedzieć, że Joubertowie znaleźli Jessikę podczas wspólnego spaceru. Potem Tonie mówi, że Jess spała z nimi w łóżku do drugiego roku życia, ale przecież wtedy ponoć jeszcze nie znał swojej obecnej żony... Do dziś nie udało mi się ustalić prawdziwej wersji. Zwłaszcza że Shirley jest bardzo znerwicowaną osobą i łatwo wytrącić ją z równowagi. Wtedy ucina rozmowę, mówiąc, że musi iść po „swoje tabletki". Wraca uspokojona, ale zwykle nie udaje mi się już wrócić do rozpoczętego wątku.

– Ostatnio nie czuję się dobrze, chyba znów mam depresję – zwierza mi się w końcu. – Czy dobrze wypadłam przed kamerą, jak sądzisz? – poprawia bluzkę. – Bo ja się bardzo denerwuję i nie lubię tego cyrku z mediami i w ogóle... Ale Toniemu na tym zależy, więc cóż mogę zrobić? Ja tylko chcę być z Jessiką – Shirley znów mnie przeprasza i wychodzi do kuchni.

– O czym mówiłyśmy? – pyta całkiem zrelaksowana po kilku minutach nieobecności.

– Czy myślisz, że Jessica uważa ciebie za matkę dlatego, że karmiłaś ją mlekiem?

– Nie potrafię tego wyjaśnić. Ale to najlepsze uczucie na świecie! – Shirley znów popada w egzaltację. – Jessica wszystko rozumie. Jeśli jest mi smutno, to jej też jest smutno. Kiedy ja jestem szczęśliwa, ona też jest szczęśliwa. Wyczuwa nawet, kiedy jestem chora, wiesz? Wtedy kładzie się pod oknem sypialni i nie odejdzie nawet na minutę. A ja z nią rozmawiam. Mówię jej: „Nie czuję się dobrze", a ona odpowiada: „Mmhm".

– A więc, mamo – zwracam się do Shirley – powiedz mi, jaki teraz jest plan? Co będziemy robić?

Plan okazuje się prosty. Mamy pójść do domu, zawołać Jessikę i nakarmić ją psią karmą. To jej ulubiona przekąska. Ale zanim ruszymy z miejsca, Shirley uderzona spontaniczną falą czułości wykrzykuje:

– O mój Boże, kocham cię! *My liefie*!

Przytula się do Jessiki i całuje ją czule. To jedna z najbardziej szalonych sytuacji, jakie widziałam w życiu. Zresztą słyszałam, że hipopotamy mają potwornie nieświeży oddech. Mamie Jess zdaje się to nie przeszkadzać.

Trudno mi zostać z Shirley sam na sam choćby przez chwilę, bo Tonie nas nie odstępuje. Nieustannie udziela mi wskazówek.

Jesteście ekipą numer 70. Robiliśmy to już wiele, wiele razy. Bywa, że mamy nawet dwie ekipy filmowe jednego dnia! Jessica wie o tym. Kiedy widzi kamerę, przeistacza się w aktorkę, zmienia się. Naprawdę! Jednak to niezwykle istotne, aby ekipa pamiętała, że nawet gdy jest tak spokojna jak teraz, nawet jeśli jest naszą córką, Jessica nadal pozostaje hipopotamem. Musimy to uszanować, tak? Na przykład dzisiejszego ranka, kiedy kamera była bardzo blisko niej, to nie stanowiło problemu. Ale tak w ogóle to ona tego nie lubi. Kiedy jest poza wodą, nie powinniście jej okrążać, bo wtedy czuje się osaczona. Musicie zachować odstęp około 8 metrów, nie mniej. To jedyny taki hipopotam na świecie, bo to pierwszy przypadek w historii, kiedy telewizja tak przedstawia hipopotama – poza wodą, w wodzie, w domu. Ale istnieją pewne zasady, których trzeba przestrzegać, tak?

Hipopotamy od dawna cieszą się zasłużoną, bądź nie, sławą najbardziej niebezpiecznych zwierząt w Afryce, najbardziej nieprzewidywalnych, agresywnie broniących swego terytorium. Może teraz zaskoczę parę osób, ale według magazynu „Live Science" listę 10 najgroźniejszych dla człowieka zwierząt otwiera... maleńki komar, który z pomocą jeszcze mniejszych zarodźców zabija rocznie miliony ludzi. Dalsze miejsca zajęły na niej kobra indyjska, australijska meduza „osa morska", rekin, lew, krokodyl, słoń, niedźwiedź syberyjski, bawół afrykański. Ja dodałabym jeszcze do tej listy człowieka, żadne zwierzę nie zabiło bowiem tylu ludzi, co przedstawiciele naszego własnego gatunku.

Dorosłe hipopotamy nie mają w naturze żadnych wrogów, właśnie poza *Homo sapiens*, jednak na młode polują lwy, krokodyle, hieny. Wyjątkową alergią hipopotamy reagują na krokodyle, z którymi często dzielą ten sam zbiornik wodny. Rzadko zabijają swoich pobratymców, nawet podczas walk o terytorium. Kiedy jeden z samców zdobywa przewagę, ten drugi, słabszy, po prostu się wycofuje. Czasami byk zabija młode lub próbuje to zrobić, kiedy populacja zbytnio się rozmnoży i zaczyna dla wszystkich brakować miejsca albo pokarmu. Ale dużo ryzykuje, zdarzało się, że w obronie młodego samica zabiła nawet o wiele większego od siebie byka.

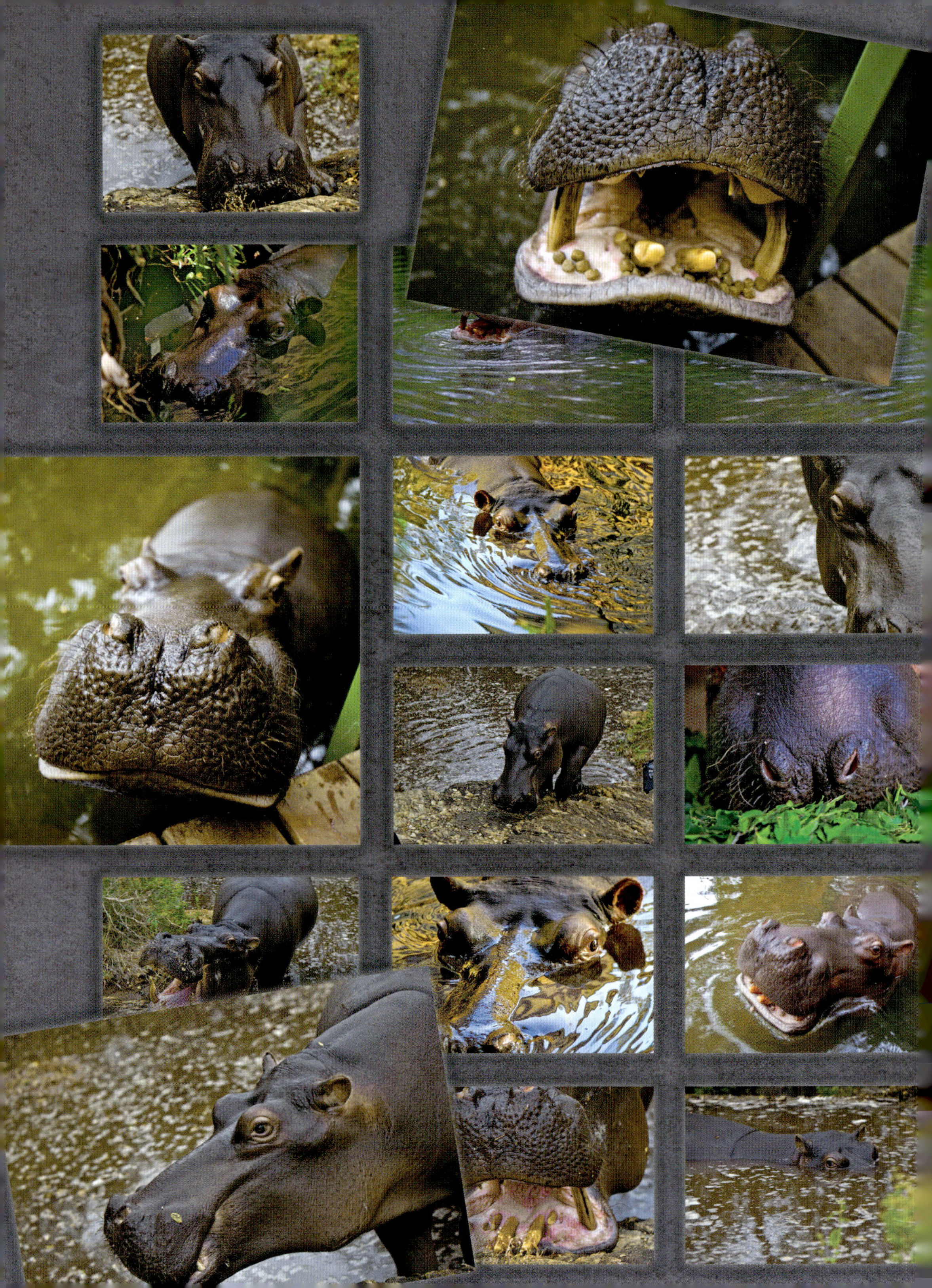

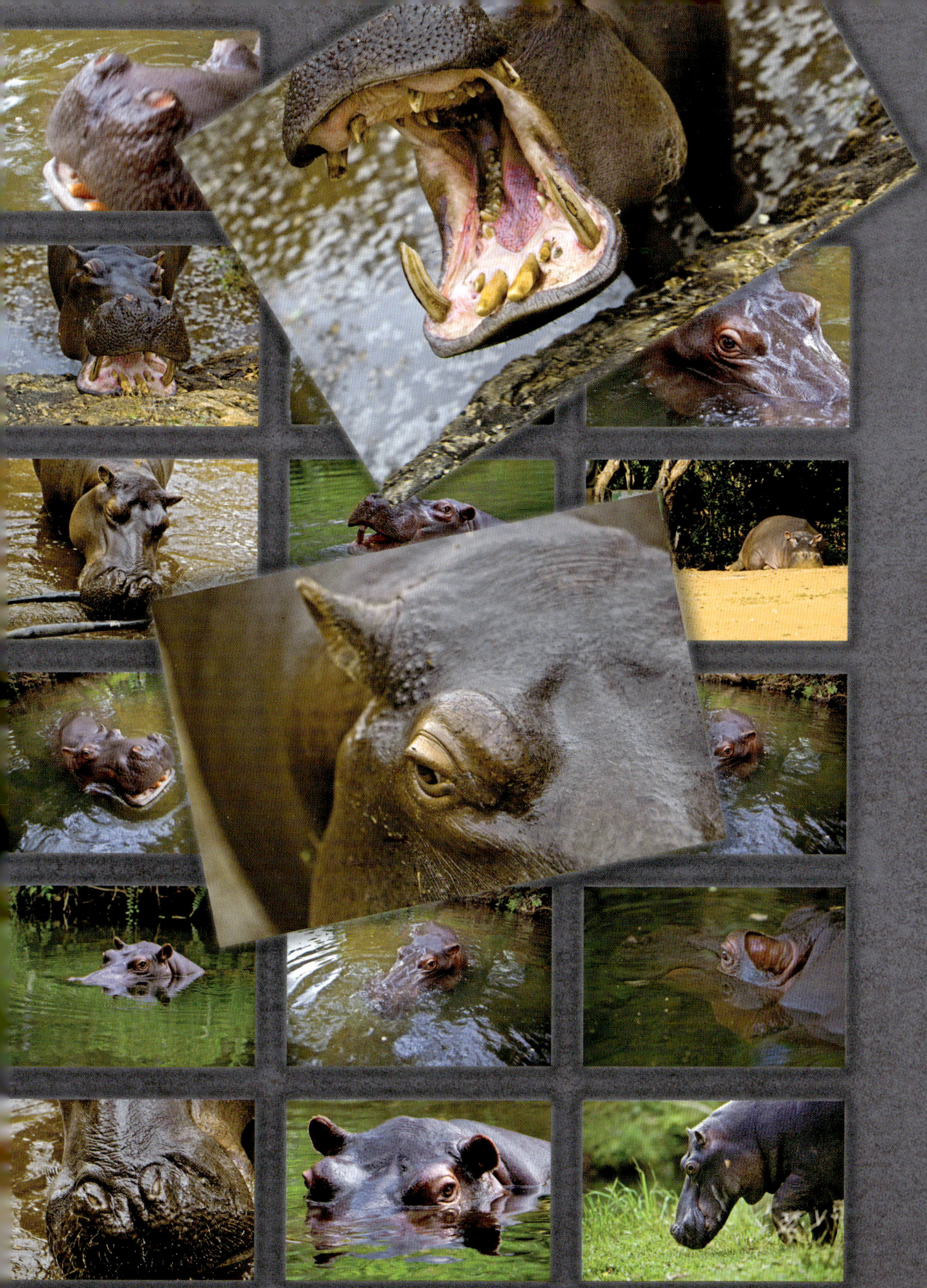

– Hipopotamy nie są bardziej agresywne niż inne zwierzęta – Tonie oburza się, kiedy pytam go o zdanie. – Że niby zabiły więcej ludzi w Afryce niż jakiekolwiek inne zwierzę?! To kłamstwo! Wiem o pięciu osobach, które zostały uśmiercone przez hipopotamy w czasie, gdy byłem strażnikiem dzikiej przyrody. Ale to się stało przez głupotę tych ludzi. Zachciało im się wędkować w miejscu, gdzie hipopotamica urodziła młode. Stanęli między nią a jej dzieckiem, więc ich zaatakowała. A ty nie zrobiłabyś tego samego, gdyby ktoś wszedł między ciebie i twoje dziecko? Przecież też broniłabyś swojej córki! – Tonie podnosi głos, zadając mi to retoryczne pytanie.

Naukowcy przebadali mnóstwo zwierząt, jednak o hipopotamach wciąż wiemy stosunkowo niewiele. Nawet o tych oswojonych. Podobno są inteligentne, ciekawskie i szybko się uczą.

W kwietniu 2001 roku półtoraroczna Jessica została gwiazdą filmową. Sławę przyniosła jej rola w „Mr. Bones" – południowoafrykańskiej komedii, która jakimś cudem podbiła świat. Zagrała u boku aktora Leona Schustera. Pojawiła się też w kilku programach stacji SABC. Udzieliła wywiadu radiu RSG. Wystąpiła w Sky News i BBC News. Zagrała trzy razy dla National Geographic, a 14 lutego 2006 r. wystąpiła w filmie dokumentalnym „The Dark Side of Hippos". Wypada też wspomnieć o jej debiucie w Discovery Channel, jednorazowym show dla programu „Ten Most Deadliest". Pięć razy sfilmowała ją telewizja południowokoreańska, dwa razy japońska – która spełniła marzenie życia pewnego chłopca pragnącego wyszczotkować zęby hipopotamowi. Była też niemiecka telewizja ZDF. Magazyn „Brilliant Creatures" zamieścił wielki artykuł na trzecie urodziny Jess. Napisało też o niej mnóstwo innych gazet. Wywiad na żywo puściły australijskie Radia Sydney i Melbourne. Kanał Animal Planet wyprodukował o niej dokument zatytułowany „Jessica the Hippo". Wyemitowany pierwszy raz w Wielkiej Brytanii 28 czerwca 2007 roku do dziś pokazywany jest na całym świecie. Muszę też wspomnieć o mojej stacji TVN, a po nas już w kolejce czeka telewizja meksykańska, czyli numer 71. Z całą pewnością CV mógłby Jessice pozazdrościć niejeden polski celebryta.

Przyznam szczerze, że większość tych filmów ma niewiele wspólnego z codzienną rzeczywistością rodziny Joubertów. Zachodnie stacje przygotowują trzydziestominutowy materiał często ponad rok i wybierają po prostu najlepsze zdjęcia, nierzadko reżyserowane.

– Filmowcy zwykle przyjeżdżają tu z listą i mówią: „Chcemy sfilmować, jak Jessica demoluje łóżko i jak śpi z psem na materacu". I będą tak długo czekać, aż to zrealizują – zdradza mi Tonie. – Albo każą nam udawać, że się boimy ataku dzikich hipopotamów, które tu przychodzą do Jessiki w amory, bo to się podobno lepiej ogląda… A ja wtedy muszę szeptać, że to przerażające i trzymać nabitą strzelbę – Tonie teraz już głośno rechocze, puszczając nieustannie siwe kłęby papierosowego dymu.

Przed chwilą odbyliśmy kolejny, już chyba czwarty krótki kurs pod hasłem „Jak zrobić dobre ujęcie i nie zostać poturbowanym przez hipopotama". Pełen profesjonalizm, bo Tonie zna się na rzeczy. Wszyscy będą zadowoleni, pod warunkiem że zachowają stosowny dystans do gwiazdy. Trzeba szanować jej terytorium. Inaczej może się poczuć osaczona i zareagować w sposób dla siebie nietypowy. Czyli mówiąc wprost – zdenerwować się tak, jak potrafi normalny hipopotam w podobnych warunkach. Nikt wtedy nie chciałby znaleźć się w zasięgu jego paszczy.

Niestety nasz operator Michał i dźwiękowiec Jacek aż dwukrotnie uciekali przed rozwścieczoną Jessiką. Naiwnie sądziłam, że Jess lubi mnie jakoś szczególnie, ale już następnego dnia miało się okazać, jak bardzo się myliłam…

Jessica ciągle cieszy się olbrzymim zainteresowaniem światowych mediów. W końcu my też wyruszyliśmy na koniec świata, żeby nakręcić o niej film. Zabawne filmiki o Jess na YouTube prowokują dyskusję i podgrzewają atmosferę wokół niej, generują też olbrzymie zainteresowanie. Codziennie Jessikę ktoś odwiedza. Oczywiście nie za darmo. Za 130 randów (czyli około 12 dolarów) można ją głaskać i poić herbatą przez kilka minut.

My też słono płacimy za przywilej cieszenia się jej towarzystwem. Każdy dzień zdjęciowy kosztuje 2 tysiące dolarów plus ekstra za każdą aktywność: możliwość popływania z Jessiką, skopiowania jej zdjęć z okresu niemowlęctwa (300 dolarów za sztukę). „Jessica the Hippo" to świetnie prosperujący biznes. Od jednego z działaczy na rzecz dzikiej natury w RPA dowiedziałam się anonimowo, że wiele osób powątpiewa, czy Tonie faktycznie znalazł niemowlę hipopotama, czy też może po prostu odebrał młode matce. Tymczasem każdego dnia słyszę kolejne, czasami sprzeczne historie z życia rodziny Joubertów.

– Mieliśmy jeszcze jednego hipopotama, samicę. Ale umarła – nagle Tonie dzieli się ze mną nowymi informacjami. – Ktoś ją zawiózł do weterynarza, który zrobił zły zastrzyk…

Tonie codziennie od rana zaczyna pić. Chyba głównie piwo, co nie zmienia faktu, że pod koniec dnia jest już nieźle wstawiony. Nie przestał sączyć piwa nawet podczas godzinnej podróży samochodem do Hoedspruit po słodką kukurydzę. Oczywiście to on prowadził pikapa. Niby w porządku z niego gość, w końcu wiele wysiłku wkłada w opiekę nad Jessiką, ale momentami bywa napastliwy i zniecierpliwiony. Żeby potem nagle przeistoczyć się w łagodnego strażnika dzikiej przyrody i z troską, ale też swadą opowiadać o zwierzętach…

Z radością informujemy, że budujemy całkiem nową stronę internetową z większą ilością treści dla was. To się będzie działo przez kolejnych kilka miesięcy, więc prosimy o cierpliwość. Proponujemy również atrakcyjną ofertę członkostwa, o 50 procent tańszą od poprzedniej (w wysokości 120 randów) dla tysiąca pierwszych klientów. Musicie się więc pospieszyć, zanim wystartuje nowa strona. Będą na niej filmy wideo i zdjęcia do ściągnięcia, będzie też mały sklepik z pamiątkami. „Jessica Weekly" będzie wideoblogiem dołączanym co tydzień do newslettera ze zdjęciami. Będą zdjęcia na desktop i dźwięki, i wiele, wiele innych atrakcji. Jesteśmy bardzo podekscytowani kamerami, które będą utrwalać każdy dzień z życia Jess. Forum pozwoli wam być na bieżąco ze wszystkim, co się dzieje u Jessiki. Przyłącz się już dziś do fanklubu Jessiki, a dostaniesz:
  – dwa wolne wejścia online, żeby zobaczyć Jessikę,
  – najnowsze informacje z życia Jessiki,
  – dostęp do najnowszej strony Jessiki.
  Przelewu można dokonać na nasz rachunek bankowy; miesięczne członkostwo kosztuje 5 dolarów, sześciomiesięczne 17.
  Za rok trzeba zapłacić 35 dolarów.

Fragment z oficjalnej strony Jessiki.

Idziemy w kierunku domu. Tymczasem Jessica opita herbatą wciąż unosi się na wodzie niczym gigantyczna piłka. Pływa w przydomowym zbiorniku niemal cały dzień. Woda zabezpiecza jej delikatną skórę przed słońcem i neutralizuje masę. Staw, w którym się pluska, jest naturalnym zbiornikiem utworzonym przez rzekę Blyde i z nią połączonym. A zatem Jess może w każdej chwili udać się na spotkanie z hipopotamami żyjącymi na wolności. Na przykład na randkę. Zawsze jednak wraca, czasami w towarzystwie. Trudno stwierdzić, że Jessica żyje w niewoli, utrzymuje przecież kontakty z innymi hipopotamami, oddala się od działki Joubertów czasem na kilka kilometrów. Jest jednak zależna od opiekunów, nieprzyzwyczajona do samodzielnego zdobywania pożywienia. Wywieziona na dziki teren Jess zawsze szukałaby kontaktu z człowiekiem, podchodziła do osad. A wtedy ktoś mógłby ją zastrzelić. Jessica skazana jest więc na życie w wiecznym rozkroku między naturą i cywilizacją.

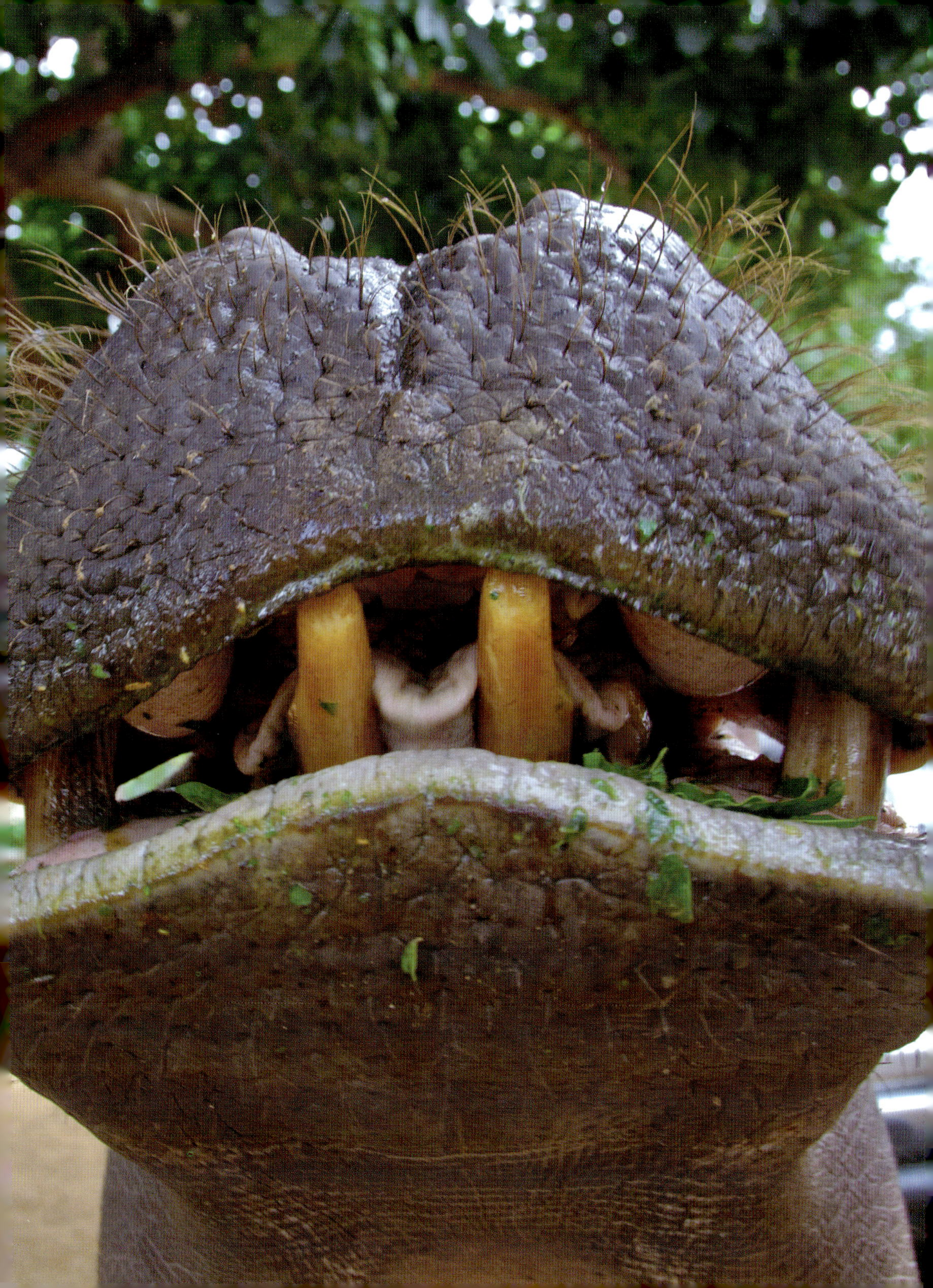

Tonie Joubert jest emerytowanym strażnikiem Parku Narodowego Krugera i widać, że ma świetne podejście do zwierząt. Jessica niczym wierny psiak nie odstępuje go na krok... Mimo wielkiej miłości do córki Tonie postanowił zabezpieczyć okna i drzwi stalowymi kratami, więc teraz ich dom stał się hipopotamoodporny :-)

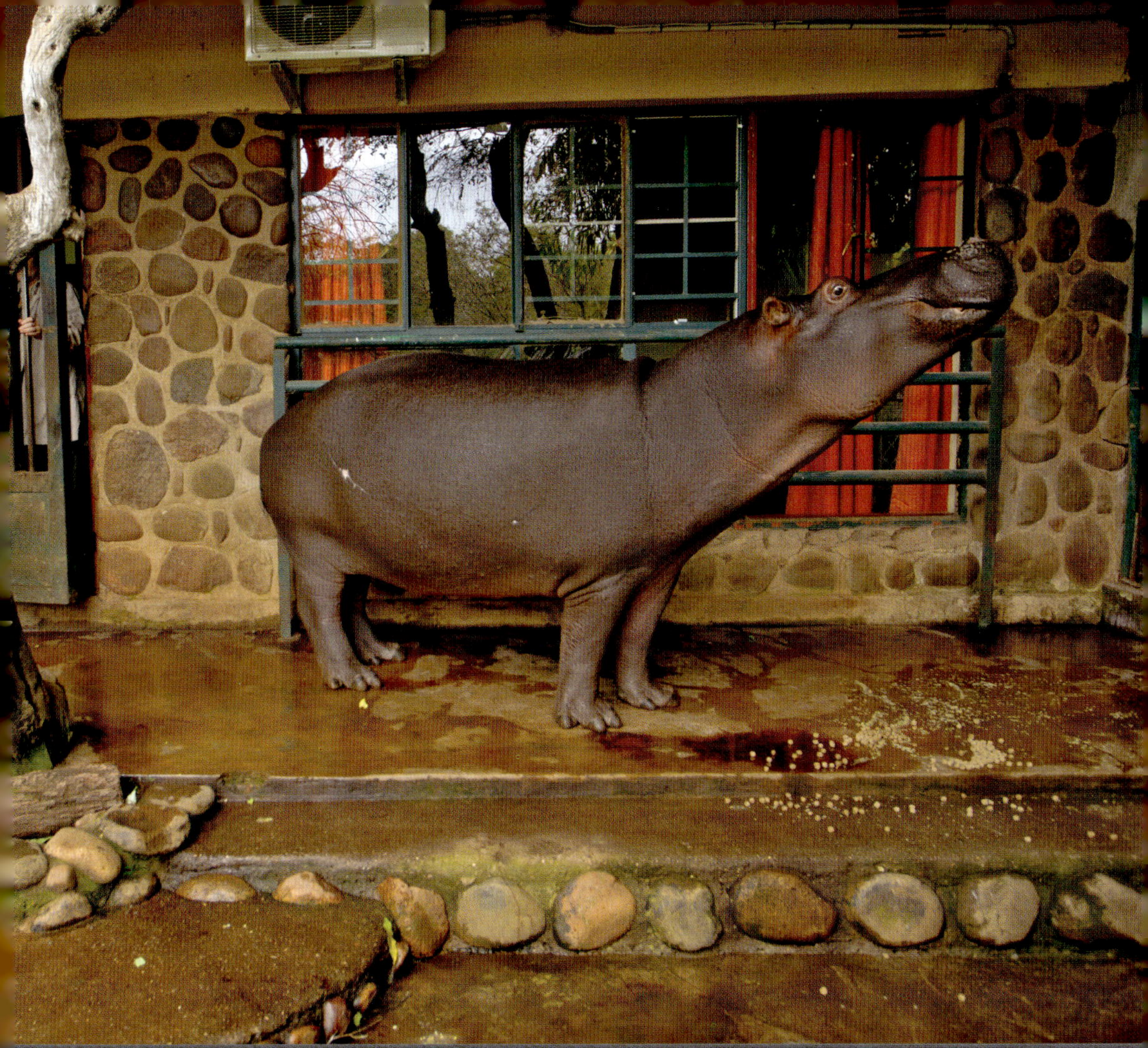
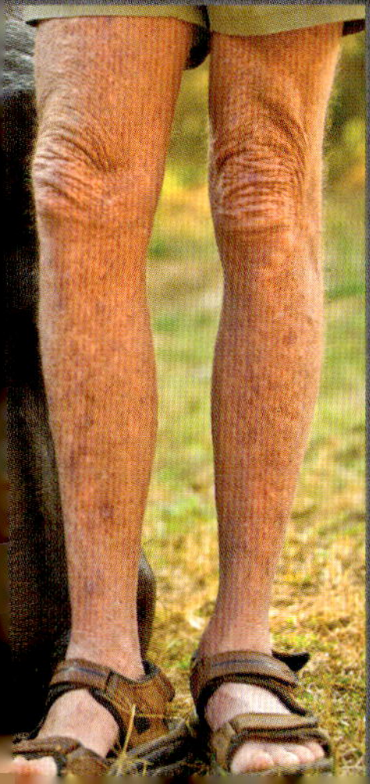
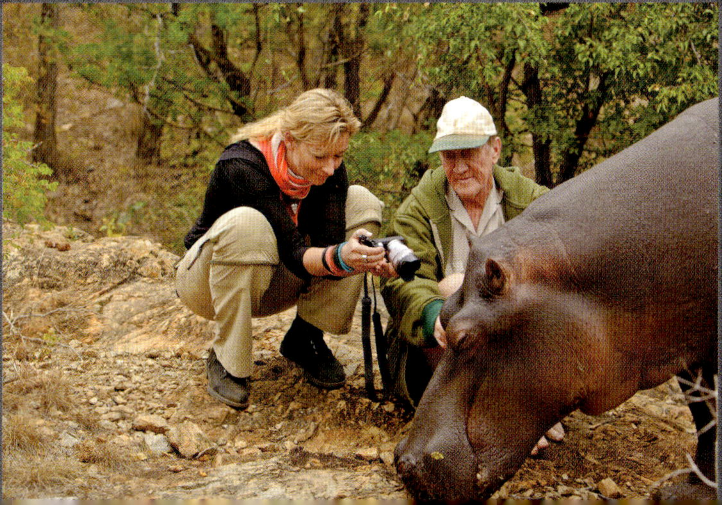

Nikt nie ma pewności, gdzie Jessica poczłapie po wyjściu na brzeg. Nie można nią sterować przy pomocy nakazów i zakazów, próśb czy gróźb – arsenału środków znanych każdej matce. W przypadku Jess jest on jednak zupełnie nieskuteczny. Spontanicznie puentuje to Tonie:

– No, wyobrażam sobie, że trochę ciężko jest reżyserować Jessikę, więc gdzie wyjdzie z wody, tam wyjdzie, panowie – zwraca się do naszych operatorów kamer. – No to musicie liczyć na szczęście, uda się wam ją nagrać albo nie.

– JESSIICAAAA! – nawołujemy.

Shirley rozmawia z nią w afrikaans. Przyznam, że niewiele rozumiem z tej mieszanki holenderskiego z angielskim, niemieckim i lokalnymi językami. Brzmi twardo i dziwacznie.

– A więc co powinnam jej teraz powiedzieć? – pytam.

– *Kom my liefie*. To oznacza: „Chodź tu, kochanie!".

– *Kom my liefie* – powtarzam za Shirley.

Niestety Jessica ma inne plany. Najwyraźniej chce zostać sama i wygrzewać się w słońcu. Chyba potrzebuje tego bardziej niż karmy dla psów.

> *To się stało w niedzielę. Odchody Jessiki miały bardzo nieprzyjemny zapach. Zawieźliśmy ich próbkę do weterynarza, a on wysłał ją do analizy i dał Jess antybiotyk. Niestety w poniedziałek czuła się coraz gorzej. W środę myśleliśmy, że umrze. Zadzwoniłem do weterynarza i powiedziałem mu, że antybiotyk nie działa. Okazało się, że zapomniał odebrać wyniki. Gdy to zrobił, wyszło, że Jessica ma salmonellę. Wtedy postanowiliśmy zrobić jej zastrzyk z innym antybiotykiem. Próbowałem, ale igła była za krótka, wyginała się, więc zadzwoniłem do weterynarza. Przyjechał do nas i wiesz co? Złamał na Jessice tę igłę. Nie mieliśmy wyjścia, musieliśmy użyć „broni ze strzałkami strzykawkami", takiej jak do usypiania dzikich zwierząt. Nie chciałem przy tym być. Ona leżała w buszu bardzo, bardzo chora, więc powiedziałem weterynarzowi: „Ty tam idź, nie chcę mieć z tym nic wspólnego". No to postrzelił ją, a ona wtedy przybiegła do mnie. Wyjąłem strzałkę. Od tego dnia przestała lubić obcych mężczyzn, woli kobiety.*

Kuchnia Joubertów wygląda jak wielka spiżarnia albo zaplecze sklepu warzywnego. Wszędzie piętrzą się kolby kukurydzy i wiązki szpinaku, pęki trawy, w workach stoi karma dla psów. Do tej kuchni przychodzi Jessica wyżebrać coś do jedzenia. Tak po prostu naciska pyskiem klamkę drzwi wejściowych i pakuje się do salonu. Potem już tylko trzy schodki i jest w kuchni. Wtedy kładzie swoją olbrzymią głowę na blacie, tuż obok zlewu, rozwiera paszczę i… cierpliwie czeka. Jej oczy mówią: „Proszę, daj mi kawałek…". Znam to z własnego domu. Ilekroć moje psy siadają przy lodówce, mają ten sam wyraz oczu.

> *Hipopotam może i wygląda głupio, pewnie przez ten jego uśmiech, ale – i to mogę powiedzieć z całą stanowczością – to jedno z najbardziej inteligentnych zwierząt na świecie. One potrafią wspaniale opiekować się potomstwem, mają świetną pamięć, są naprawdę wybitnie inteligentne. Tylko ten zabawny wygląd sprawia, że nikt nie traktuje ich poważnie…*

Problem polega na tym, że hipopotamy nie wyglądają głupio. One wyglądają śmiesznie. Dlatego są bohaterami kreskówek, maskotkami dla dzieci, motywami na T-shirtach. Starożytni Grecy uważali (choć doprawdy nie wiem, skąd im to przyszło do głowy), że hipopotam jest spokrewniony z koniem. Ślad tej pomyłki przetrwał do dziś w nazwie zwierzaka – *hippos* to po grecku „koń", *potamos* – „rzeka". Moim zdaniem hipopotamy bardziej już przypominają monstrualne świnie. Zresztą często nazywane są świniami rzecznymi, a do lat osiemdziesiątych zeszłego wieku zaliczane były nawet do świniowatych. Dopiero badania genetyczne dekadę później ujawniły prawdę. Najbliższymi krewniakami hipopotamów nie są ani konie, ani świnie, a wieloryby, morświny i delfiny. Rozdzielenie na tej linii nastąpiło około 54 milionów lat temu. Wtedy to część zaczęła ewoluować w *Anthracotheriidae*, czyli rodziny czworonogich zwierząt, z których jedna gałąź ewoluowała dalej w kierunku hipopotamowatych. No cóż, poza tym, że wszystkie te zwierzęta mają skórę pozbawioną włosów, innych podobieństw między nimi nie widzę.

> *Moje życie jest bardzo ciekawe, nigdy nie wiem, co się wydarzy następnego dnia. Spotykam się z wieloma turystami, odwiedzają nas też członkowie fanklubu Jessiki. Jeśli na przykład pracuję w ogrodzie, przychodzi do mnie Jessica i kładzie się tuż obok, jak mój ochroniarz. Kiedy ludzie podjeżdżają pod naszą bramę i widzą kobietę w ogrodzie z hipopotamem, zatrzymują się i mówią, że to szaleństwo. Ja odpowiadam, że wcale nie, że to moja córka, a ja nie jestem wariatką i wszystko ze mną w porządku. Tak to wygląda. Wystarczy raz zobaczyć Jessikę, żeby ją pokochać. Jeśli jej dotkniesz, nakarmisz, zechcesz zostać z nią na zawsze.*

Wbrew temu, co sądzi Shirley, nie każdy ma tak pozytywne odczucia. Przed dwoma laty sąsiad Joubertów – niejaki Van Vuuren, zrobił im awanturę. Podobno Jessica weszła na jego pole warzywne i je splądrowała. To zresztą jeden z najczęstszych powodów odstrzałów hipopotamów w Afryce – walka o terytorium. Wściekły Van Vuuren zagroził, że zastrzeli Jessikę. Skończyło się na tym, że naskarżył na sąsiadów do Endangered Wildlife Trust – organizacji, która zajmuje się ochroną gatunków zagrożonych wyginięciem. EWT przysłała człowieka, żeby zbadał sprawę. W sporządzonym przez niego raporcie uznano Jessikę za „potencjalne ekstremalne zagrożenie". Jako samica dojrzała seksualnie, a zatem zdolna do posiadania potomstwa, może bowiem być jeszcze bardziej agresywna w obronie swojego potencjalnego dziecka.

W dokumencie znalazł się ponadto realny scenariusz tragedii, która, zdaniem raportującego, może wydarzyć się w każdej chwili. Van Vuurenowi polecono założenie pastucha elektrycznego, a Joubertom kazano pokryć koszty ogrodzenia. Delikatnie też zasugerowano, że miejsce Jessiki jest w zoo. A co o tym konflikcie mówią sami zainteresowani?

– Nasz sąsiad widzi we wszystkim zagrożenie – twierdzi Shirley. – Powiedział, że Jessica weszła na jego plantację warzyw, żeby je zjeść. Ale to przecież niemożliwe! Jess nigdy nie wychodzi poza bramę. On po prostu jej nie lubi. Myślę, że to bardziej kwestia zazdrości.

– To była poważna kłótnia? – dopytuję.

– Prawie udaliśmy się z tym do sądu, bo zagroził, że zabije Jessikę. To było szokujące. Teraz żyję w ciągłym napięciu i obawie, że ktoś może ją zastrzelić albo dać do jedzenia coś, co ją otruje – Shirley skarży się i zapewnia: – Pomimo tego, że jest dzikim zwierzęciem i jest taka duża, Jessica nigdy, przenigdy nie zrobiła nikomu krzywdy, bo ma cudowne serce. Wcale nie jest agresywna.

Był taki moment, kiedy czułam specyficzną więź z Jessiką. Leżała w basenie, bulterier Chucky skakał jej po grzbiecie i co chwila nurkował gdzieś w poszukiwaniu kamyków do rzucania (pierwszy raz widziałam nurkującego psa!). Ja szeptałam hipopotamicy do ucha jakieś miłe słowa o jej wyglądzie i łagodnie głaskałam ją po pysku. Zdawała się mnie faktycznie akceptować. Jeszcze tego samego dnia, kiedy podarowałam Jess śliczny różowy kocyk do spania z logo programu „Kobieta na krańcu świata" i chciałam ją szczelnie przykryć przed snem, zaatakowała mnie. Nie mogę wykluczyć, że poruszyłam się w niewłaściwy sposób albo popełniłam inny nietakt, jednak zwierzę, które waży tonę, może nawet niechcący zrobić komuś krzywdę. Co prawda Jess potrafi być szalenie delikatna i z gracją podnosi jagódkę z ziemi, ale też jednego dnia niechcący stanęła mi na nogę, przygniotła mnie do ściany w kuchni i w końcu kłapnęła mi przed twarzą przerażającą paszczą z gigantycznymi zębami.

Nie żebym była jakoś szczególnie strachliwa, ale trzymanie hipopotama w salonie wydaje mi się dość ekscentryczne i niekoniecznie dobre dla zwierzęcia, które zapewne najszczęśliwsze byłoby na wolności, z innymi hipopotamami. Czy zatem wyrazem największej miłości ze strony przybranych rodziców nie byłaby próba przywrócenia Jessiki Matce Naturze?

Jess już osiągnęła stosowną wagę, żeby zostać matką. Myślimy, że powinna być w ciąży w przyszłym roku. A rodzić w następnym. Mieliśmy już wiele propozycji od stacji telewizyjnych na udokumentowanie tego momentu. Dostaliśmy właśnie wsparcie finansowe od pewnego Amerykanina, wyposażył nas we wszelkie potrzebne sprzęty, światło, kamery, także nocne. Już za mniej więcej trzy tygodnie będzie można oglądać Jessikę na naszej stronie. Poród też tam będzie na żywo. Bez względu na to, czy będzie to dzień, noc, w buszu, czy w rzece, ja odbiorę to dziecko.

Najwięcej maluchów przychodzi na świat na początku pory deszczowej, pod koniec sezonu zimowego. I zaraz po porodzie musi zdać swój najważniejszy egzamin. Wynurzyć się i zaczerpnąć pierwszy oddech. Na szczęście pomaga mu mama.

Tonie jest pewien, że Jessica pozwoli mu dotknąć maleństwa zaraz po urodzeniu. A na razie hipopotamica za pełną aprobatą rodziców randkuje z dzikimi przedstawicielami tego samego gatunku. Shirley i Tonie bardzo chcą zostać dziadkami. Marzy im się gromadka pulchnych wnuków. Niestety ciąża hipopotama trwa osiem miesięcy, a samica rodzi średnio co pięć lat, więc będą musieli uzbroić się w cierpliwość.

Od Toniego dowiedziałam się, że hipopotamy nie osiągają dojrzałości płciowej wraz z wiekiem, ale z wagą. Pani hipopotamowa musi bowiem utrzymać na swoich plecach trzy, a nawet cztery razy cięższego od siebie partnera. Na szczęście miłosne igraszki odbywają się w wodzie, podobnie jak poród.

Zalotnicy w nocy podpływają rzeką pod dom Joubertów. A Tonie i Shirley przyglądają się z pomostu schadzkom córki. Trzeba przyznać, że to dość osobliwe. Zwykle ojcowie przeganiają zalotników córek, uznając ich (tak jak mój tata) za niewystarczająco dobrych.

Bywa też, że to Jessica wyrusza na miłosne łowy. Wystarczy, że popłynie w górę rzeki, gdzie żyje zaprzyjaźnione z nią stado. Ma podobno trzech „boyfriendów", ale jej faworytem jest Fred. Często pasą się razem. Fred jest bardzo przystojnym samcem i przywódcą stada, a poza tym jest przyjacielski. Shirley twierdzi, że Jessica uwielbia jego towarzystwo, przy nim robi się nieśmiała.

Pytam Shirley, co się stanie, jeśli Jessica nie zajdzie w ciążę.

– Jeżeli będzie wystarczająco zrelaksowana, to nic nie stoi na przeszkodzie, żeby miała potomstwo – odpowiada z przekonaniem.

Widzę, że u Joubertów jest silne parcie na powiększenie rodziny. No tak, przecież Jess nie jest wieczna, a takie małe hipopotamiątko to kura znosząca złote jaja. Choć może jestem niesprawiedliwa i faktycznie przybrani rodzice martwią się wyłącznie o dobro podopiecznej?

– A nie boisz się, że kiedy Jessica będzie miała dziecko, może stać się bardziej agresywna wobec was? Będzie jeszcze większa i będzie chciała go bronić? – drążę temat.

– Nie wiem tego… Ale nie będziemy jej do niczego zmuszać – Shirley bagatelizuje moje pytanie.

Uwielbiam łapać kłusowników. Gdy takiego dorwę, a czasami czekam na niego nawet dwa czy trzy dni, to go przepytuję. Muszę się dowiedzieć, gdzie są wszystkie wnyki. Nie mogę go od razu zabrać na policję. Następnie zdejmuję wnyki i zakładam sprawę w sądzie. Rocznie to mniej więcej 250 spraw. Czasami jedna dotyczy trzech lub czterech osób. Moja farma jest na szczęście czysta, mamy dobrą reputację. Aczkolwiek miesiąc temu było tu znów dwóch mężczyzn zakładających wnyki, ale już się ich pozbyłem.

Tonie był strażnikiem dzikiej przyrody przez 14 lat, kontrolował tereny od Zimbabwe, przez Mozambik, aż do Suazi. Mimo że jest na emeryturze, cały czas pomaga władzom parku. Wzywają go, gdy jest jakiś problem ze zwierzakami lub trzeba złapać kłusowników. Tonie nie ukrywa, że bardzo lubi to robić.

Już po wyłączeniu kamery i dyktafonu staje się bardziej rozmowny.

– Co robię, jak ich złapię? Jak to co?! – śmieje się głośno. – Powiedzmy, że daję im nauczkę. Ha, ha, ha!

Podzielam niechęć Toniego do kłusowników, ale wizja bicia, a może i dosłownego „pozbywania się" ich, trochę mi jednak działa na wyobraźnię.

– A co ty byś zrobiła, gdybyś zobaczyła zwierzęta, które umierają po kilka dni w strasznych męczarniach? Gdybyś patrzyła na lwa, który potrafi odgryźć sobie łapę, żeby się uwolnić z wnyków? Albo antylopę, która dusi się przez tydzień, a w końcu umiera z głodu i pragnienia, hę? – pyta prowokująco.

Nie wiem.

Wiem tylko, że kiedyś hipopotamy żyły na całym afrykańskim kontynencie, niemal w każdej rzece i każdym jeziorze. Ale te czasy już nigdy nie wrócą. Patrzę na mapę, która przedstawia obszar występowania hipopotamów dawniej i obecnie. Na tle afrykańskiego kontynentu zostało zaledwie kilka plamek oznaczających, że to wspaniałe zwierzę jeszcze tu egzystuje. Smutne… Ostatniego hipopotama na terenie Egiptu widziano w 1816 roku. W Demokratycznej Republice Konga w czasie drugiej wojny kongijskiej liczba hipopotamów zmniejszyła się o 95 procent. Zwierzęta te okazały się cennym źródłem

Na terenie parku Tonie wciąż znajduje wnyki z drutu i metalowe potrzaski. Podczas gdy na zwierzęta wszędzie czyhają kłusownicy, Jess może czuć się bezpieczna w swoim domu.

kalorii dla mieszkańców zrujnowanego konfliktem kraju. I choć handel mięsem hipopotama jest zabroniony, to jak kontrolować lokalną ludność, która zna teren lepiej niż policja i strażnicy w parkach? W całej Afryce żyje obecnie nie więcej niż 150 tysięcy hipopotamów, z czego na południową część kontynentu przypada około 80 tysięcy. Jedynie zambijska populacja zdaje się rosnąć, w innych krajach następuje spadek liczebności hipopotamów. W RPA ich liczba to około 5 tysięcy zwierząt, większość żyje w Parku Narodowym Krugera.

Mięso hipopotama jest podobno bardzo smaczne, jak delikatna i krucha wołowina. Z jednego zwierzęcia można pozyskać aż 520 kilogramów takiego mięsa, nie wspominając o prawie dziesięciokilogramowym języku czy skórze stanowiącej 25 procent masy jego ciała. To wystarczy do wykarmienia kilku afrykańskich rodzin przez rok. A przecież można sprzedać jeszcze kość niewiele tańszą od słoniowej.

– Słyszałam, że również kły hipopotama są bardzo cenne? – pytam Toniego.

– Są, ale nie aż tak bardzo – wyjaśnia. – Ludzie często mylą się, mówiąc o „kości słoniowej u hipopotamów". To normalne zęby, jak u człowieka, jedynie dwa środkowe są podobne do kości słoniowej.

– A czy przeciętny człowiek dostrzeże różnicę?

– Kły hipopotama są mniejsze i ciemniejsze, więc od razu widać różnicę, szczególnie gdy się je przetnie. Ale ludziom można wmówić wszystko i nie zorientują się, która kość jest prawdziwa, a która nie.

Rzeczywiście, laik nie odróżni rzeczy zrobionej z kła hipopotama od tej wykonanej z ciosów słoni. Najlepszym dowodem jest fakt, że kiedy w 1989 roku słoń został wpisany na listę CITIES i objęty ochroną, handel kłami hipopotamów podskoczył aż o 520 procent! W ciągu jednego roku po zakazie handlu kością słoniową przez ręce celników na całym świecie przeszło 15 tysięcy kilogramów kłów hipopotama. W 2006 roku, tuż po wpisaniu tych zwierząt do Czerwonej Księgi Gatunków Zagrożonych, celnicy przechwycili 1700 kłów – był to jednorazowy przerzut z Ugandy do Hongkongu. Zanim hipopotam został objęty ochroną – w ciągu jednego roku (2002) z Ugandy wywieziono 5 tysięcy jego zębów. Rachunek jest prosty: 5 tysięcy zębów oznacza 2,5 tysiąca zabitych zwierząt. Ponieważ ludzie nie są w stanie zrezygnować z rzeźb, pamiątkowych figurek czy biżuterii z kości, po zakazie handlu kością słoniową rzucili się na hipopotamową. Dziś w Afryce na jednego hipopotama przypadają trzy, może cztery słonie.

Na jednej ze stron internetowych poświęconych myślistwu przeczytałam, że upolowanie hipopotama jest wyzwaniem porównywalnym z zabiciem muchy packą zrobioną z gazety. Wystarczy do niego strzelić z bezpiecznej odległości, gdy wypoczywa w wodzie. Najlepiej celować między oczy lub między oko a ucho. Zabite zwierzę wypływa na powierzchnię w ciągu pół godziny, wówczas trzeba tylko zapłacić lokalnemu przewodnikowi lub rybakowi, żeby podpłynął do niego łódką i spławił je na brzeg. Łatwo i tanio polować na hipopotamy w Zambii, Zimbabwe, Mozambiku, Botswanie. W RPA jest znacznie drożej.

Zwierzęta w Afryce zabijane są z głodu, dla zysku ze sprzedaży ich cennych kości, futer, kłów oraz dla rozrywki. Jest mnóstwo ludzi, którzy chcą sobie bezkarnie i bezpiecznie postrzelać tylko dlatego, że ich na to stać. Afryka Południowa uchodzi za największy rynek handlu dzikimi zwierzętami i komercyjnymi pozwoleniami na odstrzał. Co roku jest stąd wywożonych ponad 500 tysięcy zwierząt, co stanowi 80 procent całego eksportu z tego kontynentu. Interpol podaje, że ta gałąź nielegalnego handlu przynosi zysk rzędu 12 miliardów dolarów rocznie. Pieniądze to paliwo napędzające całą machinę.

Wydawać by się mogło, że zwierzęta w rezerwatach przyrody są bezpieczne, jednak dla uzbrojonych po zęby kłusowników to supermarket, z którego biorą sobie tyle towaru, ile potrzebują. Niestety w procederze często uczestniczą również parkowi strażnicy. Ze 120 impali zabitych nielegalnie w Parku Narodowym Krugera 60 trafiło do lokalnego sklepu mięsnego. Jeden strażnik zabił 20 nosorożców, a inny w ciągu 12 lat pracy uśmiercił ich 46. Według niektórych źródeł (OCPI), na terenie Afryki Południowej działa prawie 300 zorganizowanych grup przestępczych wyspecjalizowanych w handlu dzikimi zwierzętami.

Farma Joubertów, po której oprowadza mnie Tonie, ma około 600 hektarów powierzchni, to kilkadziesiąt razy więcej niż średnie gospodarstwo w Polsce. Na tym terenie żyje podobno około 30 dzikich hipopotamów, mnóstwo impali, a nawet lew, dlatego Tonie nosi ze sobą strzelbę.

– W przyszłym miesiącu będziemy redukować liczbę zwierząt na naszej farmie. Zostanie wynajęty helikopter i będziemy musieli złapać około 120 impali, 40 zebr. Zostaną przewiezione na inną farmę – opowiada, gdy idziemy przez busz.

Tymczasem znajdujemy ścieżkę wydeptaną przez zwierzęta. Jest na niej mnóstwo tropów i odchodów. To idealne miejsce, żeby założyć wnyki. Najpopularniejsza jest zwykła stalowa linka. Z jednej strony przymocowana do drzewa lub krzaka, z drugiej zawinięta w pętlę. Jeżeli zwierzę wejdzie w taką pułapkę, drut zaciśnie mu się na szyi lub nodze. Jego agonia przeważnie trwa kilka dni, bo kłusownicy z obawy przed policją i strażnikami nie sprawdzają wnyków codziennie. Nawet nie mogę sobie wyobrazić, jak straszna musi być śmierć zwierzęcia złapanego w pułapkę. Jeśli się nie udusi, co dla ofiary jest zdecydowanie najlepszym rozwiązaniem, najczęściej umiera z głodu, z pragnienia, z wyczerpania, ze strachu. Wiem, że często tymi metodami posługują się ludzie, którzy nie mają pieniędzy, ale dla takiego sposobu zabijania zwierząt trudno mi znaleźć jakiekolwiek usprawiedliwienie.

Jak się uśmierca hipopotama? Bierze się mocny drut i przywiązuje się go do większego drzewa. Czasami zamiast drzewa używa się wielkiego i ciężkiego kloca, który później hipopotam ciągnie, aż do momentu, kiedy o coś zahaczy. Wówczas utknie i już nie będzie w stanie się ruszyć. Czasami, gdy znajdują takiego hipopotama i nie jest on jeszcze martwy, muszą go zabić sami. Jest to bardzo okrutna metoda – stają za nim, podcinają ścięgno Achillesa, tak aby nie mógł stać, a następnie okaleczają go aż do powolnej śmierci.

Tonie w całym swoim życiu widział ponad 40 hipopotamów zabitych w ten sposób. Widział też martwego słonia z nogą niemal do kości przeciętą przez drut. Do łapania zebr czy lampartów kłusownicy też używają drutu. To prosty i tani sposób, zwłaszcza że często kradną go z ogrodzeń właścicieli farm, na których je zakładają. Natomiast metalowe potrzaski dobrze się sprawdzają przy łapaniu lwów. Gdy kłusownicy znajdą jakieś martwe zwierzę, układają gałęzie wokół niego, pozostawiając dla lwa małe wejście, w którym ustawiają potrzask. Jest tak silny, że jego zamknięcie może uciąć zwierzęciu łapę.

Bezrobocie i duża liczba imigrantów z Zimbabwe i Mozambiku, którzy przebywają w RPA nielegalnie – to zdaniem Toniego główny powód kłusownictwa. Żeby przeżyć, ci ludzie wszędzie zakładają pułapki na zwierzęta. Kłusują również na terenie farmy Joubertów.

– Czyli zabijają głównie dla mięsa? – pytam Toniego.

– Dla mięsa, dla rogów nosorożców. Chińczycy robią z nich proszek i stosują jako afrodyzjak.

Niestety kłusownicy nie myślą o jutrze, ale o dniu dzisiejszym. Jeżeli złapią coś dzisiaj, nie będą się martwili o jutro. Jeżeli nic nie złapią, nie będą mieli co jeść.

Ja zaś myślę o naszych dzieciach i ich dzieciach, które w przyszłości nie będą nawet wiedziały, jak wygląda słoń, hipopotam czy inne zwierzę. Wiem, że łatwo jest dawać światłe rady, gdy samemu nigdy nie było się głodnym, gdy ma się

Dom Joubertów zamieszkuje pięć bulterierów. Łączy je z Jessicą głęboka przyjaźń (nawet jedzą to samo!), jednak psy nie zawsze wychodzą ze wspólnych zabaw bez szwanku...

własny dom i dobrą pracę. A przecież w kraju, z którego pochodzę, wieki temu wytępiono wszystko, co było do wytępienia, i zjedzono wszystko, co do zjedzenia się nadawało. To w końcu my doprowadziliśmy do zagłady populację turów, żubrów, rysi, tarpanów, niedźwiedzi, a nawet bobrów i wilków. Wiele trudu i pieniędzy kosztowało nas przywrócenie tych gatunków naturze. Teraz je doceniamy i cieszymy się nimi. I uważamy, że cały świat powinien myśleć podobnie.

Afryka to kolebka naszego gatunku, to jedyny kontynent, na którym żyją tak spektakularne zwierzęta w takiej wielkiej masie. Cudownie jest to wszystko oglądać. Dlatego irytuje mnie, że myślenie Afrykanów jest tak krótkowzroczne. Hipopotamy są zabijane z powodu dwóch zębów. Słoniom odrąbuje się ciosy. Często wtedy osierocone zostaje małe słoniątko, mały hipopotam… I to jest łańcuch, który nigdy się nie kończy, łańcuch ogromnego cierpienia.

Tak niewiele trzeba zrobić, żeby ocalić tysiące zwierząt. A wystarczyłoby, żeby świat zrezygnował z paru ładnych, kompletnie nieużytecznych, łatwo dających się zastąpić innymi przedmiotów – figurek, broszek, spinek do mankietów…

Rodzina jest bardzo ważna dla hipopotamic, nic więc dziwnego, że Jessikę połączyły więzy z ludźmi i z naszymi psami. Psy są blisko niej zwłaszcza w nocy, śpią przy niej, a czasami nawet na niej. Po prostu wskakują na jej grzbiet, a ona nie protestuje. Obserwowałam kiedyś przez kuchenne okno, jak wesoła gromadka przygotowywała się do wspólnego snu. Spanie obok hipopotama trudno uznać za wyjątkowo bezpieczne. Kiedyś Tonie musiał ratować psa przygniecionego przez Jess do ściany. Obyło się bez ran. Tylko siniaki. Ale to chyba niewielka cena za przyjaźń z Jess?

Dom Joubertów jest wyjątkowy. Nie dlatego, że jest niezwykle malowniczo położony albo piękny czy duży. On jest hipopotamoodporny. Do jego wzmocnienia użyto stali i betonu. Tym drugim wylana jest cała podłoga. Żeby ją zmyć, wystarczy kilka wiader z wodą. Kuchenny blat, do którego prowadzą trzy schodki, wykonano z solidnego kamienia – Jessica wielokrotnie zarywała poprzednie, drewniane, gdy opierała się o nie podczas karmienia. Ale najistotniejsze są drzwi. Wielkie, masywne, stalowe, nie do sforsowania przez hipopotama. Zostały zamontowane trzy lata temu, bo Jessica krążyła po domu bez kontroli i ciągle coś niszczyła.

– Nie znoszę ich. Są okropne – żali się Shirley. – Przeżyłam ich wstawienie pewnie bardziej niż ona. To przecież jej dom i powinna móc wchodzić do niego, kiedy tylko chce. Jednak to było konieczne, bo Jessica stłukła 104 szyby.

Teraz okna chronią stalowe balustrady.

Shirley pokazuje mi salon, serce domu. Kiedyś musiało to być bardzo elegenckie miejsce, w prawdziwie kolonialnym stylu. Dziś ściany są brudne, meble sfatygowane. Wygląda trochę tak, jakby nikt go nie kochał i o niego nie dbał. Nie zdradzam jednak gospodyni swoich przemyśleń, nie chcę jej urazić. Głośno mówię, że dom nie jest tak zniszczony, jak myślałam. Zważywszy że żyje w nim nietypowy, jeżeli chodzi o wymiary i sposób bycia, lokator. Taki co potrafi wskoczyć bez pozwolenia na łóżko. I zarwać je. Jessica ma już na koncie 14 takich spektakularnych akcji.

Na werandzie przed domem leży nowy materac – różowy w kwiatki (różowy to podobno ulubiony kolor Jessiki). Pod nieobecność właścicielki postanawiam go przetestować. Natychmiast otaczają mnie psy, wszystkie tej samej rasy – bulteriery. Są zaniedbane, parchate, chude, wyliniałe, ale sympatyczne. To w ich towarzystwie Jessica zasypia przykryta różowym kocykiem, z poduszką pod brodą.

– Jak on ma na imię? – pytam Shirley, wskazując największego pieszczocha, bo nadal nie potrafię ich rozróżnić.

Okazuje się, że to Chucky. No więc Chucky najwyraźniej pomylił mnie ze swoją przyjaciółką i położył się obok. Nie dziwię się, materac jest bardzo wygodny, mięciutki. Shirley kupuje nowy co dwa tygodnie. Nie dlatego, że poprzedni znudził się Jess. Ona zgniata materace niczym prasa i po tym okresie przypominają naleśnik.

Utrzymanie hipopotama tanie nie jest – dwa razy w miesiącu nowe łóżko, 100 kilogramów karmy dziennie, co daje 3 tysiące kilogramów miesięcznie. (Człowiek zjada średnio tysiąc kilogramów pożywienia rocznie). No i jeszcze olejki do aromaterapii, której sesję Jess ma codziennie…

Odkąd tu przybyłam, nie mogę się oprzeć wrażeniu, że Shirley i Tonie nie są tylko i wyłącznie rodzicami Jessiki – są jednocześnie jej agentami. Zastanawiam się, co w ich działaniu wynika z uczucia do Jess, a ile w tym jest skutecznej akcji marketingowo-PR-owskiej. Bo kogo nie rozczuli widok hipopotama, gdy śpi na kwiecistym materacu, otulony różowym kocykiem? Albo bawi się z psami? Ogląda telewizję razem z ludźmi? Miłość do hipopotama, traktowanie go jak własne dziecko, wygląda na szaleństwo, ale takie, które ma potencjał, żeby dobrze się sprzedać. To wyjątkowo barwna historia, taka „duszoszczypatielna". Może widzowie nie popłaczą się ze wzruszenia, ale pośmieją się na pewno. Czy można sobie wyobrazić lepszego bohatera reportażu niż oswojony hipopotam i jego zwariowani rodzice? Może przebiłby go tylko oswojony… No właśnie, żadne inne zwierzę nie przychodzi mi do głowy.

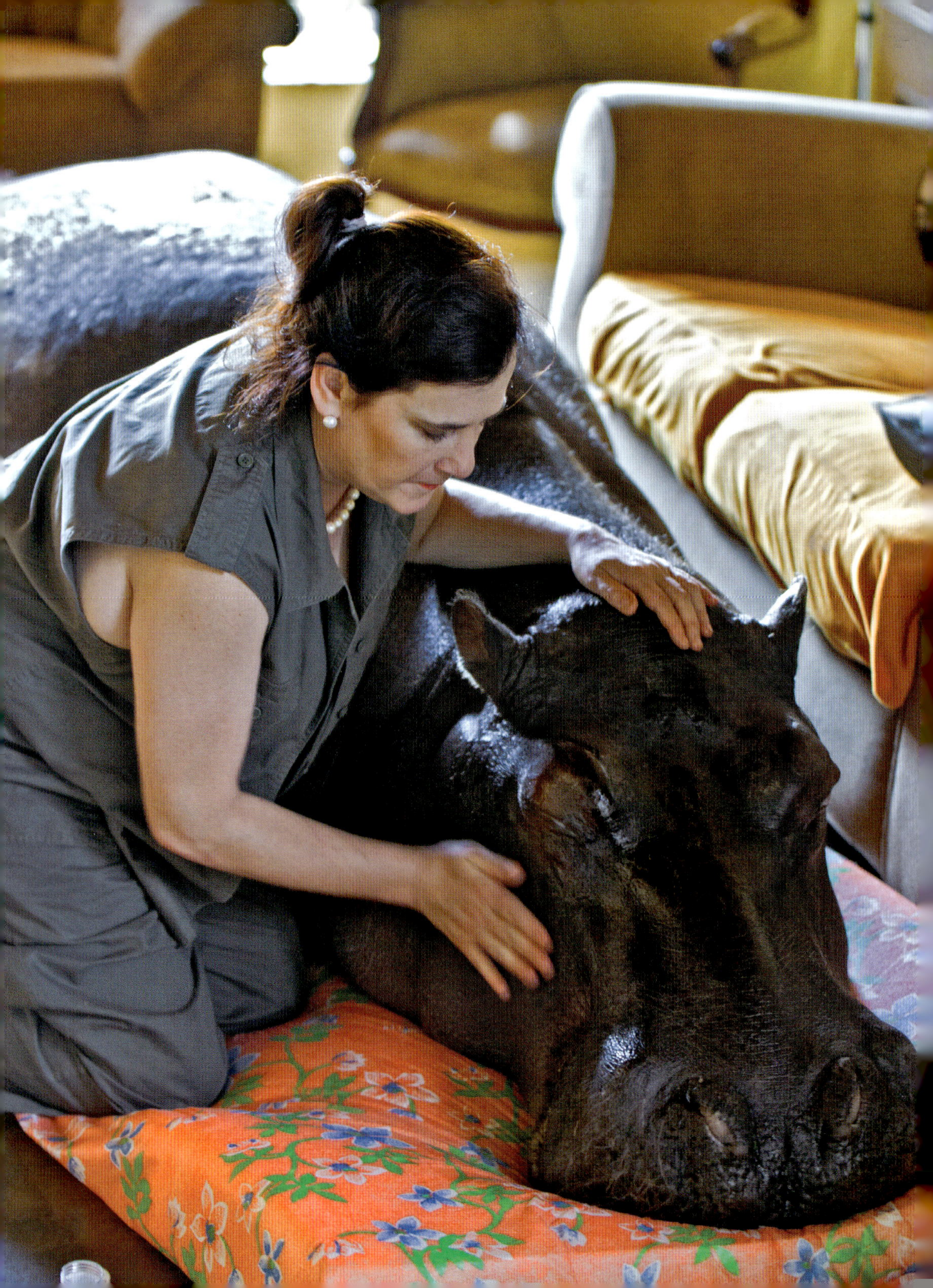

Hipopotamowe spa, czyli codzienny masaż i aromaterapia. Po takim relaksie matka i córka kładą się na materacu przed telewizorem, żeby obejrzeć ulubiony serial „Moda na sukces".

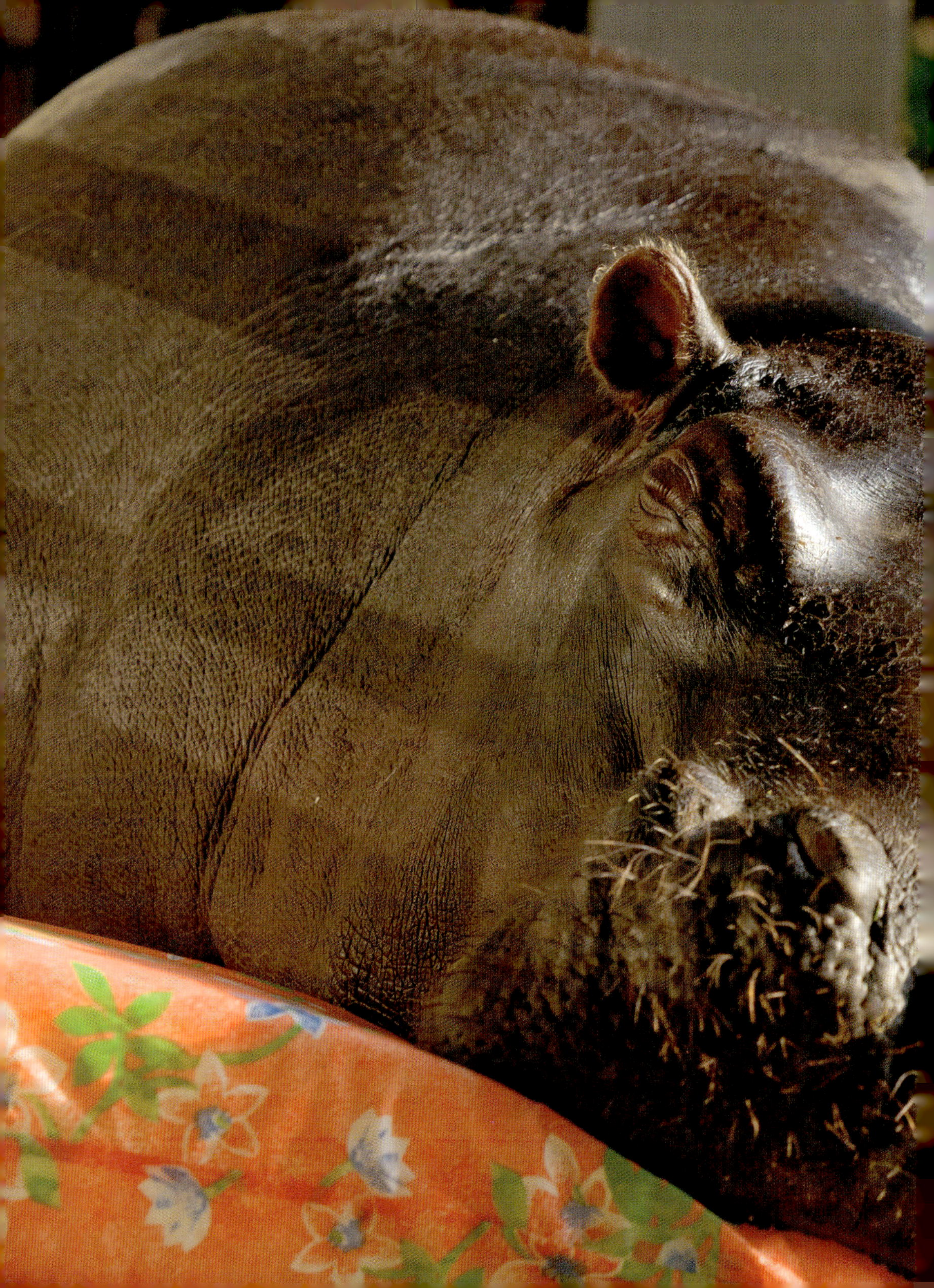

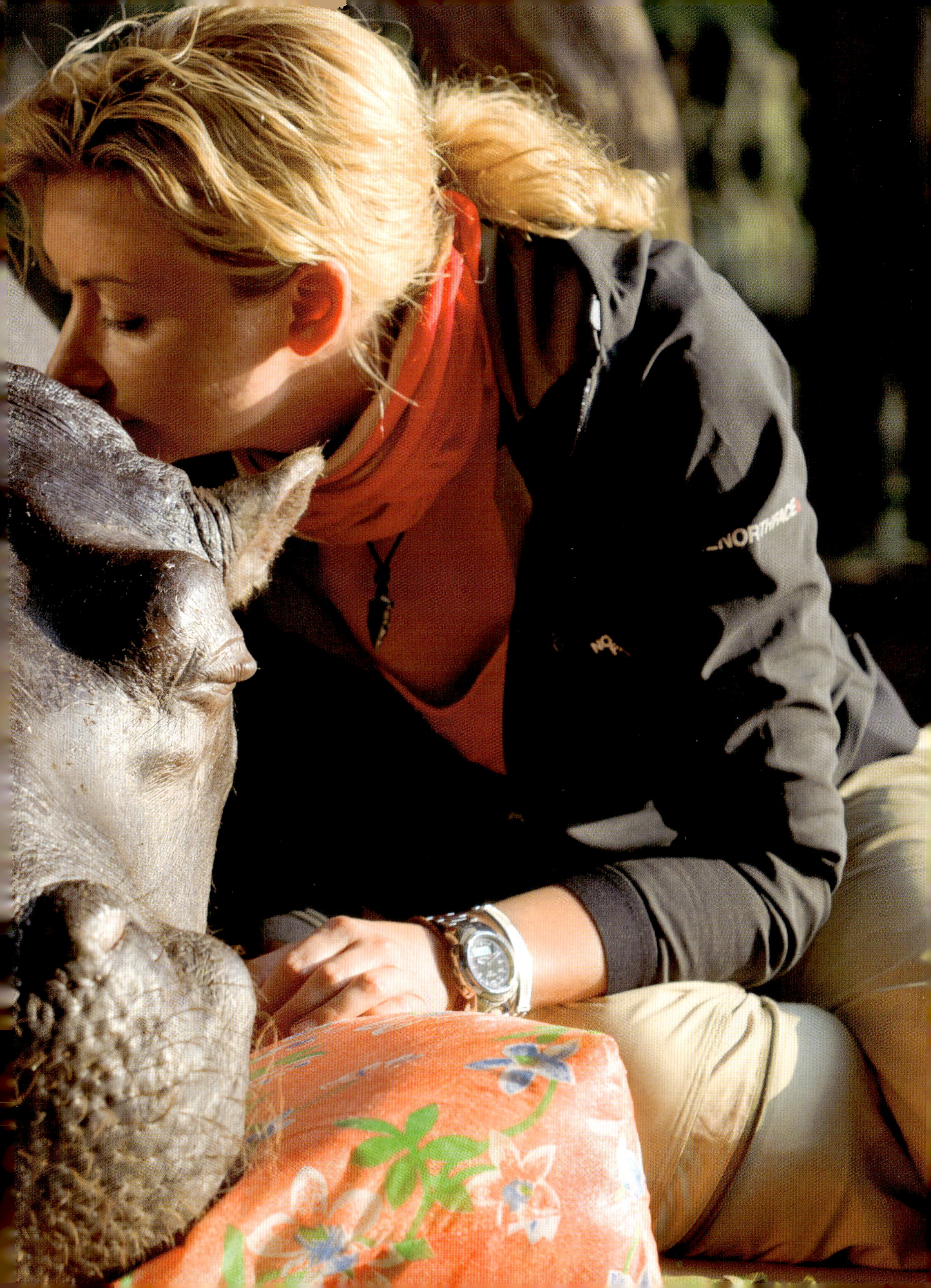

Poza tym Jessica to idealna gwiazda, nie marudzi, nie obraża się, nie kaprysi, nie potrzebuje konta w banku, nie wydaje fortuny na ciuchy, fryzjerów, makijażystów. Cóż, czasami zabaluje do rana z innymi hipopotamami i kłapnie pyskiem, ale i tak każdy menedżer chciałby mieć taką podopieczną.

Mikstura składa się z ylang-ylang, lawendy, bergamotki i pieprzu. Jessica wyciąga się na materacu. Opiera głowę o jego krawędź, rozpłaszcza się jak pies, który czeka na pieszczoty. Shirley nabiera olejek, ociepla go w dłoniach i delikatnie rozciera na skórze hipopotama. Masaż zaczyna od obszaru wokół oczu, potem przemieszcza się w stronę uszu. Jessica wygląda na bardzo zadowoloną. Odpręża się, wydaje z siebie pełne satysfakcji sapnięcia, jej oddech przyśpiesza. Nie tylko ludzie uwielbiają być dotykani, zwierzęta też tego potrzebują. To dzięki bodźcom dotykowym, odbieranym przez umieszczone w skórze receptory i przetwarzanym przez mózg, czerpiemy wiedzę o otaczającym nas świecie. U niemowląt to właśnie ten zmysł jest najlepiej rozwinięty. Dotyk symbolizuje miłość, przywiązanie, troskę. A masaże dodatkowo odprężają nas, odstresowują, wyciszają, relaksują, poprawiają krążenie, trawienie. Dotyk też kształtuje silną więź emocjonalną między matką a dzieckiem.

Wyobraźcie sobie krem przeciwsłoneczny, który nie tylko chroni przed promieniowaniem UV, nawilża, natłuszcza, odstrasza owady, przyjemnie chłodzi i nie ma ani grama konserwantów. Takim specyfikiem, o cudownych wręcz właściwościach, nie jest superdrogi kosmetyk najnowszej generacji, zawierający połowę tablicy Mendelejewa, tylko pot hipopotama. Od jego barwy wziął się mit, że hipopotamy pocą się krwią. Jest on mieszanką dwóch substancji. Jedna to pomarańczowy pigment, który rozprasza światło. Druga, w kolorze czerwonym, działa jak antybiotyk – odkaża skórę i odstrasza owady.

– Pot hipopotama ma też właściwości lecznicze – mówi Shirley z przekonaniem. – Jeśli tylko pojawi się jakaś rana, wystarczy go nakładać przez kilka tygodni i znikną nawet blizny. Świetnie też działa na ludzką skórę. Jeśli na przykład położysz trochę potu na jedną rękę, a na drugą nie i po dziesięciu minutach go zmyjesz, to poczujesz ogromną różnicę!

– Co jeszcze lubi Jessica? – pytam Shirley, która z czułością głaszcze hipopotamicę.

– Uwielbia pracować ze mną w ogródku, razem oglądamy telewizję, zwłaszcza serial „Moda na sukces". Codziennie układamy się w salonie, żeby zobaczyć kolejny odcinek. – I dodaje: – Kocha też muzykę. Kiedy ją słyszy, jest jak w transie, zrelaksowana. Trzeba się nieźle postarać, żeby potem wyszła z domu.

Widziałam już ludzi pływających z delfinami, rekinami, fokami, słoniami, ale Shirley jest chyba jedyną kobietą świata, która pływa z hipopotamem.

– To niesamowite doświadczenie – opowiada. – Hipopotam w wodzie porusza się jak delfin, siadam więc na grzbiet Jessiki i to daje mi niezwykłe poczucie bliskości. Kiedy jestem na niej, czuję się bezpieczna, bo ona nie boi się krokodyli. Wiem też, że w razie czego mnie obroni. Normalnie nigdy w życiu nie weszłabym do rzeki Blyde, bo tu jest mnóstwo tych gadów, nawet przed naszym domem – mówi.

Kiedy weszłam na pokład samolotu w Johannesburgu, czułam się jak smutna stara kobieta. Usiadłam przy oknie i wkrótce samolot był już ponad chmurami. Zamknęłam oczy i oparłam głowę o siedzenie. Starałam się nie wybuchnąć płaczem. Nagle, z jakiegoś powodu, otworzyłam oczy ponownie i nie mogłam wręcz uwierzyć. Naprzeciwko mnie jedna część wielkiej chmury przybrała kształt głowy hipopotama. Naprawdę tak było, nie kłamię! Widziałam głowę, oczy, uszy jakby wyrzeźbione w marmurze. Wręcz nie mogłam uwierzyć. Nie mogłam zrobić zdjęcia, ponieważ spakowałam aparat do głównego bagażu. Nie obchodzi mnie, co ktoś sobie w tej chwili pomyśli. Wiem, co widziałam. To była Jess mówiąca mi „do widzenia", zapewniająca, że będzie ze mną na zawsze. Ilekroć opowiadam tę historię, płaczę. Oto jak wyjątkowe było to dla mnie doświadczenie.

Margaret Martin, szefowa fanklubu Jessiki z USA

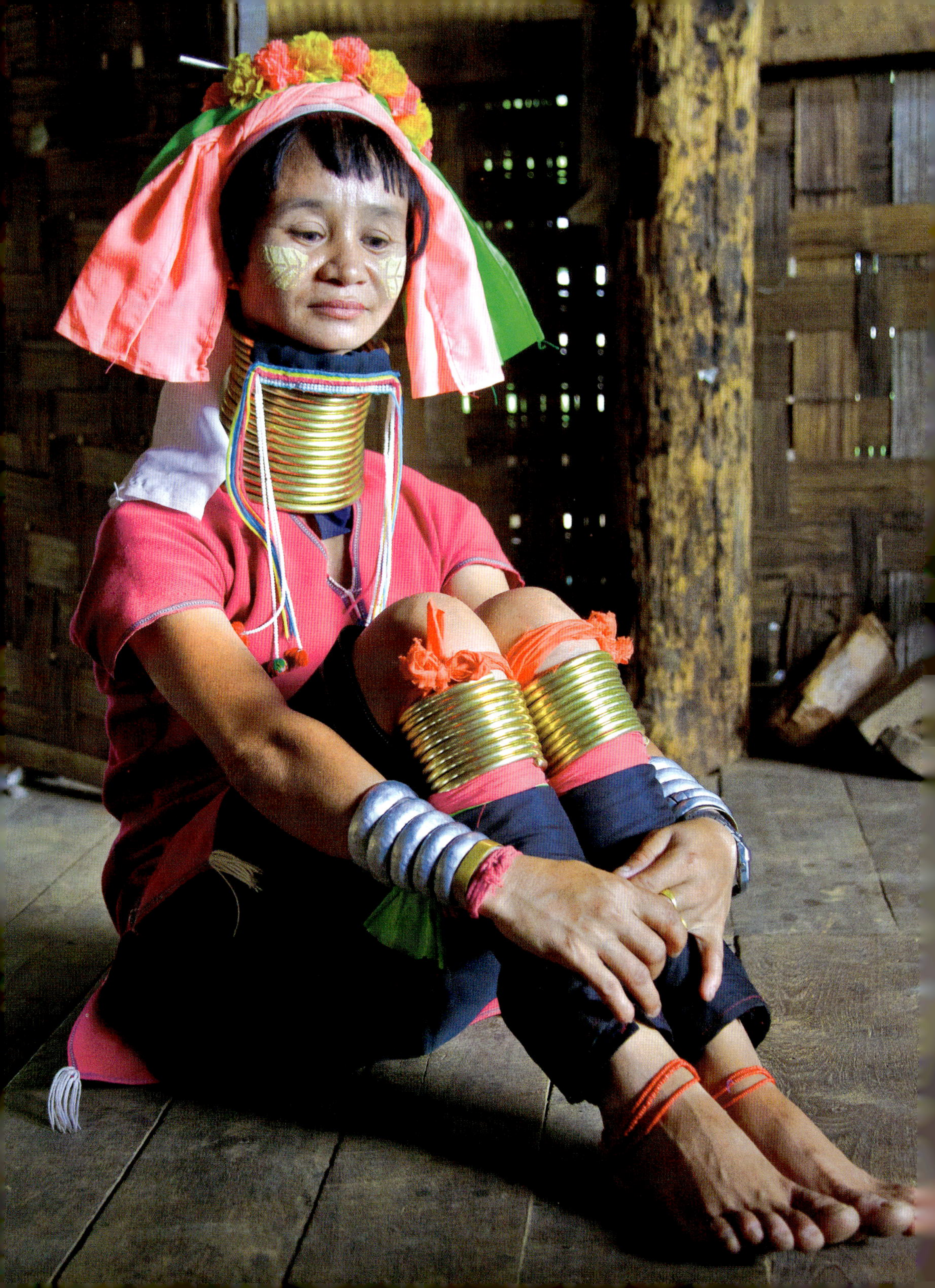

TAJLANDIA
30 centymetrów piękna

Bohaterka: **Macieng**
Wiek: **36 lat**
Stan cywilny: **mężatka, czworo dzieci**
Zawód: **atrakcja turystyczna**
Miejsce akcji: **Tajlandia, Huay Pu Kaeng**

Serdecznie witamy wszystkich gości w naszej wiosce, prosimy jednak pamiętać, że jest to normalna miejscowość, a nie skansen. Należy powstrzymać się przed schodzeniem z głównej drogi czy wchodzeniem do domów bez wyraźnego zaproszenia. Prosimy również o niedokarmianie dzieci słodyczami. Inne prezenty w rodzaju świeżych owoców czy materiałów papierniczych są mile widziane. W budynkach szkolnych znajdują się skrzynki, do których można składać datki dla naszej społeczności, podobna skrzynka mieści się również przy tablicy ogłoszeniowej w centrum wioski. Mieszkańcy Huay Pu Kaeng są przyzwyczajeni do turystów i bardzo chętnie pozują do fotografii, jednak chwytanie kogoś lub dotykanie bez jego zgody jest tu równie niewłaściwe, jak w każdym innym miejscu na świecie. W rewanżu za zdjęcie można kupić coś z lokalnych straganów.

Z tablicy ogłoszeń przy wejściu do wioski Huay Pu Kaeng

Klękam na drewnianej podłodze i posłusznie pochylam głowę. Przez chwilę przychodzi mi do głowy myśl, że to taka sama pozycja, jak do ścięcia. Odganiam ją jednak. Zresztą, w przeciwieństwie do dekapitacji, mam zamiar zrobić TO na własne życzenie. W oczekiwaniu na ceremonię spoglądam jeszcze przez ramię na sprzęty znajdujące się na werandzie drewnianego domu. Drewniana ławka, zwój zużytych toreb foliowych, stara maszyna do szycia marki Singer (skąd ona tu się wzięła?), wiklinowy koszyk do noszenia owoców i warzyw zebranych daleko, w dżungli.

Zasuszona, ale krzepka staruszka o twarzy pooranej zmarszczkami i dłoniach ze skórą delikatną niczym pergamin bierze długi, chyba czterometrowy drut z mosiądzu o średnicy 1,5 centymetra. Zaczyna go giąć, powoli owijając wokół mojej szyi. Robi to ze zdumiewającą łatwością, niczym iluzjonista, który siłą woli, a raczej magii, wygina metalowe łyżki. Tylko od zręczności jej rąk zależy, czy rytuał wydłużania szyi będzie do zniesienia, czy stanie się torturą. Chociaż jest bardzo wprawna i widać, że robiła to wiele razy, mam wrażenie, że zaraz się uduszę. Serce łomocze mi w piersi, mimo że w moim przypadku to odwracalny zabieg i przede wszystkim w każdej chwili mogę się wycofać. Machinalnie dotykam metalowej konstrukcji. Pierścienie powinny być lśniące, gładkie i ściśle do siebie przylegać. Tylko taka obręcz uchodzi za piękną i godną noszenia.

Każda wioska zamieszkana przez plemię Padaung, którego kobiety szczycą się najdłuższymi szyjami na świecie, ma co najmniej dwie mistrzynie ceremonii, które zajmują się zakładaniem obręczy. Niegdyś datę zakładania pierwszych pierścieni wyznaczał wioskowy szaman na podstawie horoskopu, ale zazwyczaj odbywało się to po piątych urodzinach. Szyję dziewczynki smarowano tłustą maścią i masowano przez kilka godzin, zanim położono na kark poduszeczkę, a dopiero na nią ciężki metalowy zwój.

Moja ceremonia przebiegła nadzwyczaj sprawnie. W zaledwie 20 minut zostałam niemal całkowicie pozbawiona swobody ruchu. Nie mogę odchylić głowy, mam trudności z przełykaniem. Pierścienie, które ważą pewnie około 3, może nawet 4 kilogramów, wbijają mi się w kark i ranią skórę, a z przodu boleśnie miażdżą obojczyki. Podkładam chusteczkę higieniczną, którą szczęśliwie mam w kieszeni, pod ostro zakończoną końcówkę zwoju. Kobiety Padaung twierdzą, że jedynie w takich metalowych kołnierzach, krępujących niczym gorset, ich łabędzie szyje są piękne. Ja zaś zastanawiam się, czy w imię piękna warto aż tak się poświęcać.

Widziałem wiele pięknych kobiet bez obręczy, ale wszystkie, jak dla mnie, wyglądają tak samo… Niezbyt mi się podobają. I zawsze taka kobieta ma gorszy charakter niż prawdziwa Padaung. Naprawdę! Wolę moją żonę, która ma długą szyję. Pomimo tego, że jej ozdoby czasem utrudniają nam życie…

Mu Thang, 60 lat, bezrobotny kaleka

To, czy kobieta nosi obręcze, czy też nie, jest mi zupełnie obojętne. Moja żona założyła pierścienie dopiero po ślubie, w wieku 19 lat. Stwierdziła, że zawsze jej się podobały. Poza tym, bez obręczy praktycznie nie zarabiała, a teraz co chwila zaczepiają ją turyści, proponując wspólne zdjęcia i kupując sprzedawane przez nią pamiątki. Wiedzie nam się znacznie lepiej.

Lu Kang, 40 lat, medyk w wiosce

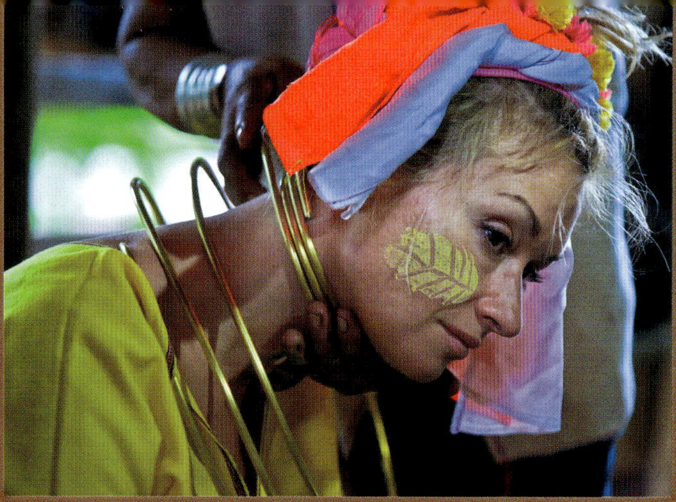

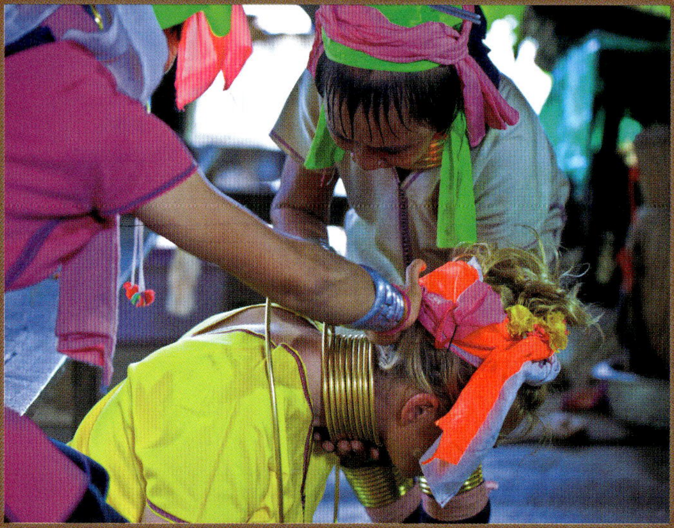

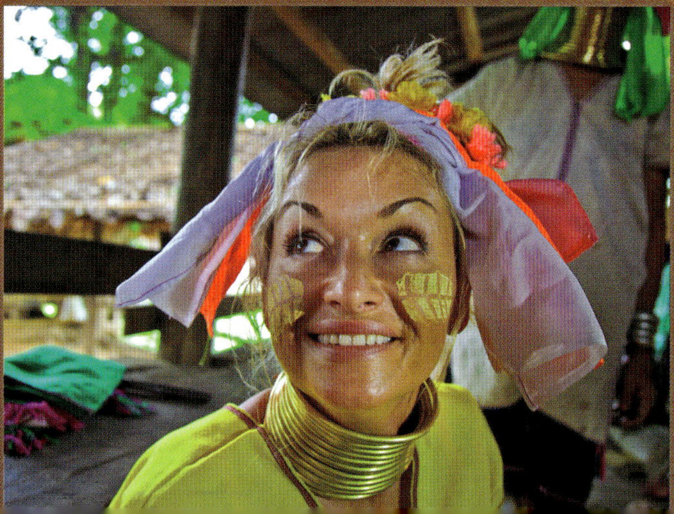

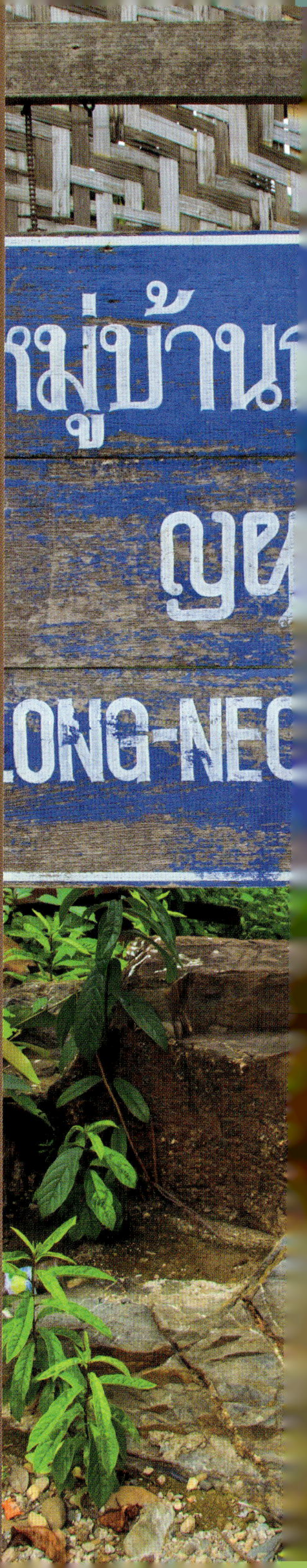
LONG-NEC

เหรียญใส่...
ยกเย...
VILLAGE

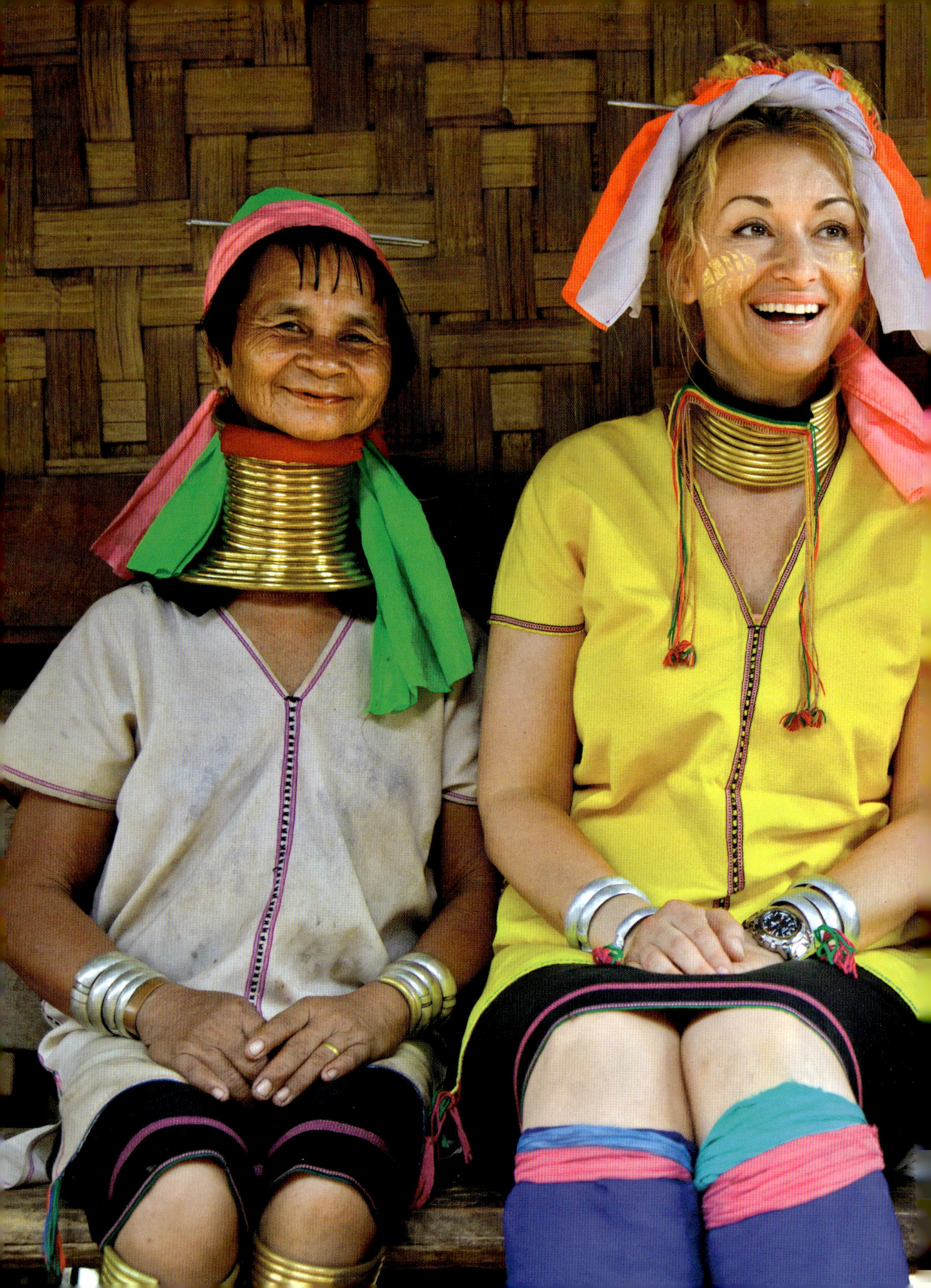

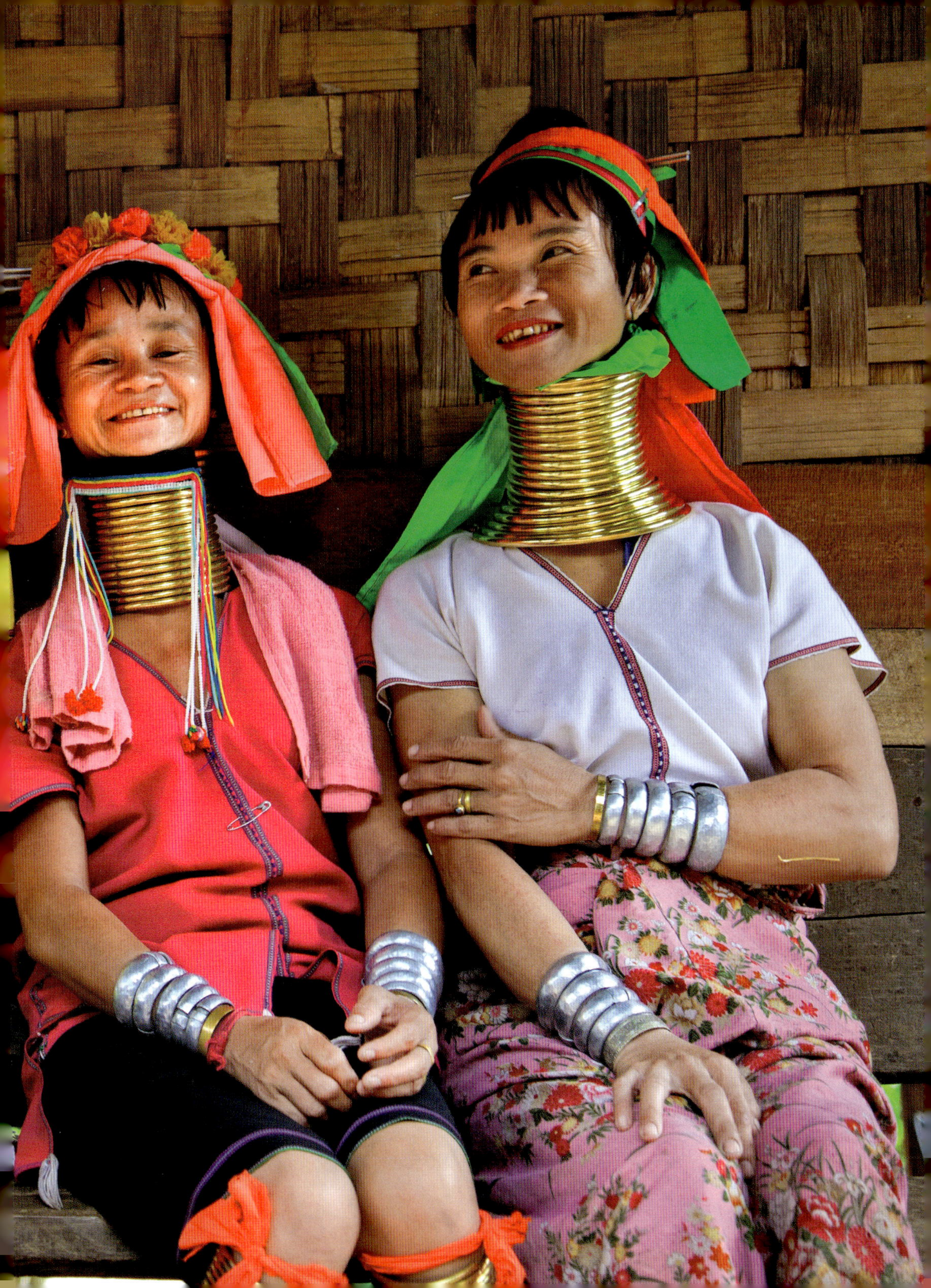

Podobają mi się oba rodzaje kobiet. Pierwsze należy cenić za kontynuowanie naszych tradycji, choć te bez obręczy mogą być równie piękne. Moja żona nie nosi pierścieni, ale raczej nie miałbym problemu, czy się ożenić z długoszyją.

An Tin, 45 lat, artysta rzeźbiarz

Moja żona nosi obręcze i za to będę ją kochał do końca życia, bo takie kobiety są najpiękniejsze! Codzienne życie i seks są może nieco bardziej skomplikowane... No, ale przecież musimy jakoś kontynuować naszą tradycję.

Mo Peg, 43 lata, rolnik

Nie przepadam za kobietami noszącymi obręcze. Całe to żelastwo jest piekielnie brzydkie i niewygodne, ale wiem, że to część naszej kultury. Osobiście jednak wolę piękne, szczupłe, normalne kobiety, a nie te dziwolągi z długimi szyjami.

Lahaii, 38 lat, przewodnik

Tatuowanie, malowanie, nacinanie, amputacje, przekłuwanie, piłowanie czy wybijanie przednich zębów, łamanie kości, tuczenie, odchudzanie, ściskanie – wszystko to *Homo sapiens* od tysięcy lat robi ze swoim ciałem. „Człowiek rozumny" pragnie bowiem wyglądać atrakcyjnie. Zwykle dla przedstawicieli przeciwnej płci, ale niekoniecznie... Cena tego szaleństwa nie gra żadnej roli. Ciało jest naszą wizytówką. Podobno mężczyźnie wystarczy ułamek sekundy, by stwierdzić, czy kobieta jest ładna, brzydka, czy wyjątkowa. Ocenie zazwyczaj podlegają twarz, biust i biodra. Kobieta potrzebuje znacznie więcej czasu, by uznać, że mężczyzna jej się podoba. A wszystkiemu winne są geny. On chce swoje przekazać jak najszybciej, a ona zrobić to jak najlepiej.

Czym jednak właściwie jest owo piękno, do którego z taką pasją i determinacją dążymy? Z badań preferencji mężczyzn wynika, że kobieta powinna być wysoka, a jednocześnie drobna, chuda, ale zaokrąglona. Być blond brunetką z czarnymi oczami o niebieskich tęczówkach. Mieć krótkie włosy sięgające pasa. Chodzić na szpilkach, ale płaskich. Mieć biust w rozmiarze B, ale nie mniejszy niż podwójne D. Być mądra, ale infantylna. Nosić pierścienie wydłużające szyję i ich nie nosić. Trochę to zagmatwane. Ale nic w kwestii kanonów urody proste nie jest.

Weźmy na przykład tuszę. Okazuje się, że nawet tutaj są niedające się pogodzić rozbieżności. I nie chodzi wcale o kilka kilogramów niedowagi, która charakteryzowała kobiety w średniowieczu. (Podobno to wówczas pojawiła się anoreksja. Bogobojne kobiety pościły tak długo i często, że wpędzało je to w chorobę). Ani o „córy baroku" z obrazów mistrza Rubensa – te z kolei niczego sobie raczej nie odmawiały. Przez wieki chudłyśmy albo tyłyśmy, ale w XXI stuleciu problem wagi zdaje się być szczególnie ważny – bardziej nawet niż nasz iloraz inteligencji. My, współczesne Europejki, jesteśmy beta-testerkami wszystkich cudownych diet, które mają nam pomóc skurczyć się do rozmiaru anorektycznej modelki z reklam seksownej bielizny. Jakbyśmy nie wiedziały, że w większości kobiety te są wytworem Photoshopa.

Przypomina mi się taki dowcip: „Jaki byłby świat bez mężczyzn? Jak to?! Byłby pełen szczęśliwych, grubych kobiet!". Czy jednak faktycznie staramy się tak dla naszych partnerów, czy po prostu uległyśmy już presji społecznej i dyktatowi mediów? Z badań wynika, że singielki (czyli również poszukujące) są szczuplejsze niż kobiety zamężne. Wiadomo – są odstępstwa, jednak pewnie coś w tym jest. Kiedyś szczupłość była oznaką biedy, dziś jest cechą ludzi bogatych. Znaczy też, że zamiast podwójnego Big Maca kobietę stać na modny sushi-bar.

Istnieją jednak miejsca, gdzie ten wychudzony ideał poległby z kretesem. Naprawdę! Na przykład w Afryce, gdzie ceni się raczej „pełne kobiety", a w szczególności w Mauretanii. Tam już małe dziewczynki tuczone są na specjalnych farmach, by mogły nosić ubrania w najbardziej pożądanym rozmiarze co najmniej XXXL.

Historia zna też przykłady poprawiania urody przybierające formy przerastające naszą wyobraźnię, wręcz szokujące. Do lat pięćdziesiątych XX wieku w Chinach około miliarda kobiet poddawano okrutnemu, wręcz nieludzkiemu zabiegowi krępowania stóp. W jego wyniku pękały kości, wdawały się infekcje, gniło ciało. Zdrowe, w pełni sprawne dziewczynki stawały się kalekami. O ile przeżyły zabieg, bo około 10 procent z nich umierało na skutek zakażenia. Ktoś, nie do końca wiadomo kto, wymyślił, że idealna stopa ma mieć od 7 do 10 centymetrów długości i kształtem przypominać kwiat lotosu. Tymczasem średnia długość kobiecych stóp to ponad 20 centymetrów.

Patrząc dziś na zdjęcia potwornie zdeformowanych kończyn, trudno uwierzyć, że komukolwiek mogły wydawać się atrakcyjne. Nie mówiąc o tym, że bardzo nieładnie pachniały. A jednak panowie je uwielbiali, tracili dla nich głowę – żonę wybierali, kierując się nie charakterem czy pięknem jej twarzy, tylko wyglądem maleńkich stóp.

Poza wydłużaniem lub spłaszczaniem czaszek, rozszczepianiem języka, przecinaniem dolnej wargi i wkładaniem tam gigantycznego glinianego krążka, zaszywaniem w penisie kamyczków – na miejsce w pierwszej dziesiątce najbardziej kuriozalnych sposobów uatrakcyjniania zasługuje też fartuszek hotentocki. Termin brzmi niewinnie, jednak nie ma nic wspólnego z ochroną odzieży przed pobrudzeniem podczas gotowania lub sprzątania. Kryje się pod nim zabieg polegający na mechanicznym wyciągnięciu warg sromowych mniejszych, które z czasem zyskiwały blisko 20 centymetrów długości. Takimi rozmiarami genitaliów mogły pochwalić się Buszmenki z Afryki Wschodniej i Zachodniej.

Białe zęby też nie zawsze i wszędzie uchodziły za godne pożądania. Japończykom żyjącym w średniowieczu nie spodobałyby się w ogóle – oni cenili zęby... czarne. Wyobrażacie sobie dzisiaj kobietę obdarzającą mężczyznę takim uśmiechem?! A co powiecie na uśmiech piranii zamiast gładkich, równych zębów? Spiłowane w stożki są wyznacznikiem urody obowiązującym u wielu plemion na świecie, na przykład u członków grupy etnicznej Mentawai – mieszkańców niewielkiego archipelagu leżącego na zachód od Sumatry. Podobnie bywa z bliznami. Mężczyźni z grupy etnicznej Tiv w Nigerii uważają, że tylko ta kobieta, która je posiada, będzie doskonałą kochanką i matką. Pokryta wypukłymi bliznami skóra – ich zdaniem – jest bardziej wrażliwa na dotyk, zatem dla właścicielki staje się źródłem wręcz niebiańskiej rozkoszy. W Etiopii ospeca się ciało bliznami (lub ozdabia – zależnie od interpretacji) z innego powodu. Skoro kobieta wytrzymała ten zabieg, to znaczy, że jest silna i odporna na ból, a zatem będzie dobrą partnerką w trudnych warunkach życia panujących w tym rejonie świata.

A co jest pięknego w niewiarygodnie długiej szyi?

Wiatr się wzmaga, niebo mieniące się błękitem i bielą powoli szarzeje. Ostrzega, że wcześniej czy później się rozpłacze. Nie jest to dla nas najlepsza wiadomość. Z drugiej strony, czego innego można się spodziewać w pełni sezonu monsunowego? Łódź motorowa klinem rozcina brązowy nurt rzeki Pai, wyrzucając z tyłu fontanny zamulonej wody. Warkot silnika odbija się echem od zielonego szpaleru wzgórz otaczających koryto niczym starożytne mury obronne. W tej głuszy każdy dźwięk o wyższej amplitudzie wydaje się wyjątkowo niestosowny. Jest niczym fanfary obwieszczające całej okolicy, że zbliżają się goście. Oczywiście uzbrojeni w duże pieniądze.

Wioska Huay Pu Kaeng leży w prowincji Mae Hong Son w północnej Tajlandii. To najbardziej górski region tego nizinnego, pokrytego polami ryżowymi kraju o powierzchni nieco większej od Hiszpanii i kształcie przypomi-

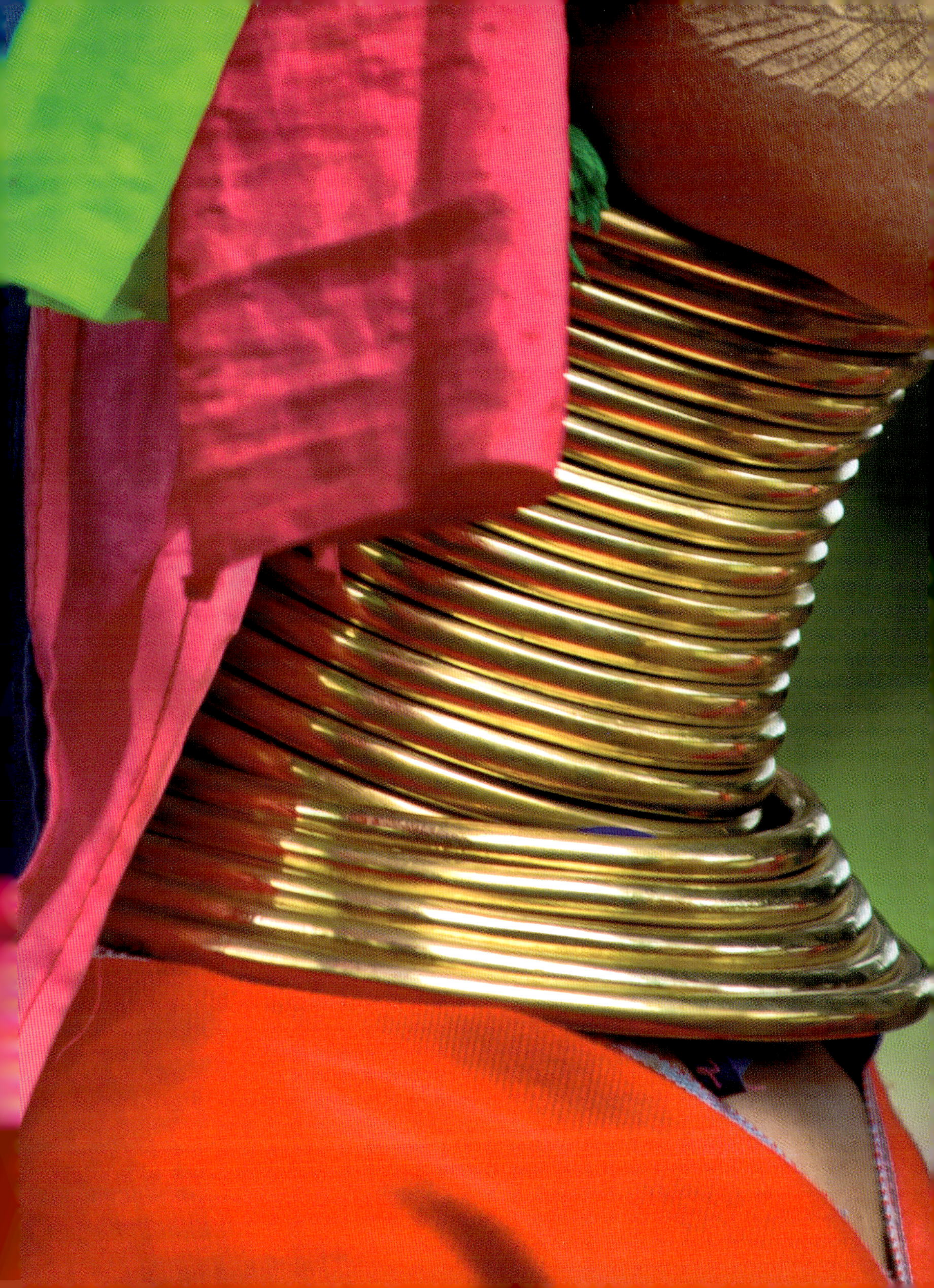

nającym głowę słonia. Słoń to narodowe zwierzę Tajlandii, a w prowincji Mae Hong Son, która zajmuje mniej więcej jego wypukłe czoło, te olbrzymy były przyuczane do pracy. Mae Hong Son to również nazwa stolicy regionu oddalonej od Bangkoku o prawie tysiąc kilometrów.

W nazwach wielu tutejszych miejscowości powtarza się słowo „mgła". Króluje tu bowiem niepodzielnie cały rok. Teraz też delikatna mleczna przędza snuje się między wapiennymi pagórkami, które ciągną się aż do birmańskiej granicy. Opatula dziewiczy las monsunowy pełen dziwnych stworów i roślin. Zarośla bambusowe konkurują tu o palmę pierwszeństwa z drzewami tekowymi dorastającymi do 50 metrów wysokości. Między nimi rozpychają się paprocie, kasztany, dęby, szarogęszą wawrzyny. Na nich lokują się epifity – piękne orchidee, których korzenie zamiast gleby wolą drzewa. Są tu też drapieżne, owadożerne dzbaneczniki oraz tysiące innych, zupełnie mi nieznanych gatunków roślin. W tropikalnym gąszczu fruwa największy nocny motyl świata – pawica atlas (*Attacus atlas*), którego rozpiętość skrzydeł osiąga jedną trzecią metra. Kumkają żaby, pełzają pytony, skradają się tygrysy, hałasują małpy, śpiewają słowiki, pohukują sowy.

W tak rajskim otoczeniu, w bezpiecznej odległości od demoralizujących pokus cywilizacji, żyją górskie plemiona. Ich członkowie zachowali stare wierzenia i obyczaje. Odrzucają światową modę, tkając materie na wyrafinowane kolorystycznie tradycyjne stroje. Są wśród nich Hmongowie, których kobiety to doskonałe hafciarki, Lahu (Ladhulsi) ciągle można spotkać z jaskrawymi torbami przewieszonymi przez ramię, kobiety Akha przystrajają głowy w niezwykłe, wyszukane nakrycia ozdabiane srebrnymi guzikami i pomponami. Mien preferują czarne czapeczki, kobiety z ludu Lisu noszą kolorowe nakrycia głowy zdobione kwiatami i frędzlami, a mężczyźni turbany. Ich wierzenia mają animistyczne korzenie. O przetrwanie tej wiary, a nawet wzrost liczby wyznawców, dbają duchowi przywódcy – kapłan oraz szaman. Obaj nawiązują kontakty z zaświatami.

Tymczasem zbliżamy się do wioski Huay Pu Kaeng, którą zamieszkuje najbardziej malownicza ze wszystkich górskich mniejszości, plemię Kayan Lahwi, zwani też Padaung lub Yan Pa Doung. Jego członkowie należą do grupy etnicznej Kayan wchodzącej w skład ludu Karenów. Cumujemy na piaszczystej plaży, wśród kilku innych łódek. Jesteśmy tuż obok granicy z Birmą. Żeby się tu dostać, leciałam lokalnym samolotem, jechałam samochodem przez 8 godzin krętą drogą i jeszcze pokonałam kawałek łodzią w górę rzeki. Teren pod budowę wioski został wydarty puszczy i widać, że ta nieustannie się o niego upomina. Za każdym razem, gdy obserwuję takie dzikie tereny Azji, zastanawiam się, jak, do cholery, Amerykanie chcieli w tej części świata wygrać wojnę z lokalną ludnością?

Wśród drewnianych, wrzynających się w zbocze domów strzelają w niebo palmy. Ich liście są niczym wielkie zielone parasole, rozpięte, by chronić ludzi przed słońcem. Teraz uginają się pod strugami deszczu. Leje jak z cebra. Tak jest tu od czerwca do października. Wioska wygląda jednak malowniczo, choć jest monochromatyczna, w odcieniach szarości. Koryto strumienia, nad którym przerzucono niewielki mostek, teraz wezbrane, przecina osadę na dwie części. Szarobure domy stoją na palach około 2 metry nad ziemią, niczym cyrkowcy na szczudłach. Oczywiście dlatego, żeby nie utonąć w monsunowej powodzi. Bardzo to praktyczne, więc wszyscy tutaj budują w ten sposób.

Nazywam się Macieng, mam 36 lat i pochodzę z Birmy. Jak każda kobieta, przede wszystkim zajmuję się domem. Co dzień wstaję rano i przygotowuję śniadanie. Później trochę pomagam mężowi na roli, wracam do domu i biorę się do gotowania, prania, sprzątania oraz opieki nad naszymi dziećmi. Mamy trzy córki i synka. Czasami odwiedzają nas turyści i udaje mi się coś sprzedać, na przykład szale, które tkam w wolnym czasie, czy jakieś ozdoby. Zwykle chcą mieć ze mną zdjęcie i nawet mi się podoba, że tak mnie fotografują. O, spójrz, ile tu mam swoich portretów! Dostałam je od przyjezdnych. Obręcze zaczęłam nosić w wieku pięciu lat, idąc w ślady matki, która miała przepiękną długą szyję.

Patrzę na niezbyt ładną, przedwcześnie postarzałą, ale szczerze uśmiechniętą kobietę. Jej zęby są pociemniałe, jak u wszystkich mieszkańców tego rejonu, od żucia betelu. Ma czarną, równą jak od linijki grzywkę, która przecina jej czoło w połowie; po bokach sterczy coś w rodzaju baczków. Zresztą wszystkie kobiety mają tu identyczne fryzury. Pozostałe włosy, związane w kok, zostały schowane pod czepcem ozdobionym wstążkami i wianuszkiem sztucznych kwiatów. Mała głowa wydaje się niemal wyciśnięta z metalowej tuby, która otacza tak nieprawdopodobnie długą szyję, że cała reszta ciała, nogi, ramiona i tułów, stają się nieproporcjonalnie małe, jakby wzięte od innej osoby.

Macieng jest wystrojona w tradycyjny ubiór swojego plemienia. Zamiast rozciągniętego T-shirta, dżinsowych spodenek i klapek, które lubi nosić lokalna ludność, ma na sobie amarantową tunikę, nazywaną *hse*, z dekoltem w kształcie litery V. Góra stroju wykończona jest zieloną lamówką i ozdobiona kolorowymi pomponikami. Wygląda to bajecznie. Kolor biały oznacza tu czystość, dlatego ubrania tej barwy noszą dzieci i niezamężne kobiety. Mężatkom bardziej do twarzy w czerwonym, który symbolizuje odwagę, albo niebieskim, oznaczającym wierność. Amarant zdaje się krzyczeć: „Oto jestem, zwróćcie na mnie uwagę!".

Spod czarnej spódnicy, zrobionej ze związanego w pasie kawałka materiału, wystają chude nogi w niebieskich getrach, obute w plastikowe sportowe klapki. Łydki, tuż pod kolanami, również są ozdobione ciasno zwiniętymi obręczami. Na nadgarstkach – rządek srebrnych bransoletek. Tradycję i nowoczesność spina elektroniczny zegarek marki Casio. I całkiem współczesny, dość odważny makijaż. Policzki mojej bohaterki pokrywa też bladożółta *thanaka*, pasta chroniąca przed słońcem, które po krótkotrwałej ulewie znów operuje, wręcz ze zdwojoną mocą. Jakby chciało odrobić stracony czas.

Mazidło przyrządza się ze sproszkowanej kory i liści drzewa *thanaka (Murraya exotica)*, zmieszanych z wodą. Używana również jako krem nawilżający i perfumy, *thanaka* znana jest w tym regionie od setek lat. Macieng nie rozstaje się też z małym różowym ręczniczkiem, który jest przewieszony przez jej cienką szyję i opada po obu stronach na piersi. Co chwila osusza nim błyszczącą od potu twarz, której policzki *thanaka* przyozdabia w romantyczne listki.

Nie wiem, czy Macieng wygląda ładnie. Z całą pewnością wygląda dziwnie. Ale w jej oczach ja chyba też nie prezentuję się najlepiej (kobieta w wojskowych spodniach i bluzie?!). Proponuje mi błyskawiczną przemianę.

Teraz mam na sobie żółtą tunikę i niebieskie stylonowe getry podwiązane wstążkami. Czarna spódnica sięgająca kolan, ozdobiona czerwoną lamówką, ciągle opada, więc ją nieustannie przytrzymuję. Operatorzy kamer zaśmiewają się, że wyglądam jak jeden z *canarinhos*. No tak, dokładnie w tym samych kolorach występuje brazylijska drużyna piłkarska... Na głowie mam wstążeczki w kolorze wściekłej pomarańczy i bieli, układające się w niby-welonik, oraz kwiatuszki. Od czasów przedszkola nigdy nie pozwoliłam zrobić sobie na włosach czegoś takiego.

Macieng ma trzy córki – Su Dar, trzynastolatka, jest najstarsza. W przeciwieństwie do matki wcale się nie uśmiecha, usta ma ułożone w podkówkę i gra rolę bardzo niezadowolonej młodej osoby. Jest w niej jakaś buta i niezgoda na otaczający świat. To chyba jednak typowe w tym wieku, niezależnie od szerokości geograficznej...

– To jest Ma Bei i ma siedem lat – Macieng dokonuje prezentacji.

Dziewczynka jest raczej smutna i zamyślona. Widać, że nie ma bliskiego kontaktu z matką, a naszą obecność traktuje jak zło konieczne.

– A to Naweeda. Postanowiłam dać jej tajskie imię, skoro już tu żyjemy – Macieng gładzi dziecko po głowie. – Ma pięć lat, więc dwa miesiące temu mogliśmy założyć jej obręcze. Bardzo tego chciała – dodaje, jakby chciała uprzedzić moje pytanie.

Naweeda okres młodzieńczego buntu ma jeszcze przed sobą, więc teraz szczebiocze coś radośnie do siostry.

Prezentację kończy Na Rou, dziewięcioletni synek.

Wszystkie dziewczynki mają na szyjach obręcze, choć stanowią raczej wyjątek wśród dzieciaków w tej wiosce. Podobno kobieta, która nie nosi pierścieni, nie jest uważana przez plemię Padaung za prawdziwą kobietę, ale dostrzegam, że większość matek nie decyduje się jednak na kultywowanie tradycji.

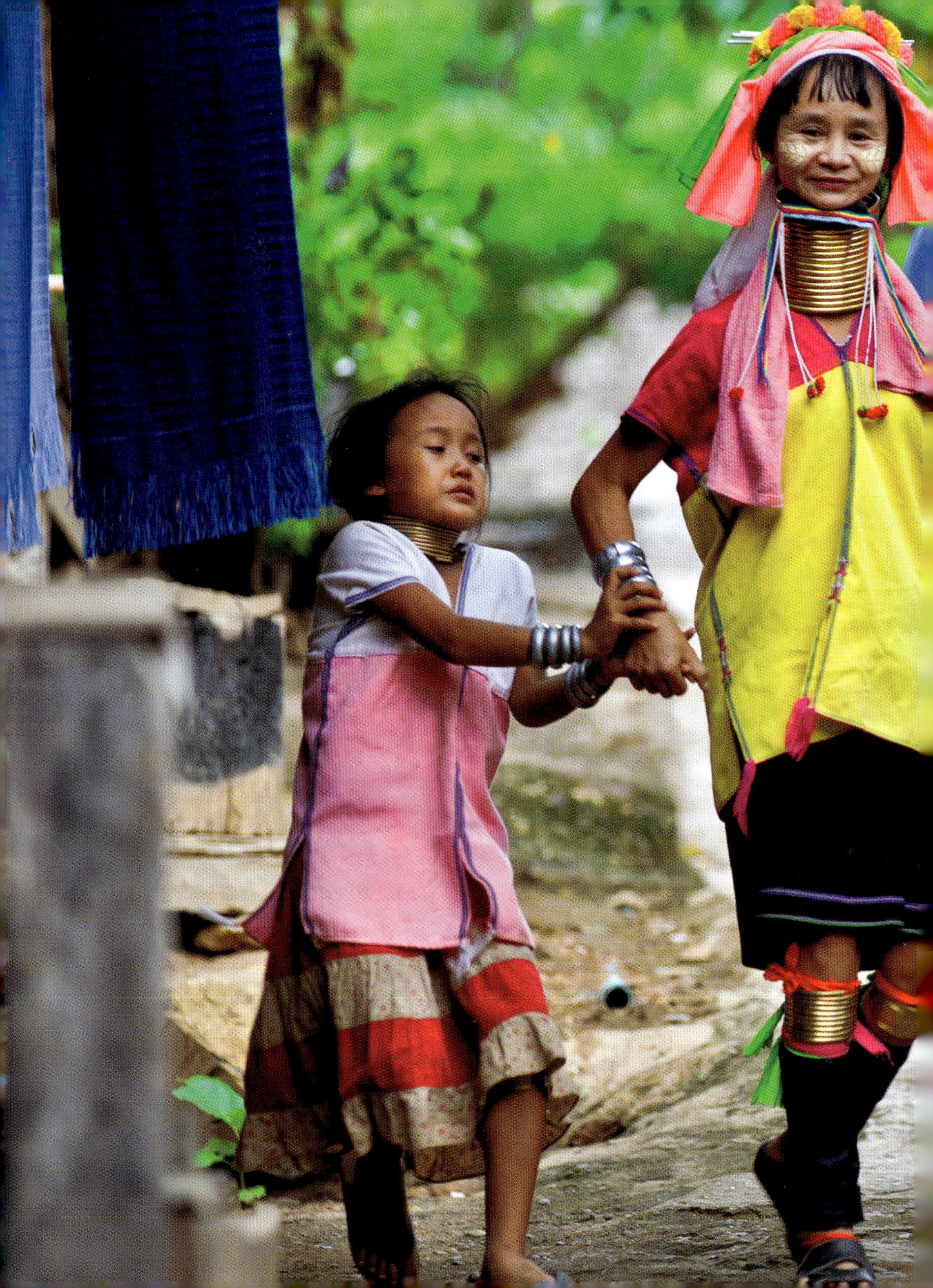

Dla Macieng liczą się tylko córki. To one będą w przyszłości źródłem dochodu rodziny.

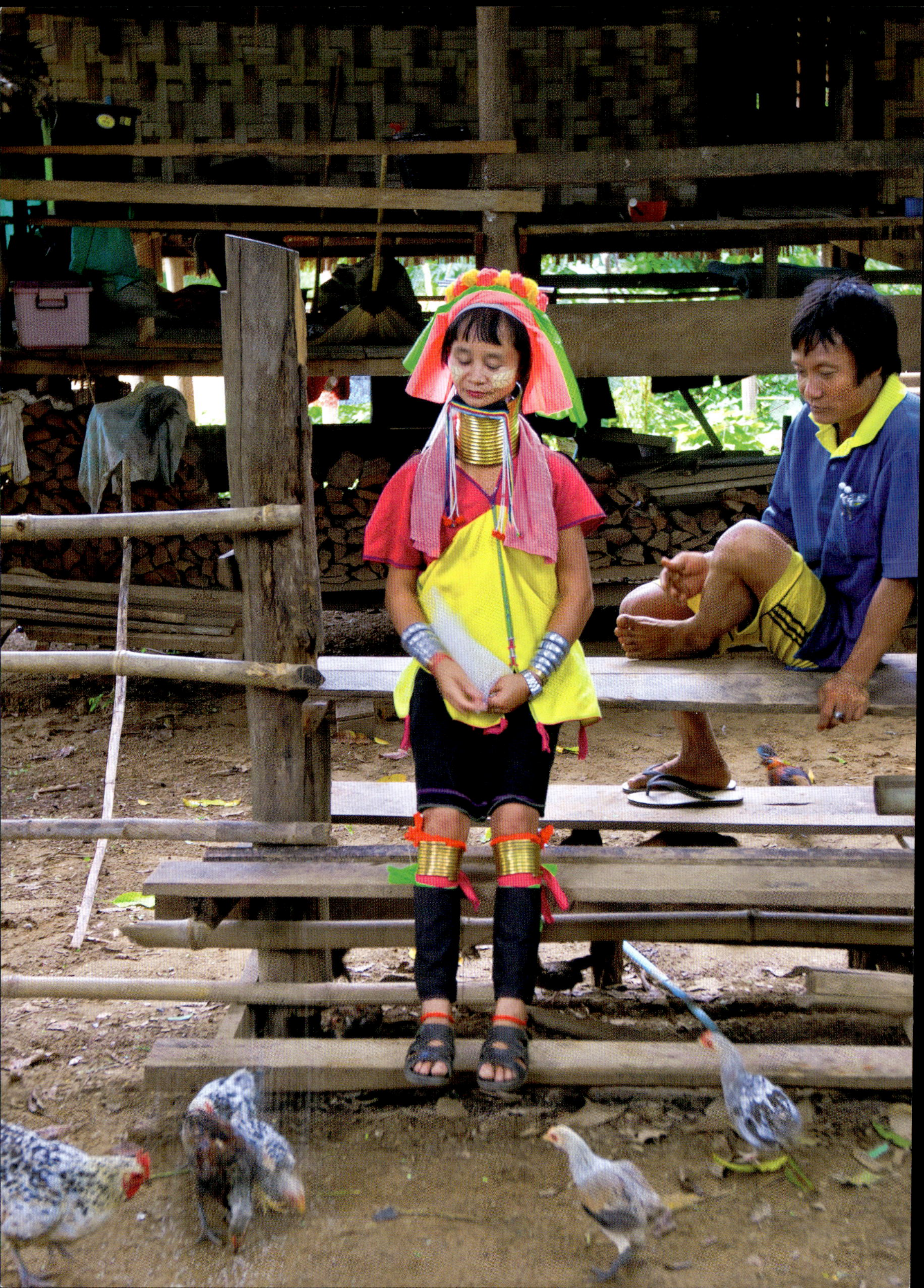

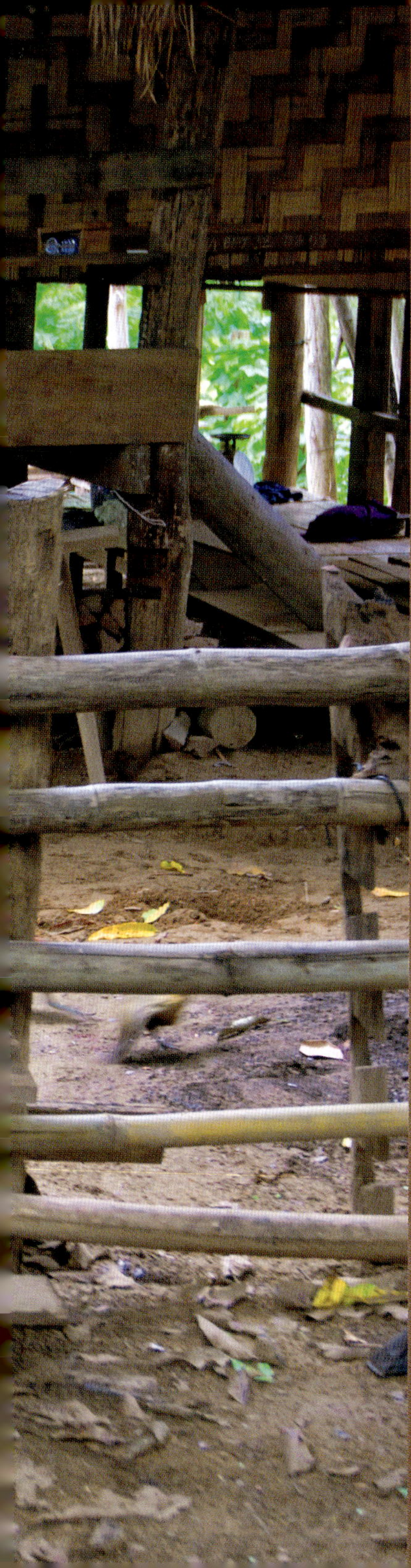
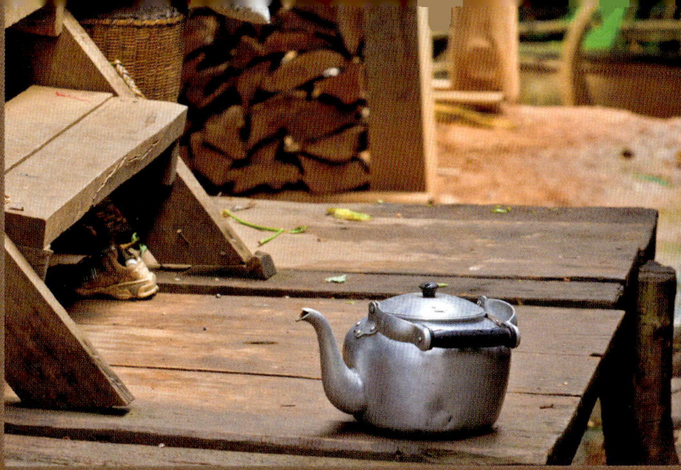
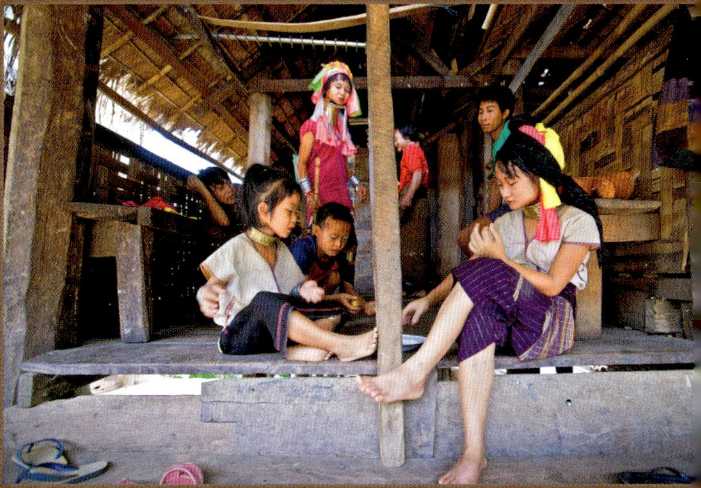
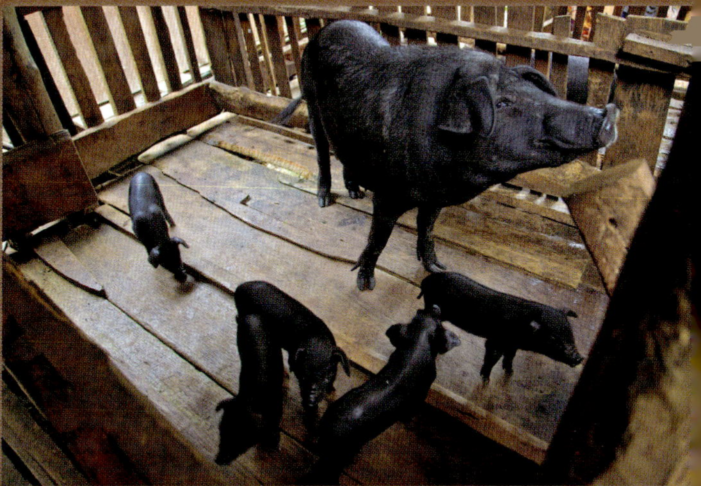

– Polubiłem Macieng od pierwszego spotkania i bardzo szybko poprosiłem ją, żeby wyszła za mnie za mąż – opowiada Korakaan. – W naszej kulturze to do rodziców należy aranżowanie małżeństw, choć można też samemu znaleźć sobie partnera.

Dawniej o tym, czy młodzi mogą się pobrać, decydowała wróżba. Niestety dość okrutna, wiązała się bowiem z egzekucją świni. Jeżeli jej wątroba była zdrowa, ślub mógł się odbyć. Ten test powtarzano dla pewności nawet trzy razy. Unika się również łączenia w pary kuzynów do dziewięciu pokoleń wstecz, co staje się coraz trudniejsze – Padaung niechętnie wiążą się z obcymi, a żyją w zamkniętych enklawach. Poza tym to zdeklarowani monogamiści, którzy nie uznają seksu przedmałżeńskiego, pozamałżeńskiego ani rozwodów.

– Jeśli mój mąż znalazłby sobie nową kobietę, to musiałabym go wyrzucić z domu i zabrać mu dzieci – Macieng grozi Korakaanowi palcem, ale zaraz kokieteryjnie zapewnia: – Ale my bardzo się kochamy. Nigdy do czegoś podobnego nie dojdzie.

Macieng zamieszkała w Huay Pu Kaeng 15 lat temu, po ucieczce z Birmy. Zostawiła tam rodzinę i ukochaną przyjaciółkę, której rodzice zabronili opuszczenia kraju. Przez siedem dni razem z grupą uciekinierów przedzierała się przez góry, w ciągłym strachu przed schwytaniem i wtrąceniem do więzienia. W Birmie nie wolno jej było opuszczać rodzinnej wioski w celu innym niż wyjście do pracy w polu. Każda próba wyruszenia gdzieś dalej wymagała specjalnego pozwolenia. Tymczasem komisja odpowiedzialna za ich wystawianie zbierała się tylko raz w tygodniu. Potrzebne były aż dwie wyprawy – jedna, aby złożyć wniosek, i druga, aby usłyszeć decyzję. Najczęściej odmowną.

„Kraina tysiąca pagód" – muszę przyznać, że sąsiadująca z Tajlandią Birma nazywana bywa wyjątkowo romantycznie. To idealny kraj do zwiedzania dla tych, którym niestraszne dziurawe drogi, kiepskie hotele, całkowity brak wygód i towarzystwa innych turystów. Nagrodą jest jednak dziewicza przyroda i absolutnie unikatowe, starożytne zabytki. Birma otwiera się na świat powoli, a świat ostrożnie przyjmuje zaproszenie. Nic w tym kraju bowiem nie jest tym, czym się wydaje. Każdy wydany przez nas dolar w jakimś procencie wspomaga reżim kontrolujący całą branżę turystyczną, a jednocześnie jest przecież odpowiedzialny za krwawe prześladowania własnych obywateli.

Dzisiejsza Birma, zwana też Myanma (tę nazwę uznała ONZ), nie jest najlepszym miejscem do życia. Zwłaszcza dla Karenów, mniejszości etnicznej, która stanowi 7 procent z prawie 50 milionów obywateli tego kraju. Kraju, który z jednego z najbogatszych w regionie w ciągu zaledwie 50 lat stał się jednym z najbiedniejszych. Za katastrofę ekonomiczną winę ponosi wojskowa junta, która na drodze zamachu stanu w 1962 roku, dokonanego przez generała Ne Wina, przejęła władzę. Choć zmienił się dyktator, reżim Birmańskiej Partii Socjalistycznej trwa do dziś. Jedną z uchwał partii było prawo, które podzieliło obywateli na trzy kategorie. Karenowie znaleźli się w ostatniej grupie pozbawionej dostępu do stanowisk publicznych.

Dlaczego Karenowie trafili na czarną listę? Jak wszyscy górale są krnąbrni, niezależni, nie uznają granic ani tyranii. Przez wieki byli traktowani jak niewolnicy, więc pewnego dnia zbuntowali się i zawalczyli o niepodległość. W zamian za obietnicę autonomii podczas II wojny światowej wsparli Brytyjczyków przeciw nowo powstałemu birmańskiemu rządowi, który sprzymierzył się z Japonią. Zostali jednak pozostawieni własnemu losowi, a ich zdradę zapamiętano. Przez dziesiątki lat cierpieli akty przemocy i choć do władzy dochodziły kolejne rządy, w sprawie Karenów nie zmieniło się nic. Obecnie birmańskie wojsko stara się odebrać im ziemię i krok po kroku zepchnąć jak najbliżej tajskiej granicy. Przeciwstawia się temu Narodowa Armia Wyzwolenia Karenów, zbrojne ramię tej mniejszości. Konflikt dorobił się już nawet tytułu jednej z najdłuższych wojen partyzanckich nowożytnego świata. A co na to cywile? Wojsko pali wioski Karenów, niszczy uprawy ryżu, by nie mogli żywić partyzantów, morduje, gwałci kobiety, więzi, torturuje. W ciągu ostatnich 20 lat ponad 700 tysięcy Karenów zostało zmuszonych do opuszczenia domów i szukania schronienia w sąsiedniej Tajlandii.

Dlaczego jednak poświęcam tej mniejszości tak dużo uwagi? Z Karenów wywodzi się właśnie plemię Padaung (lub Padong, Palaung, bo takie taka nazwy też funkcjonują). Oni sami nazywają siebie Kayanami. Bez względu jednak na zawiłości nomenklaturowe chcieliśmy pojechać do ich ojczyzny i zobaczyć miejsce, gdzie narodził się tak zdumiewający kanon piękna.

Dziennikarzom niełatwo dostać się do Birmy. Reżimy nie lubią prasy, telewizji, dociekliwych pytań, braku cenzury, dzięki której udaje się rozpowszechniać wyłącznie wygodną dla władzy wersję prawdy. Każdy reżim uszczelnia granice, odbiera głos obywatelom, zabrania im też rozmawiać z obcymi, którym na wszelki wypadek przydziela oficjalnego opiekuna. Wszyscy boją się wszystkich, nikt nikomu nie ufa, sąsiad donosi na sąsiada. Gest przyjaźni, na przykład udzielenie pomocy lub gościny obcemu, może prowadzić prosto do więzienia.

Stało się, koczujemy na lotnisku w Rangunie. Co prawda jeszcze w Bangkoku odebraliśmy telefon, a głos po drugiej stronie spokojnie poinformował, że wszystkie pozwolenia, o które tak długo zabiegaliśmy, zostały właśnie cofnięte odgórną decyzją generałów. Ale bagaże i sprzęt zostały już wysłane, więc wsiedliśmy do samolotu w nadziei, że to jakaś fatalna pomyłka. Jako powód cofnięcia zgody na filmowanie podano… złą pogodę. Obecność jakichkolwiek ekip telewizyjnych nie od dziś jest władzom Birmy bardzo nie na rękę. Okazuje się, że jezioro Inle, nad którym planowaliśmy nakręcić część filmu, to obszar katastrofy ekologicznej, skrupulatnie ukrywanej przez reżim. Jego wody, a jest to drugi co do wielkości zbiornik słodkiej wody w tym kraju, zostały zatrute pestycydami, których okoliczni rolnicy używają w nadmiarze. Piękny akwen zamienił się w ściek. Poza tym za pół roku w Birmie mają się odbyć wybory. Z góry jednak wiadomo, kto w nich wygra.

Myśleliśmy, że sukces jest bliski. Tymczasem udało nam się wjechać do Birmy z całym sprzętem tylko dlatego, że go rozłożyliśmy na części i schowaliśmy w bagażu damskiej części ekipy. W każdej chwili mogą nas deportować i skonfiskować kamery, co byłoby klęską. Birma to pierwszy przystanek na naszej trasie, później jedziemy na Borneo i do Japonii. Bez sprzętu nasze plany są nieaktualne. Cały czas towarzyszy nam, niczym duch, miejscowy przewodnik. Na razie nie mamy jak opuścić stolicy, drogi są zablokowane przez wojskowe punkty kontrolne. Narażamy naszych miejscowych przyjaciół na nieprzyjemności i aresztowanie, jeśli wyjdzie na jaw, że udzielili nam pomocy. Krótko mówiąc – nie jesteśmy tu mile widziani.

Dwadzieścia cztery godziny później jesteśmy szczęśliwie w drodze do Tajlandii. Kolejne kilkanaście godzin później witamy się z mieszkańcami wioski Huay Pu Kaeng, którą od birmańskiej granicy dzieli 30 minut rejsu motorową łodzią w górę rzeki Pai.

Pogranicze tajsko-birmańskie ma bardzo ciekawą historię, która rzuca światło na skomplikowane etniczne relacje na tych terenach. Kiedyś ziemie te podzielone były między królestwa, takie jak Chiang Mai, Chiang Rai czy Lamphun, ściśle powiązane z królestwami na terenie Birmy. Wspólnie stawiały one opór atakującym z południa Chińczykom i Laotańczykom. Jednak wszystkie sojusze wcześniej czy później się kończą. Ten zakończył podbój północnej Tajlandii przez Birmę, która na wiele stuleci przejęła i sprawowała całkowitą kontrolę nad tym regionem. Tajowie odzyskali władzę dopiero na przełomie XVI i XVII wieku, tylko po to, by w XVIII wieku utracić ją ponownie. W 1767 roku

Birmańczycy zrównali z ziemią ich ówczesną stolicę Ajutthaja, zmuszając Tajów do przeniesienia ośrodka władzy do Bangkoku. Tak więc obszar, po którym się teraz poruszamy, przez ponad 500 lat znajdował się w rękach Birmańczyków, dlatego ich kultura i obyczaje są tutaj bardzo mocno zakorzenione.

Tajlandią rządzi najdłużej panujący monarcha w dziejach ludzkości – król Bhumibol Adulyadej, który zasiadł na tronie w 1946 r. Jego żona, królowa Sirikit, jest również znaczącą postacią. To właśnie ona nakazała kilkanaście lat temu zrzucenie napalmu na wszystkie plantacje opium na północy kraju w tak zwanym Złotym Trójkącie. Zmusiła tym samym mieszkańców do poszukania legalnego zajęcia w hodowli zwierząt, uprawie roślin, agroturystyce. Spowodowało to całkowitą przemianę gospodarczą tego regionu i wpłynęło na zwiększenie ruchu turystycznego, choć z drugiej strony doprowadziło również wielu ludzi, szczególnie tych pracujących przy produkcji opium, do skrajnego ubóstwa. Kolejnym czynnikiem, który zmienił ten rejon, był napływ uchodźców z Birmy.

Na zachodzie prasa nadal nazywa to miejsce „ludzkim zoo" albo czasem – żywym skansenem. Można je też uznać za alternatywny teatr, w którym aktorzy, a raczej aktorki, mają po prostu grać siebie. Nikt ich tu nie reżyseruje, nie wymaga nauki scenariusza, bo w ogóle nie muszą się odzywać. Wystarczy, że będą ładnie wyglądać, żuć betel, plotkować między sobą, tkać lub gotować. I koniecznie uśmiechać się do odwiedzających je turystów. Za wstęp na spektakl każdy z nich płaci 250 bahtów, czyli około 7,6 dolara. Gaże miesięczne może nie są spektakularne, ale wpływy z biletów plus „ekstrasy" pozwalają przeżyć zarówno aktorkom, jak i ich rodzinom. Jest tylko pewien warunek, zasadniczy. Na angaż mogą liczyć wyłącznie kobiety niezbyt elegancko przez widzów nazywane „żyrafami". W wiosce Huay Pu Kaeng jest ich 24 na 230 mieszkańców.

Pierwszy zwój pierścieni otoczył szyję Macieng, gdy miała pięć lat. Przez kolejne kilka lat pierścieni nie przybywało. Uczyła się znosić niewygody i dojrzewała do decyzji, czy chce wydłużać szyję dalej, czy nie. Czasami ból bywa nieznośny, pojawia się bezsenność. Jeżeli jednak wszystko przebiega pomyślnie, następne pierścienie dodawane są w tempie jeden-dwa rocznie. W wieku 25 lat szyja Macieng miała już 25 centymetrów długości. Dziś jedną trzecią metra ozdabia 20 pierścieni. Ten spektakularny przyrost długości ma jednak swoją cenę. Kobieta codziennie musi dźwigać na sobie dziesięciokilogramową obrożę. Moja waży zaledwie połowę, a wgniata w ziemię. Nawet nie mogę napić się wody, robię to przez słomkę. Kobiety Padaung mają trudności

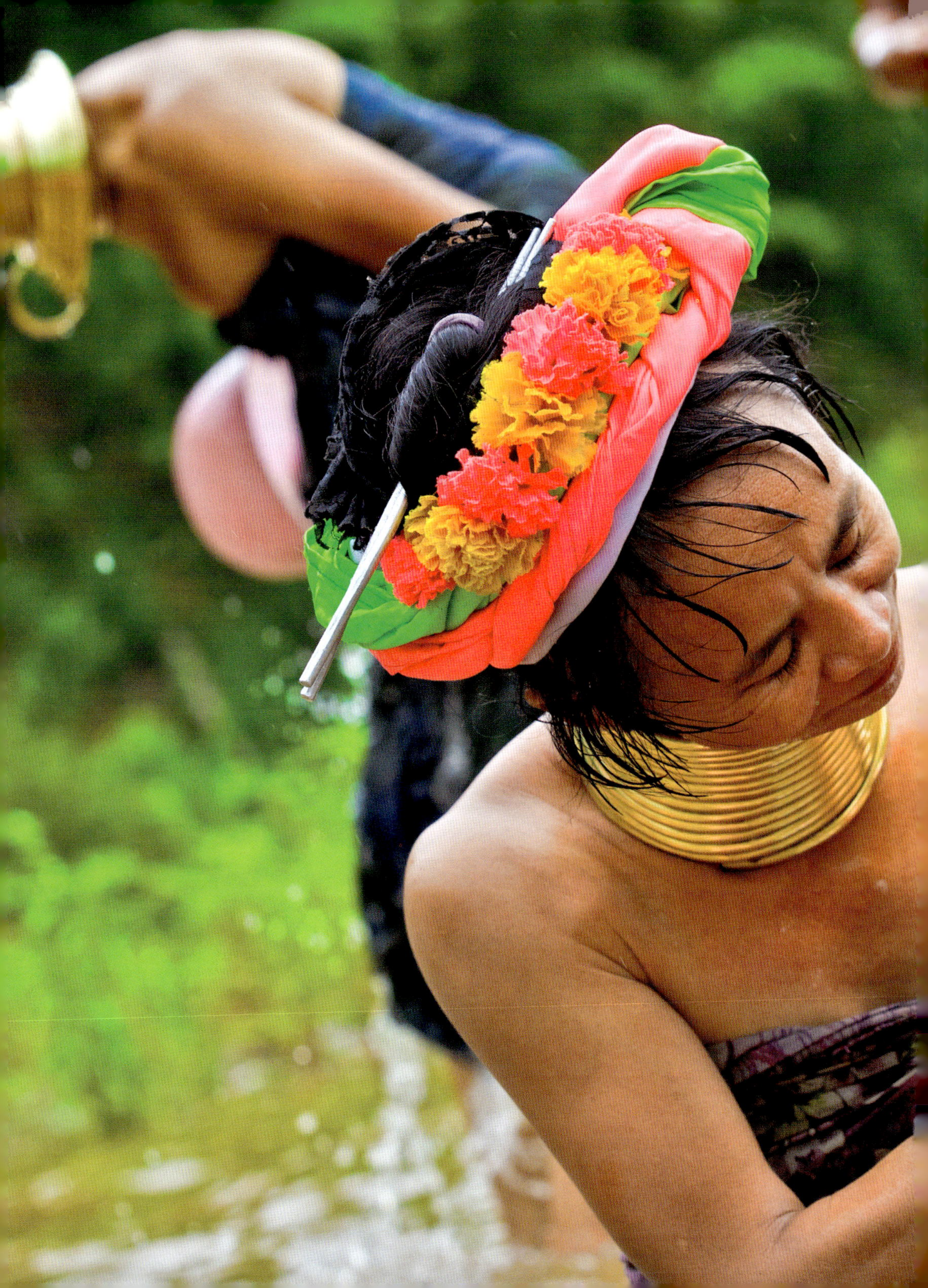

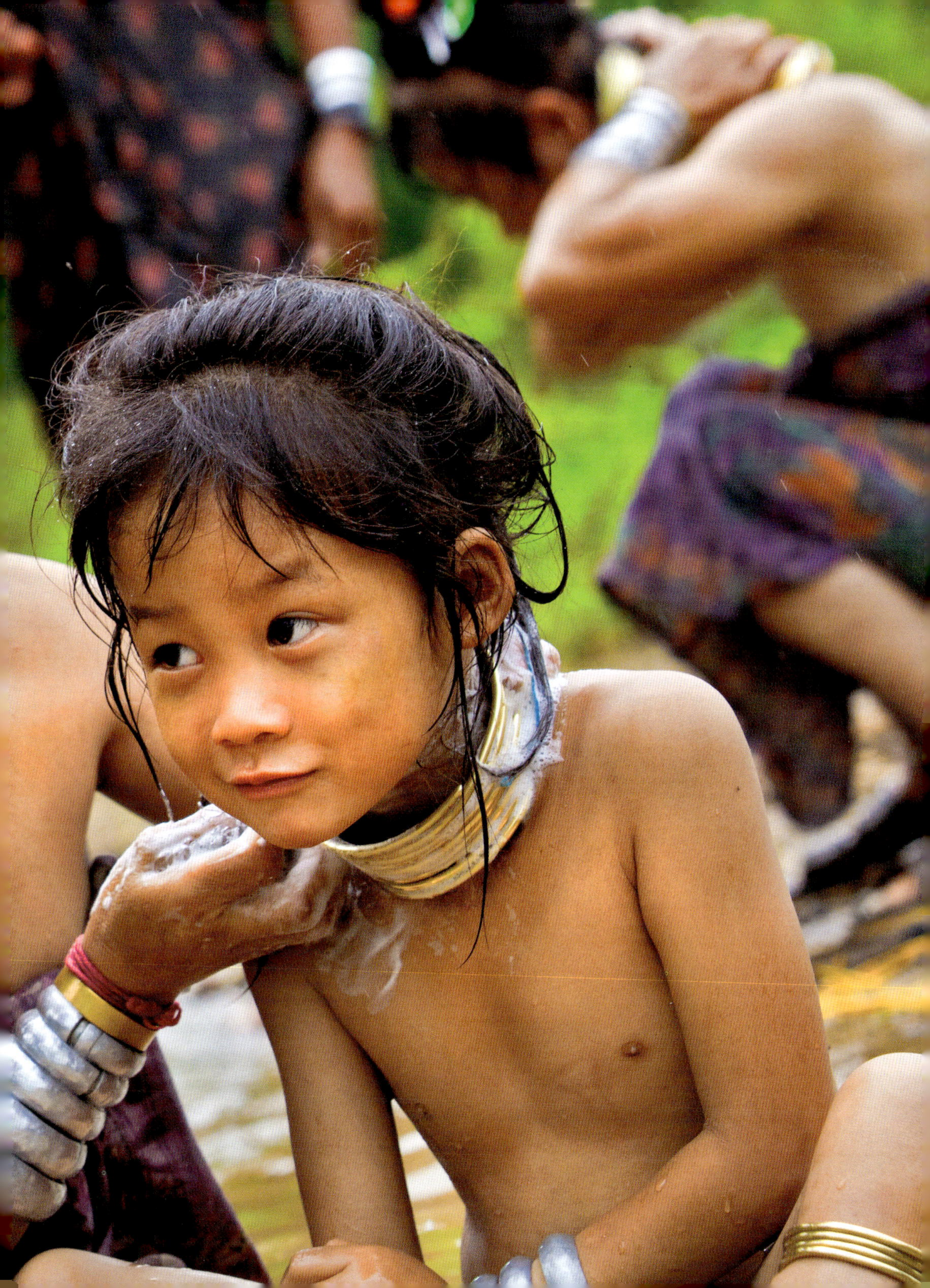

Szorowanie obręczy jest dla kobiet Padaung ważniejsze niż mycie ciała. Kiedyś do polerowania ozdób używano wiązek słomy, ale dziś coraz częściej robi się to za pomocą metalowych druciaków dowożonych z pobliskiego miasta. Aby pierścienie mogły uchodzić za atrakcyjne, muszą błyszczeć i idealnie do siebie przylegać.

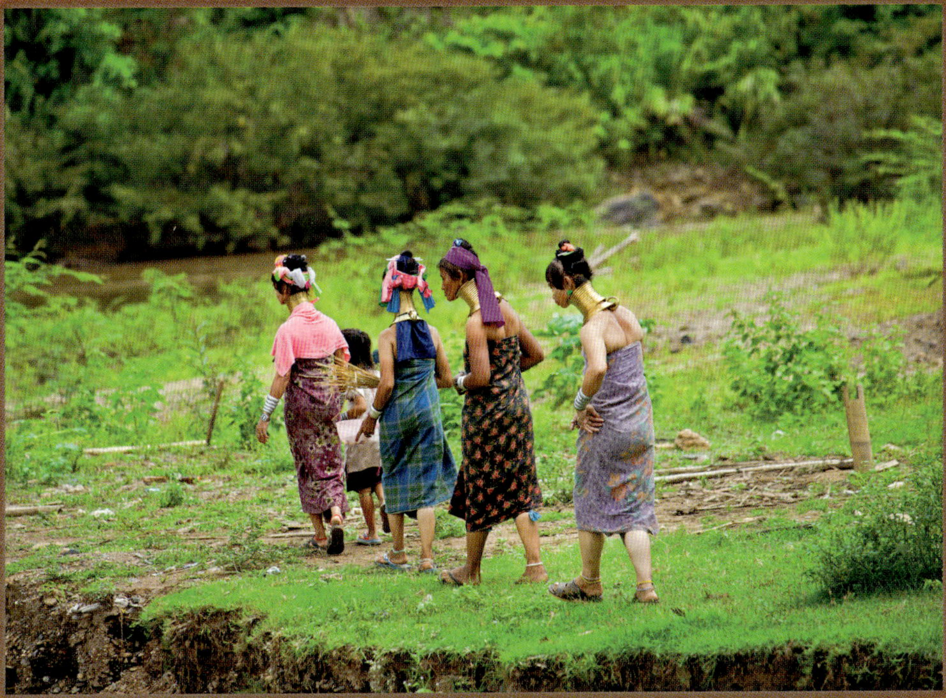

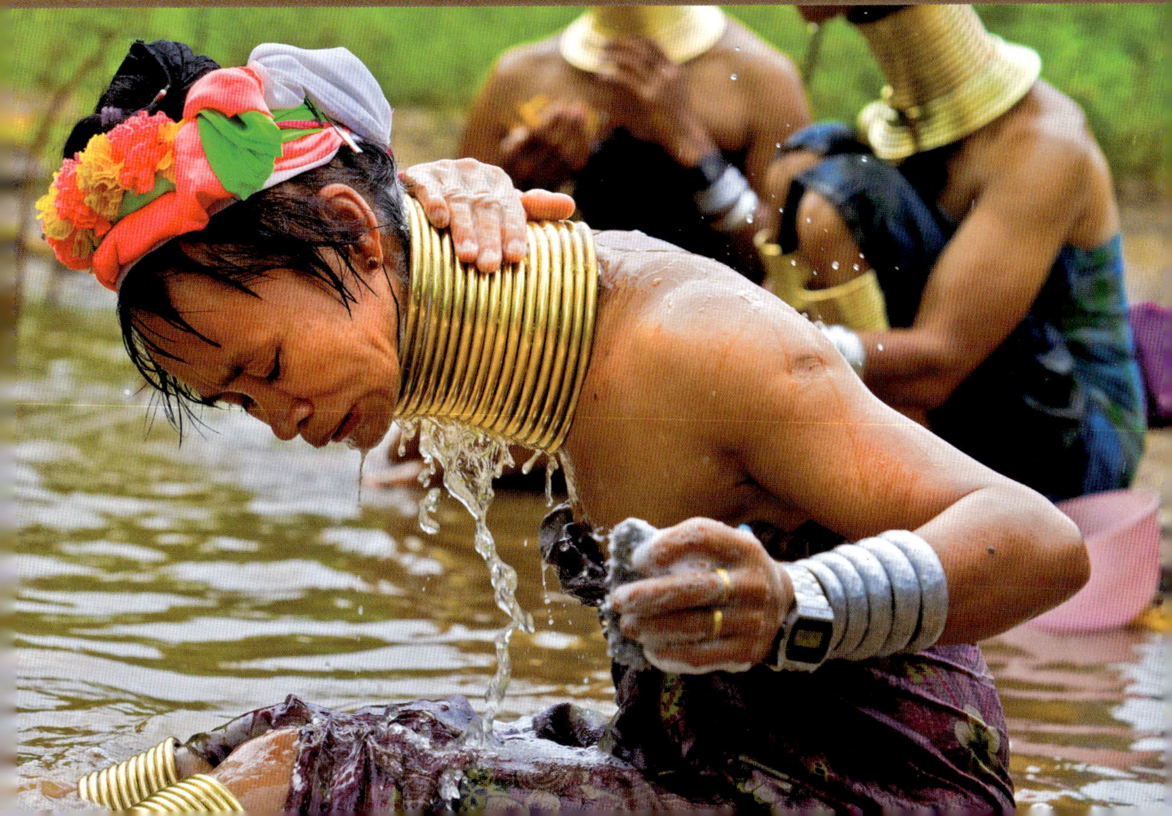

z wykonywaniem najprostszych czynności, na przykład utrzymaniem higieny osobistej, jedzą bardzo powoli, małymi kęsami, kiedy chcą coś zobaczyć, muszą podnosić przedmiot na wysokość oczu. Poruszają się wolno, nobliwie. A cóż dopiero mówić o schylaniu się.

– Miałam potwornie obolałą szyję i barki – opowiada, dziś już z uśmiechem, Macieng. – Ale ja się do moich obręczy całkowicie przyzwyczaiłam i nie odczuwam wcale niewygody.

Pracuje w polu, przynosi drewno na opał i wodę, robi pranie. Nikt jej w tym nie wyręcza.

Moja córka Su Dar też zdecydowała się na założenie obręczy, choć wiedziała, że jest to dosyć bolesne. Uznała jednak, że są bardzo piękne. Uwielbia pozować do zdjęć z turystami. Naprawdę! Przede wszystkim jednak zdecydowała się na to ze względu na naszą tradycję. To, że dzięki temu może odrobinę zarobić, było dla niej całkowicie drugorzędne. Zresztą, tak szczerze mówiąc, kobiety z naszego plemienia, które nie chcą nosić obręczy, są w głębi ducha zupełnie inne, obce…

Innego zdania jest trzydziestoletnia Mati, która mówi, że zdjęła pierścienie, ponieważ były koszmarnie niewygodne, przeszkadzały w najprostszych życiowych czynnościach, nie pozwalały spać ani jeść. Nie ma więc zamiaru się męczyć, choć wie, że to właśnie dzięki nim przyjeżdżają do wioski turyści.

Szyja to fragment ciała oddzielający głowę od tułowia. Dzięki jej mięśniom kiwamy głową, obracamy ją, przełykamy, mówimy. Najdłuższą szyją świata mógłby pochwalić się *Amficelias* z rodziny diplodoków – gigantyczny roślinożerny gad, gdyby żył. Niestety wymarł miliony lat temu. Jego szyja mierzyła aż 16 metrów, czyli tyle co pięciopiętrowy budynek. Obecnie rekordzistką świata w tej konkurencji jest żyrafa z dwuipółmetrową szyją ważącą ponad 200 kilogramów. (Co ciekawe, niemal wszystkie ssaki, nawet żyrafy, mają siedem kręgów szyjnych). Ludzka szyja przy poprzedniczkach wypada bardzo skromnie ze swoimi 13 centymetrami u kobiet i 19 u mężczyzn. Wyjątkiem są oczywiście kobiety z plemienia Padaung. Szyja jednej z nich miała aż 40 centymetrów długości.

Macieng zaczęła wydłużać szyję zafascynowana wyglądem matki i innych kobiet z jej otoczenia. Posiadanie mosiężnych obręczy oznaczało dla niej prestiż, szacunek, szansę na dobre zamążpójście. Podziw w oczach mężczyzn, akceptację w oczach kobiet. I co chyba najważniejsze, przynależność do wspólnoty, która niezwykle ceni tradycję. Człowiek, szczególnie bardzo młody, potrzebuje idola, wzorca, który stałby się dla niego punktem odniesienia. Dla Macieng ideał piękna miał długą szyję.

Każda z nas chce być piękna. Ja nie katuję swoich mięśni na siłowni dlatego, że to uwielbiam. Znam co najmniej sto rzeczy, które wolałabym robić w tym czasie, ale żadna z nich nie sprawia, że moje ciało wygląda dobrze. Współczesne kobiety chodzą w piekielnie niewygodnych butach na gigantycznych obcasach, wszczepiają silikonowe wkładki w piersi, ostrzykują się botoksem. Czy rzeczywiście tak bardzo różni się to od tego co robią ze swoimi ciałami ludy pierwotne? Nie sądzę.

Idealna szyja? Zwracamy uwagę na biust, włosy, oczy, nos, usta, nogi, obwód tali, ramiona, kolana, uszy, dłonie, paznokcie, stopy, ale… szyja? Wiadomo, że krótka szyja nie jest ładna i trzeba ją optycznie wydłużać. Styliści odradzają wtedy noszenie golfów, wysokich kołnierzyków czy stójek. Zalecają za to dekolty w szpic, delikatne kolczyki i wisiorki oraz krótkie fryzury lub związywanie długich włosów tak, żeby jak najbardziej wyeksponować szyję. Chociaż zbyt długa też nie jest szczególnie pożądana, nasz ideał piękna opiera się bowiem na idealnych proporcjach.

Nikt właściwie nie wie, kiedy i dlaczego kobiety z plemienia Padaung zaczęły sobie nakładać obręcze na szyje. Ale nieznane są początki wielu technik upiększania ciała. Do niedawna myślano, że tatuaż narodził się w Azji Południowo-Zachodniej i stamtąd podbił świat. Tymczasem najstarsze dowody stosowania tej sztuki odkryto na ciele Europejczyka. Ötzi, znaleziony w Alpach Człowiek Lodu, który żył ponad 5 tysięcy lat temu, ma tatuaże w okolicach dolnego odcinka kręgosłupa, wokół prawej kostki i pod kolanem. Istnieje teoria, że pełniły one funkcje lecznicze – Ötzi cierpiał na artretyzm.

Długa szyja nie daje żadnych praktycznych korzyści, przeciwnie, może być powodem wielu zdrowotnych problemów. Naukowcy spierają się, po co żyrafom tak długie szyje, i wymyślają kolejne mniej lub bardziej fantastyczne teorie wyjaśniające tę przyrodniczą zagadkę. Żadna z nich jednak nie zdobyła powszechnej akceptacji. Zastanawiano się też, dlaczego żyrafa nie mdleje, gdy zwiesza głowę z wysokości 5,5 metra. Jak to możliwe, że nie puchną jej dwumetrowe nogi? Okazało się, że stoi za tym, dosłownie – ogromne serce, które mierzy ponad pół metra i waży 11 kilogramów. A przy okazji pompuje 4 litry krwi na minutę, uderzając przy tym 170 razy. Ludzkie serce robi w tym czasie o 100 uderzeń mniej.

Trudno uwierzyć, że mosiężne bransolety niczym zbroja chroniły kobiety przed tygrysami. Rzeczywiście trzystukilogramowe olbrzymy często uśmiercają ofiary, chwytając je za szyję i łamiąc kręgosłup. Ale w takim razie dlaczego obręczy nie noszą mężczyźni?

Inna legenda mówi, że dawno, dawno, może tysiąc lat temu, nie było sejfów z kombinacją cyfr nie do zapamiętania, banków i ochroniarzy. Cenne przedmioty, takie jak biżuteria, wyjątkowo łatwo stawały się łupem złodziei. W związku z tym złote i srebrne akcesoria przerabiano na obręcze i kobiety nosiły je przy sobie na co dzień. U Karenów to chłopcy dziedziczą majątek po rodzicach, a więc dom, ziemię i zwierzęta. Dziewczynki otrzymują wyłącznie kosztowności. Wkrótce stało się więc jasne, że im więcej obręczy posiadała dziewczyna, tym bardziej pożądaną partią się stawała.

Inna hipoteza mówi, że obręcze niczym identyfikator mówiły, z jakiego plemienia pochodzi kobieta i tym samym zabezpieczały ją przed porwaniem przez mężczyzn z innych wiosek.

Jest też wyjaśnienie baśniowe. Przodkinią plemienia była piękna bogini pod postacią długoszyjego smoka. Z jej związku z wiatrem zrodzili się Karenowie, obręcze są więc hołdem oddanym pramatce.

I wersja ostatnia, romantyczna – król Birmy zakochał się w dziewczynie z plemienia Karenów. Kiedy wyjeżdżał, nakazywał jej nosić obręcze, żeby uczynić ją mniej atrakcyjną dla innych mężczyzn. Inni panowie postanowili w ten sam sposób oszpecać swoje żony.

Rozglądam się po Huay Pu Kaeng w poszukiwaniu mieszkańców, jednak wieś wygląda na wyludnioną. Jakby wszyscy młodzi, zdrowi mężczyźni gdzieś zniknęli, a zostały tylko kobiety, dzieci i starcy. Są jeszcze kury, które w poszukiwaniu jedzenia przedziobują każdy centymetr kwadratowy gleby. Podczas gdy w krajach afrykańskich w takich niewielkich wioskach zwykle panuje kompletny chaos, tutejsi mieszkańcy mają naturalną skłonność poprawiania rzeczywistości wokół siebie. Kiedy pobliska rzeka podmyła brzegi, utrudniając znacząco przejście na drugą stronę wsi, wystarczył zaledwie dzień, by usypano ścieżkę prowadzącą na drugi brzeg. Nazajutrz były już ustawione kamienne stopnie, ułatwiające wejście. Wszystko to oczywiście jest jedną wielką prowizorką, co chwila jednak mieszkańcom udaje się wprowadzić nowe udogodnienia.

Mimo to domy porozrzucane są po wiosce jak kości do gry. Tam gdzie „upadły", tam je pobudowano. Różnice w ich wyglądzie mieszczą się w granicach

Najlepsza przyjaciółka
Macieng.
Ma na imię Masei,
co w tłumaczeniu
oznacza „szczupła".

błędu statystycznego. Konstrukcja domu, czyli szkielet, zrobiony jest z odpornego na termity drzewa tekowego albo – w wersji ekonomicznej – z bambusa. Podłogę unoszącą się 2 metry nad ziemią tworzą bambusowe łodygi, a ściany to maty wyplecione z liści. Bambus w tej części świata jest tym, czym dla nas, swego czasu, była wielka płyta. A liczba jego zastosowań zdaje się nie mieć końca. Można więc z niego robić kieliszki i naczynia, wszelkiego rodzaju plecionki, meble, ogrodzenia, papier. Jest elementem bukietów, źródłem nieustającej inspiracji dla malarzy, a nawet można go jeść. Sałatka z młodych pędów bambusa, zupa z bambusa, chleb pieczony z nasion bambusa albo piwo z bambusa… I nikt ani nic nie przebije bambusa w tempie wzrostu osiągającego nawet metr na dzień.

Wiele dachów Huay Pu Kaeng pokrytych jest liśćmi bambusa lub drzewa tekowego, rzadziej blachą. Ozdabiają je też niekiedy talerze anten satelitarnych albo baterie paneli słonecznych. Każdy dom tutaj jest jak mikrokosmos, który odzwierciedla organizację całej wioski. Ten niemal idealny kwadrat składa się z kuchni, salonu i sypialni, dół przeznaczony jest dla psów i innych zwierząt gospodarskich; jest jeszcze duży taras. Ważne miejsce zajmuje palenisko, wokół którego koncentruje się życie. Dodatkowo dym z ogniska chroni przed moskitami.

W takich warunkach nie ma oczywiście mowy o intymności, dlatego członkowie każdej rodziny, podobnie jak mieszkańcy każdej tajskiej wioski, muszą żyć ze sobą w przyjaźni. Choć brzmi to nieco idyllicznie, wszyscy tutaj znają się i odnoszą do siebie z szacunkiem. Nazywają braćmi lub siostrami, matkami albo ojczulkami, pomagają sobie, a dzieci uznają za największy skarb. Wszyscy też, absolutnie bez żadnego skrępowania, publiczne dłubią w nosie, grzebią w uszach spinkami wyjętymi z włosów czy wzajemnie się iskają. Iskanie się jest dowodem zażyłości – robią to między sobą najlepsze przyjaciółki, rodzice i dzieci, okazując w ten sposób zaufanie i całkowitą akceptację. Nikt obcy nie może jednak liczyć na zaproszenie.

Zastanawiam się przez chwilę, które z naszych zwyczajów mieszkańcy tej wioski uznaliby za dziwne. Pewnie bycie świadkiem awantury w sklepie (bo jakaś pani wepchnęła się przed drugą) zażenowałoby ich i zawstydziło. W tej części świata nie uchodzi publiczne okazywanie emocji – zarówno tych dobrych, jak i złych. Niekontrolowany gniew, demonstracja uczuć prowadzi do utraty honoru. To absolutnie najgorsza rzecz, jaka może spotkać Taja. Dlatego trudno tu prowadzić rozmowy na kontrowersyjne tematy, bo druga strona natychmiast się z nich wycofuje. Żeby nie stracić twarzy, unika się wszystkiego, co może wywołać spór. Ale też w tutejszej kulturze ludzie raczej nie okazują sobie miłości w sposób typowy dla nas.

– Jak to, czy się całowałam z mężem? – pyta mnie Macieng. – Że tak w usta? – Kobieta chichocząc, zasłania twarz i jest wyraźnie speszona. – My nie całujemy się w usta. Nigdy!

– Ale to przyjemne! – próbowałam ją przekonywać, dotykając jej ręki jakby na potwierdzenie moich słów.

Cofnęła dłoń.

– Nie można się całować. W ogóle nie wiem, co to znaczy i jak się to robi, ale to musi być bardzo niestosowne! – prycha niczym kotka.

Po chwili jednak znów się roześmiała. Chyba nie wiedziała, czy mówię poważnie, czy sobie z niej żartuję. Następnego dnia jej słowa potwierdził mąż. Z pewnością nikt w wiosce nie pozwoliłby sobie na coś takiego jak całowanie.

Świątynia jest niewielka. Zbita z desek ma brązowe ściany z niebiesko-zielonymi dekoracjami, kryty blachą dach wieńczy drewniany krzyż. Na szeroko otwartych drzwiach wisi wypłowiała od słońca fotografia papieża Benedykta XVI. Wnętrze rozświetlają jarzeniówki, działające dzięki panelom słonecznym. Po obu stronach nawy stoi po pięć rzędów ławek, każda zmieści trzy-cztery osoby. Pośrodku wisi plastikowy zegar w zielonej ramce i zdaje się niczym dzwon przypominać wiernym, żeby w wypełnionym pracą dniu znaleźli jeszcze czas dla Boga. Spóźniliśmy się kilka minut, msza rozpoczęła się punktualnie o ósmej.

W świątyni modli się niewielka grupka schludnie ubranych ludzi – głównie kobiet, którym towarzyszą bawiące się tuż przy wejściu dzieci. Wysoki mężczyzna czyta Pismo Święte w języku birmańskim, Księga Rodzaju – fragment o Abrahamie. W wiosce nie ma księdza. Dojeżdża tylko raz w miesiącu, by odprawić uroczystą mszę.

Chrześcijaństwo jest obok buddyzmu i wierzeń animistycznych religią wyznawaną przez Karenów i należące do nich plemię Padaung. Podobno Karenowie zgubili alfabet otrzymany od Boga i zgodnie z legendą mieli go dostać z powrotem od „przybywających z daleka", a za takich właśnie uznali misjonarzy. Tak oto apostołowie nowej wiary w pewnym sensie spełnili przepowiednię.

Zgodnie z pradawnymi wierzeniami Karenów – Kan Khwan, cały wszechświat, ziemia, gwiazdy i niebo, tworzą sieć. Ziemia, podobnie jak i wody, w momencie stworzenia były w stanie płynnym, dlatego też bóg Phu Kabukathin umieścił w tej cieczy niewielki palik. Palik zaczął rosnąć i wytwarzać

Wioska Huay Pu Kaeng położona jest w środku deszczowego lasu, zaledwie 5 kilometrów od granicy z Birmą. Liczy ponad 200 mieszkańców, lecz tylko 24 to kobiety o długich szyjach. Na terenie znajduje się żłobek i szkoła, a także dwa kościoły chrześcijańskie.

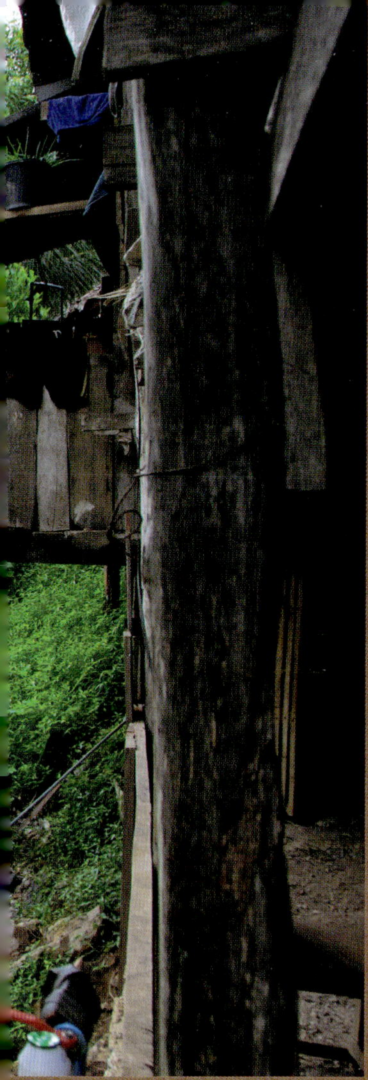

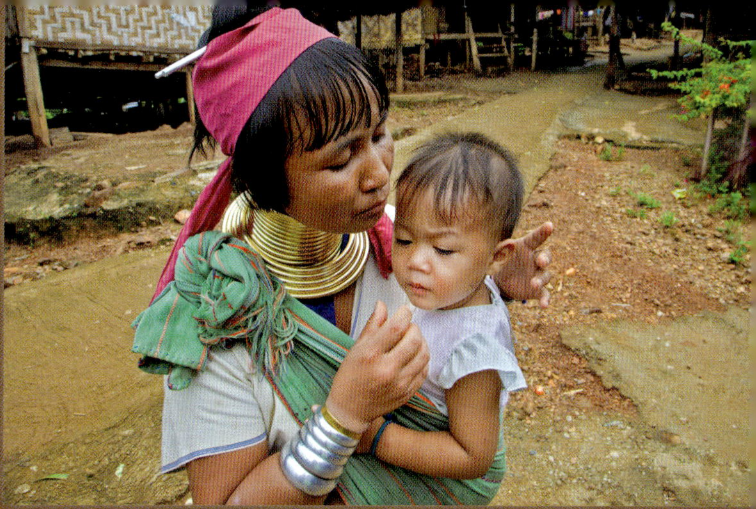

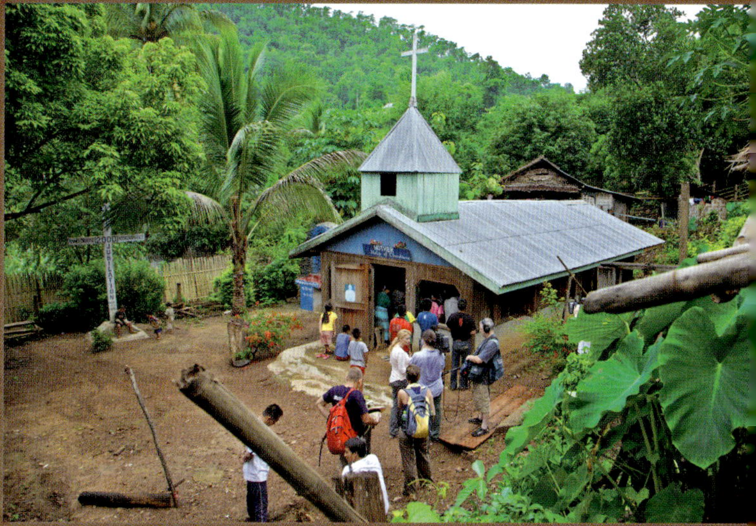

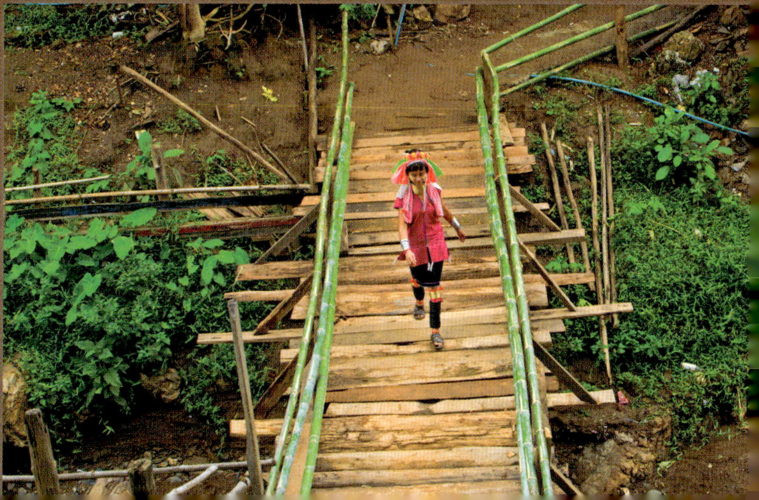

wokół siebie siedem wewnętrznych i zewnętrznych warstw, które w końcu zmieniły się w solidny grunt. Palik zwie się „środkiem do formowania ziemi" – Kay Htoe Boe w języku Karenów. Słup składa się z symbolu Słońca w zenicie, czczonego jako jedyna gwiazda we wszechświecie, która potrafi zapewnić światłość. Tuż obok znajduje się Księżyc, przyjaciel Słońca, dzięki któremu ludzie mogą obliczać czas. Świątynia, w której przebywają odwieczne bóstwa, oraz wstęga – drabina łącząca niebiosa z Ziemią zakończona jest pajęczyną, przez którą musi się przedostać każdy człowiek idący do nieba. Obok słupa znajduje się platforma – Kantan, na której składa się dary dla bóstw i opiekunów lasów, ziemi, wody oraz gór. Co roku na przełomie marca i kwietnia Padaung wznoszą nowy słup z drzewa goździkowca *(Eugenia Linnaeus),* wierząc, że było to pierwsze drzewo stworzone przez Boga. Ceremonia trwa kilka dni i towarzyszą jej liczne rytuały. Wokół słupa tańczą grupy młodych mężczyzn zwanych *pwai*, którzy grają na bębnach, gongach i bambusowych fletach, oddając cześć Kay Htoe Boe. Kobiety posypują słup liśćmi goździkowca, chłodzą roztańczonych mężczyzn wodą i przygotowują wino ryżowe, zwane *thi*.

Lud Karen praktykuje swoje wierzenia Kan Khwan od czasu emigracji z Mongolii, która nastąpiła w epoce brązu. Wielu Karenów przyjęło chrześcijaństwo.

Mawng Rain pochodzi z Birmy. Od ośmiu miesięcy pełni funkcję wodza wioski.

– Początkowo w ogóle nie byłem zainteresowany tym stanowiskiem – tłumaczy ten niewysoki mężczyzna o pyzatej, szczerej twarzy – ale mieszkańcy tak długo mnie prosili, że w końcu im uległem.

Nie dziwię się, że ludzie wytypowali Mawng Raina na przywódcę. Już na pierwszy rzut oka widać, że jest spośród nich najbardziej światowy. Przeżył dużo, ale nie ma zamiaru rozpamiętywać przeszłości. Tu i teraz może budować przyszłość i tylko to go interesuje. Z niezwykłą dla nas, a typową dla Azjatów grzecznością i uniżonością mówi, jak bardzo dumny jest z tego, że jego wioska cieszy się tak ogromnym zainteresowaniem.

– Odwiedzający nas turyści często zaprzyjaźniają się z mieszkańcami Huay Pu Kaeng i starają się te znajomości później podtrzymywać – opowiada. – My z kolei dzięki nim możemy poznać choć kawałek innego świata i zarobić.

Ze słów Mawng Raina wynika, że apele różnych organizacji nawołujących do bojkotu wiosek Padaung, w których ludzi pokazuje się jak okazy w cyrku osobliwości, należy uznać za nadmiar źle pojmowanej troski. Za przykład kompletnego niezrozumienia skomplikowanej sytuacji tych ludzi. Tak łatwo przychodzi nam formułowanie może nawet z naszego punktu widzenia słusznych, ale *de facto* krzywdzących opinii.

Mieszkańcy Huay Pu Kaeng pochodzą ze stanu Karen w Birmie z wiosek w okolicach Demawso. Uciekli stamtąd, gdy w 1988 roku wojska birmańskie przypuściły na nich atak. Na terenie Tajlandii jest aż dziewięć obozów dla kareńskich uchodźców (najstarszy obóz to Mae La, dziś blisko czterdziestopięciotysięczne miasteczko założone w 1984 roku), wśród których dużą grupę stanowią członkowie plemion Kayan lub Kayaw. Obie grupy mają odrębne języki i tradycje. Kobiety Kayan to nikt inny, tylko właśnie Padaung, długie szyje. Kayawowie z kolei z tego samego powodu, ale związanego z wydłużaniem innej części ciała, nazywani są długouchymi lub wielkouchymi. W ojczystej Birmie zajmowali się głównie rolnictwem, uprawą ryżu, trzciny cukrowej, warzyw. W Tajlandii całość ich dochodów pochodzi ze sprzedaży turystom ręcznie tkanych szali i toreb farbowanych naturalnymi barwnikami. Życie tutaj jest bardzo trudne, zwłaszcza podczas pory deszczowej, kiedy wraz z końcem sezonu zarobki, jak w każdej branży turystycznej, się kończą…

– Bardzo lubię Macieng – mówi Mawng Rain. – To właśnie dzięki takim osobom naszej tradycji udaje się przetrwać.

On także uważa, że kobiety z długimi szyjami są bardzo piękne. Jego żona nie nosi obręczy tylko dlatego, że w dzieciństwie jej rodziców nie było stać na ich zakup. Kiedy wreszcie zgromadzili odpowiednią kwotę, było już za późno, żeby zaczynać rytuał.

– Mimo wszystko jest bardzo podobna do tych kobiet, zna dawne pieśni i opowieści swego ludu, stara się żyć według nakazów tradycji – zapewnia z dumą Mawng Rain. – Padaung to porządne, dobre kobiety, które unikają rozwiązłego życia i robią wszystko, by przekazać te wartości swemu potomstwu – podkreśla z przekonaniem.

Khoon Gdenphan mieszka w Huay Pu Kaeng po sąsiedzku z Macieng. Z powodu represji ze strony junty wojskowej musiał, jak wielu, uciekać z Birmy w 1992 roku. Znalazł schronienie po tajskiej stronie granicy, ale wciąż jest rozdarty pomiędzy poświęceniem dla ojczyzny a koniecznością ratowania życia. Jest wykształcony, pisze książki o kulturze Kayanów, które publikuje w małych nakładach i sprzedaje przyjezdnym.

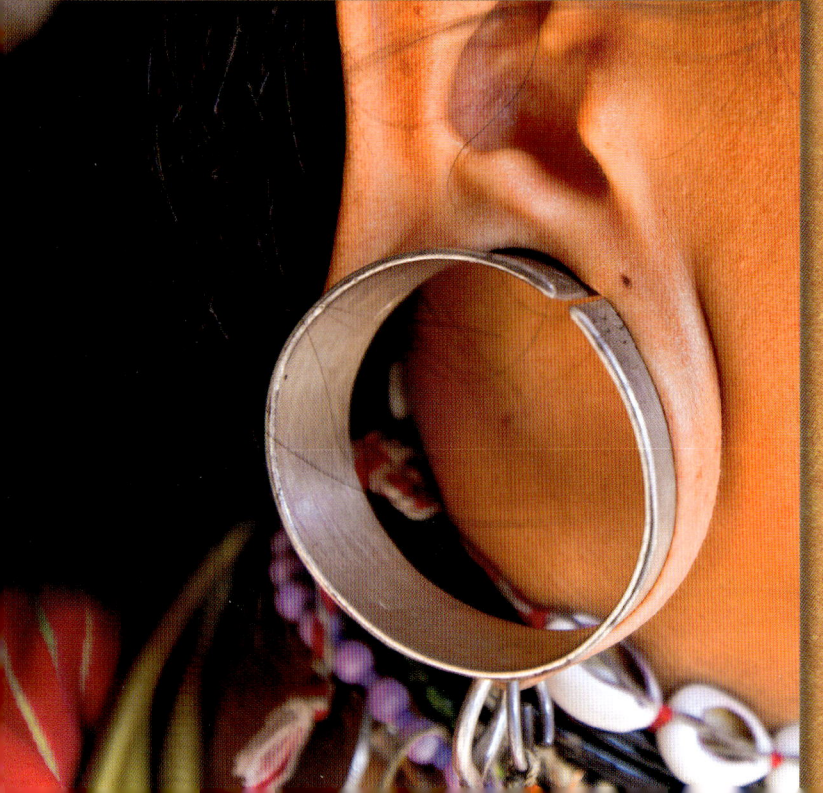

Do grupy etnicznej Karenów zaliczamy kilka plemion – między innymi Kayew, czyli długouchych. Oprócz kolczyków, które powiększają ich uszy do monstrualnych rozmiarów, kobiety noszą też mosiężne obręcze, które deformują ich łydki.

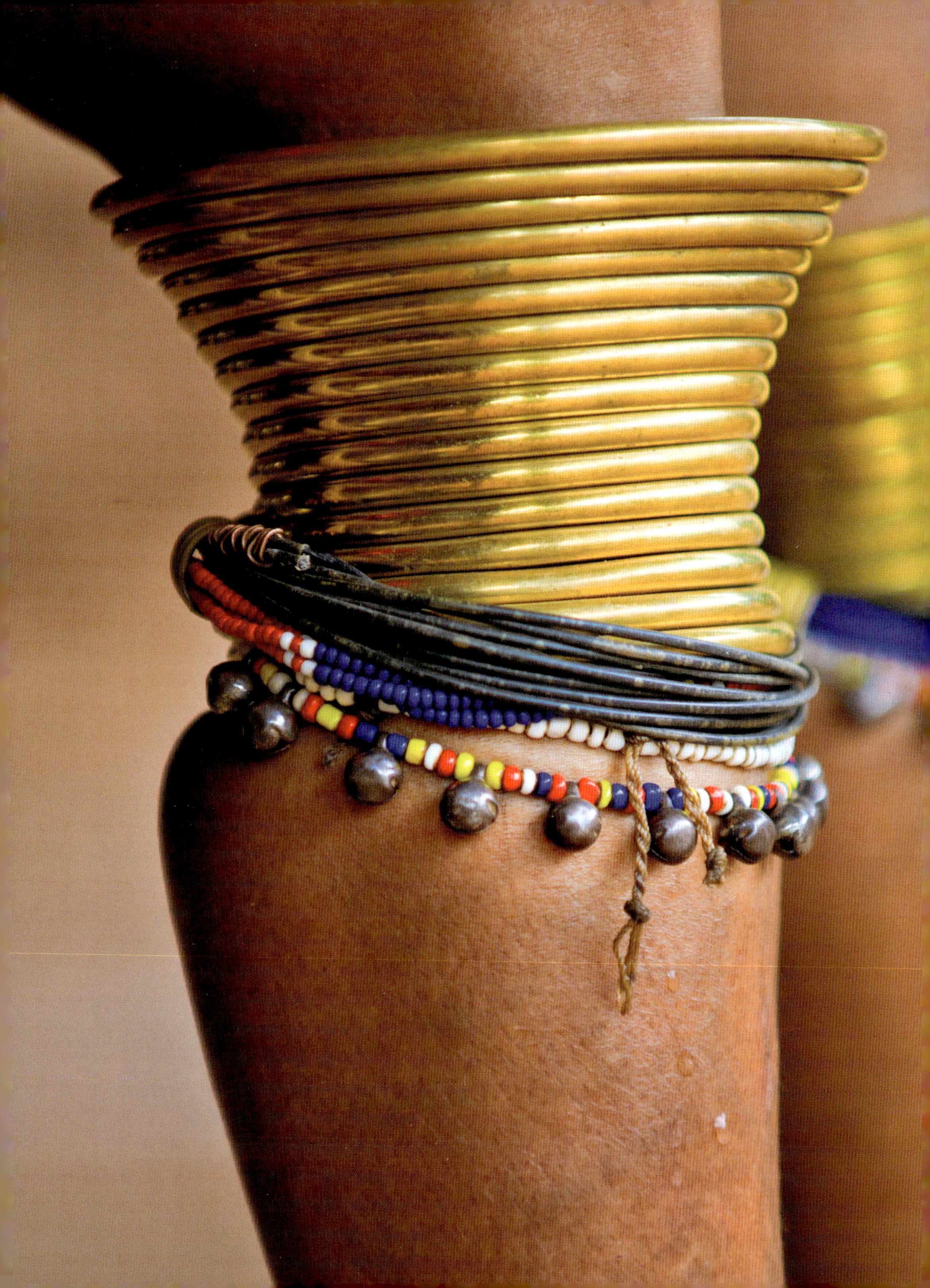

Teraz ma 50 lat i żal do świata, że ten koncentruje się tylko na zdrowotnych konsekwencjach noszenia obręczy. Mówi się, że to barbarzyństwo, nieludzki proceder, który okalecza kobiety i pozbawia je swobody. Że najwyższy czas w XXI wieku skończyć z takimi praktykami, a wręcz ustawowo ich zakazać. Ten sam jednak obłudny świat nie wyobraża sobie wizyty w Tajlandii bez odwiedzin w jednej z wiosek długich szyj.

Władze Birmy dawno temu zabroniły wydłużania szyj kobietom, pod hasłem walki ze starymi zabobonami i tradycjami. Ale kiedy okazało się, że na ich wyglądzie można zarabiać, zmieniły zdanie. Utworzyły nawet specjalną, pokazową wioskę mniejszości narodowych, do której siłą przesiedlano ludzi. Kobiety trzymane są tam pod strażą i pokazywane turystom. Po birmańskiej stronie ich zarobek zasila skarbiec reżimu. Po tajskiej z nikim nie muszą się dzielić. Jest jednak pewne „ale".

– Prawda jest taka, że władze robią doskonały interes na obozach dla uchodźców, ponieważ to właśnie długie szyje przyciągają ciekawskich turystów do północnej części kraju, która nigdy wcześniej nie cieszyła się większym zainteresowaniem niż teraz – Khoon mówi pięknymi zdaniami, dokładnie waży każde słowo. Ma na sobie tradycyjny strój, który założył do wywiadu, żeby lepiej reprezentować swój lud.

– A co sądzisz o ludziach, którzy wioski twojego ludu nazywają „ludzkim zoo"? – pytam, choć czuję, że to niestosowny temat.

– Najwyraźniej nie zdają sobie sprawy, w jak bardzo ciężkiej sytuacji znajdują się Kayanowie – Khoon jest wyraźnie poruszony, żeby nie powiedzieć obruszony. – Nie możemy wrócić do Birmy, bez zezwolenia nie możemy nawet opuścić obozów dla uchodźców. Zezwoleń oczywiście nikt nam wydać nie chce. Ja nie byłem w Bangkoku, choć o tym marzę, ale nie mogę się stąd ruszyć! Czy wiesz, jak my się tu czujemy?! – mówi coraz głośniej. – Jak więźniowie! Ale nie mamy wyboru… – dodaje na koniec z rezygnacją.

Choć uciekinierzy z Birmy czują się w Tajlandii bezpiecznie, to niestety wolność odzyskali tylko pozornie. Nie ma tu dla nich pracy, nie mogą się swobodnie przemieszczać. Z raportów agendy Organizacji Narodów Zjednoczonych do spraw uchodźców (UNHCR) wynika, że władze Tajlandii co najmniej 20 osobom z plemienia Padaung odmówiły pozwolenia na wyjazd do Finlandii i Nowej Zelandii, mimo że firmy oferowały im tam pracę i mieszkania. W 2008 roku ONZ wezwała władze Tajlandii do uwolnienia Karenów i nieczynienia z nich na siłę atrakcji turystycznej.

Głośna na cały świat stała się historia Zember, dziewczyny, która na znak protestu przeciwko zakazowi emigracji do Nowej Zelandii zdjęła wszystkie obręcze. Skarżyła się, że nie mogła opuszczać wioski, że była zmuszana do tkania szali i pozowania turystom do zdjęć. Jednak gdy Zember zdjęła pierścienie, przestała zarabiać. Przekonała się, że turyści nabywają rękodzieło tylko od długich szyj. Gest dziewczyny spotkał się też z dezaprobatą społeczności jej wioski.

Dla niektórych rodzin Padaung dochody z turystyki to główne i często jedyne źródło utrzymania. Podobno dostawały też pieniądze od tajskich żołnierzy, kontrolujących te tereny, byleby tylko zostały na miejscu. Można dyskutować, ile kobiet zakłada obręcze córkom, aby zachować plemienne tradycje, a ile z nich robi to, żeby zarabiać. I czy same zdjęłyby z szyj pięciokilogramowe pierścienie, gdyby mogły pracować inaczej? W ich przypadku trudno mówić o wolności wyboru. Najpierw trzeba mieć prawdziwą wolność. I pieniądze.

– Nie chcę, by ludzie myśleli, że w jakiś sposób zmuszamy nasze kobiety do nakładania tych obręczy – podkreśla Khoon Gdenphan i dodaje: – Każda z nich robi to z własnej, nieprzymuszonej woli podyktowanej głęboką wiarą, że należy kontynuować odwieczne tradycje.

O tym, że na tradycji da się zarobić olbrzymie pieniądze, dobrze wiedzą i Europa, i świat. W końcu na starym kontynencie kultywuje się wiele wykreowanych specjalnie na potrzeby turystyki obyczajów, albo się je wskrzesza. Jeszcze niedawno co druga restauracja w Polsce to była pizzeria, na ulicach stały budki z hot dogami, a wszystko to miało świadczyć o nowoczesności. Dziś w tym miejscu mamy „pierogarnie" i „chłopskie jadło". Cały świat uległ modzie na powrót do korzeni. Zastanawiam się, co powiedziałaby Macieng, gdyby ktoś posadził ją na widowni podczas rekonstrukcji bitwy pod Grunwaldem. Czy nie pomyślałyby sobie: „Kto przy zdrowych zmysłach, z własnej woli zakuwa się w trzydziestokilogramową zbroję i w czterdziestostopniowym upale, ryzykując odwodnienie, udar mózgu oraz ciężkie rany, wymachuje wielokilogramowym mieczem?".

Mam na imię Su Dar i jestem najstarszą córką w mojej rodzinie. Teraz mam 13 lat, obręcze założyłam po raz pierwszy osiem lat temu. Wbrew temu, co mówiły starsze kobiety, nic a nic mnie nie bolało. Z początku nosiłam tylko pięć zwojów, teraz mam ich 13, bo każdego roku dokładano mi kolejne. Zawsze chciałam je nosić, bardzo mi się podobały na mamie i moich przyjaciółkach. Zależy mi również na kontynuowaniu naszych tradycji i zupełnie mnie nie obchodzą ci, którzy mówią o nas „ludzkie zoo". Wydaje mi się,

że kobiety bez tych ozdób są dużo brzydsze, ale jeśli moja córka nie zechce ich nosić, to nie będę jej zmuszać.
Mam nadzieję, że kiedyś uda nam się powrócić do Birmy, gdzie będę mogła wieść życie w zgodzie z naszymi obyczajami. Mama mnie nauczyła wszystkiego, co potrzebne. To dzięki niej wiem, jak zająć się domem lub sprzedawać pamiątki turystom. Lubię tę pracę i pieniądze, które dzięki niej zarabiam w weekend. Wiem jednak, że przez całą resztę tygodnia muszę pilnie chodzić do szkoły, bo tylko tak mogę sobie zapewnić lepsze życie. Bo z drugiej strony marzę o tym, że być może kiedyś uda mi się stąd wydostać i studiować na uniwersytecie… Wtedy będę musiała zdjąć obręcze, bo w mieście mogą sprawiać dziwne wrażenie. Chciałabym kiedyś żyć tak jak wy, jeździć po świecie i kręcić filmy, ale najpierw muszę się tego wszystkiego nauczyć… Kiedy wreszcie zacznę zarabiać dużo pieniędzy, to kupię sobie wiele pięknych rzeczy, na przykład aparat fotograficzny, no i przede wszystkim komputer!

Siedzę w kompletnym stroju Padaung przy deptaku, wokół którego toczy się życie całej wioski. Obok Macieng i jej córka Su Dar. Mamy przed sobą porozkładane drewniane rzeźby, metalowe bransoletki, ręcznie tkane szaliki po 100 bahtów za sztukę. Początkowo sądziłam, że jak w większości państw azjatyckich te wszystkie laleczki, szaliczki i ozdóbki pochodzą z chińskich fabryk, a to, co robią miejscowe kobiety, to tylko pokazówka dla turystów. Nie miałam racji – nawet materiały, również te, z których szyje się tradycyjne stroje, są tkane na miejscu. Nitka po nitce. Widziałam mężczyzn rzeźbiących z mozołem drewniane laleczki oraz dziewczynki, które nizały koraliki i tworzyły bransoletki.

Co jakiś czas do plaży przybijają łodzie z turystami z Holandii, Niemiec czy Australii. Wesołe gromadki wysypują się na brzeg, a potem rozlewają po osadzie. Niczym myśliwi podczas polowania wyszukują kobiety z długimi szyjami i okrążają je ciasno, stadnie. Najpierw nieśmiało, a po chwili już bez skrępowania wyjmują aparaty i robią zdjęcia. Ich obiekty tkają pochylone nad krosnami, siedzą na ławeczkach, żują betel, gotują. Zwykle warsztaty rozstawione są na zewnątrz, na werandach, żeby kobietom było chłodniej. Ale również po to, żeby turyści mieli do nich łatwiejszy dostęp. I kupili szaliki, tekowe słonie, bransoletki z muszelek i koralików.

Jestem rozdrażniona moim eksperymentem socjologicznym. Czuję się głupio w tym stroju, jest mi gorąco. Moja żółta bluzka jest uszyta z materiału, który bardziej nadawałby się na solidne zasłony niż odzież przeznaczoną do tropików. Wszystko wydaje mi się koszmarnie niewygodne, krępuje ruchy i zupełnie nie przepuszcza powietrza. Z włosami spiętymi na czubku głowy, podtrzymywanymi za pomocą kolorowych opasek odgrywam rolę misia na

Krupówkach, bo i ja, co było łatwe do przewidzenia, stałam się tu atrakcją turystyczną.

Macieng tymczasem cierpliwie pozuje do fotografii, patrzy prosto w obiektyw lub pochyla skromnie głowę. Jest zmęczona. W „ludzkim zoo" zamiast klatek i ciasnych wybiegów jest metalowy kołnierz, który niczym rozgrzewające się na słońcu dyby wypala skórę i wbija się w obojczyki.

– Są takie dni, że na sprzedaży szali zarobię 100, 150 bahtów (około 5 dolarów). Zdarza się jednak, że nie zarabiam nawet satanga (jedna setna bahta), zwłaszcza w porze deszczowej – żali się Macieng, która wspomaga finansowo siostrę i rodziców. – Ale tutaj czuję się szczęśliwa. W młodości sporo płakałam nad swoim losem, teraz mi się to nie zdarza. – Po chwili milczenia dodaje: – Chciałabym tylko mieć więcej pieniędzy i wydać je na edukację moich dzieci.

Po kilku godzinach takiej „pracy" w głowie kołacze mi jedno pytanie. Staram się je zagłuszać w myśl zasady, że nie powinnam oceniać, tylko biernie obserwować. Ale ono powraca. Po co to wszystko? W imię czego warto tak się męczyć? Tradycji? A co to za tradycja, która z kobiet robi kaleki? Po tym następuje lawina jeszcze trudniejszych pytań. Co ja właściwie tutaj robię i czy w ogóle powinnam tu być? Moje pieniądze pomagają trwać temu barbarzyńskiemu obyczajowi, z drugiej strony – pozwalają tym ludziom żyć, edukować dzieci. Powinna być jakaś inna, trzecia opcja! „Tradycja to piękno, które chronimy, a nie więzy, które nas krępują" – powiedział kiedyś Ezra Pound, amerykański poeta.

Uwielbiam kobiety o długich szyjach, są naprawdę przepiękne. Poza tym te, które nie chcą nosić obręczy, nie szanują naszej kultury. Trudno znaleźć w nich cokolwiek ładnego. Obręcze w niczym nie przeszkadzają, nawet w seksie. Sypiamy tylko w oddzielnych łóżkach, bo czasem uderzałem się w nocy o ten pręt... Często rozmawiam z moją żoną Macieng o pracy i o naszej sytuacji. Wiem, że gdyby zdjęła te ozdoby, nasze zarobki uległyby poważnemu uszczupleniu. Dzięki nim udaje jej się zarobić do 2 tysięcy bahtów miesięcznie (60 dolarów), podczas gdy ja z trudem zarabiam tysiąc. Wspólnie ustalamy, na co wydać pieniądze, choć to do niej należy decydujący głos. Chciałbym, żeby nasze dzieci miały lepsze życie, pokończyły szkoły i znalazły sobie pracę. Dlatego nie będę się sprzeciwiał, jeśli córki zechcą pozbyć się obręczy. Marzę również o tym, aby mieć tyle pieniędzy, żeby było nas stać na zakup własnego gospodarstwa.

Do Macieng i jej męża należą dwa domy. Pierwszy znajduje się w doskonałym punkcie, tuż przy rzece i plaży, przy której cumują łodzie dowożące turystów. Przed nim właśnie każdego dnia Macieng rozkłada swój niewielki straganik. W środku mała sypialnia, jeszcze mniejsza kuchnia i salon, który można nazwać przewiewnym. Brakuje w nim ścian, jest za to światło magazynowane dzięki panelom słonecznym. W tym właśnie domu mieszkają dzieci. Po przeciwnej stronie wioski, również nad brzegiem rzeki, stoi drugi. Z jego okien roztacza się widok, za który wielu Europejczyków oddałoby pół życia. Wnętrze kryje jedną sporą izbę i dwie kolejne pełniące funkcje sypialni. Jest tu znacznie chłodniej i bardziej komfortowo niż w pierwszym z domów, tyle tylko, że nie ma prądu. Tu żyje Macieng z mężem i najmłodszą córką.

Matka wyraźnie faworyzuje Naweedę. Mała to żywe srebro. Wszędzie jej pełno. Radośnie podskakuje i biega za piłką, tak jakby obręcze zamiast ograniczać ruchy, wprost ją uskrzydlały. Synek Macieng niemal cały czas przebywa w towarzystwie Korakaana. Macieng prawie go nie dostrzega. Odkąd tutaj jestem, nie miałam wielu okazji, żeby go widywać. Może dlatego, że w tej wiosce gwiazdami są kobiety? Na nich koncentruje się uwaga wszystkich, a mężczyźni stają się niemal transparentni. To przyjście na świat dziewczynki, a nie chłopca wita się z wielką radością. Pierwsze pieniądze Padaung ma szansę zarobić już w wieku pięciu lat. A ten kto zarabia, ma władzę.

– Tutaj to my, kobiety, odgrywamy najważniejszą rolę, bo to my kontynuujemy tradycje i obyczaje naszego ludu. Poza tym zajmujemy się wszystkim: gotowaniem, sprzątaniem, prowadzeniem domów, zarabianiem i opieką nad dziećmi – opowiada Macieng nie bez dumy w głosie. – Mężczyźni przydają się tylko do pracy w dżungli i do noszenia ciężkich rzeczy. To ja muszę wszystko zaplanować i zorganizować. Mąż tylko zatwierdza moje decyzje, tak by wyglądało, że to on jest panem domu.

W tej części świata mężczyzna powinien być głową rodziny. Zaczyna posiłek, który zwykle składa się z ryżu, kurczaka, jajek i warzyw. Podejmuje najważniejsze decyzje. Rzeczy swoje i męża kobieta powinna prać osobno, bo męska odzież nie może zostać skażona przez damską. Teoria–teorią, a praktyka–praktyką. W tej wsi rządzą kobiety, a mężczyźni to akceptują. Dzięki temu, zwolnieni niejako z obowiązku utrzymania rodziny, mogą godzinami leżeć na tarasie, podziwiać chmury i popijać piwo kupione za pieniądze, które zostawili turyści.

Kobiety traktują obręcze jak integralną część swojego ciała. Bez tej ozdoby czują się nagie. Zdejmują ją zaledwie raz na mniej więcej 10 lat tylko po to, żeby stare pierścienie wymienić na nowe. Zamawiają je w Birmie i czekają, aż zostaną przywiezione do wioski. Nowa obręcz kosztuje około 20 tysięcy bahtów (ponad 600 dolarów, czyli majątek).

Macieng przykuca przed niewielkim ołtarzykiem (nie może uklęknąć z powodu obręczy na nogach) i ze złożonymi rękami modli się nad darami, które przyniosła. Tym razem są to kokosy i banany. W ten sposób próbuje wybłagać przebaczenie u bogów. Kobiety Padaung pod żadnym bowiem pozorem nie powinny zdejmować swoich mosiężnych okowów. To tabu. Trzeba więc przeprosić duchy. Po chwili modlitwy Macieng i jej towarzyszka znikają we wnętrzu domu. Zdjęcie ozdób jest równoznaczne z obnażeniem się, dlatego należy ukryć się przed spojrzeniami gapiów.

Komplet obręczy składa się z trzech zwojów – szyjnego, środkowego (nieco szerszego, który spoczywa na obojczykach) oraz trzeciego, który spina dolną część w całość.

Pierwszy pierścień waży około kilograma i ma 1,5 centymetra grubości. Gdy dziewczynka ma 10 lat, sama podejmuje decyzję, czy chce mieć na szyi kolejne pierścienie. Jeśli zechce kontynuować tradycję, co roku dokładane są następne pierścienie, a ich waga może przekroczyć 10 kilogramów.

Dziś nieliczne kobiety noszą pełen zestaw ozdób, który liczy od 16 do 22 pierścieni. Staruszka, ta sama, która na powitanie zakuła mnie w zwój, teraz nakłada coś w rodzaju metalowej rurki na końcówkę dolnego pierścienia. Pociąga ją do góry, potem rękami rozgina obręcze. Chwilę później spiralę udaje się przeciągnąć przez głowę. Macieng cały czas ma zamknięte oczy i sprawia wrażenie bardzo nieszczęśliwej. Uwolniona od obręczy jest wyraźnie zażenowana. Przypomina małą dziewczynkę – niewielka główka na długiej szyi, kruche, drobne ciałko i zawstydzone spojrzenie skierowane w lustro. Pozbawione akceptacji. Nie podoba jej się to, co widzi. Odwraca wzrok.

Macieng nosi obręcze od 30 lat. W tym czasie zdecydowała się na ich zdjęcie tylko siedem razy, z czego po raz ostatni zrobiła to pięć lat temu. Patrzę na szyję Macieng. Pokrywają ją strupy i łuszcząca się skóra, szpecą brzydkie odparzenia, obojczyki mają wyraźne, głębokie wgniecenia – to efekt wieloletniego noszenia ciężaru. Są też szare smugi, efekt reakcji metalu z potem. Macieng skarży się na ból i dyskomfort. Mięśnie jej szyi przez lata zupełnie się rozleniwiły, zastępowane przez podtrzymującą głowę metalową konstrukcję. Buntują się, nie chcą przejąć swojej pierwotnej roli. Na każdą moją sugestię, by zrezygnowała z noszenia pierścieni, kobieta przecząco kręci głową.

– Czy mama teraz ci się podoba? – pytam jedną z córek Macieng.

Słyszę stanowcze „nie", choć trudno powiedzieć, czy wynika ono z własnych przekonań, czy też jest spowodowane głęboką indoktrynacją. Mąż Macieng

Kobiety Padaung noszą mosiężne pierścienie od piątego roku życia aż do śmierci. Zdejmowane są raz na kilka lat wyłącznie po to, żeby dołożyć nowe zwoje.

Odsłonięta szyja Macieng pokryta jest bliznami, otarciami i sińcami. Jednak bez tej ozdoby kobieta czuje się tak, jakby była naga.

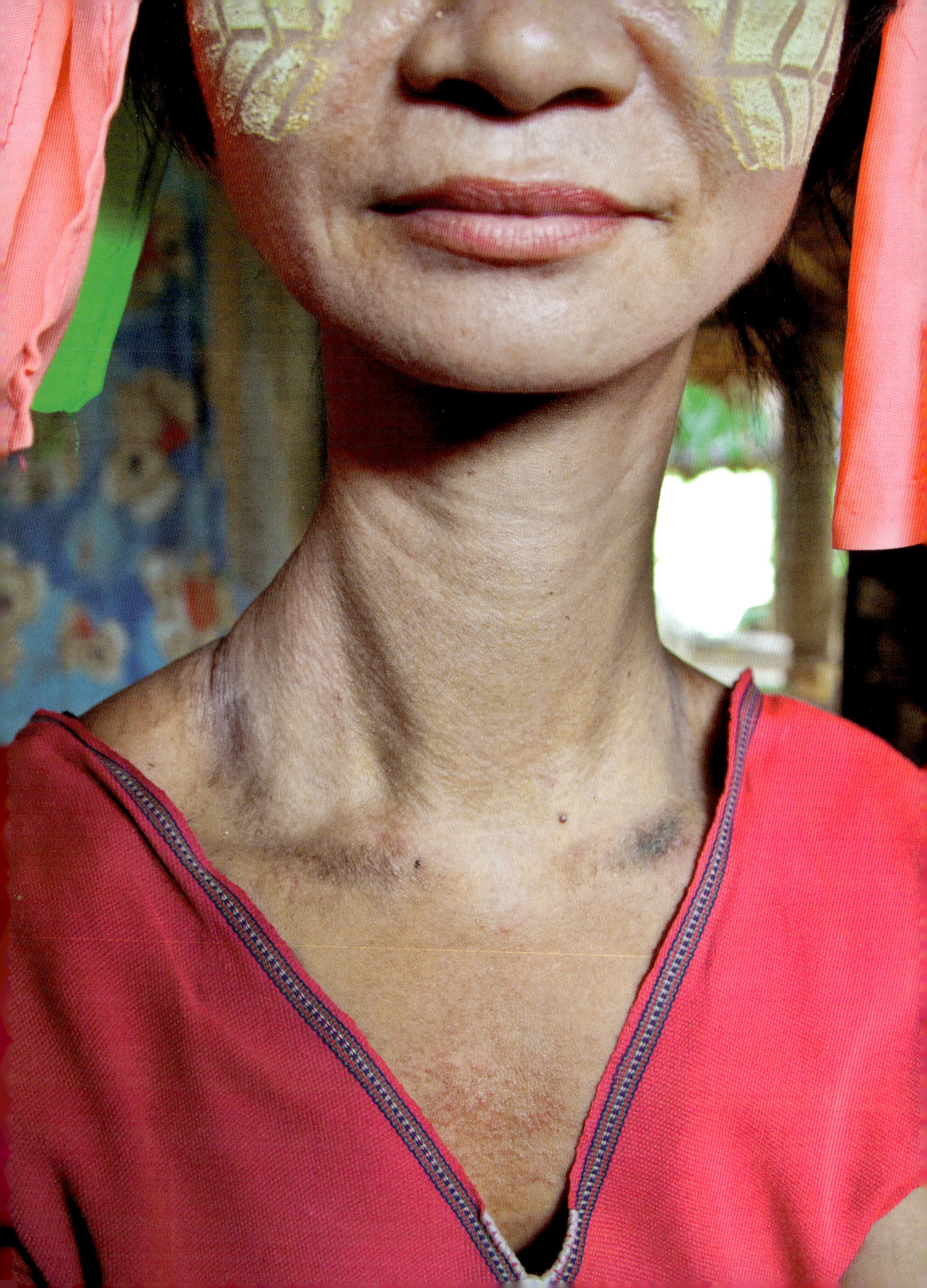

Macieng w języku Padaung oznacza „mała", co w zestawieniu ze mną widać szczególnie wyraźnie. Moja szyja ma 14, a Macieng aż 30 centymetrów długości.

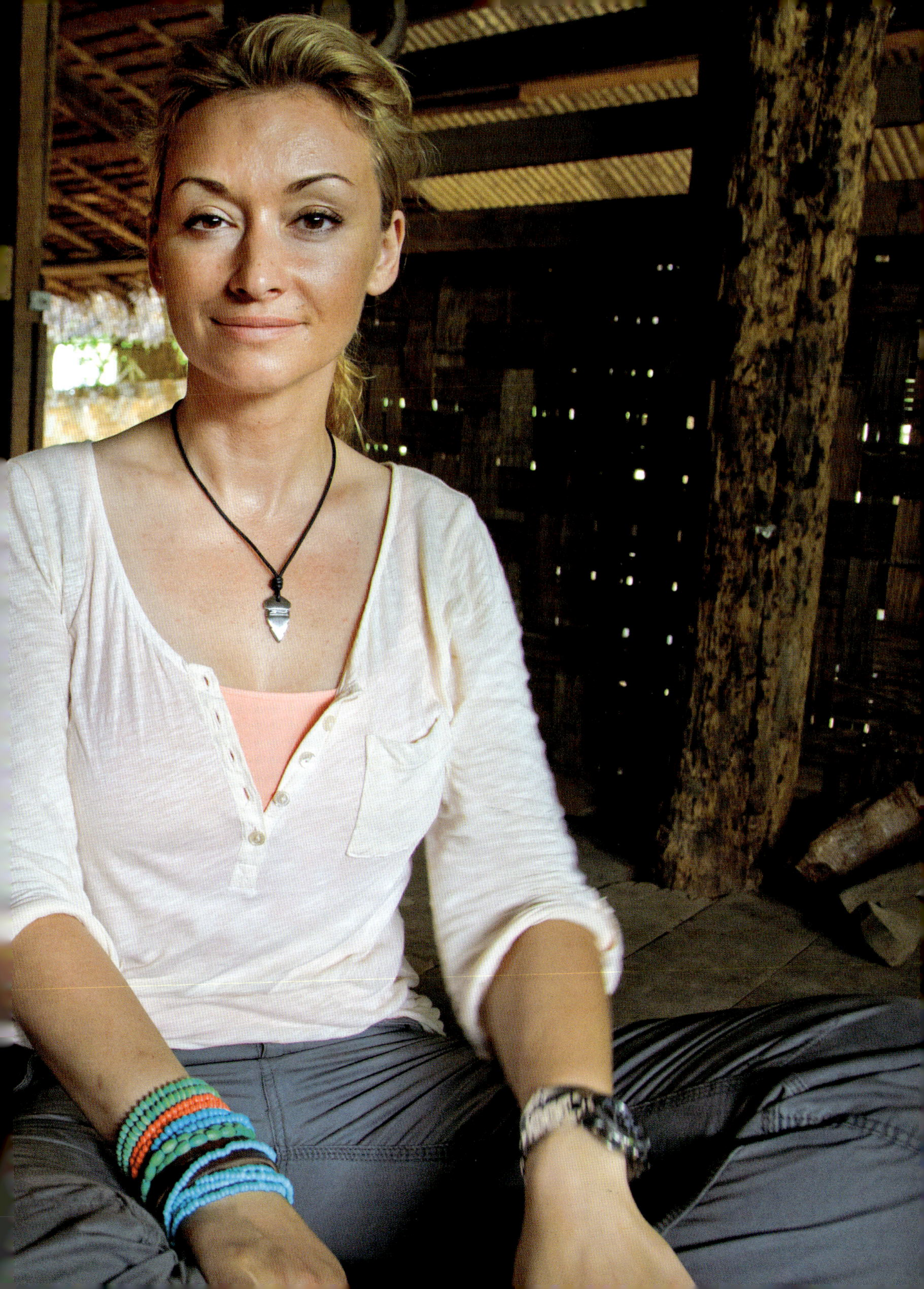

w pierwszej chwili nie zauważa zmiany. (Jak w dowcipie o kobiecie, która wraca od fryzjera krótko ostrzyżona, z włosami ufarbowanymi na rudo, a jej ukochany absolutnie niczego nie dostrzega…). Dopiero gdy sadzam go obok niej, oświadcza, że wcale mu się nie podoba. No cóż, bez obręczy żona przestaje być maszynką do zarabiania pieniędzy.

Godzinę później Macieng wyraźnie odżywa. Przyglądam się, jak z nieskrywaną radością gładzi szyję okutą w złocisty, lśniący metal i powtarza:

– *Apu, apu*. Ładnie, ładnie.`

Największy sekret kobiet z plemienia Padaung zdradziły dopiero zdjęcia rentgenowskie. Długo nie wiedziano, co tak naprawdę kryje się za stosowaną przez to plemię metodą wydłużania szyi. Jak to się dzieje, że szyja rośnie? Czy prowadzi to do kalectwa? Czy kobieta jest w stanie żyć bez pierścieni? Czy musi nosić je już do końca życia, ponieważ nieużywane mięśnie szyi uległy zanikowi i nie będą w stanie podtrzymywać głowy? Jedna z legend głosi, że niewierne kobiety karano zdjęciem obręczy. W optymistycznym wariancie unieruchamiało je to do końca życia, bo nie mogły chodzić, tylko leżeć. W pesymistycznym – wiarołomna żona umierała w wyniku złamania karku. Okazało się jednak, że pierścienie nie rozciągają kręgów szyjnych, jak podejrzewano. Gdyby tak było, kobiecie groziłby paraliż. Po prostu ciężar pierścieni spycha w dół mięśnie i obniża obojczyki oraz żebra, co daje wrażenie wydłużenia szyi. Jeżeli kobieta usunie obręcze, teoretycznie ta część jej ciała może powrócić do normalnych wymiarów.

Na terenie wioski znajduje się szkoła. Dzieci uczą się tu języka birmańskiego, mowy ludu Padaung, tajskiego i angielskiego. Trzeba przyznać, że nauczyciele wykonują kawał naprawdę dobrej roboty, szczególnie jeśli pomyślimy o tym, że co dwa tygodnie jakiś język na ziemi ginie bezpowrotnie.

Na szkolnej gazetce wiszą zdjęcia planet Układu Słonecznego, a tuż obok nich – dokładny plan dnia. Nieco dalej zawieszono portret królowej Sirikit, która zajmuje się wszystkimi istotnymi sprawami w państwie, a niektórzy uważają, że pracuje więcej niż król Bhumibol Adulyadej. Rodzina królewska darzona jest przez Tajów niebywałym szacunkiem. Nikomu nie wolno w jakikolwiek sposób krytykować monarszej pary, a obraza króla jest tutaj przestępstwem karanym więzieniem. Specjalna fotograficzna instrukcja poucza, jak się stosownie zachować w obliczu władcy.

Kolejne zdjęcia pokazują, jak wygląda piżama, strój wieczorowy, podróżny, wycieczkowy, galowy, safari i do ślubu. Bo niby skąd tutejsze dzieci miałyby wiedzieć, jak wyglądają stroje w mieście? A kto wie – może pewnego dnia będą mogły pojechać gdzieś dalej, do szkoły z internatem. Może nawet do Bangkoku! I muszą być przygotowane na różne sytuacje. Jednak antena satelitarna na dachu szkoły wskazuje, że dzieci wiedzą, jak wygląda świat poza ich wioską.

Na następnej tablicy umieszczono informacje o najbardziej jadowitych wężach żyjących w tej okolicy. Wszystkie sfotografowano bardzo dokładnie, tak by uczniowie nauczyli się je rozpoznawać, ponieważ to właśnie węże są tutaj jednym z największych zagrożeń. Oprócz tego są zdjęcia nauczycieli, fotografie z różnych uroczystości, mapka wioski (chociaż jest tu tylko jedna ulica), dokładny plan lekcji, wzory liter w różnych językach, instrukcja ochrony przed malarią (śpij pod moskitierą!) i całe mnóstwo rzeczy opisanych w języku tajskim i birmańskim.

Budynek otacza dżungla, która próbuje ze wszystkich sił wedrzeć się do środka i odebrać to, co wziął sobie człowiek. Widać, ile pracy musi kosztować to, aby szkoła nie zarosła dziką roślinnością. Ponadto w budynku jest świetlica, niewielka łazienka, mała biblioteka i coś w rodzaju przedszkola, gdzie przebywają najmniejsze dzieci. Akurat grają w warcaby. W jednej z klas siedzi grupa siedmiolatków pozbawionych opieki nauczyciela i zajmuje się swoimi sprawami. W drugiej sali samotny chłopczyk uczy się czytać, w kolejnej przebywa ośmioro uczniów i nauczyciel, a w ostatniej odbywa się przepytywanie dzieciaków z języka birmańskiego. W pokoju nauczycielskim wisi zegar, obok niego mapa polityczna świata, kilka laurek od dzieci, proste pomoce naukowe oraz informacja dla gości: „Przyjeżdżając do Huay Pu Kaeng, pomyśl o zabraniu dla nas tablicy markerowej, długopisów, flamastrów, ubrań, przyborów toaletowych, takich jak mydła czy proszki do prania, oraz owoców lub makaronu. Ucieszymy się również ze sprzętu sportowego. Prosimy nie częstować dzieci słodyczami". Ostatnie zdanie informacji zostało przekreślone dziecięcą ręką. Uśmiecham się do siebie. Dzieciaki na całym świecie są takie same.

Tuż przed moim wyjazdem Macieng ze śmiechem mówi, że teraz jej kolej na zadawanie dziwacznych pytań. Siadamy przed jej domem. Nasza wizyta spowodowała, że Macieng jest inna niż była jeszcze kilka dni temu. Możliwość poznania, choćby pośrednio, świata sprawiła, że jej oczy rozbłyskują ciekawością. Jak się okazało, jej pytania nie miały końca, zaśmiewała się i drążyła temat tak długo, jak tylko mogła. Powiedziałam nawet, że wyczuwam w niej wyraźny talent dziennikarski i zaproponowałam, żeby zastanowiła się nad stworzeniem radia czy telewizji dla swojej społeczności. Później uświadomiłam sobie, że przecież moja praca musi jej się wydawać kompletnie bezsensowna. Telewizja? A kogo to tutaj obchodzi?

Na prośbę Macieng najpierw muszę zdradzić, co myślę na temat jej wioski. Przyznaję, że z początku Huay Pu Kaeng wydawała mi się kolejnym miejscem mającym przyciągać turystów, ale teraz lepiej rozumiem sens działań jej mieszkańców i ich próby ocalenia własnej kultury. Kolejne pytanie dotyczy mojego ulubionego miejsca na świecie, więc odpowiedź jest oczywista – Polska. Mimo że nienawidzę naszego klimatu oraz śniegu. Macieng nigdy nie widziała śniegu i raczej nie będzie miała ku temu okazji, choć serdecznie jej tego życzę. Gdy pyta o rodzinę, odpowiadam zgodnie z prawdą, że mam rodziców i dwuletnią córeczkę i że będąc w podróży, bardzo za nią tęsknię. Kiwa głową, wyrażając pełne zrozumienie, i stwierdza:

– Tym bardziej jestem uradowana, że przejechałaś taki kawał świata tylko po to, żeby pokazać naszą wioskę! Ale dlaczego nie masz męża? Twoi rodzice pozwolili na rozwód? – dopytuje z niedowierzaniem.

Nie potrafi zrozumieć ani jakim cudem urodziłam dziecko, nie mając męża, ani dlaczego samotnie wychowuję Marysię oraz jak moja matka na to się zgodziła... Długo muszę jej tłumaczyć, że w naszej kulturze taka sytuacja nikogo nie dziwi. Kobiety są o wiele bardziej niezależne niż tutaj, a moja mama chce jedynie tego, żebym była szczęśliwa.

– Szczęśliwa bez męża? – to zestawienie nie mieści się w głowie Macieng.

Na koniec pytam, jak mam wyrazić tę całą przeogromną sympatię, którą dla niej czuję.

– Wystarczy zwykły uścisk dłoni.

Czasem przed zaśnięciem marzę tylko o tym, żeby nie mieć już na głowie żadnych obowiązków, żeby nic mnie już nie ograniczało. Żebym mogła odwiedzić Chiang Mai. Niestety wiem, z jak wieloma problemami musiałabym się wtedy zmierzyć: nie mam wykształcenia, nie znam żadnych języków. Już raz musiałam przez to przechodzić, gdy uciekałam z Birmy. Miałam 26 lat i nigdy wcześniej nie widziałam miasta. Nie chciałabym chyba tego ponownie przerabiać... Tu też z trudem dogaduję się z ludźmi, ale jakoś udaje mi się żyć. A marzenia? Gdybym miała dużo pieniędzy, to zdjęłabym córkom obręcze i posłała je do dobrej szkoły w mieście. Marzę tylko o tym, żeby moje dzieci miały lepsze życie niż my.

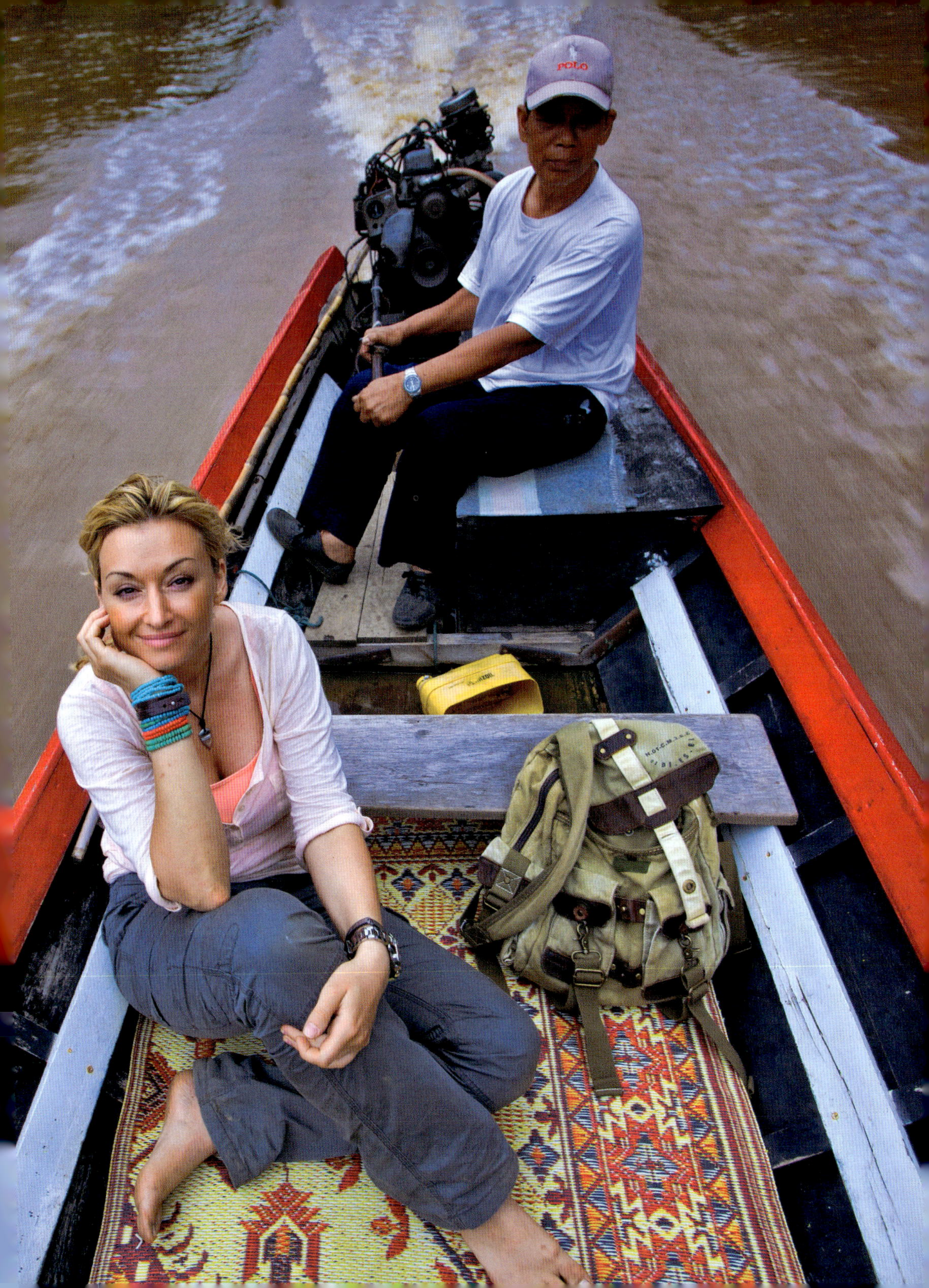
POLO

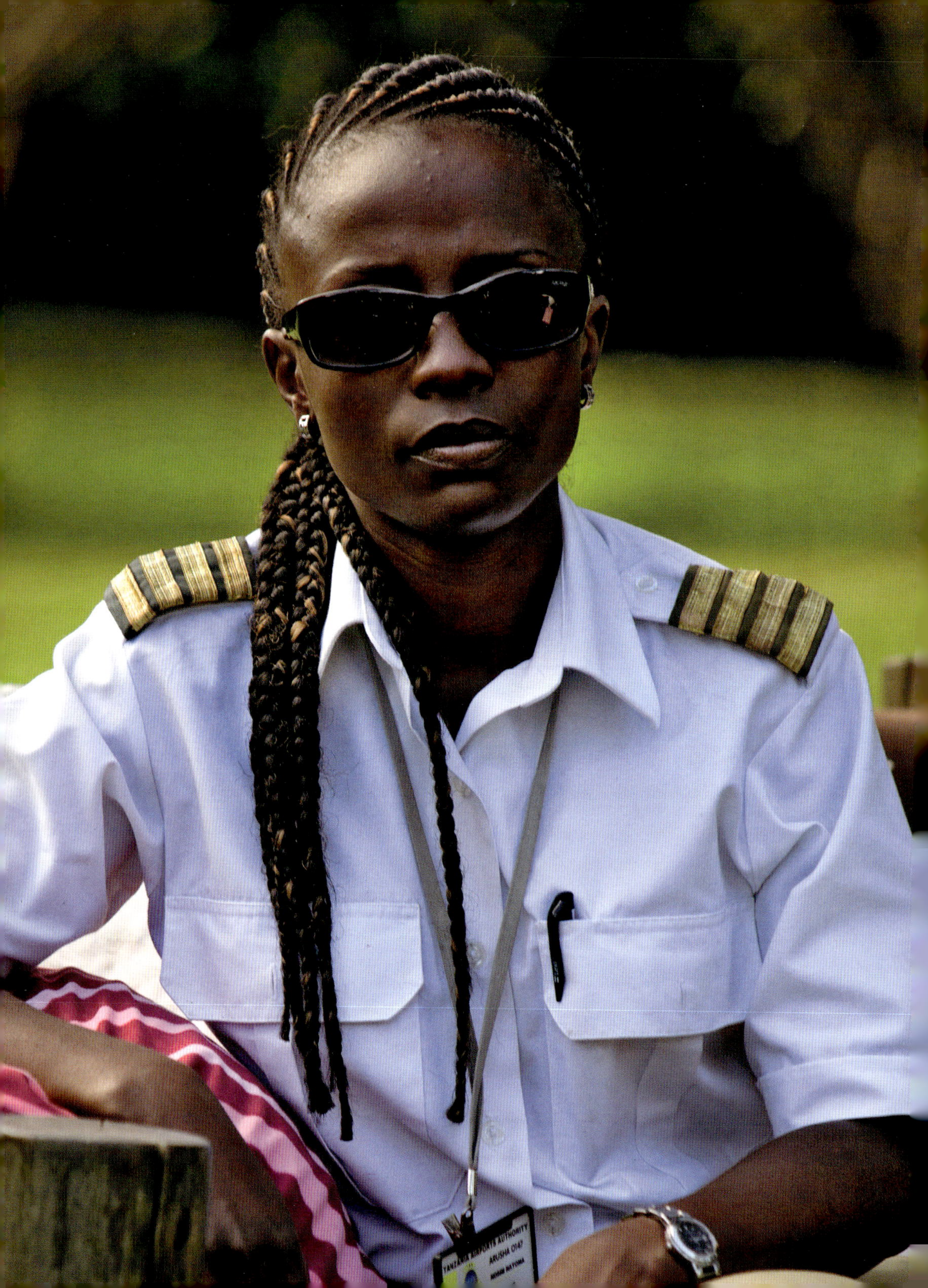
AUTHORITY
ARUSHA 0147

TANZANIA
ponad chmurami

Bohaterka: **Nayioma Rae**
Wiek: **29 lat**
Stan cywilny: **singielka**
Zawód: **kapitan samolotu**
Miejsce akcji: **3500 metrów nad ziemią**

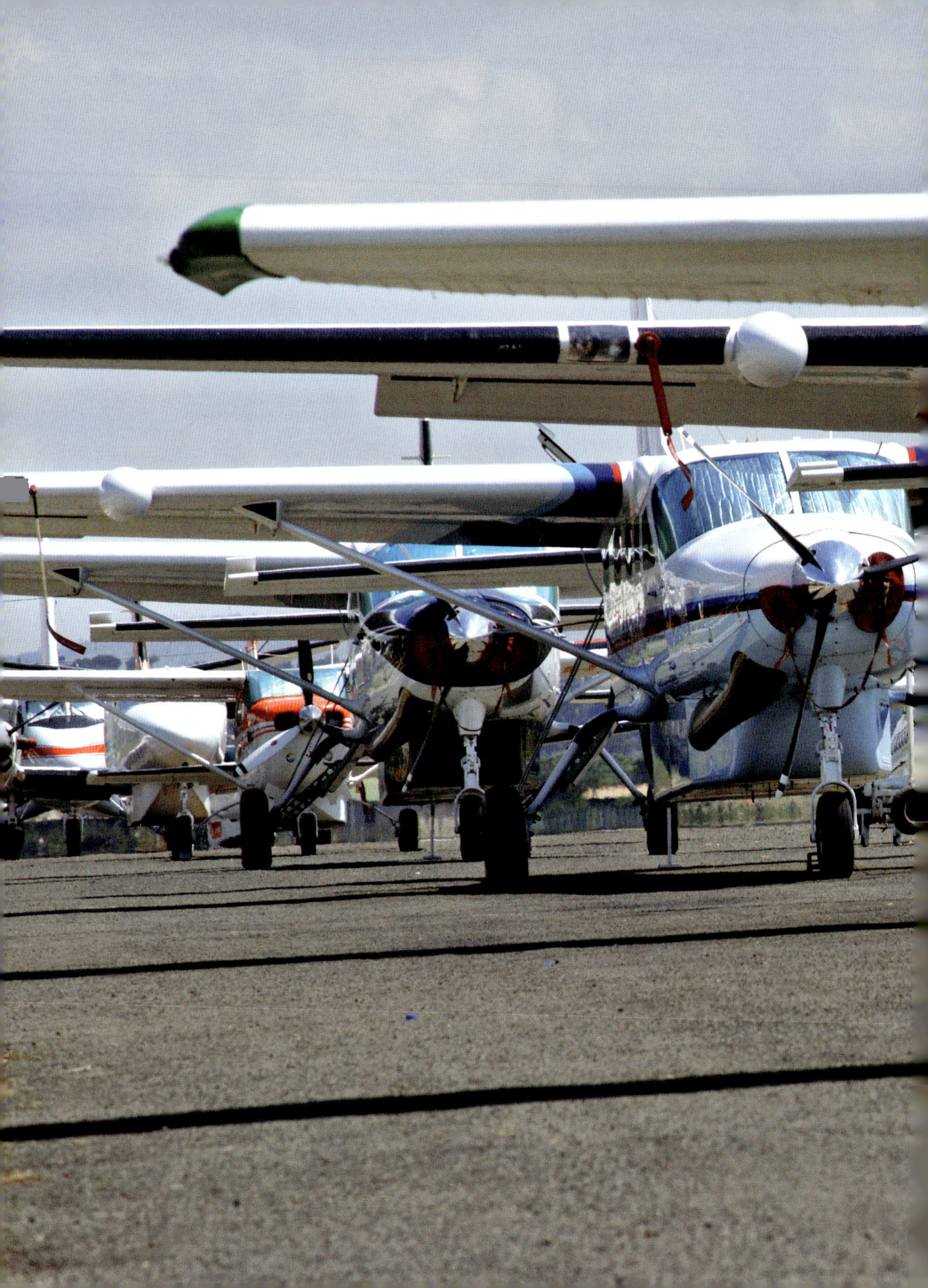

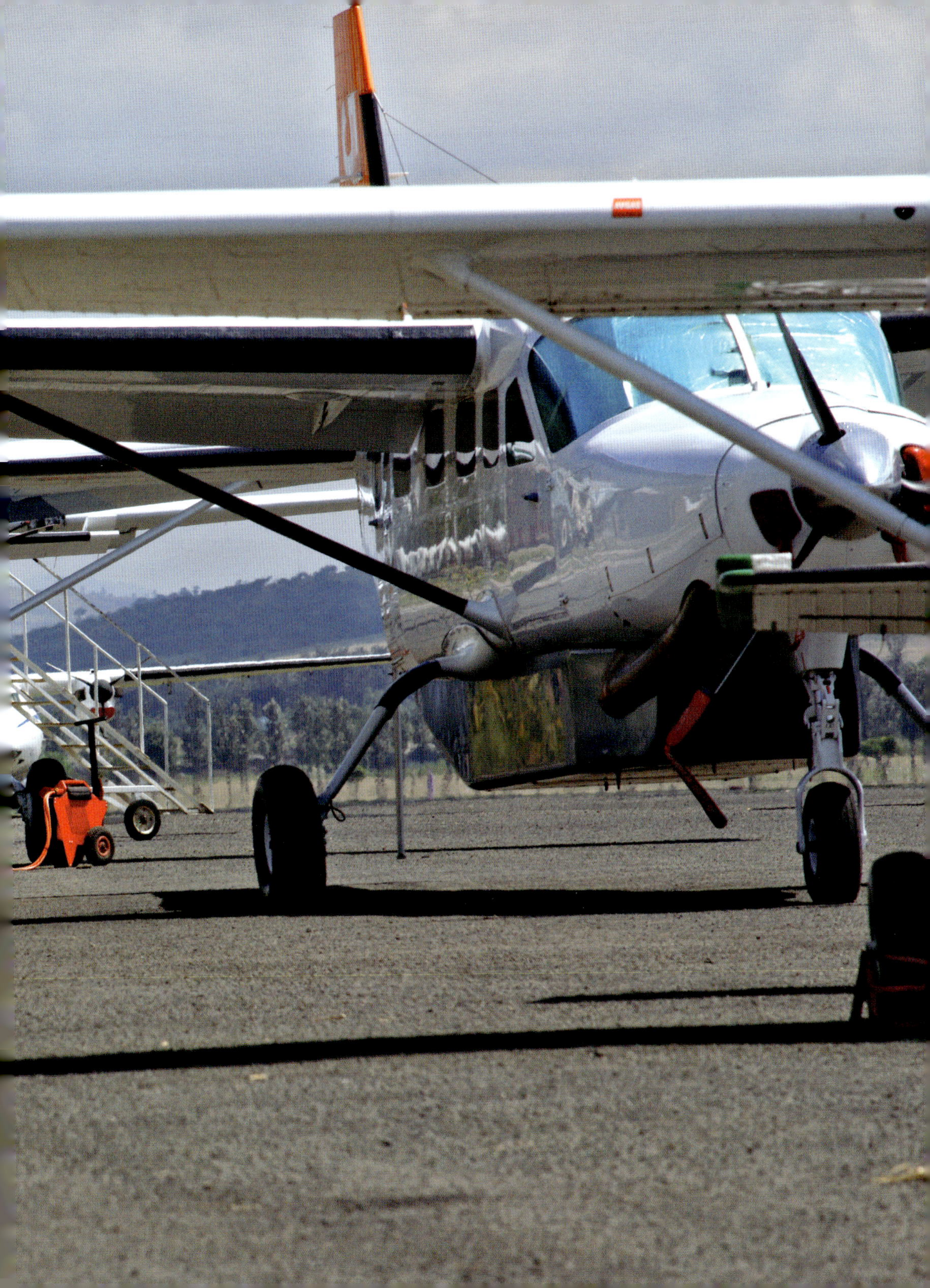

W Afryce to chłopców wysyła się do szkoły, ponieważ ich przeznaczeniem jest robienie kariery, zdobywanie dobrej pracy, zarabianie i niezależność. Dziewczynki z kolei powinny raczej siedzieć w domu do czasu, aż uda się je wydać za mąż. No bo po co w nie inwestować, skoro to strata pieniędzy? Dlatego większość z nas woli nie sprzeciwiać się tradycji – rodzimy dzieci i zajmujemy się domem. Możesz więc sobie wyobrazić, że kobiety, które w Afryce marzą o zawodzie pilota, mają przed sobą długą i piekielnie trudną drogę. Ale lot ponad chmurami daje tyle satysfakcji, że warto podjąć każdy wysiłek...

– To chyba nie pani będzie siedziała za sterami tego samolotu!? – zdenerwowany turysta z dużą liczbą walizek marki Louis Vuitton miota się po płycie małego lotniska w Aruszy, nieustannie dopytując się o skład załogi.

Nayioma Rae uśmiecha się szeroko, a w policzkach robią się jej takie słodkie dołeczki.

– Zapraszam na pokład linii Regional Air – mówi i spokojnie tłumaczy, że owszem jest kobietą, ale już od kilku miesięcy ma licencję kapitana i może SAMA prowadzić samolot. – Proszę się absolutnie nie denerwować, bo gwarantuję, że na pewno dolecą państwo na miejsce.

W końcu zrezygnowany Rosjanin wsiada do samolotu. Widać tylko, jak nerwowo przełyka ślinę, rzuca spojrzenia na boki. Wyjmuje kamerę wideo, bo skoro ma to być jego ostatni lot, chce wszystko uwiecznić. Potem, po wylądowaniu w Serengeti, podejdzie do Nayiomy i powie, że to była najlepsza podróż samolotem w jego życiu, że dziękuje i wstyd mu teraz za te sceny przed startem. Da nawet wysoki napiwek.

Takich rozmów Nayioma ma na swoim koncie mnóstwo. Jest kobietą, i to czarnoskórą, co sprawia, że jako pilot nie wzbudza zaufania. Tym bardziej tu, w Afryce.

Samolot uchodzi za jeden z najbezpieczniejszych środków transportu. Może dlatego, że wymagania stawiane kandydatom na pilotów są bardzo rygorystyczne. Zaczynając od czegoś tak oczywistego jak końskie zdrowie, stalowe nerwy, sokoli wzrok, fotograficzna pamięć, po zdolność koncentracji, podzielność uwagi, poczucie równowagi akrobaty, doskonałą koordynację wzrokowo--ruchową, refleks mistrza karate. Niezbędna jest też spostrzegawczość i umiejętność logicznego myślenia, odporność na zmęczenie, stres i presję, łatwość nawiązywania kontaktów, cierpliwość i umiejętność mediacji na poziomie Superniani. Nie dziwi więc, że pilotami mogą zostać tylko nieliczni, najlepsi z najlepszych. Oczywiście mężczyźni. Dobrze, żeby byli po czterdziestce, bo wówczas zaczyna się złoty wiek pilota. Młodość to brawura, a w tym zawodzie liczy się doświadczenie, asertywność i mniejsza skłonność do podejmowania ryzyka.

Wszyscy sądzili, że zostanę lekarzem, bo taki zawód uprawia mój ojciec. Albo tak jak mama – pielęgniarką. Jednak któregoś dnia stanęłam na lotnisku, popatrzyłam w górę na przelatujące samoloty i… już wiedziałam, co będę robić w życiu. Poszłam do szkoły lotniczej w Nairobi, stolicy Kenii. Tam się urodziłam i wtedy mieszkałam. Pamiętam, jak wybrałam się na lot próbny. Częścią testu były ewolucje w powietrzu – naprawdę przerażające, ale… nie zwymiotowałam, co zwykle się zdarza początkującym. W końcu zdobyłam podstawową licencję. Potem miałam półtora roku przerwy, żeby zarobić na kolejne kursy. Pracowałam dorywczo, trochę jako sekretarka. Egzamin na licencję pilota komercyjnego zdałam na Florydzie. A kiedy zamarzyło mi się latanie samolotami wielosilnikowymi, to zdecydowałam się na kolejne szkolenie aż w Kanadzie. Tak bardzo chciałam zobaczyć śnieg! Wiesz, nigdy wcześniej nie widziałam śniegu.

Rodzice Nayiomy, podobnie jak wielu innych rodziców na świecie, których córki wybierają zdecydowanie męskie zawody, mieli problem z zaakceptowaniem decyzji swojej latorośli.

– Martwili się, że to jest niebezpieczna praca? – zapytałam ją któregoś dnia.

– Nie, chyba po prostu mama obawiała się, że nie wyjdę za mąż i nie będę miała dzieci. Wiadomo, że ten zawód nie sprzyja zakładaniu rodziny, bo ciągłe podróże, bo praca od rana do nocy… Tak, chyba głównie chodziło im o to, że nie będą mieli wnuków.

Może było to samospełniające się proroctwo. Nayioma ma 29 lat i wciąż jest singielką. Mieszka tylko z kotem o imieniu Suzie.

– Dziewczyny muszą poświęcić więcej czasu, pieniędzy i wysiłku, aby zrobić karierę w tej branży – usłyszałam od Brytyjki Kate Moore, także pilota komercyjnego. – Szkolenie lotnicze to ogromny wydatek, podstawowy kurs kosztuje średnio 15 tysięcy tanzańskich szylingów, czyli około 45 tysięcy dolarów. Ile kobiet na to stać?

Linie lotnicze nie chcą inwestować w panie. Zdaniem ich właścicieli nawet jeśli kobieta zostanie świetnym pilotem, i tak w końcu zajdzie w ciążę i zrezygnuje z pracy. Jeżeli o stanowisko pilota starają się mężczyzna i kobieta, to raczej wybiorą mężczyznę. Jasnowłosa Kate zdobyła papiery za granicą, a tu przyjechała tylko do pracy. Paradoksalnie kobiet zatrudnionych w prywatnych liniach lotniczych jest we wschodniej Afryce całkiem sporo, więcej niż w Europie, tyle że są to głównie Brytyjki, Amerykanki i Kanadyjki na kontraktach.

– Gdybym była bogata, latałabym dla przyjemności, a ponieważ nie jestem, ktoś musi mi za to płacić i ten pomysł całkiem mi się podoba – dorzuciła na koniec i zatrzasnęła drzwi swojego samolotu.

Zaledwie trzy pokolenia wstecz nikt nie miał wątpliwości (poza grupą sufrażystek oskarżanych niemal o herezję), że mężczyźni są inteligentniejsi, silniejsi, zdolniejsi, lepsi. Że to urodzeni przywódcy, naukowcy, dowódcy, lekarze, muzycy, malarze, architekci, rzeźbiarze. Kobiety chciały i mogły realizować się bez przeszkód w jednej tylko roli – macierzyństwie i trosce o ognisko domowe. Taki był porządek świata zdominowanego przez mężczyzn.

Dziś ten podział, w którym panowie i tak zgarniają większość miejsc pracy, nie jest już tak wyraźny. Trudno wymienić zawód, w którym nie pracowałyby kobiety. A jednak wystarczy przyjrzeć się reklamom, by uświadomić sobie, jak głęboko dawne stereotypy są w nas zakorzenione. To najdłuższe korzenie świata! Wciąż bowiem tylko sterylna łazienka i kuchnia, czysta bielizna wyprasowana bez zagnieceń i pyszny obiad podany rodzinie mogą sprawić, że kobieta poczuje się spełniona i szczęśliwa.

Nie jest łatwo walczyć ze stereotypami w Europie, tym bardziej w Afryce.

Tanzania znalazła się na 126. miejscu na ONZ-owskiej liście 143 krajów badanych pod względem „Wskaźnika rozwoju na tle różnic między płciami". Pod tym tajemniczym hasłem kryje się smutna prawda. Mimo wsparcia ze strony rządu kobiety w Tanzanii nie znają swoich praw i nie korzystają ze swobód obywatelskich. Mimo prawa do edukacji – nie kształcą się, mimo prawa do własności – tej własności nie posiadają. Jak wynika z wielostronicowego raportu, „w wielu społeczeństwach świata obserwuje się takie zachowania kobiet, które bardziej świadczą o akceptacji porządku dającego im drugoplanowe role społeczne, gospodarcze oraz polityczne, niż o buncie przeciwko tej drugoplanowości". W biednych i tradycyjnych społecznościach kobiety nie mają czasu i energii, by walczyć o swoje prawa. Koncentrują się na wypełnianiu codziennych obowiązków, zapewnianiu przetrwania rodzinie.

Zawsze i wszędzie w najgorszej sytuacji znajdują się kobiety żyjące na wsi. Trudno im wyrwać się z dziedziczonego z pokolenia na pokolenie kręgu ubóstwa. Bardzo wcześnie wychodzą za mąż za o wiele starszych mężczyzn, których zgodnie z tradycją wybierają im ojcowie. Cena panny młodej to 20 krów, a jej wartość i społeczny prestiż wyznaczy w przyszłości liczba urodzonych dzieci. Choć w Tanzanii oficjalnie mężatkami mogą zostać piętnastolatki, często omija się ten przepis, powołując się na prawa lokalne. Wówczas małżeństwo może zawrzeć już dwunastolatka, pod warunkiem że związek nie zostanie skonsumowany do „pełnoletności" dziewczyny. Potem młode mężatki szybko zachodzą w ciążę. Pierwszą, drugą... Statystyczna mieszkanka tego kraju rodzi ponad pięcioro dzieci. (Trzynaście tysięcy kobiet rocznie umiera podczas porodu z braku podstawowej opieki medycznej). A po paru latach szczęśliwego pożycia mąż, oczywiście za zgodą żony, bierze sobie drugą, trzecią, czwartą. W Tanzanii jedna czwarta kobiet żyje w małżeństwach poligamicznych.

Mimo że generalnie kobiety nie mają tu łatwego życia, stanowią dziś podstawę funkcjonowania gospodarki Afryki Wschodniej. To one dbają o dom, dzieci, codziennie dźwigają chrust i wodę, walczą o przetrwanie w tym nieprzyjaznym klimacie. Zatrudniane są w zakładach rzemieślniczych, zajmują się handlem, pracują w rolnictwie.

Wjeżdżamy na plantację kawy w okolicach Aruszy, najstarszą na terenie Tanzanii. Nazywa się wymownie – Burka (burka to też rodzaj nakrycia głowy muzułmanek, zasłania całe ciało, na wysokości oczu jest siatka). Wymownie, bo pracują na niej same kobiety. Powoli przejeżdżamy wzdłuż beżowego muru. Potem okaże się, że za nim są suszarnie i pakowalnie cennych ziaren. Po lewej stronie po horyzont ciągną się pola obsadzone niskimi, sięgającymi mniej więcej 2 metrów krzaczkami kawy arabika, których gałęzie uginają się pod ciężarem owoców.

Kawa nazywana jest czarnym złotem, ponieważ stanowi jeden z najcenniejszych, tuż po ropie naftowej, surowców na świecie i generuje gigantyczne dochody. Choć z Afryki, ojczyzny kawy, pochodzi tylko ułamek całkowitej ilości ziarna na rynkach międzynarodowych, to właśnie te z Tanzanii cenione są niezwykle

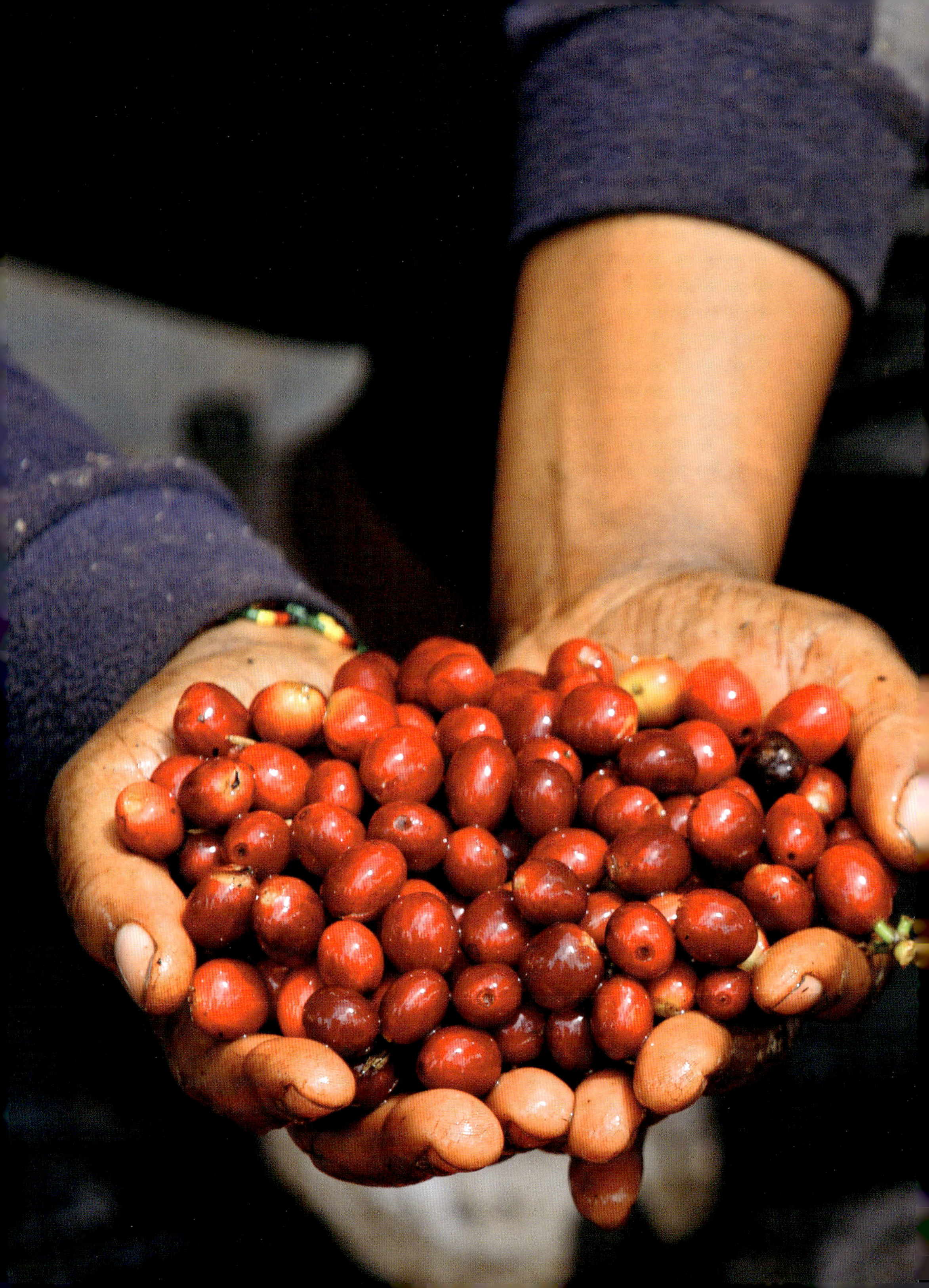

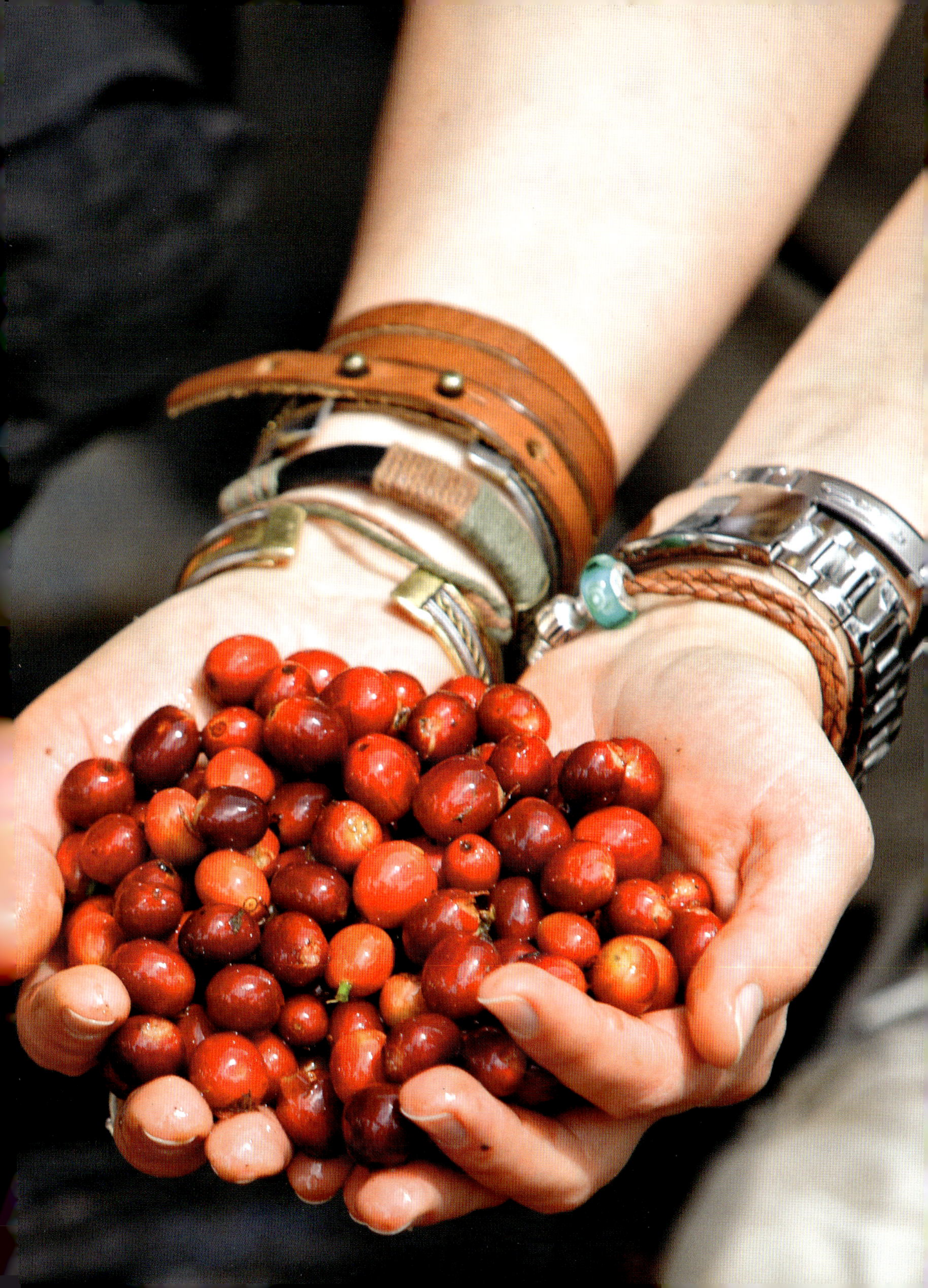

W okolicach Aruszy uprawia się wysokiej jakości kawę arabikę. Przy jej zbiorze pracują wyłącznie kobiety, jest ich tu trzy tysiące. Każda zarabia 2,5 dolara dziennie. W Tanzanii jednak nie napijesz się dobrej kawy – cała jest przeznaczona na eksport.

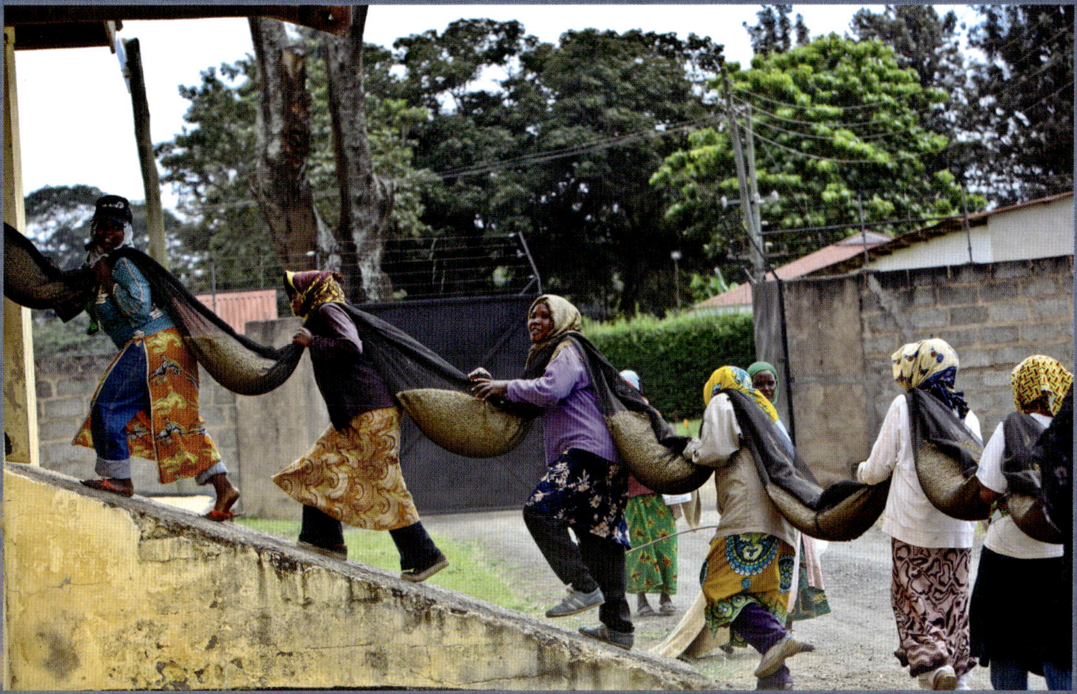

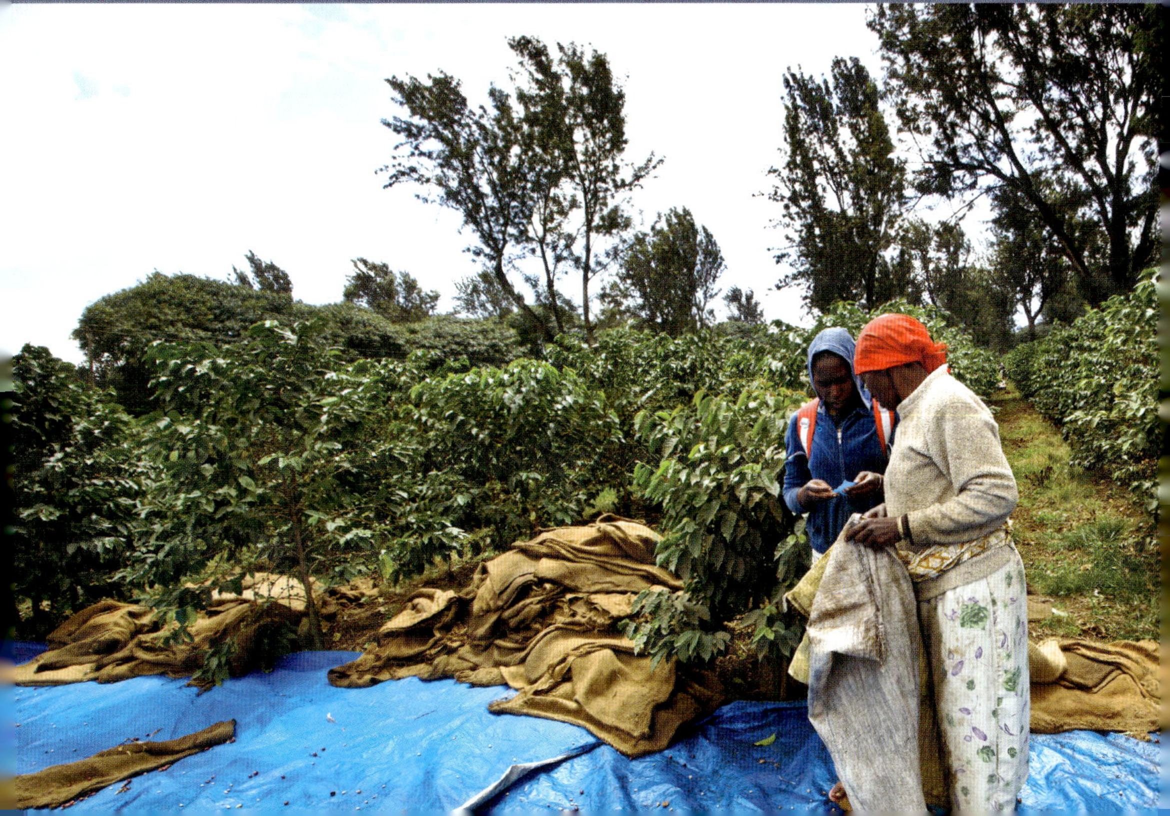

wysoko. Smak wytwarzanej tu kawy uchodzi za wyjątkowo szlachetny – ostry, wyrazisty i mniej kwaskowy niż kaw kenijskich. To zasługa klimatu. Krzewy arabiki są bardzo wymagające. Nie lubią ani prażącego słońca, ani ulewnych deszczów. Idealna dla nich temperatura nie powinna spaść poniżej 15 i przekroczyć 30 stopni Celsjusza. Kawa mniej „choruje" na dużych wysokościach, dlatego tu, w okolicach Aruszy położonej powyżej 1000 m n.p.m., ma najlepsze warunki w całej Tanzanii. Od strony Kilimandżaro wieje ożywczy wiatr, występuje tu optymalna ilość opadów, dlatego krzewy wegetują szybciej niż w innych regionach – rośliny rodzą owoce po dwóch i pół roku.

Kawa to najważniejszy towar eksportowy Tanzanii. I właśnie z tego powodu w lokalnych knajpach podawana nam mała czarna smakuje ohydnie, ta najlepsza wyjeżdża bowiem za granicę.

Niezależnie od metody zbioru uprawa kawy wymaga zaangażowania wielu osób – to wyjątkowo czaso- i energochłonny proces. Tak się składa, że najczęściej właścicielem plantacji jest biały człowiek, a owoce zbierają i suszą czarnoskórzy.

Zatrudnia się tutaj około trzech tysięcy kobiet. Za niemal niewolniczą pracę od rana do wieczora, w deszczu czy w upale, ich dniówka wynosi około 5 tysięcy randów, czyli równowartość 2,5 dolara. Ale i tak są szczęśliwe – w końcu mają jakieś dochody, a o to w Afryce trudno.

Kobiety tworzą specyficzną i szalenie energetyczną społeczność, co najtrafniej wyrażają ich zaskująco barwne stroje, z którymi kontrastują beżowe uniformy młodych czarnoskórych mężczyzn, ich nadzorców. Kobieta dźwiga worek i ledwo sobie z tym radzi, bo oprócz ciężaru niesionego na głowie, w ręku ma jeszcze wiadro, a na plecach – zawinięte w kangę (chustę) trzy- czy czteromiesięczne dziecko. Mężczyzna patrzy. I nie zrobi nic, żeby jej pomóc, nie wchodzi to przecież w zakres obowiązków jego wąskiej specjalizacji – ma pilnować i koniec. Zadaniem nadzorcy jest tylko i wyłącznie wydawanie poleceń, pokazywanie palcem i obojętne spluwanie śliną, przestępowanie z nogi na nogę.

Najpierw na drzewku pojawiają się białe lub kremowe kwiatki, które pachną intensywnie. Potem zamieniają się one w zalążek owocu. Początkowo jest twardy, zielony i przypomina małą oliwkę, ale szybko jego barwa przechodzi w żółto-pomarańczową, aż na końcu staje się apetycznie czerwony. Ta smakowita powłoczka kryje biały miąższ, pod którym znajdują się dwa zielonkawe, jednostronnie spłaszczone ziarenka złożone brzuszkami do siebie. To one tak naprawdę decydują o smaku kawy.

Jak się dobrać do tych ziarenek? Tu, na plantacji Burka, stosuje się metodę zwaną *picking,* znacznie wyżej cenioną, ponieważ pozwala uzyskać kawę lepszej jakości. Zrywa się tylko te najpiękniejsze, najbardziej dojrzałe, ale jeszcze nienadgniłe owoce kawowca. Z kolei przy metodzie strippingu czeka się, aż wszystkie owoce dojrzeją, i zbiera też te, które opadły na ziemię. To sposób zdecydowanie szybszy i tańszy, ale jakość kawy gorsza, bo niektóre ziarna mogą być sfermentowane.

Przyglądam się kobietom. Są tutaj od samego świtu, większość nie ma co zrobić z dziećmi, więc zabierają je ze sobą. Niektóre maluchy mają miesiąc, może nawet mniej, i drzemią w chustach – noszone niczym tobołki na plecach. Co jakiś czas przystawiane są do piersi. Starszaki starają się dreptać za matkami. Większe, pięcio- czy sześcioletnie, pomagają już swoimi drobnymi rączkami. Segregują kolorowe owocki i co jakiś czas czepiają się maminej spódnicy, wstydliwie spoglądając w naszą kamerę. Zresztą, jak większość państw afrykańskich, Tanzania boryka się z problemem pracujących dzieci (ok. 400 tysięcy, w różnych sektorach). Mimo że to proceder nielegalny, nikt się tym specjalnie nie przejmuje.

Można powiedzieć, że plantacja to takie minipaństwo w państwie. Są osoby od czarnej roboty i nadzorcy, sklepy i gastronomia. Wzdłuż dróg, które rozdzielają poszczególne poletka, wiele kobiet próbuje sprzedać swoje towary. Na kolorowych szmatkach i kawałach niebieskich folii leżą poukładane zielono--brązowe awokado, pomidory, dojrzałe mango, które można od razu rozkroić i ze smakiem spałaszować, o ile ktoś ma na to pieniądze. Są też plastikowe wiadra pełne ciepłej zupy z fasoli. Próbowałam, nawet niezła, w każdym razie na pewno mocno sycąca. Ale przede wszystkim kwitnie tu życie towarzyskie – kobiety śmieją się, żartują, plotkują, niektóre zasłaniają się przed naszymi kamerami, odwracają tyłem lub wprost uciekają – inne zapraszają przyjaznym gestem, żeby koło nich usiąść albo porozmawiać. Z zainteresowaniem słuchają nowinek o świecie.

Podchodzi do mnie jedna z nich i zaczyna radośnie kręcić biodrami. Próbuję ją naśladować, ale oczywiście moje ciało, nienawykłe do takich wygibasów, nie jest w stanie powtórzyć tych ruchów. Niemniej zabawa jest przednia. Wszyscy śmieją się z „białaski", której wydaje się, że tańczy w stylu afrykańskim. Tutejsze kobiety przez noszenie ciężarów na głowie nauczyły się fenomenalnie utrzymywać równowagę i zawsze chodzą wyprostowane jak struny, w przeciwieństwie do mnie, zasiedziałej za biurkiem i godzinami pochylającej się nad komputerem. I tych sylwetek, tych kocich ruchów niezwykle afrykańskim kobietom zazdroszczę.

Kawa pochodzi z Etiopii, z regionu Keffa, stąd nazwa tego najpopularniejszego na świecie napoju. Rocznie produkuje się jej około 6,7 miliona ton, co pozwala zaparzyć około 400 miliardów filiżanek. Zanim z tych pełnych teraz czerwonych owocków koszy kawa trafi do naszych ekspresów, czeka ją jeszcze długa droga. Najpierw trzeba wyłuskać ziarno z łupinek (na sucho lub na mokro). Potem suszenie – trzy tygodnie ziarna leżą na matach na słońcu. Następnie sortowanie według rozmiarów – im większe ziarno, tym lepsza kawa. Palenie, pakowanie…

Palone ziarna kawy tracą aromat po około dwóch tygodniach. Zmielona kawa już po godzinie, natomiast napar kawowy w ciągu kilkunastu minut. Aby więc spróbować tego, co najdoskonalsze w smaku arabiki, postanawiam wypić filiżankę na miejscu, w restauracji River House znajdującej się na terenie plantacji. Elegancko ubrany kelner przynosi mi czarny, gorący napój w porcelanowej filiżance. W Europie w XVII wieku ziaren kawy używano jako lekarstwa na alkoholizm i różne dolegliwości. Kawa sprzedawana była wtedy tylko w aptekach. Dziś mało kto jest w stanie wyobrazić sobie dzień bez małej czarnej. Piję niespiesznie i cieszę się chwilą. Kawa jest wyborna – lekko kwaskowata, z niezwykłym czekoladowym posmakiem. Zapłaciłam za nią prawie tyle, ile zarabia kobieta zbierająca ziarna przez cały dzień w tym potwornym upale…

Zajmuję miejsce na prawym fotelu. Przy moich 180 centymetrach wzrostu niemal uderzam głową w podsufitkę. Zapinam pięciopunktowe pasy bezpieczeństwa, podobne do tych, których używałam w samochodach rajdowych, i zakładam słuchawki. Witamy się z Nayiomą krótko przez radio, żeby upewnić się, czy dobrze ją słyszę. Chwilę później dostrzegam wielką niebieską poduchę tkwiącą pod pupą pani kapitan.

Po raz pierwszy zobaczyłam Nayiomę na lotnisku w Dar es Salaam, właśnie wysiadała z cessny 208. Kiedy stanęła obok mnie na płycie, zaskoczyły mnie dwie rzeczy – to, że ma niewiele ponad 160 centymetrów wzrostu i taki lekki uścisk dłoni. I że w ogóle jest delikatna i subtelna. Chyba uległam stereotypowi, że jak już baba siada za sterami samolotu, to musi być silna, mocna i zdecydowana. Potem miało się okazać, że przy tym bardzo kobiecym wyglądzie jest absolutnie pewna tego, co robi.

– Martyna z Polski – przedstawiłam się pierwsza, wyciągając rękę. – A ty pewnie jesteś… O Jezu! Jesteś… Jesteś…? – rozpaczliwie próbowałam znaleźć odpowiednie słowa.

– Tak, jestem jak połowa ciebie! – zaśmiała się głośno i bez obrazy. – Zastanawiasz się pewnie, jak mogę prowadzić samolot?

– No cóż, pomyślałam o tym… – przyznałam się do gafy, którą, jak widać, popełniłam nie tylko w myślach.

– Mam tam jedną poduszkę pod tyłek i drugą pod plecy, żeby sięgać do sterów i tyle – wyjaśniła ze śmiechem.

– Byłam pewna, że aby móc zostać pilotem, trzeba być dużą i silną kobietą. Naprawdę tak mi się wydawało.

– Coś ty, poduszki wystarczą!

Bez nich Nayioma nie wystawałaby wystarczająco wysoko ponad deskę rozdzielczą w kokpicie i nie dostrzegłaby niczego przed dziobem. Nawet w zestawieniu z niewielką cessną jest drobniutka. Wyobrażacie ją sobie za sterami jumbo jeta?! Tymczasem pani kapitan poprawia się na swojej poduszce i przysuwa siedzenie niepokojąco blisko przedniej szyby. W naszym kraju pokutuje stereotyp, że w samochodach tylko baby i faceci w kapeluszach siadają tak blisko, że nosem dotykają szyby. Nayioma twierdzi, że to „pozwala jej trzymać lepszą kontrolę nad samolotem". Wkrótce padają pierwsze komendy:

– Pięć Hotel Rome Eco Golf – podaje numer samolotu alfabetem lotniczym. – Proszę o zgodę na start.

– To on czy ona? – pytam Nayiomę, głaszcząc deskę rozdzielczą cessny Grand Caravan.

– Oczywiście, że ONA! – mówi niby oburzona.

Cessna 208 nazywana jest Grand Caravanem, czyli Wielkim Karawanem. (Cholera, nie brzmi to dobrze…). Zdążyłam się dowiedzieć, że ma 16 lat (!), rozwija prędkość 150 węzłów, czyli jakieś 300 kilometrów na godzinę. Może się wznieść na maksymalną wysokość 20 tysięcy stóp (7500 m n.p.m.), z tym że wtedy oczywiście trzeba używać tlenu. Ale normalna wysokość przelotowa i taka, na której za chwilę będziemy, to 3500 metrów. Z dziesięcioma osobami na pokładzie, z bagażami i paliwem ONA waży ponad 3800 kilogramów.

Dostajemy zgodę na start, więc na razie przerywamy rozmowę.

– Witam na pokładzie samolotu lecącego do Aruszy – Nayioma odwraca się do pasażerów, którzy moszczą się na fotelach za jej plecami. – Będziemy lecieć przez Sadani, miejscowość oddaloną o 25 minut drogi stąd, później czeka nas jeszcze prawie półtorej godziny do Aruszy. Mamy cztery wyjścia – dwa, którymi

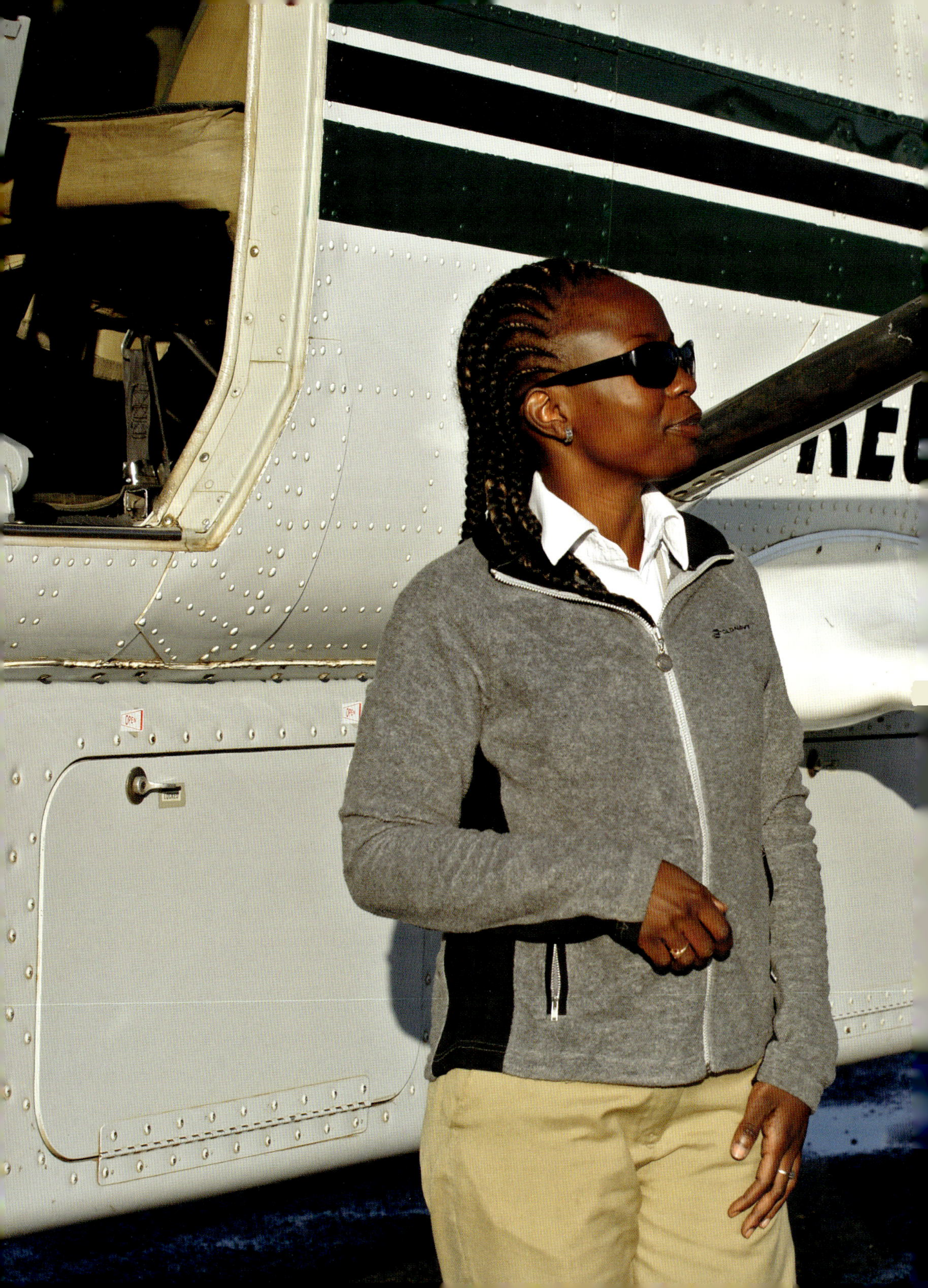

Na płycie lotniska poznaję kapitan Nayiomę Rae.

wchodziliście, i dwa naprzeciwko mnie. Proszę, zapnijcie pasy. Aha, zapomniałam powiedzieć, że nazywam się Nayioma, jestem tu kapitanem. Życzę miłego lotu – z rozbrajającym uśmiechem dodaje na koniec wyćwiczonej i wielokrotnie powtarzanej formułki.

Chwilę później odrywamy się od pasa startowego i wznosimy w stronę chmur. Muszę przyznać, że czuję się absolutnie komfortowo. Większość czynności związanych z lotem Nayioma wykonuje jakby od niechcenia. Tu coś poprawia, tam coś przestawia na pokrętłach. Przez grzeczność pytam, co widać na tych wszystkich zegarach. Mimo świetnego wykładu Nayiomy i najszczerszych chęci nie jestem jednak w stanie powtórzyć, co do czego służy. Wiem tylko, gdzie jest sztuczny horyzont, prędkość wznoszenia, radar i inne podstawowe urządzenia, ale pamiętam to raczej z filmów. Kiedyś nawet zaczęłam przygotowywać się do zdobycia licencji pilota, ale szybko zdałam sobie sprawę, że powietrze to nie jest mój żywioł.

Nayioma jest urocza, ma piękny uśmiech. Przypomina mi aktorkę Jadę Pinkett-Smith (czyli żonę Willa Smitha). Gadamy jak najęte przez radio i zaczynam coraz bardziej lubić tę wyjątkową dziewczynę. Okazuje się, że nie tylko ja mam tak pozytywne odczucia na jej temat.

– Czasem zdarza się, że po zakończonym locie jakiś facet proponuje mi małżeństwo. Zupełnie tego nie rozumiem – wzrusza ramionami, choć nie bez kokieterii.

Ja rozumiem. To zniewalające połączenie delikatności i stanowczości. Nayioma ma bardzo ciemną skórę z oliwkowym połyskiem, wydatne usta, które śmiejąc się – a pani kapitan robi to nieustannie – odsłaniają rząd śnieżnobiałych zębów. I te dołeczki w policzkach… Długie czarne włosy ma zaplecione w tak zwane płaskie twisty, czyli grubsze warkoczyki przy samej skórze, opadające na plecy. Dzięki temu jej fryzura nie rozsypuje się, podczas gdy mnie włosy niemiłosiernie chłoszczą po twarzy; wiatr na lotnisku i podmuchy startujących samolotów są dość uciążliwe. Poza tym Nayioma ma ładne, zadbane dłonie, a na nosie nieodłączne eleganckie okulary wysadzane kryształkami, które układają się w oczywisty na tej szerokości geograficznej napis „safari". Nawet męski strój – biała koszula z pagonami, na których widnieją cztery belki, i beżowe, proste spodnie oraz męskie, brązowe buty – nie ujmuje jej kobiecości. A przy tym jest zadziwiająco konkretna, rzeczowa, taka nieumizgująca się.

Zanim na dobre rozgościłam się w kabinie, zobaczyłam, że lądujemy w Sadani na trawiastym, dziurawym pasie. Silnik gaśnie, a Nayioma wyciąga z kieszeni plik banknotów i płaci – 50 tysięcy tanzańskich szylingów za prawo do używania lotniska. Czyli można powiedzieć, że pani kapitan jest jednocześnie stewardesą (przed lotem rozdaje pasażerom cukierki i wodę mineralną z kartonowego pudła, które trzyma za fotelem), nawigatorem, dyrektorem finansowym i kasjerką w jednym. Praca pilota w Afryce znacząco różni się od tego, co robią przedstawiciele tego zawodu w Europie.

Nikt nie wsiada, za to wysiada Australijczyk, a my, niczym tramwaj (w Polsce pilotów samolotów transportowych nazywają dorożkarzami), zamykamy drzwi, rozpędzamy się na pasie i już po chwili lecimy na północ. Startujemy tak lekko, że nawet nie zauważam, kiedy odrywamy koła od podłoża.

– Patrz! Na godzinie pierwszej! – Nayioma podekscytowana pokazuje mi czubek góry wyrastający znad chmur. A więc znów, po siedmiu latach, mam okazję zobaczyć ten szczyt! Jej Wysokość Kilimandżaro. Najwyższa góra Afryki (5895 m n.p.m.) wygląda niczym olbrzymia piramida porzucona na oceanie zielono-żółtej trawy. Samotny masyw przykrywa skrząca się w intensywnym podrównikowym słońcu biała czapa. Kiedyś była imponująca, wielka i puszysta, ale w ciągu zaledwie 100 lat skurczyła się o 85 procent. Naukowcy wróżą, że niedługo legendarne „śniegi Kilimandżaro", opisywane przez Hemingwaya, odejdą w niepamięć. Pomyślałam, że Kenijczycy muszą mieć żal do królowej Wiktorii. Gdy Londyn i Berlin dogadywały się w sprawie granicy między brytyjską Kenią i niemiecką Afryką Wschodnią, Kilimandżaro przypadła Niemcom. Legenda głosi, że monarchini chciała, by jej wnuk, późniejszy cesarz Wilhelm II, miał górę w Afryce i że dostał ją w prezencie urodzinowym niczym gigantyczny tort. Tak więc szczyt jest dziś na terytorium Tanzanii, która zarabia na nim krocie. Wchodzący na wierzchołek wydają na ten cel ponad 6 milionów dolarów rocznie.

– Widuję Kilimandżaro niemal codziennie, a nigdy nie byłam na szczycie – Nayioma zamyśla się. – Ale bardzo bym chciała. Może kiedyś wybierzemy się tam z ojcem? Dziś jest niezła pogoda, masz szczęście, że tak pięknie ją widać! – Po chwili dodaje: – Musimy wylądować w Aruszy najpóźniej o 18.50 ze względu na zachód słońca. Odbijamy w stronę lotniska.

Lecimy w chmurach. Wrażenie jest takie, jakbyśmy przebijali się przez watę cukrową. W tym dziwnym środowisku czuję się wyjątkowo nieswojo, szczególnie że trudno tu o jakąkolwiek orientację. Patrzę na Nayiomę – jest zrelaksowana, twierdzi, że wszystko widzi na przyrządach. Tak, tak, słyszałam od jej znajomych, że w powietrzu czuje się jak ryba w wodzie. Podczas turbulencji, kiedy inni już modlą się do swojego Boga albo krzyczą, ona nuci pod nosem ulubione piosenki.

– Mówi się, że im mniejszy samolot, tym bardziej są w nim odczuwalne turbulencje. Nie przeszkadza ci to? – pytam, przełykając nerwowo ślinę, kiedy znów „przepadamy" w jakiejś dziurze.

– To jest super! Ja dopiero tutaj i w takiej sytuacji czuję, że mam pełną kontrolę! Wiesz, jaki to daje *power*?! W boeingu nie ma takiej frajdy! – Nayioma jest podekscytowana, oczy jej błyszczą. – Czasem problemy sprawiają mi tylko dzikie zwierzęta, ale poza tym Afryka to najlepsze na świecie miejsce do latania.

Arusza wygląda jak niemal każde afrykańskie miasto, chaotyczne skupisko byle jak i z byle czego sklejonych domów nanizanych na podziurawione niczym szwajcarski ser uliczki. Na targowiskach pokryte wiecznym pyłem towary sprzedawane są wprost z ziemi, a kolonialna architektura przypomina samochód po wielu ciężkich dla jego karoserii przejściach. Wzdłuż drogi siedzą mężczyźni, biegają dzieci, którym trudno czegokolwiek odmówić, wędrują obładowane tobołami kobiety. Chwytająca boleśnie za serce bieda potyka się tu co krok o kłujące w oczy bogactwo. Jest jednak pewna fundamentalna, można powiedzieć, różnica, którą najlepiej widać właśnie z lotu ptaka. I nie chodzi o to, że to półtoramilionowe miasto rozlewa się po płaskowyżu ponad 1300 metrów nad poziomem morza, co zapewnia mu w miarę łagodny, jak na Afrykę klimat. Aruszę otaczają soczyście zielone plantacje kawy i żółtozielone pola kukurydzy. Wystarczy jednak wznieść się wyżej, żeby zobaczyć bezkresne sawanny Serengeti, po których przechadzają się gigantyczne stada zwierząt, jezioro Manyara otoczone palmami i rozkrzyczane tysiącami ptaków. Park Narodowy Arusza porośnięty wilgotnymi lasami równikowymi, na które cień rzuca wyrastający w jego centrum wulkan Meru, i krater Ngorongoro, gdzie odkryto jedne z najstarszych śladów człowieka. No i przede wszystkim Dach Afryki – Kilimandżaro. To najpiękniejsze i najbardziej godne polecenia miejsca Tanzanii. Arusza jest jej turystyczną stolicą, tak jak zimową stolicą Polski jest Zakopane, a letnią Sopot. Bramą, spod której wyrusza większość miłośników safari.

Spaceruję po głównej ulicy. Między straganami pełnymi owoców dzieci bawią się w kółko i patyk, łażą wyliniałe psy patrzące smętnym, nieobecnym wzrokiem. Otacza mnie tłum ludzi. Zawsze mnie zastanawia, z czego oni tak naprawdę żyją? Coś tam sprzedadzą, przerobią rzeczy w naszej kulturze nikomu do niczego niepotrzebne na przedmioty, które można odsprzedać dalej, coś wyhodują, coś wykombinują, ale trudno dostrzec śpieszącego się dokądś Afrykanina. Przyjeżdżając tutaj, trzeba przestawić zegarek o godzinę do przodu, ale później tak naprawdę można go już zdjąć z ręki. Punktualność i terminowość są tu pojęciami abstrakcyjnymi. Ale nie dla Nayiomy, która codziennie zaczyna pracę o świcie.

Czemu tu pracuję jako pilot? Co za pytanie? Tu są po prostu najpiękniejsze widoki na ziemi! W Afryce lata się przede wszystkim do parków narodowych, w których można spotkać mnóstwo dzikich zwierząt. Kiedyś lądowałam w środku sawanny, a tu nagle widzę, że na pasie stoi słoń. Musiałam się z nim trochę posprzeczać, warcząc mu silnikiem nad głową. W końcu się przesunął, choć łatwo nie było.
Raz zdarzyła mi się naprawdę zabawna przygoda. Lądowałam w Serengeti po pasażerów, którzy mieli już na mnie czekać, tymczasem na pasie leżało 16 lwów, które za nic nie chciały się ruszyć. Musiałam latać z góry na dół, aby je przepędzić. W końcu stwierdziły, że mają dość tego naruszającego ich spokój samolotu i zdecydowały się odejść. Ląduję. Otwieram drzwi i krzyczę: „Hej, wsiadajcie!". A pasażerowie siedzą twardo w swoim samochodzie terenowym zaparkowanym przy lotnisku. Okazało się, że lwy położyły się z drugiej strony samolotu i ja ich nie widziałam…

Szósta trzydzieści – słońce powoli wschodzi nad sawanną i oświetla na złoto kadłuby samolotów. Przegląda się w sterczących ku niebu srebrnych nosach maszyn. Zaczyna pieścić łopaty skrzydeł. Cessny Grand Caravan, z wymalowanymi nazwami różnych linii lotniczych – wśród nich Regional, Precision, Coastal i Safari Express – stoją w rządku. Nazwę mają adekwatną do wyglądu – kadłub beczkowaty, raczej mało smukły (żeby nie powiedzieć kanciasty), jak na karawan przystało. Tymczasem wokół nich krząta się coraz więcej osób. Każdy dokładnie wie, co ma robić, choć w stylu afrykańskim – powoli, bez typowej dla nas nerwowości. Zgodnie z powiedzeniem, że dobrą pracę należy szanować. Piloci zbliżają się do maszyn, oglądają skrzydła, dotykają śmigieł – przejeżdżają palcami po krawędziach, jakby chcieli się upewnić, że przez noc nic ich nie wyszczerbiło. Że wszystko będzie działać prawidłowo.

Do cessny Regional Air w zielono-żółtych barwach podjeżdża minicysterna z paliwem. Pilot tankuje ilość litrów potrzebnych na loty zaplanowane na pierwszą część dnia.

Rozglądam się dookoła. Lotnisko wygląda trochę jak składzik starych części, rupieci i samolotów. Także dość wiekowych, bo przypuszczam, że niektóre z nich mają tyle lat co ja. Jest wcześnie rano, panuje więc przenikliwe zimno, jak to w czerwcu w tej części Afryki. Popijam lurowatą kawę z automatu w papierowym kubku i patrzę na budzące się powoli lotniskowe życie.

Arusza, półtoramilionowa metropolia, jest bramą wypadową wypraw na Kilimandżaro i najbliżej stąd do najwspanialszych parków narodowych Tanzanii: Serengeti, Ngorongoro oraz jeziora Manyara.

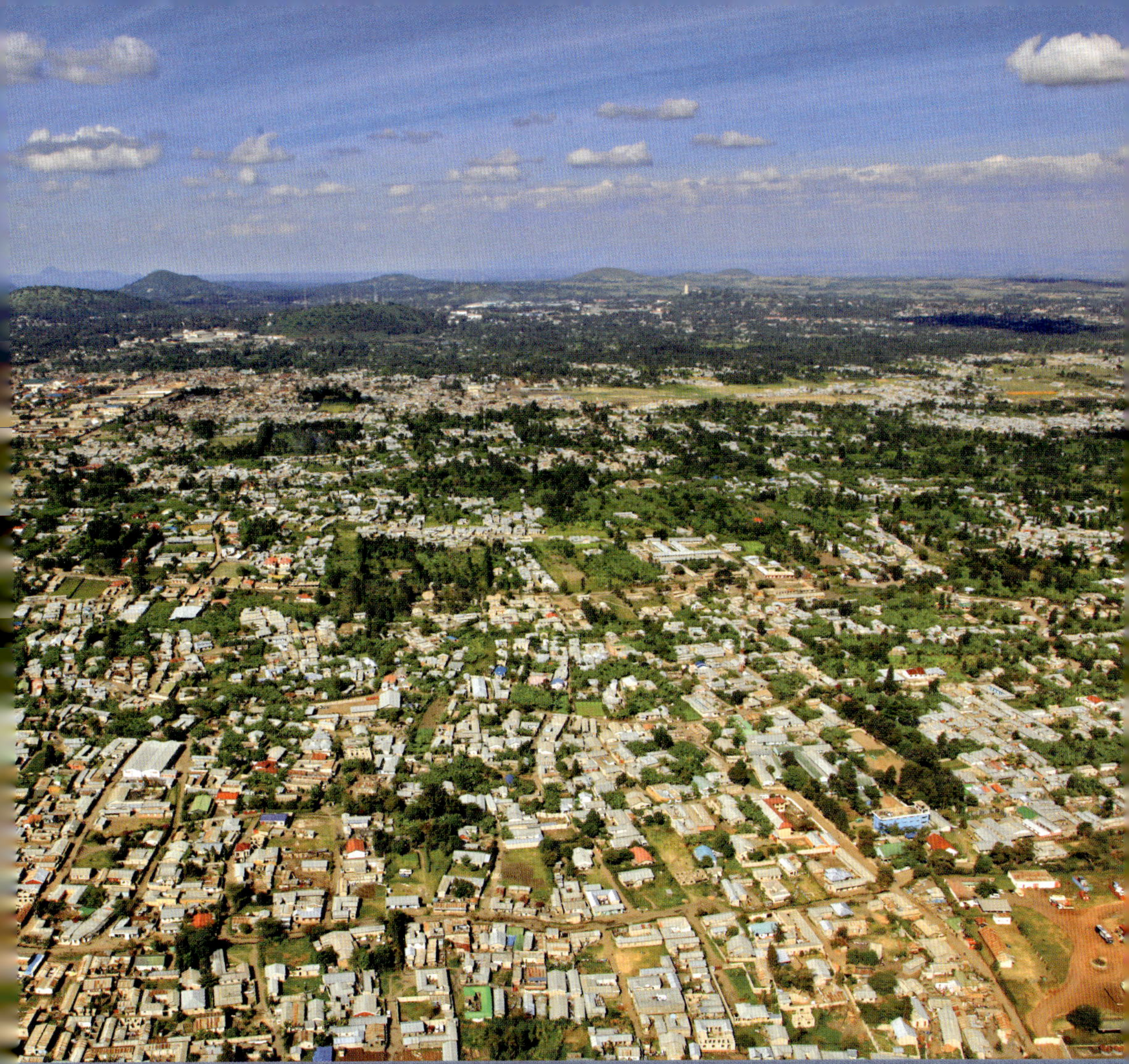

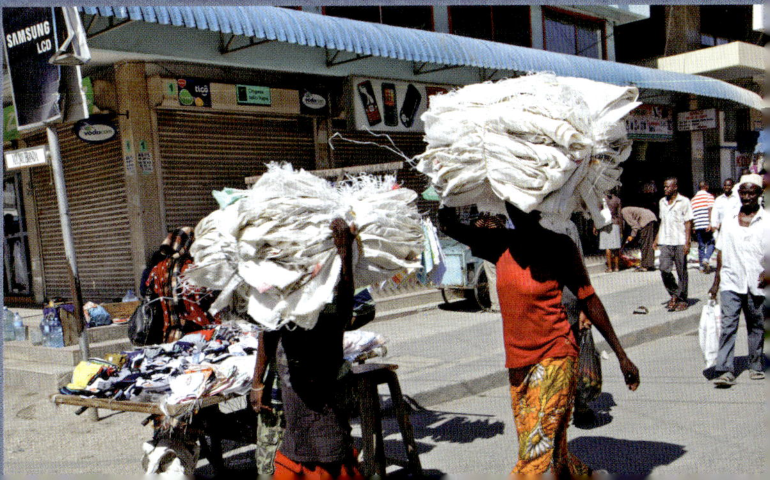
SAMSUNG
LCD

– Wydaje mi się, że ten samolot nie należy do najnowszych? – zagaduję menedżera lotniska i po chwili reflektuję się, że mogłam go dotknąć tym komentarzem.

– No cóż, 20 lat temu był nowy – śmieje się niezrażony moim nietaktem.

Piloci to głównie mężczyźni, w większości zresztą biali, którzy przyjeżdżają tutaj do pracy niemal z całego świata. Wiedzą, że w Afryce i na takich trasach nabiorą doświadczenia niemożliwego do zdobycia w Europie czy w Stanach Zjednoczonych. Tu samoloty traktuje się jak taksówki. Bywa, że podczas jednego lotu wykonuje się siedem czy osiem lądowań, i to w różnych warunkach. A to trzeba kogoś zabrać, a to podrzucić jakiś bagaż, a to coś przepakować. I tak samolot ląduje co chwila na różnych dziwnych lotniskach, z reguły trawiastych. Co 15 czy 30 minut trzeba przejść całą procedurę, a potem znów wzbić się w powietrze i lecieć do następnego punktu. Około południa wszyscy wracają do Aruszy na tankowanie i ruszają dalej. Odbierają tylko plan i informacje o liczbie pasażerów, których mają rozwieźć po wszystkich zakątkach Tanzanii i Kenii.

Pojawia się Nayioma. Idzie sprężystym, pewnym siebie krokiem, jest uśmiechnięta. Widać, że lubi swoją pracę. Jej siostra Olissa, która mieszka w Polsce, zdradziła mi, że kiedy Nayioma była dziewczynką, nie chciała bawić się lalkami, wolała zaglądać pod maskę samochodu i często majsterkowała z tatą. A gdy auto się zepsuło, pierwsza rwała się do naprawy. Jak widać to zamiłowanie do techniki zostało jej do dziś.

Pani kapitan w powietrzu według regulaminu spędza 105 godzin miesięcznie, to tak zwany *flight time*, ale łącznie 150 godzin musi być w gotowości na lotnisku (*duty time*). Kiedy towarzyszę jej podczas inspekcji samolotu czy w trakcie rozmów z ludźmi z obsługi, albo nawet kiedy jesteśmy w powietrzu, czuję się jak piąte koło u wozu. Albo wieża coś nadaje, albo Nayioma łączy się z lotniskiem i innymi pilotami przez radio, albo sprawdza pogodę w rejonie Kilimandżaro, bo jakiś klient chciałby przelecieć jak najbliżej tego wygasłego wulkanu. Ma pełne ręce roboty i niewiele czasu na wdzięczenie się do naszej kamery.

Teraz Nayioma notuje szczegóły lotu w książce pokładowej, liczy coś na kalkulatorze i odbiera plan lotów na następny dzień. Relacjonuje mi:

– Jutro o ósmej rano start w Aruszy, potem lotnisko nad jeziorem Manyara, Kogatende, Grumeti w zachodniej części Parku Narodowego Serengeti i znów Manyara, a około dwunastej lądowanie w Aruszy.

– Uff, to będzie pracowity dzień, bo jak rozumiem, to dopiero połowa planu? – upewniam się.

– Przyzwyczaiłam się, że ląduję tak i startuję co 20–40 minut. To niezły trening. Latam też przy zachmurzonym niebie albo podczas brzydkiej pogody. Jak ktoś się nauczy latać w Afryce, to będzie w stanie poradzić sobie wszędzie – mówiąc to, Nayioma cały czas żuje gumę. Potem wyjmuje błyszczyk w malutkim pudełeczku i obficie smaruje nim usta.

Linie lotnicze, w których pracuje Nayioma, działają od 13 lat. Startowały z jednym samolotem i jednym pilotem. Dziś firma zatrudnia 37 osób, a stworzyła ją i zarządzała przez siedem lat najbardziej znana kobieta pilot w Afryce Wschodniej – Iris McCallum. Krewka pani z niesamowicie kręconymi włosami, która wylatała ponad 13 tysięcy godzin, postawiła na wydajność, bezpieczeństwo i niezawodność. Docenili to wymagający klienci. Z tych linii korzystał niedawno były prezydent Stanów Zjednoczonych Bill Clinton, a jego pilotem była kobieta – Elizabeth Meeus.

W Regional Air zatrudnione są trzy kobiety na dziesięciu pilotów ogółem. Statystycznie to naprawdę niezły wynik, mają w załodze 30 procent pań. Na świecie jest coraz więcej licencjonowanych kobiet pilotów, ale wciąż to zaledwie 7 procent wszystkich osób zasiadających za sterami. Jeśli zaś chodzi o pilotów liniowych (latających w liniach lotniczych), to według International Society of Women Airline Pilots kobiet jest około 4 tysięcy na 80 tysięcy panów. W Polsce na przykład tylko 13 pań pilotuje samoloty liniowe. LOT ma w kadrze sześć. Biorąc pod uwagę, że zatrudniają kilkuset pilotów, to wypadamy raczej blado. Dla większości ludzi pilot to ciągle wysoki, przystojny mężczyzna w szykownym mundurze.

Niby zawsze oburzało mnie tworzenie sztucznych podziałów na zawody męskie i kobiece, ale przyznaję, że widząc kiedyś kobietę za sterami boeinga, którym miałam lecieć, denerwowałam się bardziej niż zwykle. Czyli jednak! Zupełnie jakbym wierzyła, że do pilotowania samolotu potrzebna jest siła fizyczna.

Od początku historii lotów kobiety, można powiedzieć, szły niemal łeb w łeb z mężczyznami. Era powietrzna zaczęła się w 1903 roku, kiedy szaleni bracia Wright skonstruowali Wright Flyer z silnikiem spalinowym – ich pierwszy lot trwał 12 sekund. Już pięć lat później Thérèse Peltier jako pierwsza kobieta samodzielnie pilotowała samolot. Wkrótce dołączyła do niej inna słynna „pilotka" (nie ma dobrego słowa oznaczającego kobiety w tym zawodzie,

5H-AXL
AIR
eXCEL

TANZANIA AIRPORTS AUTHORITY
ARUSHA 0147
NOSIM NAYOMA
PILOT
REGIONAL AIR
31 AUG 2010
APRON

Lotnisko w Aruszy. W Regional Air z 10 zatrudnionych pilotów aż trzy to kobiety. Praca kapitana samolotu w Afryce polega między innymi na lądowaniu co 20 minut na trawiastych pasach, gdzie często trzeba przepychać się z lwami, słoniami i żyrafami...

CUT HERE
EMERGENCY EXIT
EMERGENCY
KATA HAPA
WAKATI
WA
DHARURA

CUT HERE

pilotka to też czapka lotnicza i brzmi to po prostu śmiesznie!). Francuzka Raymonde de Laroche, doświadczona w lotach balonem. Jako pierwsza kobieta na świecie otrzymała licencję pilota Fédération Aéronautique Internationale (FAI), wydaną przez Aéro-Club de France. Potem panie też nie zwalniały tempa. Zresztą kiedyś szło nam w tej dziedzinie znacznie lepiej niż obecnie, biorąc pod uwagę raczkujące w owych czasach równouprawnienie. Przecież w postępowej Szwajcarii kobiety uzyskały pełne prawa wyborcze w 1990 roku, a ponad 50 lat wcześniej, w 1936 roku, Louise Thaden i Blanche Noyes pokonały mężczyzn podczas Bendix Trophy Race. Było to pierwsze zwycięstwo kobiet nad mężczyznami w koedukacyjnych zawodach lotniczych. Zdecydowanie trudniej było im trafić do armii i choć dziewczyny w wojskach lotniczych są podobno darzone szacunkiem przez kolegów, wszyscy dokładnie patrzą im na ręce. Może dlatego, że jak wynika z przeprowadzonych w Stanach Zjednoczonych badań, kobietom pilotom częściej zdarzają się wypadki samolotowe niż mężczyznom. W samochodach jest podobnie. Tyle że płeć piękna powoduje zazwyczaj niegroźne stłuczki, podczas gdy statystycznie to młodzi mężczyźni są sprawcami poważnych wypadków z ofiarami śmiertelnymi. Z raportów policyjnych wynika też, że panowie znacznie częściej prowadzą pod wpływem alkoholu (90 procent przypadków).

Cechy powszechnie przypisywane mężczyznom to: przebojowość, agresja, arogancja, bezwzględność, racjonalizm. Natomiast kobiety określa się jako: wrażliwe, opiekuńcze, uważne, uległe i emocjonalne, którym ciągle myli się strona lewa z prawą i które mają problemy ze zmysłem orientacji. Jak to tłumaczy biologia? Trzeba się przyjrzeć ludzkiemu mózgowi.

Lewa półkula naszego mózgu jest niczym komputer – odpowiada głównie za mówienie, czytanie, pisanie, zapamiętywanie dat, imion i logiczne myślenie. Musi być w niej porządek, wszystkie akta posegregowane, powkładane do odpowiednich teczek, zero bałaganu. Jej motto to życie zgodnie z zasadami. Natomiast prawa półkula to marzycielka, bujająca w obłokach. Dzięki niej śnimy, wymyślamy niestworzone rzeczy, kochamy, pragniemy. To melomanka, kinomanka, uwielbia taniec i rytm. Jest spontaniczna, zwariowana, romantyczna. Ona również decyduje o wyobraźni przestrzennej.

Jeżeli porównamy mózg kobiety i mężczyzny, to poza niewielkimi różnicami w wadze (uwaga, inteligencja zależy od stopnia pofałdowania kory mózgowej, a nie od wagi!) okazuje się, że półkule pań częściej niż panów komunikują się ze sobą. Męski mózg jest bardziej wyspecjalizowany. Jednym słowem, jeżeli działa prawa półkula, to lewa jej nie przeszkadza i odwrotnie. Kobiece są bardziej towarzyskie.

Co to powoduje? Otóż to, że mężczyźni mają podobno większą wyobraźnię przestrzenną i zmysł orientacji. Kobiety orientują się w terenie, szukając charakterystycznych obiektów, na przykład kina czy pomnika. Mężczyźni zaś wykorzystują informacje o kierunkach i odległościach, co jest niezbędne między innymi przy pilotowaniu samolotu. Kobieta, żeby odnaleźć drogę na mapie, musi ją odwrócić zgodnie z kierunkiem jazdy, mężczyzna potrafi to zrobić w głowie. Jednak wszyscy znani mi mężczyźni korzystają dzisiaj z GPS-ów. A ja jestem tradycjonalistką i nadal czytam mapy. Bez obracania. I z całą pewnością nie jestem mężczyzną. To oczywiście dopiero początek różnic między płciami.

Choć w pierwszych klasach szkoły podstawowej z matematyki jesteśmy lepsze od chłopców, później tę przewagę tracimy – na jedną wybitnie uzdolnioną matematycznie dziewczynkę przypada 13 równie uzdolnionych chłopców. Dziewczynki za to wcześniej niż chłopcy zaczynają mówić, czytać, łatwiej idzie im przyswojenie zasad gramatyki, ortografii i interpunkcji. Niestety panie mają też zdolność zapamiętywania większej ilości nieistotnych informacji. Dlatego zawsze wiedzą, gdzie znajdują się skarpetki męża albo gdzie w szafie wisi jego wyprasowana koszula. Panom ta wiedza nie jest do niczego potrzebna, w końcu od czego mają matki, żony czy dziewczyny? Sami zapamiętają tak dużą ilość informacji tylko wtedy, kiedy będą miały dla nich jakieś znaczenie. My jesteśmy również lepsze w odczytywaniu mowy ciała. Panowie pod tym względem są niemalże ślepi.

Niemieccy naukowcy uważają jednak, że za odmienne zachowanie i umiejętności obu płci winę ponoszą geny. Panowie i panie według psychologii ewolucyjnej przez miliony lat stosowali odmienne strategie, by je przekazać. Żeby zapłodnić kobietę, mężczyzna musiał pokonać konkurentów; kobiety nie musiały walczyć, aby zajść w ciążę. Agresja znacznie bardziej przydawała się więc panom, którzy wędrowali po okolicy w poszukiwaniu pań, które pozostawały w jednym miejscu i pilnowały dzieci. Właśnie dlatego mężczyźni tak dobrze odczytują mapy, a kobiety pielęgnują kontakty w rodzinie i innych mniejszych grupach. Można zatem powiedzieć, że u źródeł męskich zdolności lepszej orientacji w przestrzeni leży „rozwiązłość"*.

---

* Źródło: „Wprost", Nr 933, Bożena Kastory.

Nazywam się Hamza Muapachu i pracuję dla linii lotniczych Regional Air od blisko 10 lat. Zacząłem od stopnia pierwszego oficera, następnie dorobiłem się stopnia kapitana, z biegiem czasu awansowałem na stanowisko głównego menedżera linii. To ja zatrudniłem wszystkie pięć kobiet, które u nas pracowały. Trzy z nich, w tym Nayioma, zostały do dziś, inne latają w konkurencyjnych liniach, ale ja nadal cieszę się z ich sukcesów.

Dziewczyny wnoszą do firmy coś wartościowego – bardziej delikatną i kobiecą stronę latania. Mają też świetny kontakt z klientami. Z kolei my jako linia lotnicza mamy lepszy wizerunek, bo zatrudnianie kobiet świadczy o tym, że jesteśmy otwarci i postępowi.

Jeżeli mówimy o umiejętnościach technicznych, to kobiety bywają nawet lepsze niż mężczyźni. Faceci są z natury bardziej pewni siebie, często mają wybujałe ego, no i chyba bardziej lubią ryzykować. Kobiety większą wagę przykładają do bezpieczeństwa. Czy możesz sobie w lotnictwie wyobrazić większą zaletę?

W 1932 roku pierwsza kobieta przelatuje nad Atlantykiem. Jest po Charlesie Lindberghu drugą osobą na świecie, która tego wyczynu dokonała samotnie. Ameryka szaleje. Amelia Earhart staje się bohaterką narodową. Piękna chłopczyca urodziła się 24 lipca 1897 roku i zaczęła latać w wieku 23 lat. Jej największym marzeniem była podróż samolotem dookoła świata wzdłuż równika. Pierwsza próba nie powiodła się, a podczas drugiej, w 1937 roku, po pokonaniu trzech czwartych dystansu i 40 dniach podróży, Amelia zaginęła razem ze swoim nawigatorem. Stało się to niedaleko wysp Howland na Pacyfiku. Zagadka tej katastrofy nie została nigdy wyjaśniona. W 1948 roku do brzegów Francji dobiła butelka z notatką pewnego Francuza więzionego w Japonii. Przekonywał, że widział Amelię i jej nawigatora. Również Japonki pamiętają rozbity samolot, którego pilotem była Europejka o krótko ostrzyżonych ciemnych włosach. Niestety pamiętają też, że plotły wieniec na jej pogrzeb… Postać Amelii Earhart mnie fascynuje. Dzięki osobom obdarzonym taką charyzmą, uporem, mającym odwagę żyć tak niestandardowo i robić rzeczy tak niezwykłe, wiele kobiet dawniej i dziś uwierzyło w siebie.

Rosja. Dwadzieścia cztery lata później. Walentyna Tierieszkowa zostaje pierwszą kobietą w kosmosie. Amatorsko ćwiczyła skoki spadochronowe w aeroklubie. W 1961 roku po locie Titowa zgłosiła się na ochotnika do zespołu kosmonautów. Wybrana po wielu ciężkich próbach wytrzymałościowych spośród innych kobiet, 16 czerwca 1963 roku poleciała statkiem Wostok 6 na orbitę okołoziemską. W czasie trzech dni 48 razy okrążyła Ziemię. Po tym wyczynie stała się gwiazdą mediów, nawet nasze Filipinki śpiewały o niej przebój „Walentyna twist", odbywała liczne podróże (także do Polski) i spotkania w zakładach pracy. A wszystko ku chwale Związku Radzieckiego.

Polska. Rok katastrofy Amelii Earhart. Wanda Modlibowska ustanawia pierwszy szybowcowy rekord świata w długości trwania lotu. Polka na szybowcu Komar utrzymała się w powietrzu ponad 24 godziny. Był to także przez kolejne lata niepobity rekord Polski zarówno w kategorii kobiecej, jak i męskiej. Wanda Modlibowska brała udział w wielu zawodach i bardzo długo pracowała jako pilot doświadczalny w Instytucie Szybownictwa i instruktor szybcowy.

Mam na imię Ciara Karney i pochodzę z Irlandii. Pracuję w Afryce, bo latanie w Europie mnie nudzi. Tylko te cholerne betonowe lotniska, systemy naprowadzające... Nienawidzę tego! Tam załoga składa się z dwóch osób, mężczyzna zawsze chce być kapitanem i on chce zawsze mówić kobiecie, co ta ma robić. Tutaj latamy same, wszyscy wykonujemy tę samą pracę, nie ma hierarchii. I bardzo mi to odpowiada.

Poza tym – busz, trawiaste pasy startowe i niesamowite zwierzęta. Takie widoki są tylko w Afryce! Rok temu przeniosłam się do Tanzanii, bo tu lepiej płacą, ale przez wiele lat pracowałam w Botswanie. O Boże, powiedziałam, że „pracowałam" w Botswanie?! Hmm... Czy to w ogóle jest praca? Tak naprawdę traktuję to jak zabawę. Przewożę turystów. Są zachwyceni, że mogą tu przylecieć. Nigdy w życiu nie zamieniłabym swojej „pracy" na inną. Latamy do miejsc, gdzie za pobyt ludzie płacą olbrzymie sumy! Ja mam to za darmo.

Pod nami 320 kilometrów kwadratowych dzikiej Afryki. To Park Narodowy Manyara. Więcej niż połowę jego powierzchni zajmuje alkaliczne jezioro otoczone skarpą falujących wzgórz porośniętych przez bujny zielony las pojony spływającymi ze szczytów, krystalicznie czystymi strumieniami. Czasami jezioro staje się różowe od tysięcy flamingów. Tak jest i teraz. Stado ptaków zrywa się, kiedy nadlatujemy nisko naszym Karawanem. Nie są tak różowe, jak się spodziewałam (może ich codzienna dieta jest bardziej uboga w algi, które zawierają czerwony barwnik i odpowiadają za kolor piór), ale i tak wyglądają zjawiskowo. Teraz rozpierzchły się, by za chwilę wrócić na żerowisko. Niczym ruchoma pierzyna przykryją taflę wody.

Podobno kiedy Ernest Hemingway zobaczył to miejsce, powiedział, że nie widział nic piękniejszego w Afryce. Swoje wrażenia z podróży po wschodniej części tego kontynentu zawarł w książce „Zielone wzgórza Afryki". Nikt nie potrafił równie trafnie oddać słowem magii tutejszego krajobrazu. Dawno temu gdzieś w tej części świata narodził się człowiek. Pewnie dlatego ciągle towarzyszy nam tutaj tak silne uczucie szczęścia, podświadomie czujemy, że wróciliśmy do domu. I możemy spokojnie wypatrywać lwów, które potrafią wspinać się na drzewa, by schronić się przed upałem i dokuczliwymi muchami

Majestatyczny wulkan Meru (4566 m n.p.m.).

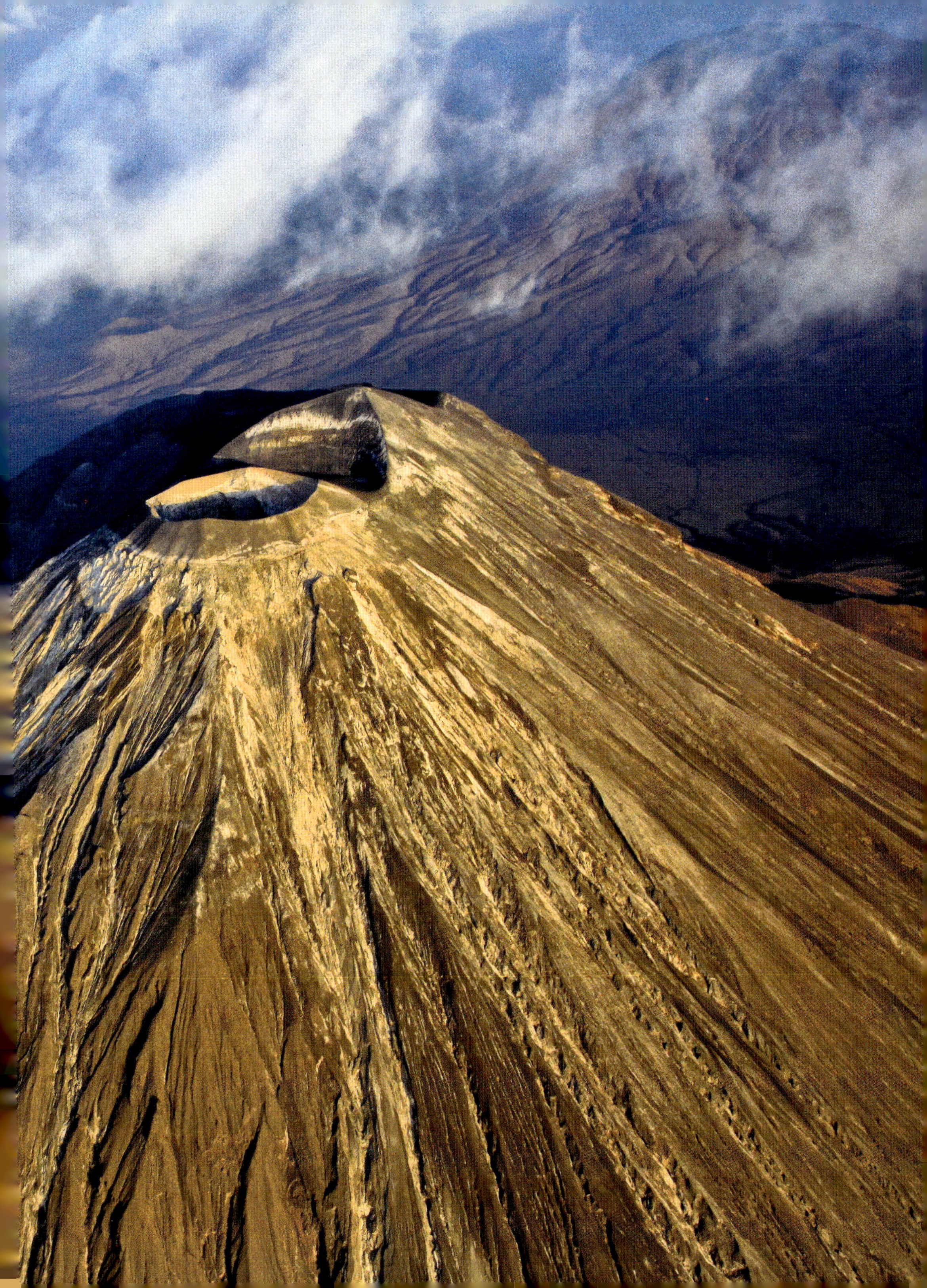

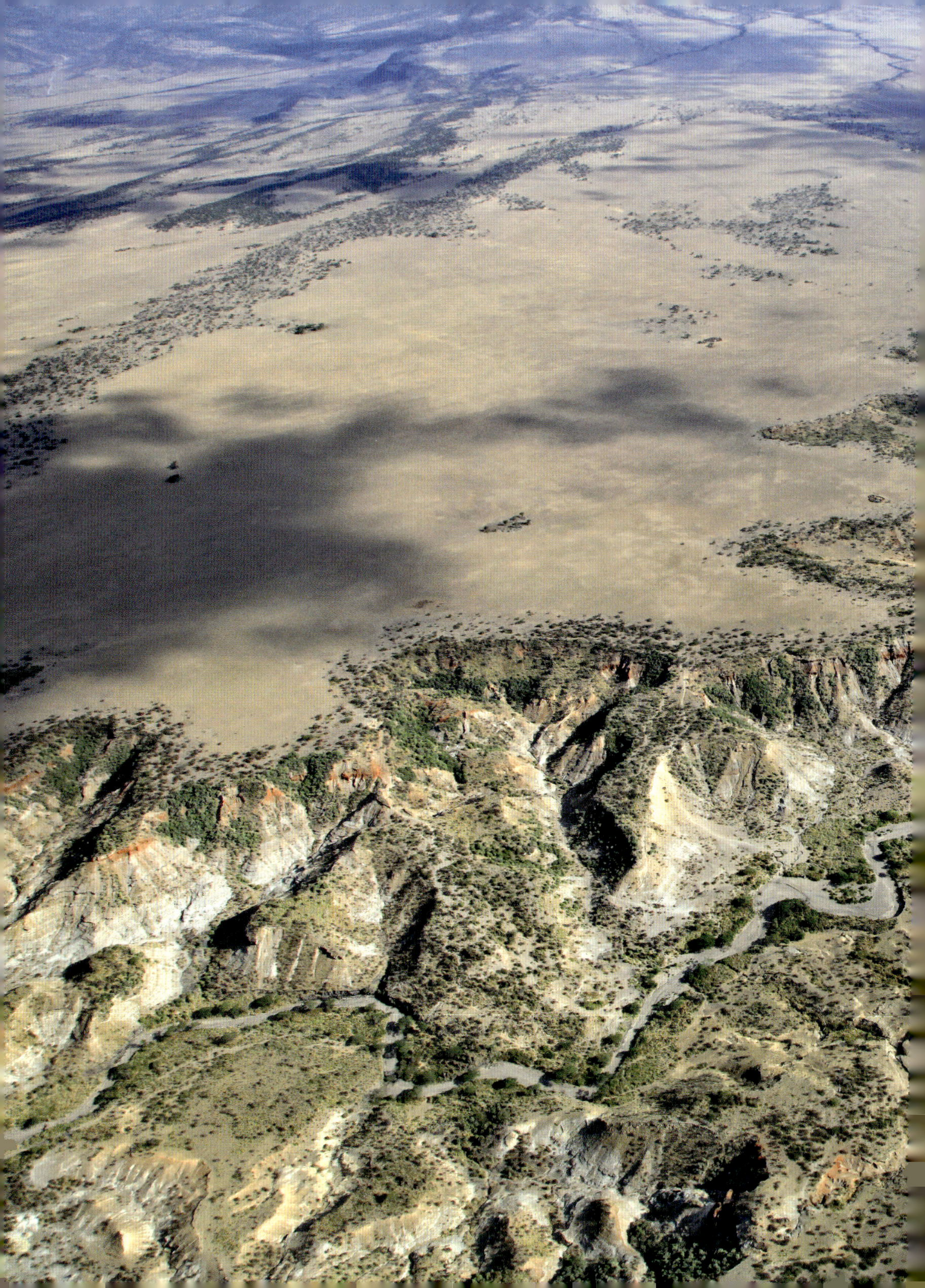

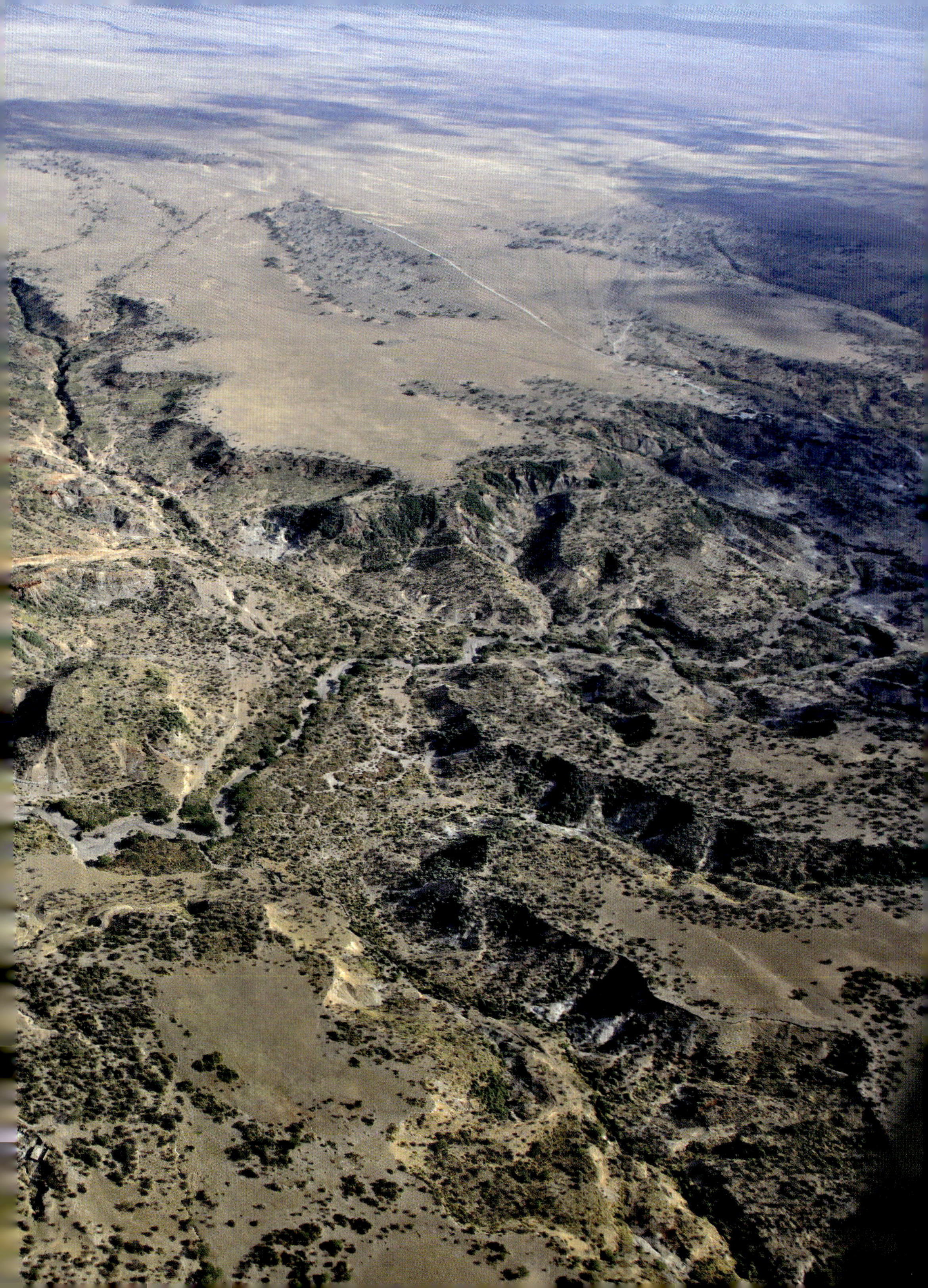

tse-tse, skrajnie zagrożonych wyginięciem czarnych nosorożców, śmiać się na widok taplających się w wodzie hipopotamów i podziwiać majestatyczne sylwetki słoni. Niestety z powietrza nie udaje mi się dostrzec żadnych zwierząt. Wszystko dzieje się zbyt szybko. W zamian za to mogę zachłysnąć się tą niesamowitą przestrzenią.

Lecimy w kierunku Serengeti. Drzwi naszej cessny zostały wyjęte, więc wewnątrz nie dość, że panuje straszny hałas, to jeszcze jest zimno. Tymczasem pod nami jak w kalejdoskopie zmieniają się krajobrazy. Zieleń ustępuje miejsca rdzawo-beżowemu, płaskiemu niczym stół bezkresowi. Pojawiają się na nim pojedyncze, widoczne z wielu kilometrów drzewa i granitowe wzgórza. Serengeti w języku Masajów znaczy „wielka sucha ziemia". I rzeczywiście trudno wypatrzeć jakiś punkt orientacyjny na tych 15 tysiącach kilometrów kwadratowych unikatowego ekosystemu. Nie ma tu ani jednej stałej ludzkiej osady, ani jednej asfaltowej drogi, ani jednego ogrodzenia. Mijamy zebry, stada antylop, dzikie koty, które nie zwracają na nas najmniejszej uwagi. Co roku od października do maja można tu podziwiać niezwykle widowiskowy fenomen migracji. Miliony zwierząt w tych samych miejscach przekraczają rzeki, kierując się w stronę sąsiadującego z parkiem od północy kenijskiego rezerwatu Masai Mara. Albo na południowy wschód do kaldery Ngorongoro, uchodzącej za ósmy cud świata. Wpisany na listę UNESCO krater wygasłego wulkanu ma około 20 kilometrów średnicy i powierzchnię 8 tysięcy kilometrów kwadratowych, tyle co jezioro Titicaca (zajmuje 20. miejsce na liście największych jezior świata). Przypomina obraz biblijnego świata. Dno krateru, znajdujące się 600 metrów poniżej, jest niczym arka Noego – można tu spotkać niemal wszystkie gatunki afrykańskich zwierząt. Mając obfitość pastwisk oraz licznych słodkowodnych jeziorek i strumyków, często nie opuszczają tego miejsca do końca swoich dni. I trudno im się dziwić. Po tym przelocie nad cudami afrykańskiej natury powrót na betonową płytę lotniska w Aruszy jakoś wcale mnie nie cieszy.

Simon Ntwale jest starszym, niskim i lekko zasuszonym facetem, który pracuje na lotnisku w Aruszy jako mechanik. Roztacza wokół siebie aurę ciepła i spokoju, więc nie odstępuję go przez kolejne dwie godziny. Wypytuję o tajniki tej pracy.

– To już ze 30 lat będzie, jak naprawiam samoloty. Uwielbiam ten zawód i tę atmosferę. Jesteśmy tu jak wielka rodzina – mówi z uśmiechem.

– A dużo tu poznałeś kobiet, które pilotują samoloty?

– Może ze trzy, tu w Aruszy, bo ja raczej się nigdzie dalej nie ruszam. Moim zdaniem płeć nie ma znaczenia, każdy musi być tak samo skoncentrowany na swojej robocie i tyle. Znam jedną świetną dziewczynę pilota. Afrykanka. Latała liniami Regional, na imię ma chyba Lulu. Nie wiem, co się teraz z nią dzieje, ale chyba przeszła do linii lotniczych 540.

– Jak sądzisz, dlaczego jest tak mało kobiet pilotów? – dopytuję.

– Może po prostu boją się latać? W sumie to dość ryzykowny zawód. Jeżeli masz problem podczas lotu, nikt ani nic ci nie pomoże – opowiada to z tym samym ciepłym uśmiechem. Zupełnie jakby mówił o smażeniu naleśników, a nie o wypadkach lotniczych. – Samoloty są sterowane przez ludzi, nie przez Boga. Tak więc jeżeli podczas lotu coś się wydarzy, nowe technologie nawalą, to jesteś z tym zupełnie sama i możesz liczyć tylko na siebie. I na farta. Ja na przykład nie jestem pilotem, ponieważ boję się latać.

– ...? Ty? Boisz się latać?! – jego słowa docierają do mojej świadomości z opóźnieniem. Są abstrakcyjne, nieadekwatne do zawodu, jaki wybrał sobie ten mężczyzna. Przecież to on w dużej mierze odpowiada za bezpieczeństwo.

– Wiesz, tu było naprawdę dużo wypadków. Nawet nie jestem w stanie ich policzyć. Ale wydaje mi się, że z 10 albo więcej. O niektórych tylko słyszałem, ale pozostałe widziałem na własne oczy. Większość z nich wynika z błędów popełnionych przez pilotów. To duża presja... – dodał, zamyślając się.

W każdej niemal sekundzie gdzieś na świecie z jakiegoś lotniska wzbija się w powietrze samolot. Według danych Centrum Badawczego do spraw Lęku przed Lataniem w Düsseldorfie prawdopodobieństwo, że zginiemy w katastrofie lotniczej wynosi zaledwie 0,0000004 procent. Mimo to latania boi się co szósty człowiek na świecie. I nie przekonają go żadne racjonalne argumenty, nawet takie, że w wypadkach samochodowych ginie trzy tysiące osób dziennie. W samej Polsce w 2009 roku w blisko 45 tysiącach wypadków zginęły łącznie 4572 osoby...

Pierwszą czarnoskórą kobietą, która dostała międzynarodową licencję pilota, była Elizabeth „Bessie" Coleman. Zanim dopięła swego, solidnie dostała od życia w kość. Była dziesiątym z trzynaściorga dzieci. Do szkoły chodziła codziennie 6 kilometrów, nie miała grosza przy duszy i zanim siadła za sterami, pracowała jako manikiurzystka. Latać uczyła się we Francji, bo w Stanach była dyskryminowana. W pierwszej połowie XX wieku Afroamerykanka w roli pilota – to było coś niezwykłego! W Afryce dla każdej kobiety, która chce latać, Coleman to guru. Niestety ona również zginęła w wypadku lotniczym. Wypadła z samolotu podczas lotu, w którym za sterami siedział jej mechanik.

Jeszcze tego samego wieczoru na imprezie organizowanej przez Nayiomę poznaję Lulu Malimę, pierwszą w Tanzanii czarnoskórą kobietę pilota w stopniu kapitana. Stawiam się w ścisłym centrum Aruszy, w niewielkim parterowym domu krytym blachą falistą. Salon z kuchnią plus sypialnia i łazienka w środku, na zewnątrz taras z zadaszeniem, niewielkie podwórko i smakowicie skwierczący grill z lokalnymi przysmakami.

– Zmęczona? – pytam Nayiomę, ciekawa, jak się czuje po kilku godzinach spędzonych w powietrzu.

Gospodyni uwija się przy gościach, nakładając im na talerzyki pieczone mięso i dolewając wina.

– Bardzo – odpowiada w biegu. Idę za nią.

– Ale widzę, że mimo to miałaś dość siły, żeby zaprosić tylu ludzi?

– To sami moi najlepsi przyjaciele, głównie piloci i pracownicy linii lotniczych, nie mam czasu, żeby zaprzyjaźnić się z kimś spoza tego środowiska.

– *Karibu chakula*! Dołącz do nas! – Eve, która właśnie przewraca mięso na grillu, nakłada mi na talerz spory kawałek i podaje z uśmiechem. Ktoś inny wciska mi do ręki szklankę z południowoafrykańskim czerwonym winem. Okazuje się, że to szef Nayiomy, Hamza Muapachu. Od niego dowiaduję się, że Nayioma jest piekielnie silną i upartą kobietą. Wie, czego chce, i potrafi to osiągnąć.

– Po pierwszej lekcji latania przyszła do mnie i wymieniła po kolei, co jej u mnie nie pasowało, gdy ją uczyłem. Byłem trochę zły, bo powiedziała to bardzo obcesowo. Po tej rozmowie wróciłem do domu i przemyślałem sprawę. Następnego dnia wyjaśniłem jej, co robi źle, a ona natychmiast wszystko poprawiła. Nayioma to bardzo specyficzna osoba – teraz śmieje się głośno i serdecznie.

Hamza Muapachu uważa, że męska dominacja w tym zawodzie zniechęca kobiety, szczególnie w Tanzanii, do zdobywania licencji.

– Kiedy Lulu została kapitanem jako pierwsza czarnoskóra w tym kraju, to było wielkie wydarzenie – wspomina. – W ten sposób zachęciła inne kobiety. Po jej sukcesie kolejna dziewczyna przyszła do mnie i powiedziała, że też chce latać.

– Czy to ty jesteś tą słynną Lulu, o której tyle słyszałam? – zaczynam nieśmiało. Dziewczyna o skórze w odcieniu hebanu, nieco przy kości wydyma wargi, jakbym mówiła o kimś innym.

– Bez przesady – odpowiada trochę na odczepnego. Niezrażona zadaję kolejne pytanie:

– Jak długo znacie się z Nayiomą?

– Kawał czasu. Prawie dwa lata latałyśmy razem. Ona była wtedy pierwszym oficerem, ja kapitanem. Ale w siódmym miesiącu ciąży musiałam zrezygnować z latania.

– Masz zdjęcie? – zagaduję. To zawsze działa na młode matki, więc niezależnie od szerokości geograficznej pokazuję zdjęcia mojej Marysi i domagam się fotografii dzieci rozmówczyń. Temat „dzieci" zazwyczaj łamie wszelkie lody. Nie tym razem.

– To Richard – wyciąga z portfela fotografię malucha.

– Przystojniak. Pewnego dnia będzie dumny z mamy.

– Mam nadzieję – Lulu jest wyjątkowo powściągliwa w wypowiedziach. Uśmiecha się rzadko.

– Jak szybko zaczęłaś znowu pracować po urodzeniu dziecka?

– Jak mały miał trzy miesiące, czyli miesiąc temu.

Lulu ma męża, też pilota, który pracuje w Regional. Tam się poznali. Na moje pytania o rodzinę i nietypowy charakter tej pracy reaguje obojętnie:

– Praca jak każda inna – wzrusza ramionami.

Właściwie sama nie wiem, czemu aż tak ekscytuję się tym, że kobieta jest pilotem. Może dlatego, że powietrze to nie jest mój żywioł (przypomina mi o tym niedokończona licencja lotnicza) i tym bardziej imponują mi kobiety, które go okiełznały. Myślę też, że to rodzaj pracy raczej trudny do pogodzenia z życiem rodzinnym. Choć mój kolejny rozmówca deklaruje, że nie ma z tym większego problemu. George Megaburger jest przystojnym czarnoskórym pilotem w koszuli z belkami kapitana na pagonach. Pracuje w Region Air Jet, a jego żona Kenijka jest kapitanem, tyle że dużych rejsowych samolotów pasażerskich. Mają dwuletniego synka.

– Nasze godziny pracy są w miarę elastyczne, więc udaje się nam jakoś podzielić obowiązki w opiece nad dzieckiem – mówi. – Problem polega na tym, że jak już kobieta wybiera sobie taki zawód, to z zasady lubi wszystko kontrolować. Moją żonę nazywam nawet *control freak* – dodaje żartem.

Małżeństwo doszło jednak do porozumienia – ona rządzi w domu, decyduje co ugotować, kiedy przyjmują gości. On trzyma kontrolę na zewnątrz, czyli reperuje samochód, decyduje, gdzie pojadą na wakacje. Prowokuję go do dalszych zwierzeń.

– A nie martwisz się o żonę?

– Trochę się martwię, ale w końcu żona startuje i ląduje na dobrych lotniskach, podczas gdy ja często muszę posadzić samolot w środku buszu. Czasami nawet nie ma tam pasów i nie wiadomo, gdzie ich szukać. Bywa, że zawodzi też GPS.

– Ale duże boeingi to jest coś! To dopiero wymaga umiejętności, nie? Czy to w takim razie oznacza, że ona jest lepszym pilotem niż ty? – pytam zaczepnie.

– Jeżeli powiem tak, to będzie to, co chcesz usłyszeć. Jeżeli powiem nie, to będę miał kłopoty w domu... Czyli tak i nie.

– Punkt dla ciebie, George! – oboje wybuchamy śmiechem z tej naszej miniwojny płci.

W filmie „Czy leci z nami pilot?" jest scena, w której kobieta porównuje lot do orgazmu. Słyszałam, że u nas – w Szkole Oficerskiej Sił Powietrznych w Dęblinie – starsi koledzy wręczają świeżo upieczonym, nielicznym zresztą studentkom płytę z tą sceną. Taki... żart na dzień dobry. Ale większość dziewczyn, z którymi rozmawiałam, twierdzi, że latanie jest, owszem, fascynujące i dostarcza niezapomnianych emocji, ale seksu tym by nie zastąpiły. Chętnie wdają się natomiast w związki z pilotami bo jak twierdzą, tylko pilot potrafi zrozumieć pilota.

Jestem Kathy Moore, ale nie mylcie mnie z Demi, bo zupełnie nie jesteśmy do siebie podobne. Ha, ha, ha! Urodziłam się w Malezji, według paszportu jestem Brytyjką, w Kenii mieszkam już od 25 lat, więc mogę powiedzieć, że jestem obywatelką świata. Zaraz po szkole zaczęłam pracować w biurze, a potem dostałam zaproszenie do Afryki, żeby pomagać przy prowadzeniu stadniny koni. Tak więc zostałam instruktorem jazdy konnej. To mi dawało naprawdę dużo przyjemności, ale mało pieniędzy. Zajęłam się wtedy komputerami, pisaniem podręczników komputerowych dla firm, które tworzą różnego rodzaju programy. Była to niestety praca, która polegała głównie na samotnym siedzeniu przy komputerze. Pewnego dnia, 15 lat temu, na lekcję jazdy konnej przyszedł do mnie David. Byłam już wtedy po trzydziestce i nie spodziewałam się rewolucji w życiu. Ale właśnie wtedy nagle zdałam sobie sprawę, że potrzebuję odmiany, chcę poznać nowych ludzi, zobaczyć więcej miejsc. Latanie było najlepszą opcją. Od pięciu lat jestem kapitanem i moim biurem jest samolot. Mogę polecieć, kiedy i gdzie tylko zechcę!

David jest właścicielem East African Airlines. Niby prosta historia – ona uczyła go jeździć konno, a on chciał jej pokazać, jak to jest latać. Trzeba przyznać, że miała szczęście. Mieć faceta z samolotem to już osiągnięcie, a Kate ma narzeczonego z 11 samolotami, w tym jednym odrzutowcem. Wow!

Kate i David świadomie zrezygnowali z posiadania dzieci i tradycyjnej rodziny. Żeby zostać pilotem, trzeba wydać mnóstwo pieniędzy i poświęcić na szkolenie wiele czasu. Zdaniem Kate po urodzeniu dziecka zbyt dużo się zmienia, a oni chcą po prostu latać, rozwijać umiejętności (oboje szkolą się, by zdobyć uprawnienia do pilotowania samolotów odrzutowych), jeździć konno i świetnie się bawić. Przynajmniej są w tym jednomyślni.

– Najbardziej niebezpieczną częścią mojej pracy jest dojazd na lotnisko – odparł David ze śmiertelnie poważną miną. – Drogi w Kenii są naprawdę w tragicznym stanie.

Czyli nie dość, że przystojny, bogaty i od niej młodszy, to jeszcze ma poczucie humoru. Ech...

– A właściwie to co jest w tym lataniu takiego fascynującego? – pytam Nayiomę na pożegnanie.

– Kiedy latam, czuję się… – robi przerwę, jakby szukała właściwego słowa – czuję się wolna. Zobacz, jaki dziś jest pochmurny dzień – Nayioma podnosi głowę i spogląda w niebo.

Faktycznie, ubrane w ciepłe polary siedzimy na werandzie jej małego domku i popijamy kawę z kubków. Szara kocica Suzie mruczy mi radośnie na kolanach i jest całkiem przyjemnie, ale niebo zasnute szarymi, gęstymi chmurami nie wygląda dobrze. Pogoda całkiem nieafrykańska, można by rzec.

– A teraz wyobraź sobie, że ja mogę iść na lotnisko, zasiąść za sterami samolotu i wylecieć wysoko, ponad chmury. I tam świeci teraz piękne słońce! Czy to nie jest tego warte? Codziennie mam słońce i piękną pogodę tylko dla siebie.

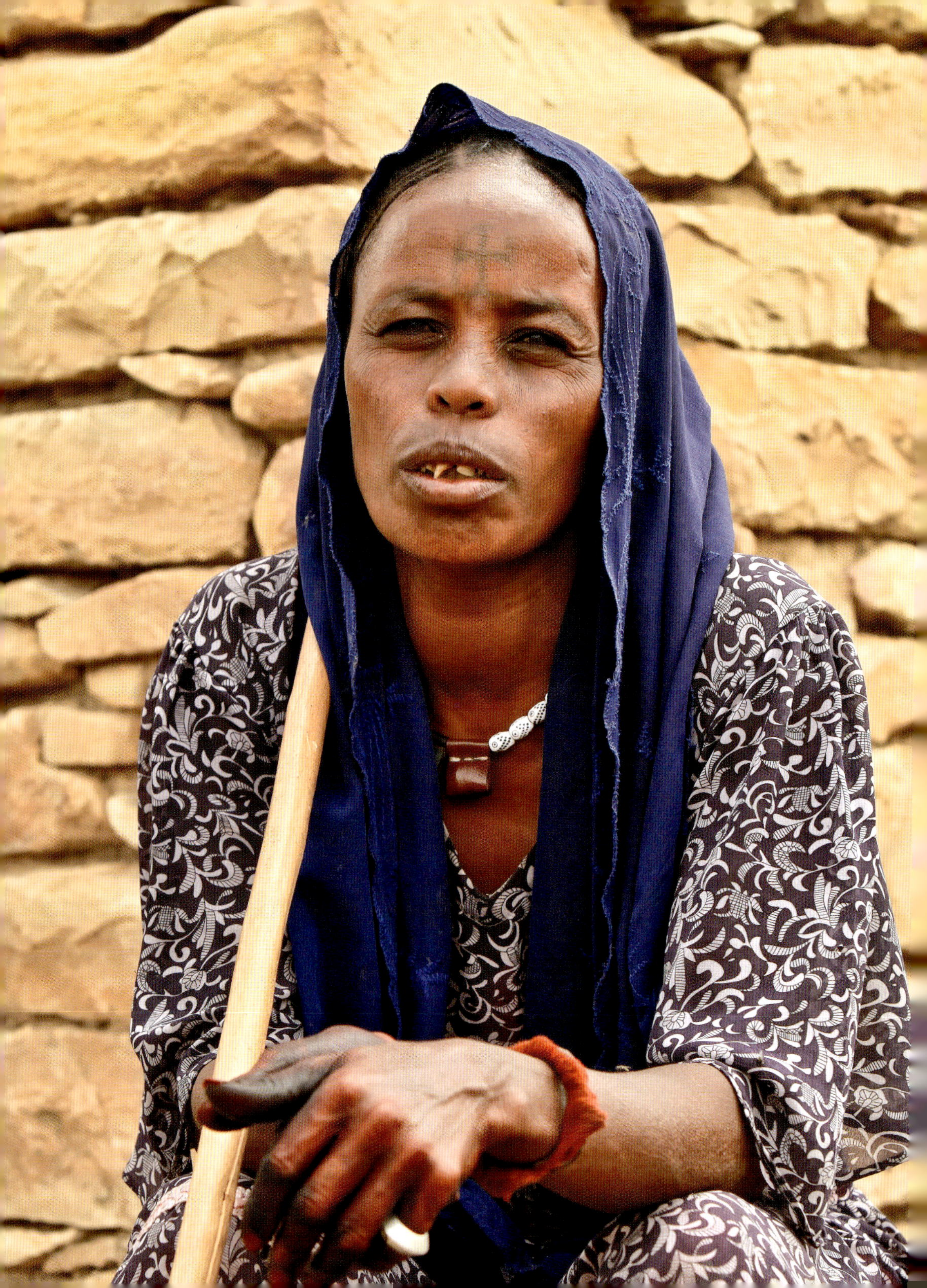

ETIOPIA
ślepy los

Bohaterka: **Mura Adaut**
Wiek: **40 lat**
Stan cywilny: **mężatka**
Zawód: **gospodyni domowa**
Miejsce akcji: **szpital Quiha w Mek'elē**

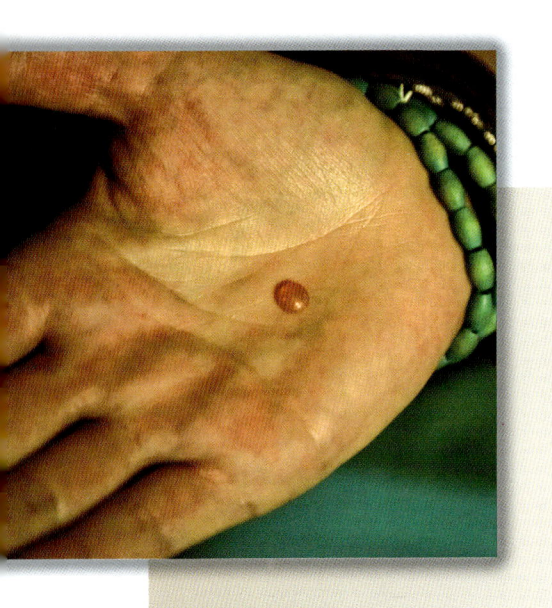

Pamiętam jedną z moich pierwszych pacjentek. Trafiła do mnie wtedy stara, bezdzietna, niewidoma kobieta, która żyła tylko dzięki dobroci opiekujących się nią sąsiadów. Postanowiłam zoperować jej lewe oko, zabieg przebiegł prawidłowo. Gdy następnego dnia mijałam drzwi sali, w której leżała staruszka, usłyszałam straszliwe krzyki i zawodzenia. Pomyślałam z przerażeniem, że coś jej się stało i zdenerwowana wpadłam do środka. Kobieta leżała na ziemi już bez bandaży, a wokół tłoczyli się inni pacjenci, płakali razem z nią. No cóż, ludzie, którzy odzyskują wzrok różnie reagują; jedni płaczą albo przytulają się, inni udzielają mi błogosławieństwa.

Zaczyna się od drobiazgów. Potykasz się o przeszkody, które jakoś przestajesz zauważać. Masz problemy z czytaniem, bo litery stają się niewyraźne, a ty nie możesz skupić na nich wzroku. Przecierasz łzawiące czasem oczy, ale to nie pomaga. Kupujesz okulary – jest lepiej. Jednak z czasem, mimo że wymieniasz szkła na mocniejsze, świat wokół ciebie nadal traci barwy, blaknie, żółknie, kontury przedmiotów coraz bardziej zacierają się i rozmywają. Kiedy słońce świeci intensywnie, bywa, że widzisz podwójnie albo wokół przedmiotów pojawiają się tęczowe koła. A po zmroku masz problem, żeby zobaczyć cokolwiek. Właściwie widzisz wszystko jakby przez mgłę albo przez zaparowaną, brudną szybę. Z czasem otaczają cię wyłącznie cienie, zmiany natężenia światła. I w końcu przychodzi taki dzień, kiedy nie widzisz już twarzy, tego dokąd idziesz, co robisz, kompletnie niczego. Oślepłeś.

Nie musi cię otaczać absolutna ciemność. Tak jak w noc, gdy nie widać gwiazd. Świat osób ociemniałych może mieć barwy. Na przykład brązowo-bordowe tło, na którym wirują tysiące punkcików. Albo kolor szary lub szary wymieszany z czarnym. Zdarzają się też wściekle białe refleksy, pojawiające się na czarnym tle, które tworzą różnej wielkości kropki, bańki. Niektórym ślepcom cały czas błyskają przed oczami tak zwane „zajączki". Bywa też biel absolutna, doskonała. Wszechobecne drobne, pulsujące kropeczki, takie jakie wyświetlają się na ekranie telewizorów, gdy ginie wizja. Mogą też być czarno-białe pasy albo wirujące niczym w kalejdoskopie białe, czerwone, brązowe, czarne lub szare plamki czy kręgi.*

Oko ludzkie jest maleńką kulą o promieniu około 12 milimetrów, waży 9 gramów, a potrafi robić rzeczy fenomenalne. Ponad 80 procent bodźców z otaczającego nas świata odbieramy wzrokiem, na słuch przypada około 10. Węch to 3, dotyk niecałe 2, smak to zaledwie 1 procent. Znaczenie wzroku trudno więc przecenić. Jeżeli ktokolwiek ma jeszcze wątpliwości, powinien przewiązać sobie opaską oczy i spróbować spędzić tak jeden dzień. Bez kolorów, których nasze oczy rozróżniają około 200. Bez obrazów. Bez kształtów. Bez dostępu do Internetu, gazet, książek, które w tej sytuacji stają się bezużyteczne. Bez orientacji w przestrzeni. Bez kontroli bezpieczeństwa wokół siebie, nie wspominając o nawiązaniu kontaktu wzrokowego z kimś znajomym bądź obcym. Szybko można się przekonać, że jesteśmy wzrokowcami. Nasze niezwykłe oczy podobno potrafią dostrzec światło z odległości ponad 20 kilometrów i nigdy nie zasypiają. Powieki – owszem, bo mięśnie poruszające gałkami ocznymi też potrzebują chwili relaksu. Oko jednak zawsze jest gotowe do akcji.

Nawet nie wiadomo, ilu ich tu jest. Siedzą pod drzewami, przy bramie, przed szpitalem, na korytarzu, w poczekalni. Często chorym towarzyszy ktoś z rodziny – mąż, matka, dalecy krewni, sąsiadka. Niektórzy przyjechali specjalnymi bezpłatnymi busami sfinansowanymi przez Himalayan Cataract Project z miejscowości odległych nawet o 500 kilometrów. Ci, którzy mieszkają w pobliżu, przyszli sami bądź zostali przyniesieni – dosłownie – na plecach. Teraz wszyscy czekają na zabieg. Jedni rozmawiają, inni milczą oparci o ściany, niektórzy drzemią na ziemi na matach lub kocach w otoczeniu reklamówek, butelek z wodą, wszelkiego rodzaju i wielkości tobołków. Większość się modli. Nie tylko o to, żeby operacja się udała. Dla wielu z nich to pierwszy w życiu kontakt z lekarzem i ze szpitalem. Są sparaliżowani strachem, pocieszają się nawzajem, częstują chlebem, choć mają go bardzo mało. Pacjentom zakwalifikowanym do operacji przyklejono na czołach plastry z wypisanymi flamastrem numerami. 625, 713, 802… Przyglądam się uważnie mężczyznom, kobietom, dzieciom, temu cierpieniu, nędzy. Mam wrażenie, że idę przez morze ludzi, którzy rozstępują się, kiedy przeciskam się w kierunku izby

---

* Na podstawie wywiadu z Jarosławem Węglorzem przeprowadzonym przez Weronikę Surówkę.

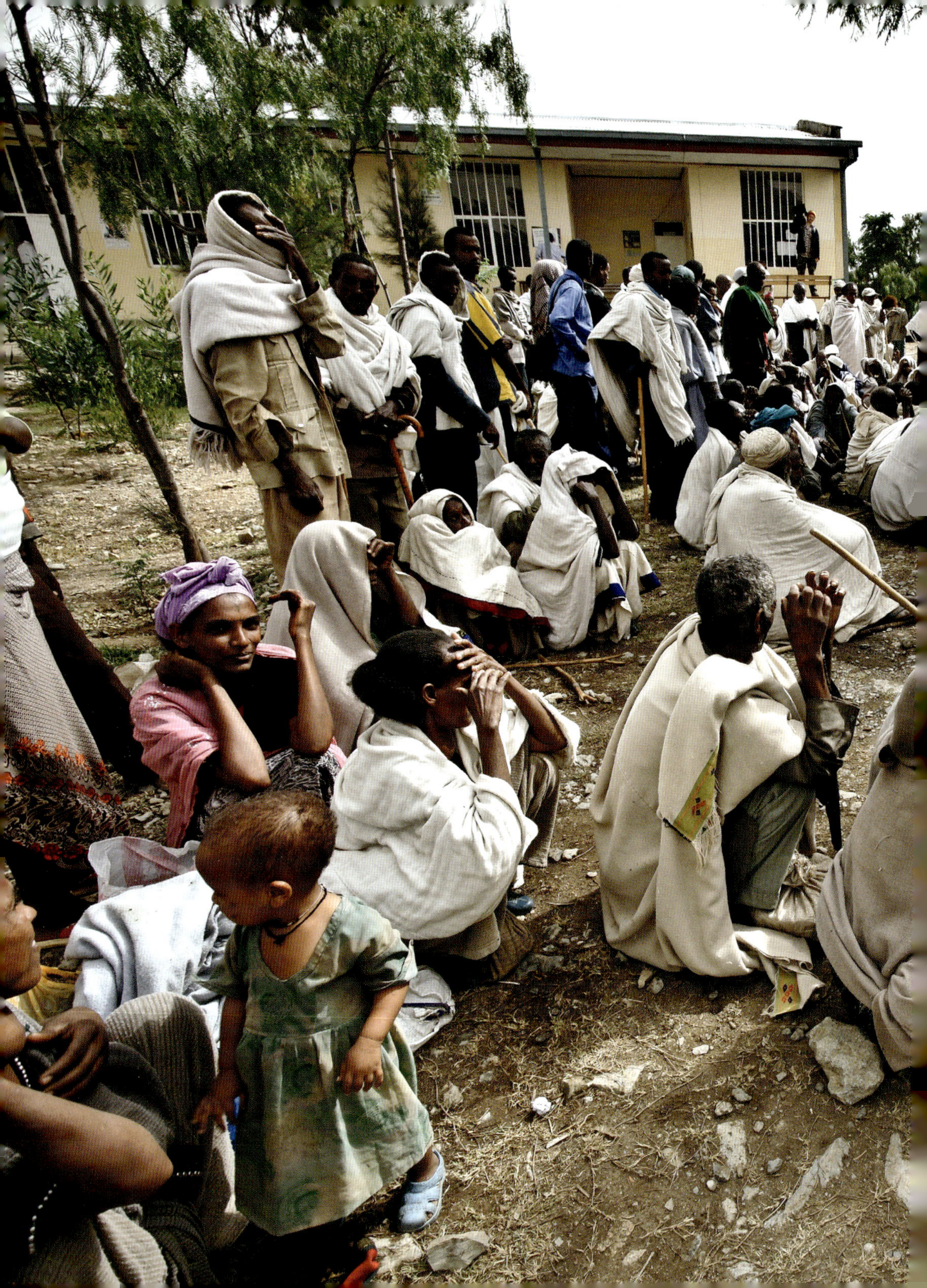

Przed wejściem do szpitala Quiha w Mek'elē.

przyjęć. I ten zapach… Mocz zmieszany z niepewnością, strachem i biedą. Wiecie, jak pachnie bieda? Ja nie potrafię tego opisać.

Eye Surgical Camp organizowany jest w tym szpitalu trzy lub cztery razy w roku przy współudziale HCP – organizacji charytatywnej, której celem jest całkowite wyeliminowanie przypadków ślepoty w krajach Trzeciego Świata. Nazwa pochodzi od tego, że zaczęli działać najpierw w Himalajach, w Nepalu, ale dziś są obecni w 12 krajach świata, w tym w Etiopii. Akcja w Mek'elē przypomina maraton. Jest tak wiele potrzebujących, że operacje wykonuje się tu niemal na czas. Jedna trwa kilka, może kilkanaście minut.

Na podwórku ogrodzonym kamiennym murem walają się dziesiątki zniszczonych przedmiotów, głównie popękanych plastikowych misek w różnych kolorach. W rogu stoi dom, który wygląda niczym składzik na narzędzia. Ma ściany zbudowane z poukładanych jeden na drugim, nieobrobionych kremowych głazów, pomiędzy którymi ktoś chyba zapomniał umieścić zaprawę. Dach tworzą drewniane bale sczerniałe od dymu, a maleńkie, kwadratowe wywietrzniki zastępują okna. Wchodzę do środka. Wnętrze jest niewielkie, ma jakieś 20 metrów kwadratowych, może mniej. Zostało wytynkowane na gładko gliną zmieszaną z wodą – żadnych ostrych krawędzi. Nawet ława, przykryta teraz jakąś matą, jest całkiem obła.

Po zamknięciu drzwi pogrążam się w półmroku. Z sufitu zwisa goła żarówka, ale nie świeci – brakuje prądu. Zresztą rzadko jest elektryczność w tej okolicy. Naprzeciwko mnie, pod ścianą, dostrzegam obtłuczone emaliowane garnki z wymalowanymi kwiatkami. Stoją teraz w równym rzędzie na stole przykrytym poplamionym różowym obrusem niczym wystawka pod tytułem „jak to się nam dobrze wiedzie". Wątpię nawet, czy są używane, czy służą raczej jako ozdoba, bo błyszczą nowością. Obok leżą produkty spożywcze w papierowych torbach i olej w sporej wielkości żółtym kanistrze. Środek pomieszczenia zajmuje palenisko. Mura siedzi przy nim w kucki i czymś, co przypomina miotełkę, miesza *kolo*, czyli ziarna grochu, opiekające się właśnie na gorącej blasze. To tradycyjna przekąska, którą podaje się gościom do kawy.

Kobieta ma na sobie niebieską sukienkę w drobny kwiatowy wzór, a na stopach plastikowe różowe klapki. Głowę przykryła zielonym szalem, który stale poprawia. Zupełnie jakby się bała, że zsunie się jej z włosów, a przecież wiara muzułmańska jej na to nie pozwala. Widać, że na miarę swoich skromnych możliwości Mura stara się być elegancka – spod szala wystaje naszyjnik z białych koralików, na jej palcu błyszczy srebrna obrączka. Mura ma na czole wytatuowany krzyż – przypuszczam, że była wyznania chrześcijańskiego, jak większość Etiopczyków, i dopiero potem przeszła na islam. Jednak najbardziej zdumiewa mnie łatwość, z jaką kobieta porusza się w tych kłębach gęstego, gryzącego dymu wydobywającego się z ogniska. Wygląda tak, jakby doskonale widziała, a przecież wiem, że Mura od roku jest niewidoma.

> *Pierwszy raz wyszłam za mąż kiedy miałam 17 lat, zgodnie z tradycją. Nasze małżeństwo trwało 10 lat, a ponieważ w tym czasie nie urodziłam dzieci, mąż się ze mną rozwiódł i zostałam sama. W końcu znalazłam nowego męża, z którym jestem już 9 czy 10 lat. Niestety Bóg znów nie dał nam dzieci. Może to kara za jakieś grzechy? Sama nie wiem... Kiedy wydawało mi się, że moje życie nareszcie zaczyna się układać, straciłam wzrok. Nie mam pojęcia, dlaczego spadają na mnie te wszystkie nieszczęścia. Często płaczę, choć staram się być silna i nie pokazywać mężowi, jak bardzo się martwię. On jest dla mnie taki dobry... Marzę jednak, żeby jak najszybciej znów widzieć i zacząć żyć normalnie.*

Mura Adaut ma 40 lat. Tyle deklaruje. Choć równie dobrze może mieć 46, jak i około trzydziestki. Na etiopskiej prowincji rzadko kto wie, w jakim jest wieku. Jej mąż raz mówi, że ma 56 lat, innym razem, że 75. Jaka jest prawda? Tutaj ludzie szybko się starzeją, więc może być zarówno zniszczonym pracą i troskami mężczyzną w sile wieku, który wygląda jak starzec, jak i starcem, który po prostu wygląda na swoje lata. Małżonkowie mieszkają w wiosce Metkel Elame, jakieś 35 kilometrów na północ od Mek'elē. Żyje w niej niewiele ponad 40 rodzin.

Dotarcie tu nie było łatwe. Kończy się asfalt, a my musimy przejechać jeszcze spory kawałek jałową, bezkresną równiną. Na beżowym tle rysują się karłowate drzewa i niskie chaty. Do tego ten pył... Jeszcze teraz czuję, jak wdziera mi się w usta, oczy, płuca. Patrząc na ostre głazy, wyrastające znienacka kamienne murki i krzewy najeżone kolcami, domyślam się, jakim koszmarem musi być tutaj codzienność osoby niewidomej.

Na świecie żyje 45 milionów ludzi niewidomych, z których połowa straciła wzrok z powodu katarakty, czyli choroby wywołującej zmętnienie soczewki, albo bielma – zmętnienia rogówki. W Etiopii na blisko 85 milionów ludzi aż półtora miliona nie widzi i kraj ten zdecydowanie przoduje w światowych statystykach. Ryzyko utraty wzroku (większe w przypadku kobiet niż mężczyzn), wzrasta na ubogich terenach wiejskich ze względu na niedożywienie, brak higieny i podstawowej opieki medycznej. Ze statystyk wynika, że kiedy ktoś staje się ociemniały, to w 90 procentach przypadków traci pracę, pozycję społeczną...

To jest odwracalne. Wielu z nich można przywrócić przynajmniej częściową zdolność widzenia. Niestety w Etiopii pracuje tylko 58 okulistów, więc na jednego lekarza tej specjalizacji przypada blisko półtora miliona pacjentów.

Abeba Alemayehu jest pielęgniarką. Od 10 lat jeździ od wsi do wsi i krążąc po chałupach, szuka ludzi zagrożonych ślepotą. Stara się ich namówić na badania i jeżeli zaistnieje taka konieczność – na operację, która może przywrócić wzrok. Obecnie razem z innymi pielęgniarkami bierze udział w akcji pod nazwą Eye Surgical Camp. W jej ramach w ciągu dwóch tygodni siostry przebadały jakieś 5 tysięcy osób z podejrzeniem zaćmy bądź jaskry. Ponad 800 osób zostało zakwalifikowanych do operacji. Celem projektu jest bowiem zoperowanie oczu i przywrócenie wzroku tak dużej liczbie chorych, jak tylko się da.

Abeba ma 42 lata, męża, dwójkę dzieci i pracuje w szpitalu Quiha w Mek'elē. Nie ma na sobie białego fartucha, tylko elegancką czarną marynarkę w cienkie białe paseczki, czarną apaszkę w białe wzory, czarne spodnie oraz czarną pikowaną torebkę à la Chanel. Na stopach błyszczą wyjątkowo nie czarne, lecz fioletowe baleriny. Szczególnie jej buty wyglądają osobliwie, kiedy przemierzamy błotniste ścieżki (ja, dla odmiany, włożyłam ciężkie traperki, które dobrze chronią moje nogi przed deszczem i ostrymi kamieniami). Na tle kobiet ubranych w zgrzebne sukienczyny i mężczyzn owiniętych szarymi zwojami materiału Abeba prezentuje się niezwykle dystyngowanie. Jest tu niczym powiew wielkiego, eleganckiego świata. Taki wygląd z pewnością budzi respekt, sprawia, że nie sposób potraktować tę kobietę niepoważnie. Jednak przede wszystkim ciężko pracowała na swoją pozycję – pochodzi z bardzo biednej rodziny i jest dumna z awansu społecznego. Chce więc podkreślić to również strojem. Dzisiaj po pracy Abeba ma egzamin na pielęgniarkę okulistyczną i jeśli go zaliczy, będzie mogła nie tylko przeprowadzać konsultacje z pacjentami, ale też asystować przy operacjach. To jej największe marzenie, które mi wyjawiła podczas jednej z rozmów. Zapytałam Abebę, dlaczego wybrała sobie taki zawód.

– Zawsze chciałam pomagać najbardziej potrzebującym – odpowiedziała po prostu, bez silenia się na oryginalność. – Większość tych ludzi – popukała dłonią w szybę samochodu, pokazując mi spracowaną kobietę z wiązką chrustu na plecach – nie ma pieniędzy nawet na to, by przyjechać do szpitala. A często wystarczy prosty zabieg, by znacznie poprawić jakość ich życia.

Prawie 1,5 miliona ludzi w Etiopii nie widzi. Bardzo kiepski wzrok mają 3 miliony osób, a 9 milionów dzieciaków choruje na jaglicę – przewlekłe zapalenie rogówki i spojówek, które nieleczone kończy się ślepotą. Problemy z rogówką bywają efektem powikłań po odrze, ospie, wirusowym zapaleniu wątroby, tężcu. Skutkiem braku witamin albo niewłaściwej higieny, co prowadzi do innych chorób oczu kończących się bielmem. Mogą też być wywołane różnymi chorobami układu krążenia, cukrzycą, przyjmowaniem leków z grupy kortykosteroidów.

Przyczyną ślepoty jest również katarakta, czyli zaćma. Powolne mętnienie soczewki po 75. roku życia jest naturalne, ale zaćma może również dotyczyć dzieci i osób młodych. W Europie czy Stanach Zjednoczonych operacje zaćmy wrodzonej przeprowadza się w pierwszych tygodniach życia. W krajach słabo rozwiniętych nie są one wykonywane. Częstość zachorowania na zaćmę w Afryce jest większa niż w Europie czy USA. Rozwój tej choroby przyśpieszają predyspozycje genetyczne, ale być może ma na to wpływ także ciągła ekspozycja na działanie promieni UVB, ale jak można uniknąć słońca w Afryce?

W Europie taka osoba poszłaby na prosty zabieg, który po zaledwie kilku minutach przywróciłby jej wzrok. Tutaj ludzie się nie leczą, bo ich na to nie stać. Albo zwyczajne nawet nie wiedzą, że mogliby znów widzieć i cieszyć się życiem. Że jest dla nich jakaś nadzieja.

Po kurtuazyjnym powitaniu wychodzimy przed dom i siadamy na ławce. Wyciągnięcie jakichkolwiek informacji o chorobie Mury od niej samej nie jest proste. Tutejsze kobiety zawsze żyją w cieniu ojców, mężów lub braci i przywykły do tego, że to oni zabierają głos w ich sprawach. Murę peszy nagłe zainteresowanie mediów. Teraz skromnie opuszcza głowę i mówi tak cicho, że ledwo ją słychać:

– Widzę jedynie odrobinę lewym okiem.

Przyglądam się jej uważnie. Oczy zdrowego człowieka mogą być szczere, radosne, smutne, rzucać gromy, czarować, uwodzić, być ufne – tak wiele wyczytujemy z nich informacji. U osoby niewidomej są po prostu puste. Oczy Mury dodatkowo są zamglone, jakby nosiła brudne szkła kontaktowe. To może być jeden z symptomów zaćmy.

– Widzę różne kształty, ale nie potrafię ich zidentyfikować – szepcze nieśmiało.

– A jak straciłaś wzrok? – dopytuję się, podając kobiecie kubek z aromatyczną i piekielnie mocną etiopską kawą. Zaparzyła ją siostra Mury, która chwilowo mieszka w jej domu i pomaga w prowadzeniu gospodarstwa.

– Mój wzrok pogarszał się z dnia na dzień, aż w końcu przestałam widzieć cokolwiek.

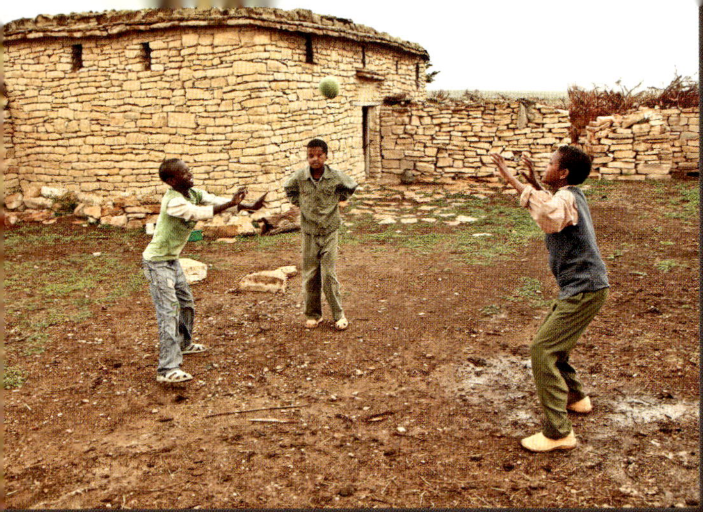
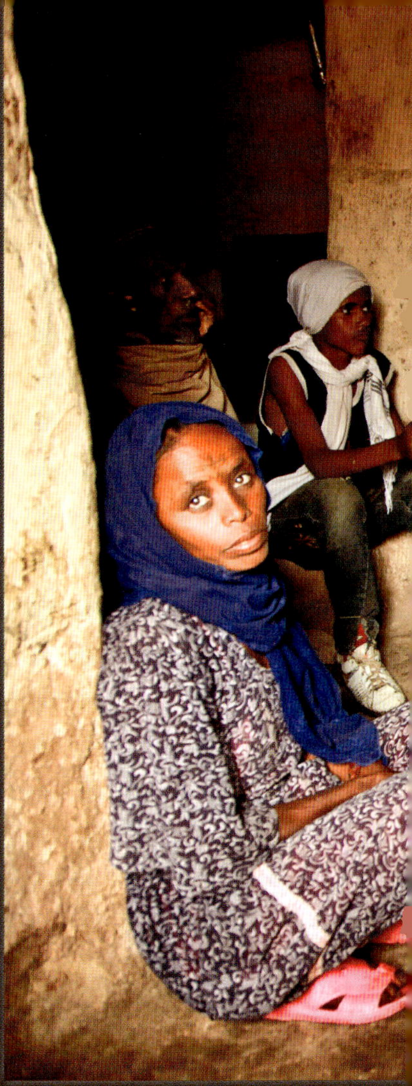
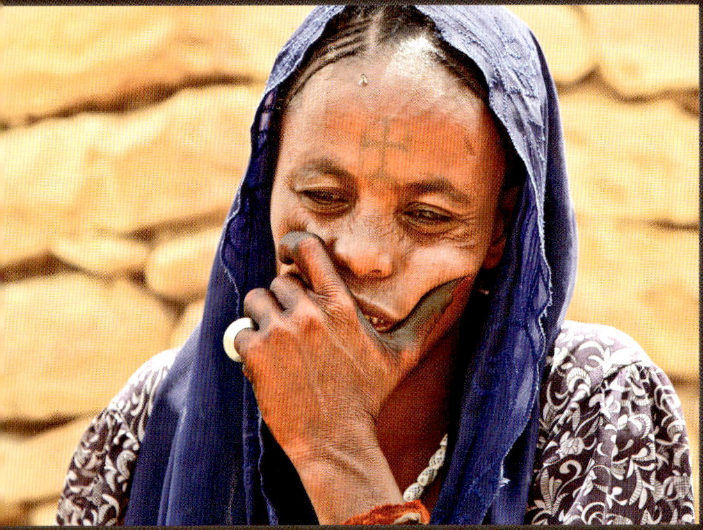
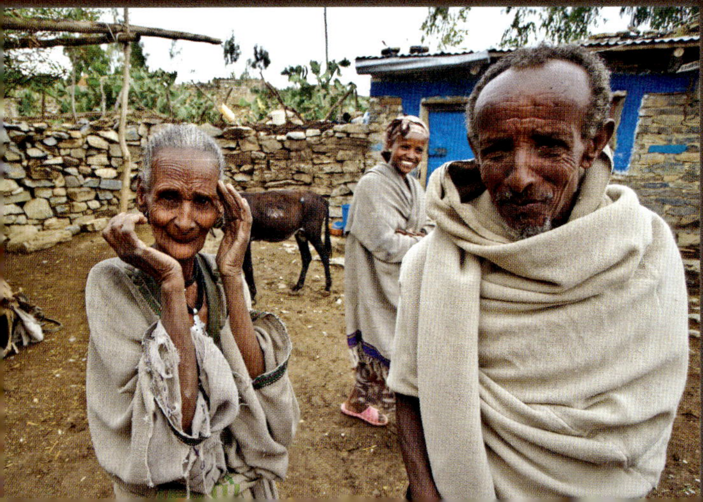

Tigraj to najbiedniejsza prowincja Etiopii. Mura mieszka z mężem w małej miejscowości Metkel Elame niedaleko Mek'elē. Bez światła, bieżącej wody i dostępu do podstawowej opieki medycznej życie ludzi jest tu wyjątkowo ciężkie...

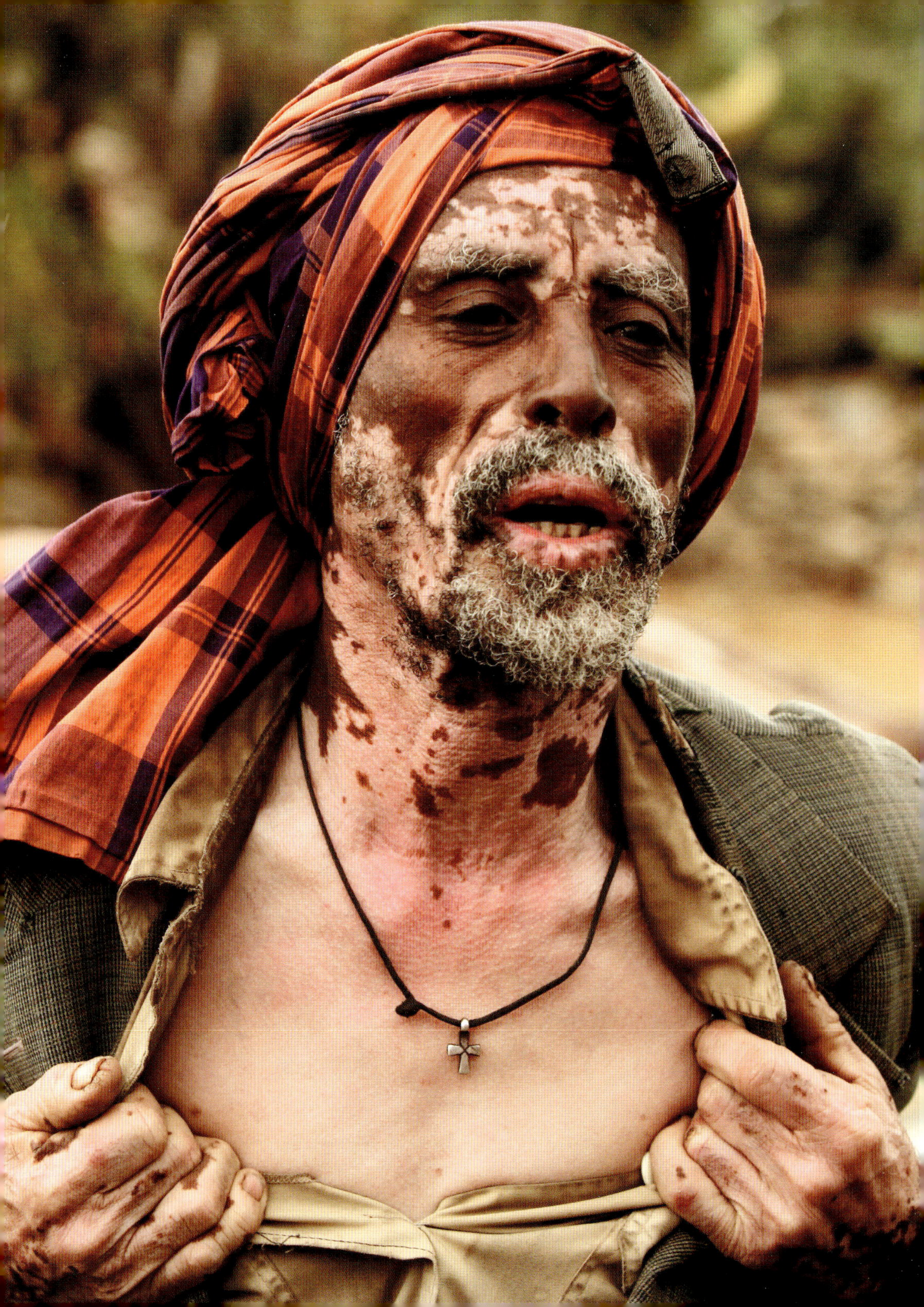

Zaczynam dzień od przygotowania śniadania, potem robię obiad. Nic szczególnego... Przy cięższych pracach, takich jak zbieranie drewna czy przynoszenie wody, mogę liczyć na pomoc sąsiadów, którzy pożyczają mi osiołka. Niektóre czynności oczywiście sprawiają mi dużo problemów, jak choćby parzenie i nalewanie kawy do kubków. Nie mogę ich dokładnie zobaczyć, więc nie wiem, kiedy są pełne, a kiedy nie. I te bóle głowy... Mówiłam ci, że często boli mnie głowa? Rzadko, ale jednak zdarza mi się upaść albo o coś potknąć... Boję się, że bez operacji będzie tylko gorzej.

Wcześniej było to takie proste – wyjście na spacer, na pole, do znajomej, ugotowanie obiadu, pranie i sprzątanie... Nagle wszystko to staje się wielkim wyzwaniem. Żeby nie być więźniem własnej ułomności, niewidomy musi prosić o pomoc najbliższych. Na szczęście Mura nie straciła wzroku nagle – zdążyła zapamiętać rozkład całego mieszkania i obejścia. Teraz radzi sobie tak dobrze, że gdyby nie laska wisząca na haku, z pomocy której korzysta, wychodząc na zewnątrz, nawet nie domyśliłabym się, że jest niewidoma.

Mura przeszła sześciomiesięczne leczenie, które miało powstrzymać rozwój ślepoty, ale terapia nie przyniosła pożądanych efektów. Wzrok może jej przywrócić tylko operacja. Kobieta jest jedną z wybrańców – została oficjalnie zakwalifikowana do zabiegu i razem z nami pojedzie samochodem do szpitala w Mek'elē. To dla niej duże ułatwienie; w przeciwnym razie, jak większość osób w tej okolicy, musiałaby dzień czy dwa iść piechotą, aby dotrzeć do miasta.

W Etiopii niewidomy to obywatel drugiej, jeżeli nie trzeciej kategorii. Nie zarabia, nie może pracować, nie ze wszystkim radzi sobie w domu – jest więc wyłącznie ciężarem dla rodziny. W tej części świata, żeby rozpalić ogień, trzeba wcześniej pozbierać chrust. Żeby zaparzyć kawę – przynieść wodę z oddalonej o kilka kilometrów rzeki. Żeby upiec chleb – zebrać i utłuc ziarna na mąkę. Dochodzi do tego pranie, sprzątanie, gotowanie i opieka nad rodziną. A nie da się tych wszystkich czynności wykonać po omacku.

– Jak mąż znosi twoją chorobę? – pytam Murę. Wiem, że oboje mają za sobą nieudane małżeństwa.

Pierwszy mąż zostawił Murę, bo nie mogła mieć dzieci. Obecny miał szóstkę dzieci z poprzednią żoną. Ale rozwiódł się, ponieważ się z nią nie zgadzał, cokolwiek to znaczy. Nadal, mimo zaawansowanego wieku, jest tak zwaną dobrą partią w tej okolicy. W Etiopii człowiek posiadający bydło, czy choćby tylko osła, ma lepszy status społeczny, wręcz uchodzi za bogacza. Taki mężczyzna bez względu na wiek nie będzie miał problemu ze znalezieniem sobie żony.

W tych surowych warunkach czynnik ekonomiczny jest jednym z najważniejszych przy podejmowaniu decyzji o małżeństwie. Mało kto sili się tu na romantyczne uniesienia – wiadomo, że samą miłością rodziny wykarmić się nie da.

Wcześniej, jeszcze przed chorobą, Mura pomagała mężowi w niewielkim gospodarstwie, zajmowała się zwierzętami: krowami i kurami. W każdym razie była przydatna, więc zasługiwała na to, żeby w ogóle być czyjąś żoną. Teraz mąż Mury musi wynajmować ludzi do pracy. On sam, jak mówi, jest już za stary na tak ciężką robotę, więc zamiast tego chodzi na targ i sprzedaje warzywa; o ile w ogóle coś uda im się wyhodować.

– Wspiera mnie ze wszystkich sił, modli się za mnie każdego dnia – mówi Mura cichutko.

– Kochasz męża? – pytam wprost, choć mam świadomość, że słowo „miłość" w moim i jej świecie znaczy coś zupełnie innego.

Mura wydaje się przekonana o sile swojego uczucia i deklaruje miłość, choć w Afryce liczą się nie tylko emocje, ale przede wszystkim praktyczny aspekt związku. Tu ludzie muszą trzymać się razem, żeby przetrwać w tych ciężkich warunkach i w biedzie.

Wiem, że po rozwodzie sytuacja Mury nie przedstawiała się najlepiej. Kto by chciał nie najmłodszą (jak na te warunki) kobietę, rozwódkę i do tego bezpłodną. Obecny mąż przyjaźnił się z rodzicami Mury.

– Obiecałem jej ojcu, że się z nią ożenię. Zapłaciłem za nią 100 byrrów, czyli około 16 dolarów – zwierzył mi się, kiedy Mura była zajęta sprzątaniem obejścia.

Podobno mąż Mury widzi doskonale. Osiem lat temu, dokładnie w tym samym szpitalu, Quiha, przeszedł operację usunięcia zaćmy z prawego oka. Teraz patrzę, jak wodą z czajnika obmywa ręce i stopy przed modlitwą. Dla pobożnego muzułmanina to rytuał, który powtarza kilka razy w ciągu dnia. Po chwili skrywa się za murkiem, rozkłada dywanik modlitewny w kierunku Mekki i zaczyna modlitwę. Dziesięć minut później przyłącza się do nas.

– Po operacji nic mnie nie bolało – uspokaja żonę, gładząc ją po ramieniu. Jak na afrykańskie standardy faktycznie jest bardzo ciepłym człowiekiem.

Mura nigdy wcześniej nie była w szpitalu, nigdy nie przeszła żadnego zabiegu, nigdy nawet nie wyjechała poza granicę wsi. Jest przerażona, choć absolutnie nie chce się do tego przyznać.

– Wiem, na czym polega operacja i nie boję się jej. Pani pielęgniarka wszystko mi opowiedziała – mówi Mura, zwracając głowę w kierunku Abeby, która jest też tłumaczem, i głośniej dodaje: – Wierzę, że odzyskam wzrok, bo bardzo tego pragnę. Wreszcie będę mogła wrócić do pracy i porządnie zaopiekować się domem. A jak już zacznę widzieć, to na pewno będę też mogła mieć dzieci. Tak, wtedy wszystko ułoży się inaczej…

Dzieci. Nie bez powodu ten temat stale powraca w naszych rozmowach. Brak potomstwa odbierany jest tu jako kara. Zarówno kobieta, jak i mężczyzna mogą bez problemu rozwieść się, podając za przyczynę rozpadu związku bezpłodność współmałżonka. Wyznawcy islamu wierzą bowiem, że posiadanie licznego potomstwa to błogosławieństwo dane od Boga. Dzieci są dla nich skarbem i każde małżeństwo powinno mieć ich jak najwięcej. Prorok Mahomet był sierotą i zachęcał małżeństwa do przygarniania dzieci, które straciły rodziców, dlatego w krajach muzułmańskich jest najwięcej adopcji. W Etiopii średnia liczba dzieci przypadających na parę to sześć. Zresztą w całej Afryce, gdzie system emerytalny nie funkcjonuje najlepiej albo wcale, potomstwo zapewnia rodzicom godną starość.

Do Mek'elē jedziemy w strugach deszczu. Krajobraz widziany przez rozpływające się na szybach krople jest jeszcze bardziej przygnębiający, choć trudno uwierzyć, że to w ogóle możliwe. Po drodze mijamy stado krów. Są chude, a szara, ciemnoczerwona lub czarna skóra obleka ich wystające, pozbawione wyściółki z tłuszczu kości. Niektóre mają łaty, jednak nie tworzą one regularnych kształtów, wyglądają raczej, jakby ktoś opryskał sierść białą olejną farbą. Najbardziej imponujące są rogi – długie, ostre niczym dzidy. Zastanawiam się, co te zwierzęta tu jedzą. Sucha, brunatna gleba zamiast roślin rodzi miliony małych kamieni, między którymi widać pojedyncze kępki trawy, krzaki, samotne drzewa. To za mało, żeby wykarmić takie stado.

Przy drodze niczym grzyby po deszczu wyrastają biedadomy pokryte blachą, która w upały zamienia ich wnętrza w piekarniki, ale zapewnia dużo lepszą ochronę przed deszczem niż strzecha. A o tej porze roku pada tu niemal codziennie. Bosonodzy mężczyźni ubrani w beże i szarości wtapiają się w ten krajobraz. Zwracają uwagę tylko ich twarze, szlachetne rysy potomków abisyńskich rodów, pięknie sklepione czaszki, wąskie delikatne nosy, wyjątkowy kolor skóry o oliwkowym odcieniu i czarne oczy, które nie spuszczają czujnego wzroku z naszej ekipy. Zdecydowanie bardziej barwne są kobiety. Podziwiam ich fantazyjnie zawinięte na głowach turbany, gdzieniegdzie błyska biżuteria ze srebra i muszelek. Czasem dostrzegam złote kolczyki noszone w górnym płatku

Dzieci to dla Etiopczyka dar od Boga, średnio na każdą rodzinę przypada ich sześcioro. Bywają głodne i brudne, ale zawsze uśmiechnięte i chętnie pozują do zdjęć.

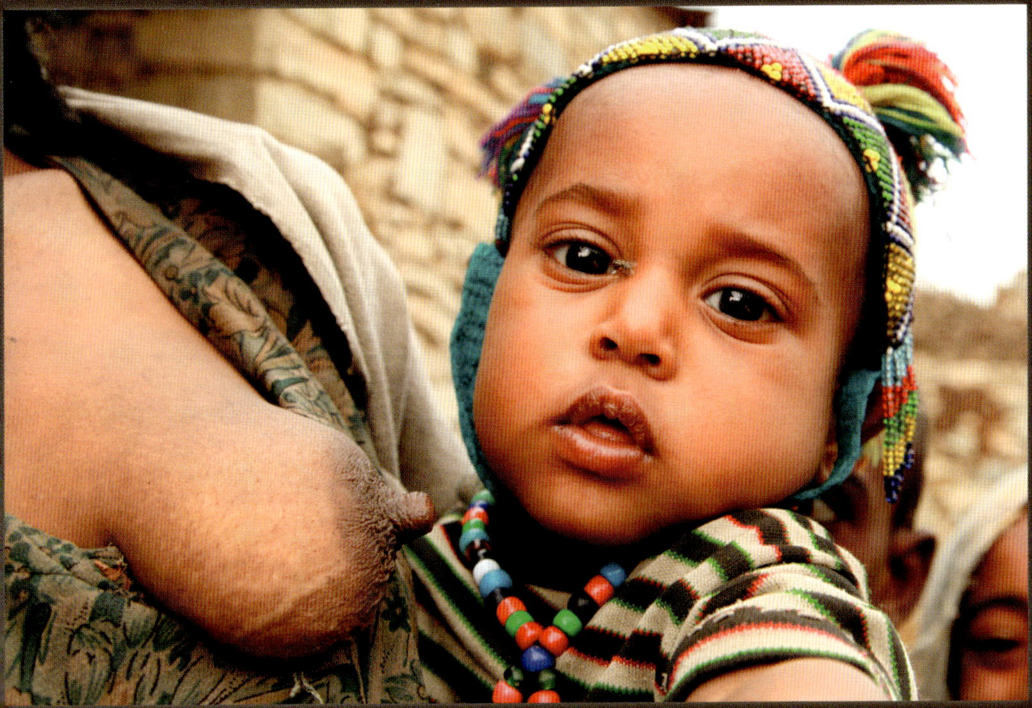

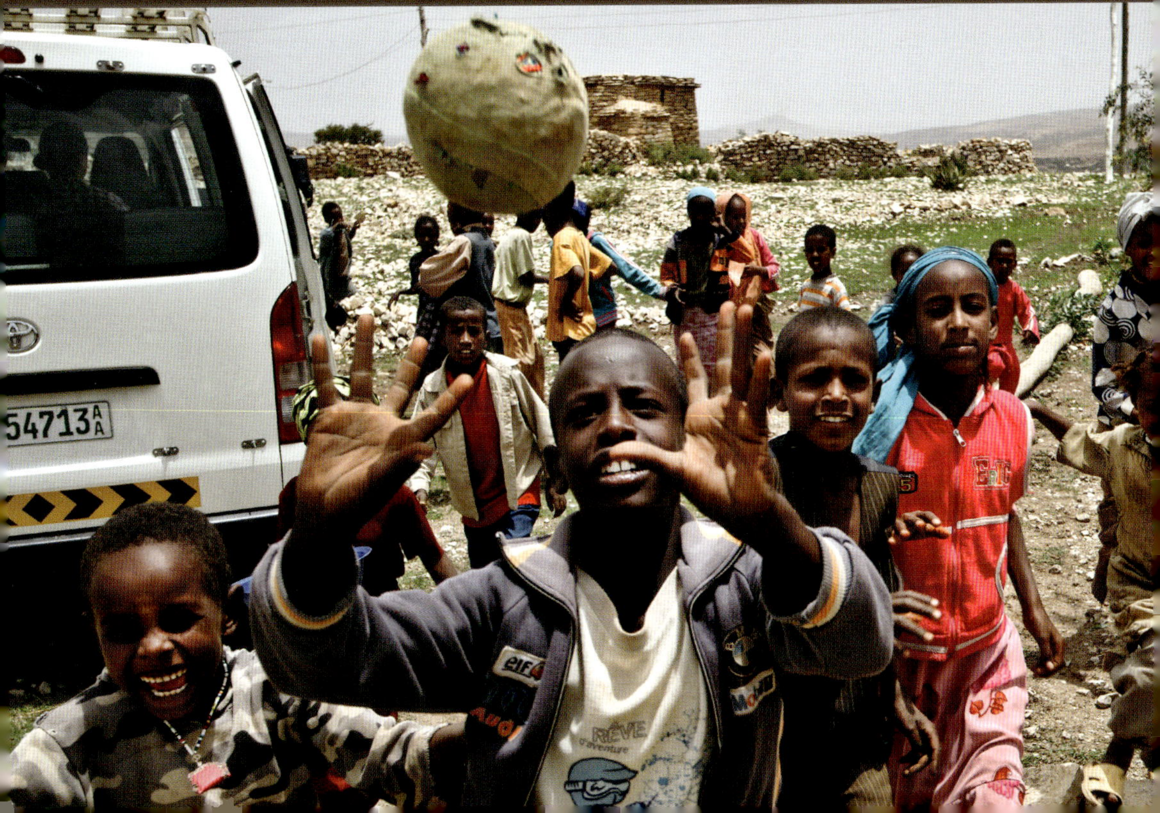
54713

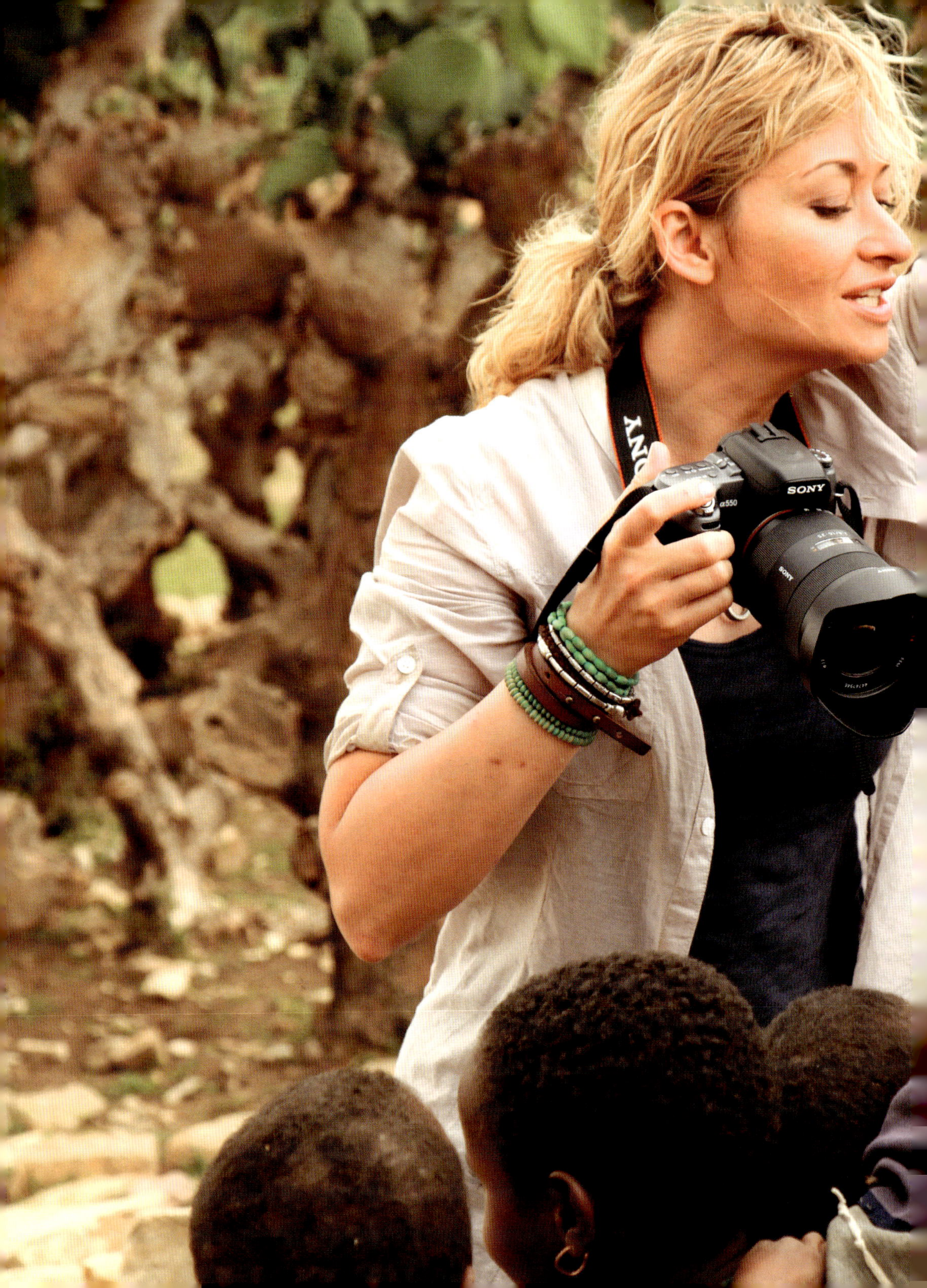
SONY
α550

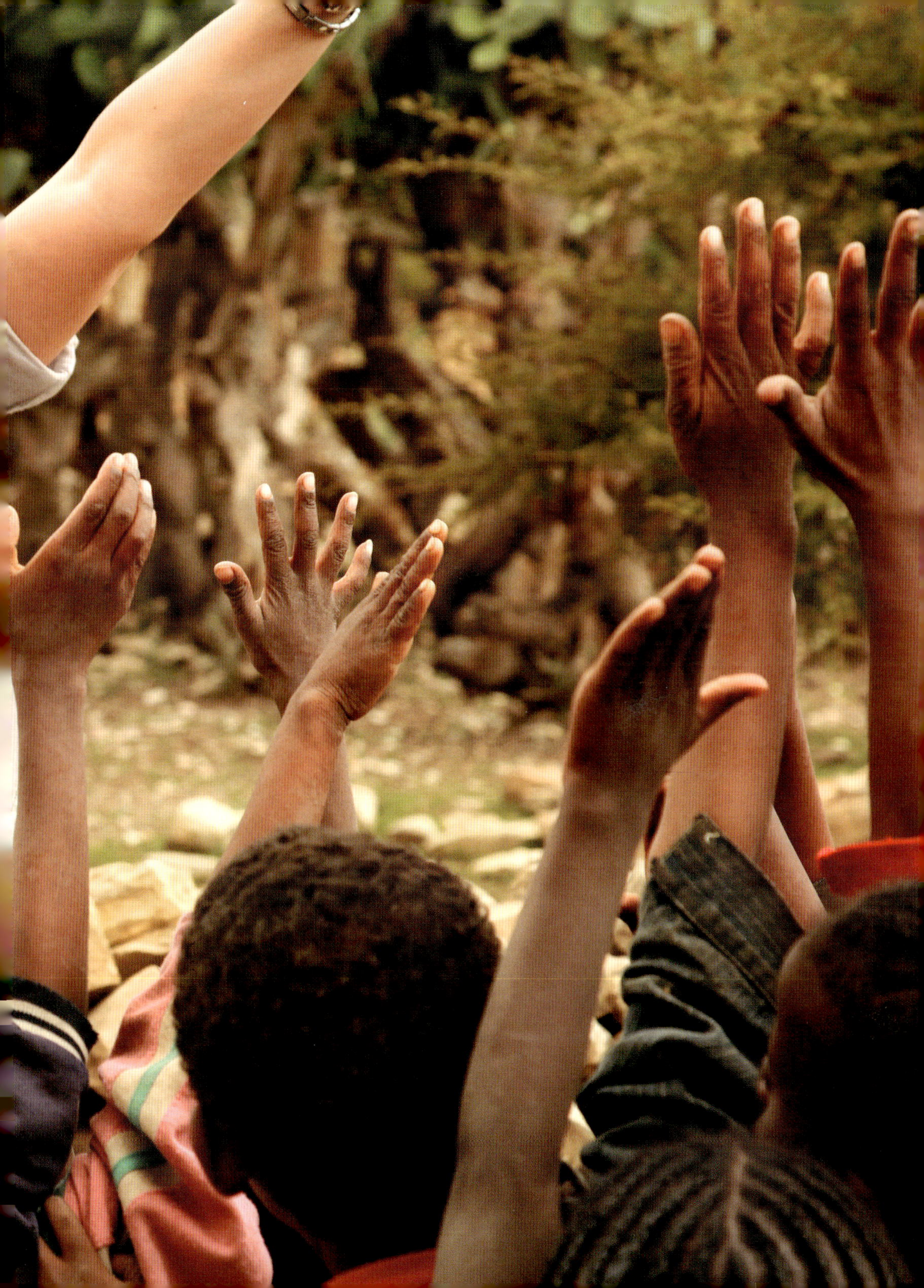

ucha, tak jak u plemienia Danakilów (blisko stąd do Erytrei). Wiele pań w skórzanym nosidełku dźwiga na plecach jedno dziecko, podczas gdy drugie trzyma ją za rękę, a kolejne czepia się spódnicy. Zewsząd atakują nas chmary much, które w żaden sposób nie dają się odgonić. Obsiadają każdy odsłonięty kawałek ciała, wpychają się do oczu, nosa i ust, niestraszne im machanie, dmuchanie, klaskanie. W niczym nie przypominają swoich lękliwych polskich koleżanek… Ludzie stanowią dla tych stworzeń najlepsze źródło pokarmu. W oku dziecka ssącego pierś młodej kobiety zagnieździło się kilka owadów, ale nikt nie zwraca na to uwagi.

Ludzie mieszkający w tej części Etiopii są bardzo biedni. Prowincję Tigraj regularnie dotykają susze – to stąd pochodzą zdjęcia z połowy lat osiemdziesiątych, kiedy klęska głodu pochłonęła ponad milion istnień. Największym wyzwaniem, z jakim borykają się codziennie, staje się wykarmienie rodziny, przetrwanie, a problemy zdrowotne schodzą na drugi plan. Poza tym wielu niewidomych uważa, że ich choroba jest nieuleczalna, że to *Jeygzabhier kuta,* kara zesłana przez Boga. Nic więc ze swoim kalectwem nie robią, a miejscowi uzdrowiciele jako sposób na odzyskanie wzroku przeprowadzają nacinanie brwi w pionowe pasy. W tak mało higienicznych warunkach najprostszy zabieg może skończyć się poważną infekcją. Walka z szamanami, lokalnymi tradycjami i wielowiekowymi przesądami to wyzwania, z którymi mierzy się w swojej pracy Abeba Alemayehu.

– Większości osób nie trzeba było specjalnie namawiać do operacji – mówi Abeba. – Niestety nie wszystkim niewidomym możemy przywrócić wzrok. Zanim chory zostanie wpisany na listę, oprócz dobrego zdrowia musi spełnić kilka warunków. Zobowiązany jest również zagwarantować, że po operacji będzie dbał o siebie i zgodnie z zaleceniami lekarzy stosował odpowiednie leki. W przeciwnym wypadku ich wysiłek pójdzie na marne.

Nam wydaje się to oczywiste, ale w Etiopii oczywiste nie jest.

– Tutejsi ludzie bardzo źle reagują na odmowę operacji, niektórzy krzyczą, że to moja wina – opowiada. – Od tego, jaki wydam „wyrok", zależy, czy chorzy polubią mnie, czy nie. Trudno im czasem coś logicznie wytłumaczyć, przecież większość z nich nie potrafi nawet pisać i czytać.

Abeba wita się z kolejnymi osobami niczym z dobrymi znajomymi. W tym świecie pozbawionym telewizji i gazet wizyta pielęgniarki jest nie lada atrakcją. Etiopczycy wypytują ją przy okazji o całą rodzinę, a nawet krewnych, których nigdy nie spotkali. Koniecznie trzeba w tym czasie ściskać rękę rozmówcy. Wśród bliskich przyjaciół uścisk dłoni może trwać podczas całej konwersacji, ale zdarza się to nawet wśród ledwie poznanych osób, czego doświadczam niemal na każdym kroku.

Dwa lata temu Kidan przeszła nieudaną operację lewego oka i, jak powiedziała, było to jedno z najbardziej bolesnych doświadczeń w jej życiu. Pięćdziesięcioletnia kobieta twierdzi teraz, że nawet całkowita utrata wzroku jest lepsza niż przechodzenie ponownie takich męczarni. Sądziłam, że darmowa operacja, która pozwoli przywrócić wzrok, jest dla większości tych biednych ludzi niczym najwspanialszy prezent. Zapytałam Abebę, czy często spotyka się z taką postawą.

– Na szczęście nie – odpowiedziała. – To właściwie drugi taki przypadek w mojej karierze.

Niewidoma córka Kidan, drobna, ładna dziewczyna o imieniu Tybere, zdecydowała się na operację, nie biorąc pod uwagę opinii matki. Cieszy się, że znów będzie mogła żyć normalnie i dla niej warte jest to każdego ryzyka. I cierpienia.

W tej samej wiosce przekonuję się też, jaki los czeka ślepca. Niewidoma starsza kobieta siedzi przywiązana do łóżka, żeby nie zrobiła sobie krzywdy. Jest brudna i zagubiona, w domu roznosi się odór moczu. Jej rodzina musi iść do pracy w polu i unieruchomienie staruszki, która przez to nie może w odpowiedni sposób załatwić swoich potrzeb fizjologicznych, jest przejawem troski o nią.

– Wiesz, że w tej okolicy zaćma to problem dotykający przede wszystkim kobiety? – Abeba zawiesza głos. – One są o wiele gorzej odżywione niż mężczyźni.

Po pierwsze – etyka, po drugie – przejrzystość, po trzecie – odpowiedzialność, po czwarte – lojalność, po piąte – uczciwość, po szóste – zaufanie, po siódme – stosowanie się do poleceń odpowiednich organów władzy, po ósme – służba w interesie publicznym, po dziewiąte – obiektywizm, po dziesiąte – otwartość, po jedenaste – posłuszeństwo wobec przywódców, po dwunaste – szacunek wobec prawa. Taki zbiór przykazań widnieje na tablicy przed szpitalem Quiha w Mek'elē. Wysiadam z busa i pomagam wydostać się z niego Murze.

Placówka ta działa od 25 lat, a jej budowę sfinansowała włoska organizacja charytatywna. Najpierw były tu łóżka tylko dla 30 pacjentów, a zakres „usług" medycznych ograniczony. Teraz szpital wzbogacił się o 20 nowych łóżek. Jest tu też porodówka, oddział pediatryczny, oddział dla matek z dziećmi. To także

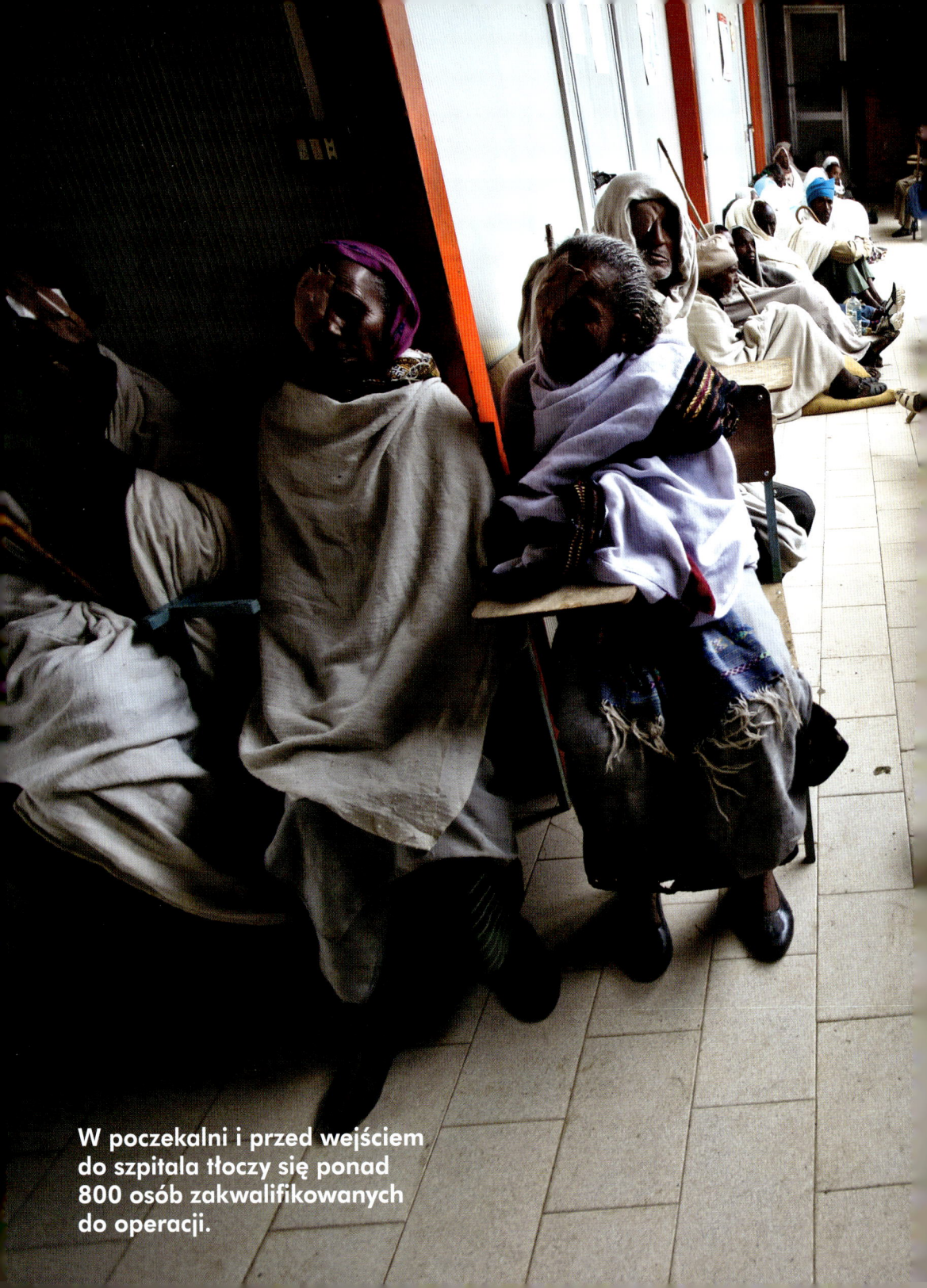

W poczekalni i przed wejściem do szpitala tłoczy się ponad 800 osób zakwalifikowanych do operacji.

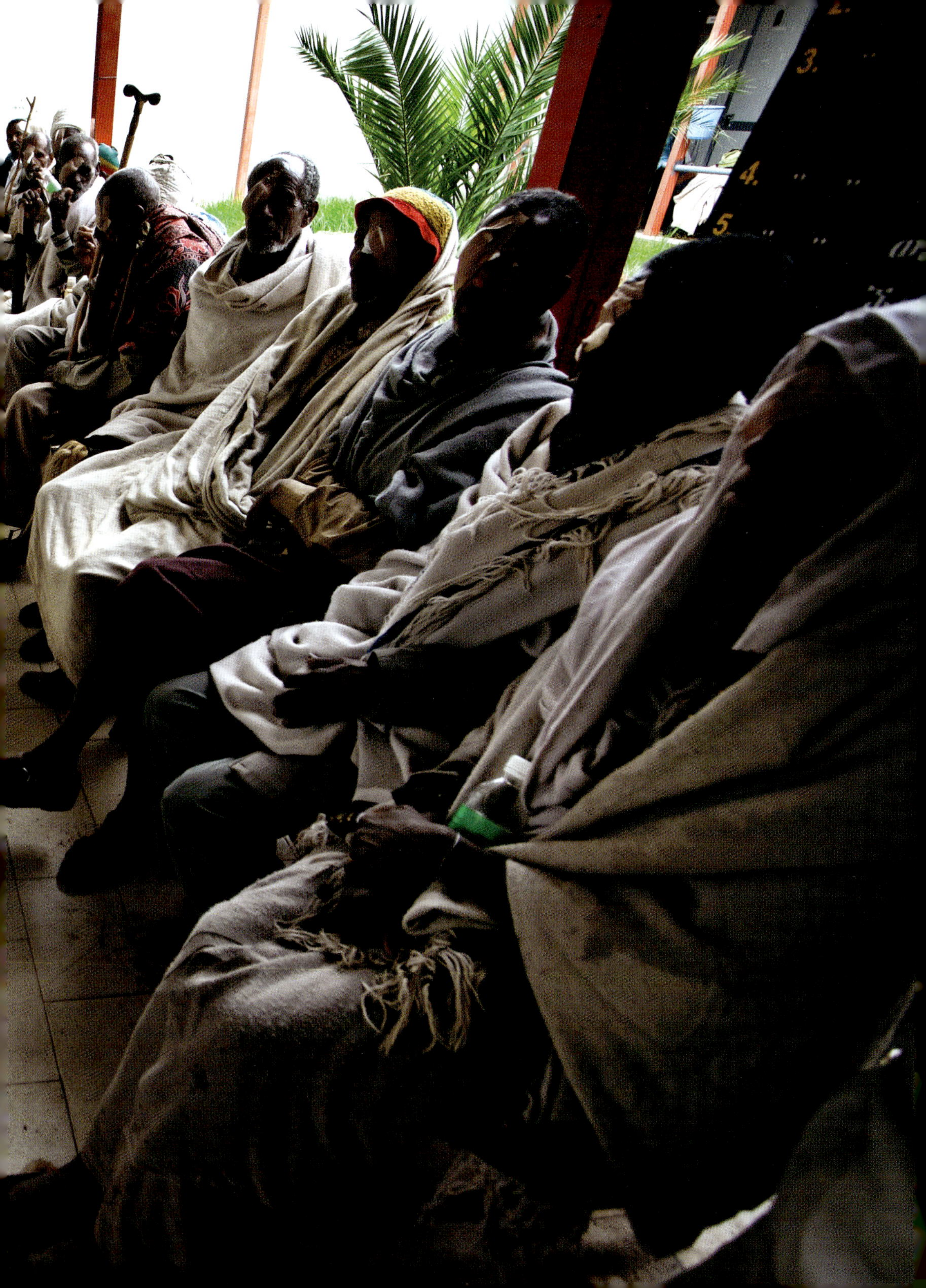
3.
4.
5

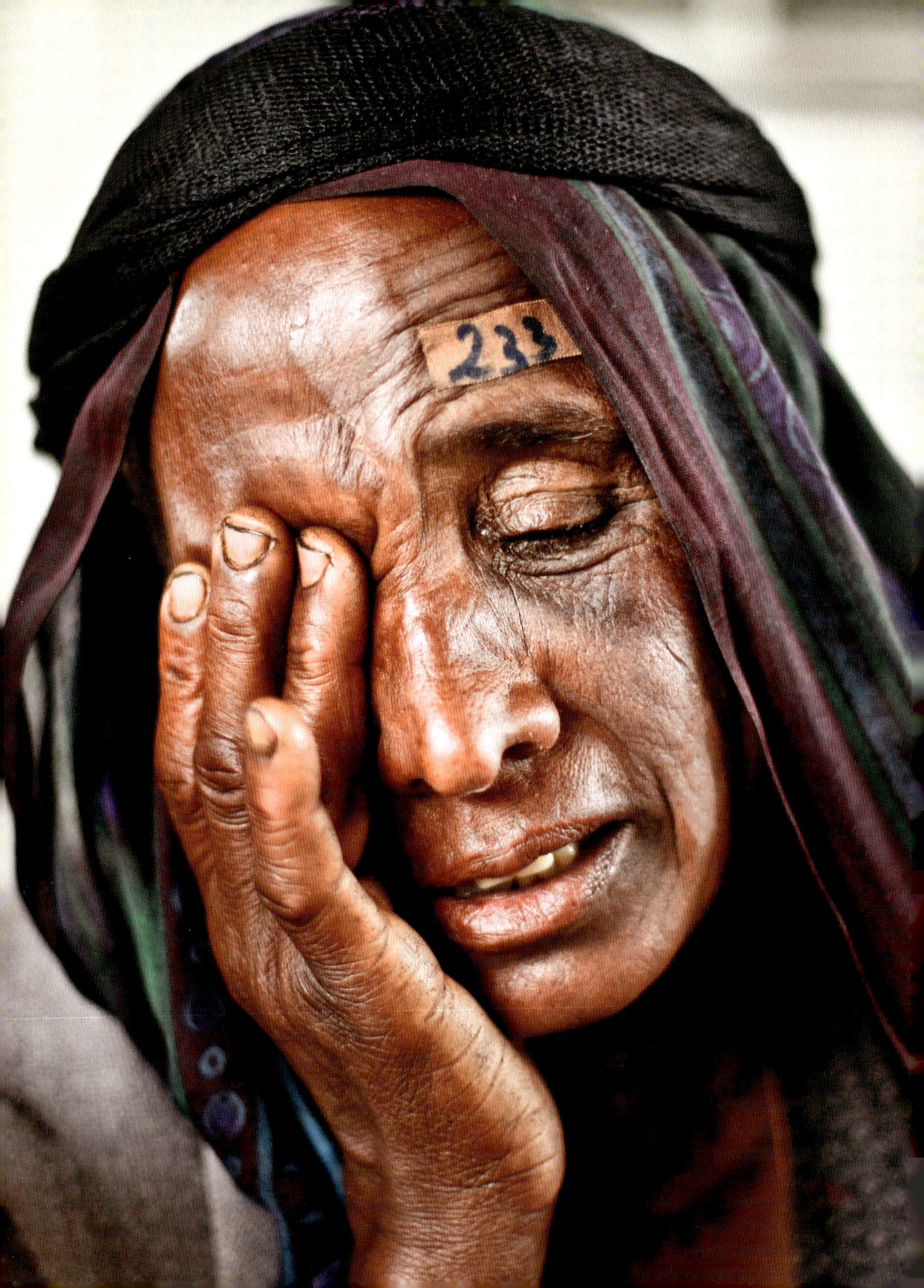
233

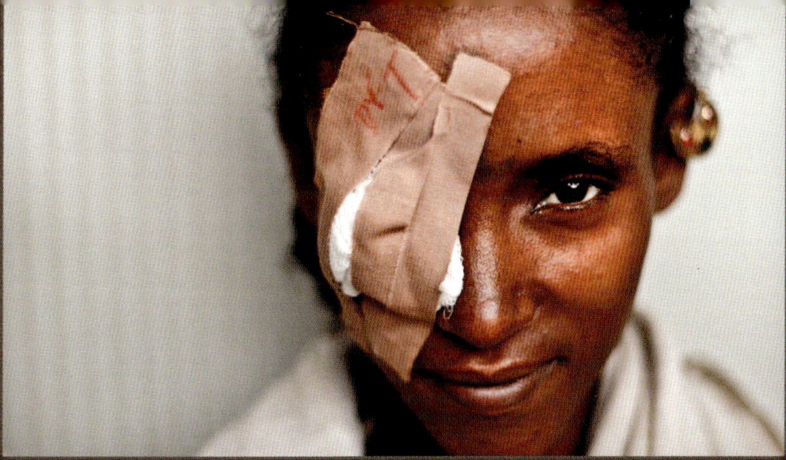

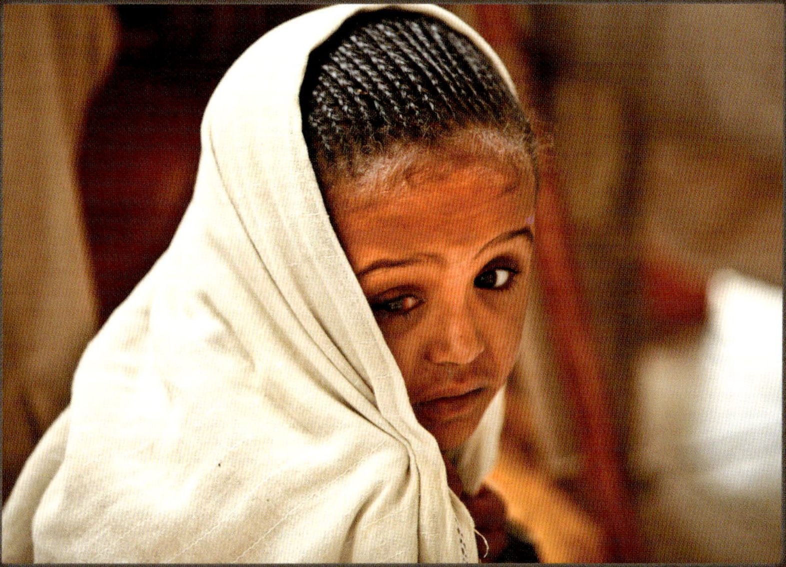

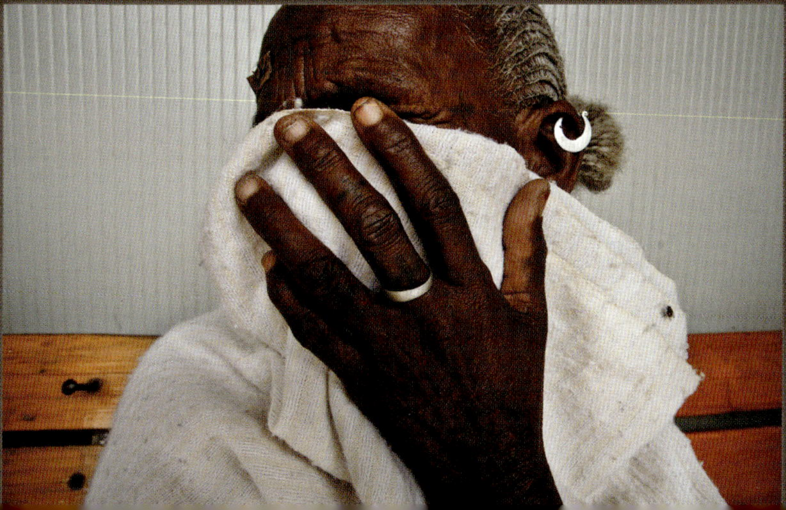

jedyna placówka medyczna w tym regionie, która zajmuje się chorobami oczu. Czasem pod opieką szpitala znajduje się setka lub więcej pacjentów. W tej chwili w salach, holu, na schodach przed wejściem tłoczy się ponad tysiąc osób.

> *Ukończyłam dwuletnie ogólne studia medyczne, po których rozpoczęłam staż lekarski w niewielkiej miejscowości na południowym zachodzie od Addis Abeby. Chciałam zostać pediatrą, ponieważ lubię dzieci, ale na prowincji zrozumiałam, jak ogromnym problemem są choroby oczu. Po raz pierwszy zetknęłam się z niewidomymi, którzy przychodzili do mnie, błagając o jakąkolwiek pomoc. Nie mogli pracować, więc nie byli w stanie się utrzymać. Kiedyś mój brat spytał, jak się czuję z tą bezradnością. To pytanie zaważyło na mojej decyzji o dalszych studiach. Zdecydowałam się jednak na specjalizację okulistyczną, ze szczególnym uwzględnieniem chirurgii oka. W Etiopii zajmuje się tym garstka osób, jestem wśród nich jedyną kobietą.*

Doktor Yewubnesh Hailu ma na sobie zieloną bluzkę z niewielkim dekoltem, złotą bransoletkę na jednym nadgarstku i zegarek na drugim. Z włosami zaczesanymi gładko i związanymi w kucyk, wygląda znacznie poważniej niż na 29 lat. „Jełubnesz", jak po polsku wymawia się jej imię, znaczy „jesteś piękna" i faktycznie kobieta ma w sobie dużo uroku, szczególnie że jej twarz co chwila jaśnieje uśmiechem. Okulistykę skończyła zaledwie dziewięć miesięcy temu, ale przy tak małej liczbie specjalistów w tej dziedzinie jest rozchwytywana i nikt nie pyta jej o doświadczenie. Yewubnesh wita mnie mocnym uściskiem ręki. Natychmiast czuję do niej zaufanie i sympatię.

– Kiedy zostałam lekarzem, spełniłam marzenie rodziny – mówi, torując mi drogę między pacjentami, którzy siedzą wprost na kremowej terakocie. Mają zabandażowane głowy, w rękach trzymają kije i laski.

Pani doktor pochodzi z rodziny, której wiedzie się zupełnie dobrze (oczywiście jak na możliwości tutejszej klasy średniej). Jej ojciec jest wykładowcą akademickim, mama pracuje w biurze. Ma też sześcioro rodzeństwa. O ile podstawowa edukacja jest w Etiopii za darmo, to za studia trzeba już płacić i żeby je skończyć, potrzeba sporo determinacji i poświęcenia. Szczególnie w przypadku dziewczyny.

Niemal każda rodzina chce tu wychować przynajmniej jednego lekarza – to zawód, który wszędzie przynosi uznanie i szacunek. Jeszcze do niedawna Yewubnesh była na stażu w Addis Abebie, stolicy Etiopii. Teraz pracuje w Arba Myncz, mieście na południu Etiopii, gdzie stara się otworzyć pierwszy oddział okulistyczny. Do tej pory nie było tam ani jednego lekarza tej specjalizacji. Do Mek'elē przyjechała tylko po to, żeby wziąć udział w akcji Eye Surgical Camp organizowanej przez HCP. Yewubnesh dołączyła do piątki innych lekarzy (w tym dwóch Amerykanów), którzy w ciągu pięciu dni wykonają wszystkie zaplanowane operacje.

Chyba nigdy wcześniej nie widziałam takiej dawki ludzkiego nieszczęścia na metr kwadratowy, co tutaj. Nie lubię szpitali. Ale kto je lubi? Wszyscy mamy raczej przykre wspomnienia z takich miejsc i staramy się trzymać od nich z daleka. Wąskie korytarze, małe salki, zapach lekarstw i środków dezynfekujących połączony z wonią ludzkiego potu. Niemiłosierny tłok, brak klimatyzacji, zaduch, muchy. Robi mi się słabo. Próbuję jakoś się ogarnąć i nie dać po sobie poznać, jak przygnębiające wrażenie robi na mnie ta straszna nędza pacjentów na tle jeszcze straszniejszej biedy ośrodka. W myśli wciąż powtarzam: zdrowy człowiek nie powinien narzekać bez powodu.

Wchodzimy do jednej z sal. Ściany pokrywają białe plastikowe panele, na których wypisano niebieskie numery, pod każdym z nich stoi metalowe łóżko. Na pryczy tuż przy drzwiach leży zwinięta w kłębek dziewczynka w ortalionowej kurtce, którą założyła na sukienkę w kwiatki. Wygląda jak kupka nieszczęścia. Płacze i zawodzi, a matka robi, co może, żeby małą uspokoić – przemawia do niej, głaszcze po głowie. To jednak nie pomaga. Doktor Yewubnesh wyjaśnia, że dziewczynka ma na imię Hiwot i sześć miesięcy temu straciła wzrok. Lekarze w innym szpitalu próbowali wyleczyć ją z padaczki i podali lek, który wywołał tragiczną w skutkach reakcję.

– Po zażyciu tabletek dziewczyna zaczęła odczuwać potworny ból – opowiada doktor Yewubnesh. – Trzy miesiące później nie była już w stanie otworzyć oczu. Na każdą naszą próbę zrobienia tego mechanicznie, reagowała agresją. Jakoś udało nam się ją przebadać. Okazało się, że po podaniu leków doszło do powstania ostrego ataku jaskry oraz obrzęku rogówki i dlatego nie widzi.

Patrzę na twarz Hiwot. Ma ściśnięte powieki, tak jakby bała się je otworzyć. I tego, co zobaczy, albo raczej czego nie uda jej się zobaczyć. Trudno pogodzić się z utratą wzroku. Zwłaszcza gdy wcześniej się widziało.

– Czy ona pozostanie niewidoma? – pytam, choć znam już odpowiedź.

– Z czasem będzie mogła trochę rozróżniać kształty, co ułatwi jej poruszanie się.

Zbliżam się do łóżka, nie jestem w stanie powstrzymać się, żeby nie pogłaskać małej po głowie. Matka nie oponuje, ale dziewczynka wzdryga się. Okazuje się, że mała ma zaledwie siedem lat. Kobieta przyjechała z Shire, wioski położonej 300 kilometrów na północny zachód od Mek'elē. Patrząc na Hiwot, próbuję sobie wyobrazić, jaki czeka ją los. U nas, w kraju o wiele bogatszym, niepełnosprawni ludzie mają cały czas pod górkę. W Etiopii ta górka zamienia się w Mount Everest.

– Trafiliśmy do szpitala dzięki zakonnicom z naszej wioski. We wszystkim nam pomogły, umówiły nas na spotkanie, zorganizowały transport. Ale teraz, kiedy już tu jestem, nie mam pojęcia, co robić dalej – skarży się kobieta. Wygląda na całkowicie zagubioną. – Będę musiała wysłać córkę do szkoły dla niewidomych albo umieścić w jakimś przytułku, bo jak my sobie poradzimy? Ja mam jeszcze troje dzieci…

Hiwot większość czasu spędza, siedząc w kącie i zasłaniając twarz. Ale na tym nie koniec nieszczęść. Jej matkę opuścił mąż, który przestał też udzielać rodzinie jakiegokolwiek wsparcia finansowego.

Ślepota Hiwot to o dwie pary rąk mniej tak potrzebnych do pracy. Niewidomym przecież ciągle ktoś musi się opiekować.

To było na ostatnim roku mojego stażu w szpitalu w Addis Abebie. Opiekun polecił mi zoperować pacjenta z bardzo zaawansowaną zaćmą. Stopień ryzyka był wysoki. Wystarczył jeden przypadkowy ruch, żeby doszło do uszkodzenia torebki soczewki… Zabrałam się do pracy, starając się pamiętać o wszystkim, czego się dotąd nauczyłam. Niestety pod koniec zabiegu stwierdziłam, że usuwana soczewka zerwała się z więzadełek i w niekontrolowany sposób opadła na dno oka, co stanowi poważne powikłanie operacyjne. Nie wiedziałam, co zrobić, chciałam poprosić o pomoc przełożonego, ale akurat był zajęty. Wiesz, u nas jest tak mało lekarzy, że czasem nie wiemy w co ręce włożyć, prawdziwe urwanie głowy… Zaszyłam więc nacięcia tak, jak umiałam, nic więcej nie mogłam zrobić. Następnego dnia skierowaliśmy pacjenta na obserwację i rozpoczęliśmy podawanie leków, czekając na rozwój sytuacji. Wtedy naprawdę wstrzymałam oddech… Na szczęście udało się uniknąć tragedii, a chory po dwóch miesiącach rekonwalescencji odzyskał wzrok. Przepisaliśmy mu tylko grube okulary, które korygowały wadę wynikającą z braku soczewki i wypisaliśmy go do domu. Ten przypadek najbardziej utkwił mi w pamięci.

Nikt nie mógł się tego spodziewać, bo taki przypadek nie powinien w ogóle zdarzyć się w karierze lekarza. Statystycznie, jak powiedział Tesfahun Haregot, dyrektor szpitala, przytrafia się może raz, dwa razy na 500 tysięcy chorych. Przyczyną zapaści w trakcie operacji mogła być padaczka bezobjawowa, odwodnienie albo skrajne wycieńczenie spowodowane stresem, może spadkiem poziomu cukru. Mura powiedziała, że zjadła śniadanie, ale ja tego nie widziałam. Wcześniej skarżyła się na nietypowe bóle głowy. Przed zabiegiem przebadano ją ponownie, sprawdzono ciśnienie krwi. Teraz, po wszystkim, lekarze

Z powodu błędu lekarzy siedmioletnia Hiwot pozostanie niewidoma do końca życia.

podejrzewają, że może ma jakąś zmianę w mózgu, którą trzeba zdiagnozować. Ale niezbędne są dodatkowe badania.

Pamiętam tylko, że byłam przerażona i zaczęłam obwiniać siebie o to, że przed operacją za bardzo męczyliśmy ją pytaniami, zamiast pozwolić jej odpocząć. Myślałam… Byłam więcej niż pewna, że umrze na moich oczach. Nigdy nie zapomnę tych przerażających drgawek, które wstrząsały wychudzonym ciałem Mury. I tego zawodzenia. Rozpłakałam się.

Godzinę wcześniej, zakładając byle jaki zielony kitel, a na twarz maskę chirurgiczną (w tym przypadku wielorazowego użytku), zastanawiałam się, w jakiej formie jest Mura. Pozwolono mi przyglądać się jej zabiegowi. W sali operacyjnej spędziłam w sumie dwa dni, zaglądając lekarzom przez ramię i komentując do kamery wszystko, co widzę. Nazwanie tego miejsca salą operacyjną to jednak spore nadużycie. Warunki są tu bardziej niż pionierskie. Łóżka, na których wykonywane są zabiegi, stoją jedno obok drugiego. Wokół głów pacjentów krzątają się lekarze i pielęgniarki. Rozmawiają, opowiadają dowcipy. A przez otwarte okno (w sali operacyjnej, gdzie, jak mi się dotąd wydawało, powinny panować sterylne warunki?!) ich pracy przyglądają się rodziny pacjentów i pozostali oczekujący na zabieg.

– W Stanach zapewniamy pacjentom odpowiednie badania, środki znieczulające. Nad jednym przypadkiem pracuje zespół pięciu specjalistów, którzy mogą obserwować przebieg operacji na dużych ekranach telewizyjnych. W sali zabiegowej słychać cichą muzykę, żeby chory czuł się maksymalnie komfortowo. Tutaj pięciu lekarzy pracuje w jednym pomieszczeniu nad kolejnymi pacjentami, którzy zmieniają się jak w kalejdoskopie – mówi doktor Matthew Oliva i omiata salę zamaszystym ruchem ręki. Ten charyzmatyczny Amerykanin dwa lub trzy miesiące w roku poświęca na przywracanie wzroku ludziom w ubogich krajach Trzeciego Świata. – Być może sprawia to wrażenie kompletnego chaosu, ale na szczęście jesteśmy doskonale zorganizowani i potrafimy działać jak sprawny mechanizm – uśmiecha się.

Omal nie wpadam na kuchenkę, na której w garnku wygotowują się właśnie narzędzia do kolejnych operacji. W metalowym naczyniu wrze woda, a w niej leżą skalpele, szczypce. Co chwila ktoś podchodzi i wyławia potrzebny sprzęt, wrzucając do wrzątku zużyte narzędzia. Trudno jednak nie wierzyć słowom doktora Olivy, skoro dziennie pięciu lekarzy jest w stanie, w takich warunkach, zoperować ponad setkę pacjentów. Podczas mojego pobytu w Mek'elē padł swoisty rekord – 206 zabiegów w ciągu jednego dnia.

Operacja katarakty z grubsza polega na tym, żeby pozbyć się zmętniałej soczewki i zastąpić ją nową, sztuczną. Cały zabieg trwa kilka minut i uznawany jest za obarczony bardzo niskim stopniem ryzyka, a jednocześnie bardzo wysoką skutecznością. Najpierw rozszerza się źrenicę pacjenta specjalnymi kroplami, potem robi zastrzyk ze znieczuleniem miejscowym, który neutralizuje wszystkie nerwy, także te zaopatrujące mięśnie oka. Wtedy gałki przestają się poruszać i lekarz może spokojnie pracować.

– Zawsze podczas operacji pytamy, czy pacjent odczuwa ból, w razie potrzeby powtarzamy znieczulenie – tłumaczyła mi przed zabiegiem doktor Yewubnesh.

Trzeba też dokładnie przemyć oko i całą twarz chorego, ponieważ pacjenci nie za bardzo dbają tu o higienę. A każda infekcja to duże prawdopodobieństwo pooperacyjnych komplikacji. Kolejnym krokiem jest odsunięcie powiek rozwórką, aby gałka oczna była całkowicie dostępna. Potem chirurg wykonuje skalpelem pięcio-, sześciomilimetrowe nacięcie na obwodzie rogówki.

I w tym właśnie momencie Mura dostaje drgawek. Rzuca się na łóżku operacyjnym. Doktor Yewubnesh odkłada skalpel, chwyta kobietę za głowę. Naciska ręką gałkę oczną. Potem mi powie, że bała się, że to oko Murze wypłynie.

Pielęgniarki podają kobiecie glukozę i relanium. Lekarze pracujący obok na chwilę podnoszą głowy, ale szybko wracają do swoich operacji. Zresztą doktor Yewubnesh, mimo braku doświadczenia, doskonale, chyba intuicyjnie, wie, co robić. Zupełnie jakby codziennie miała do czynienia z tego typu atakami. Matczynym tonem przemawia do Mury, która spanikowana w kółko zadaje jakieś pytania. Na przemian krzyczy i płacze. Potem okaże się, że kobieta nic nie pamięta z tego, co działo się na sali operacyjnej.

Po kilkunastu minutach Mura się uspokaja. Doktor Yewubnesh może kontynuować operację. Następuje jednak kolejny atak. Dlaczego? Nie wiem. Lekarze też nie będą potrafili wyjaśnić, czemu ten prosty zabieg przebiegał z takimi problemami.

Kobieta rzuca się po całym łóżku, pielęgniarze trzymają ją za nogi i ręce, nie pozwalając, żeby uszkodziła sobie operowane właśnie oko. Nasi operatorzy bez słowa filmują tę scenę z pełnym profesjonalizmem. Ja siedzę skulona w kącie i modlę się, prosząc Boga:

– Błagam Cię. Nie teraz, nie ona – mocno zaciskam oczy. – Nie przeżyję tego, będę się czuła temu winna. To my ją wybraliśmy na bohaterkę reportażu. Proszę, nie rób mi tego…

Znów udaje się zapanować nad sytuacją. Po usunięciu zmętniałej soczewki na jej miejsce drugi lekarz wprowadza sztuczną. Doktor Yewubnesh uzyskała wsparcie bardziej doświadczonego chirurga okulisty, który równolegle przeprowadzał operację na łóżku obok. Pozostawił jej jednak przywilej zeszycia oka. Lekarka jest wyraźnie zdenerwowana, ręce jej się trzęsą, ale po założeniu szwów metodycznie przemywa oko i zakrywa je opatrunkiem. Mura dostaje też zastrzyk redukujący szok i stres.

Potem długo jeszcze ja i doktor Yewubnesh siedzimy w kitlach w dusznej kanciapie przylegającej do sali operacyjnej i rozmawiamy, próbując opanować emocje.

– Czy operacja przebiegła mimo wszystko pomyślnie? – pytam, bo podejrzewam, że ta cała szamotanina mogła wpłynąć negatywnie na jej przebieg.

– Tak, wszystko, co trzeba, zostało zrobione – zapewnia mnie lekarka. – Rokowania są niezłe. W takich chwilach muszę robić to, co do mnie należy. Dopiero później, kiedy stres mija, przychodzi czas na analizowanie sytuacji.

Tym razem wszystko skończyło się dobrze. Piszę „tym razem", ponieważ w ubiegłym roku podczas Eye Camp dwóch pacjentów zmarło. Nie udało mi się dowiedzieć, jaka była przyczyna zgonów, tutejsi lekarze skutecznie omijają ten temat. Ale bez wątpienia należy wziąć poprawkę na to, że większość pacjentów w Quiha to schorowani, niedożywieni i wycieńczeni ludzie. Być może zabieg był tylko katalizatorem tego, co i tak było nieuchronne?

Zaćma jest egalitarna, chorują na nią i biedni, i bogaci. Z tym że biedni, jak zawsze, mają mniejsze szanse na powrót do zdrowia, bo trzeba mieć pieniądze, żeby wykonać zabieg jak najszybciej. Zaćma zoperowana w miarę wcześnie to choroba całkowicie uleczalna.

Katarakta towarzyszy nam od zawsze. Pierwsze próby jej leczenia podejmowano już w starożytności. Około 500 lat przed naszą erą choremu wbijano ostrze z boku oczodołu i przecinano więzadła soczewki. Dzięki temu opadała ona na dół gałki ocznej i pacjent częściowo odzyskiwał zdolność widzenia. Pierwszą sztuczną soczewkę wewnątrzgałkową wszczepiono w latach pięćdziesiątych ubiegłego wieku. Od tamtej pory tę metodę tylko się unowocześnia. Kiedyś czekano, aż soczewka zmętnieje całkowicie, a co za tym idzie – stanie się twardsza, łatwiejsza do usunięcia. Współcześnie stosowane techniki operacyjne umożliwiają wykonanie operacji we wcześniejszym stadium zaawansowania. Liczy się czas, ponieważ wczesne usunięcie soczewek zmniejsza ryzyko wystąpienia powikłań.

W roku 2008 wykonano na świecie około 17 milionów operacji katarakty W tym samym czasie w naszym kraju zrobiono ich zaledwie 150 tysięcy. Oficjalnie mamy 800 tysięcy osób cierpiących na tę chorobę, które w cywilizowanej Polsce na zabieg muszą czekać od miesiąca do nawet trzech lat! W naszych klinikach prywatnych kosztuje on średnio od 3 do 7 tysięcy złotych. Tutaj cenę udało się obniżyć do 20 dolarów.

> *Chciałabym stworzyć w Etiopii pierwszy szpital okulistyczny z prawdziwego zdarzenia. Jak na razie nawet w największym stołecznym szpitalu im. Menelika nie ma oddziału okulistycznego, a sama placówka jest zdezorganizowanym, chaotycznym molochem, w którym źle czują się i pacjenci, i lekarze. Ja natomiast chciałabym stworzyć szpital podobny do tych, które widziałam na szkoleniach w Nepalu, kiedy uczestniczyłam w projekcie Himalayan Cataract Project. Taki nowoczesny oddział byłby również prawdziwym zbawieniem dla nas, lekarzy, ponieważ praca w takich warunkach, na jakie jesteśmy obecnie skazani, to koszmar. Na wynik operacji wpływa bardzo wiele rzeczy – mikroskopy, otoczenie, asystenci, nawet stan budynku...*

W Etiopii lekarze muszą czasem pracować w miejscu oddalonym o 200 czy 300 kilometrów od najbliższego ośrodka zdrowia. Tam przeprowadzają zabiegi w prowizorycznie zorganizowanych szpitalach polowych. Trzeba zmagać się z brakiem światła, upałem, wszędobylskim pyłem, muchami, brakiem wody i jakichkolwiek udogodnień. Często nie ma nawet łóżek. A lekarze po pracy śpią na ziemi tak samo jak pacjenci.

– Chciałbym doczekać chwili, kiedy lekarze i pacjenci w Afryce będą mieli dostęp do tych samych rozwiązań i technologii, które są w Stanach – doktor Matt Oliva zawiesza głos, jakby szukał właściwych słów. – Chciałbym, żeby udało się nam wyeliminować ślepotę spowodowaną tak błahym powodem jak zaćma – lekarz mówi coraz pewniej, z rosnącym entuzjazmem. – Biorąc pod uwagę to, co udało się osiągnąć w przypadku polio czy ospy, mam wrażenie, że są to marzenia całkowicie osiągalne. Naprawdę!

Doktor Oliva wygląda jak spełnienie marzeń każdej kobiety o idealnym kandydacie na męża – przystojny, ujmująco grzeczny. W Stanach Zjednoczonych jest świetnym chirurgiem okulistą, więc zapewne też doskonale zarabia. Ale najważniejsze jest to, że nie znam kobiety, która oparłaby się komuś, kto z taką pasją poświęca swój czas i energię dla ratowania świata. Przyjechał do Etiopii, ponieważ od lat współpracuje z Himalayan Cataract Project, jest też

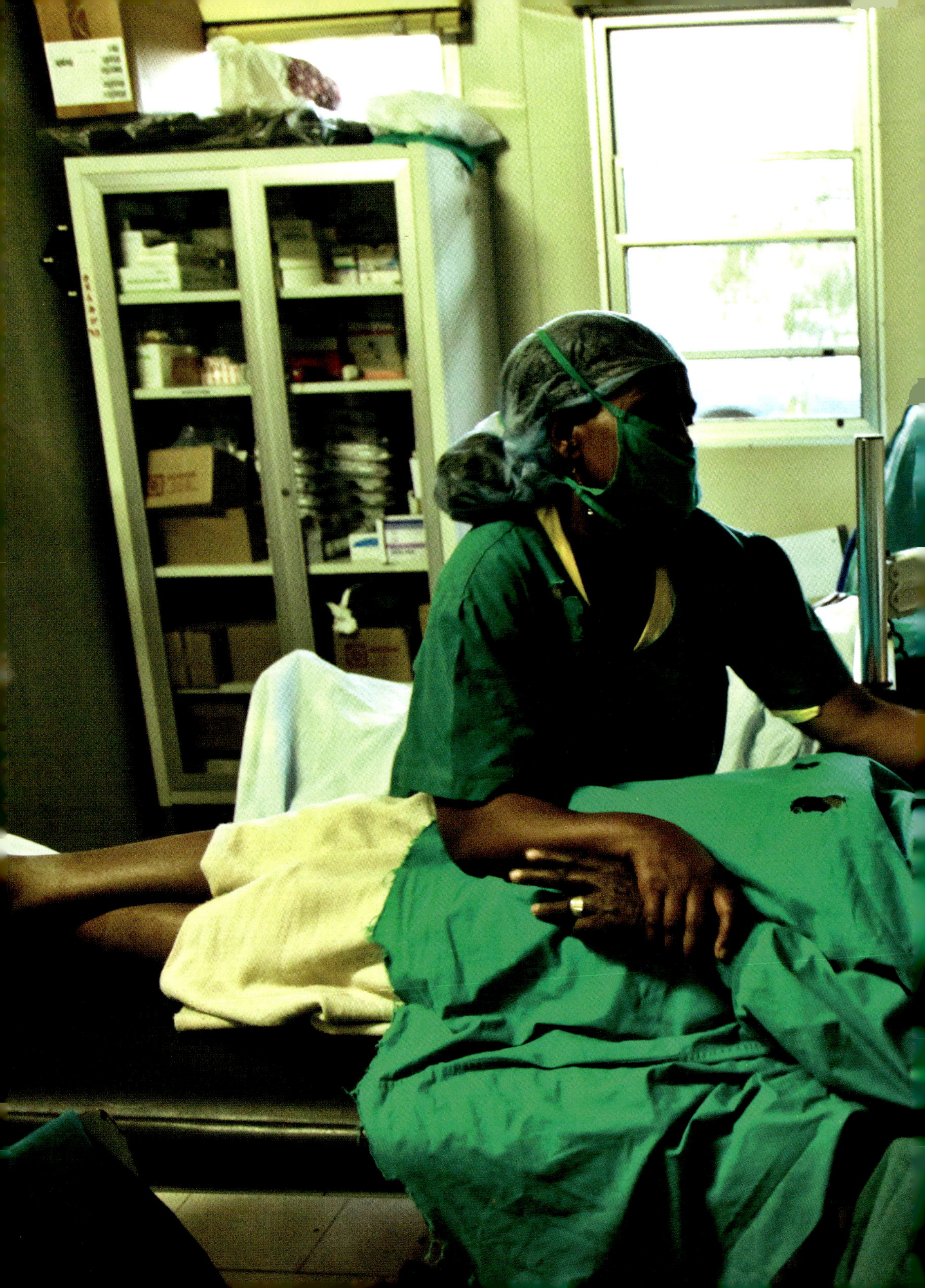

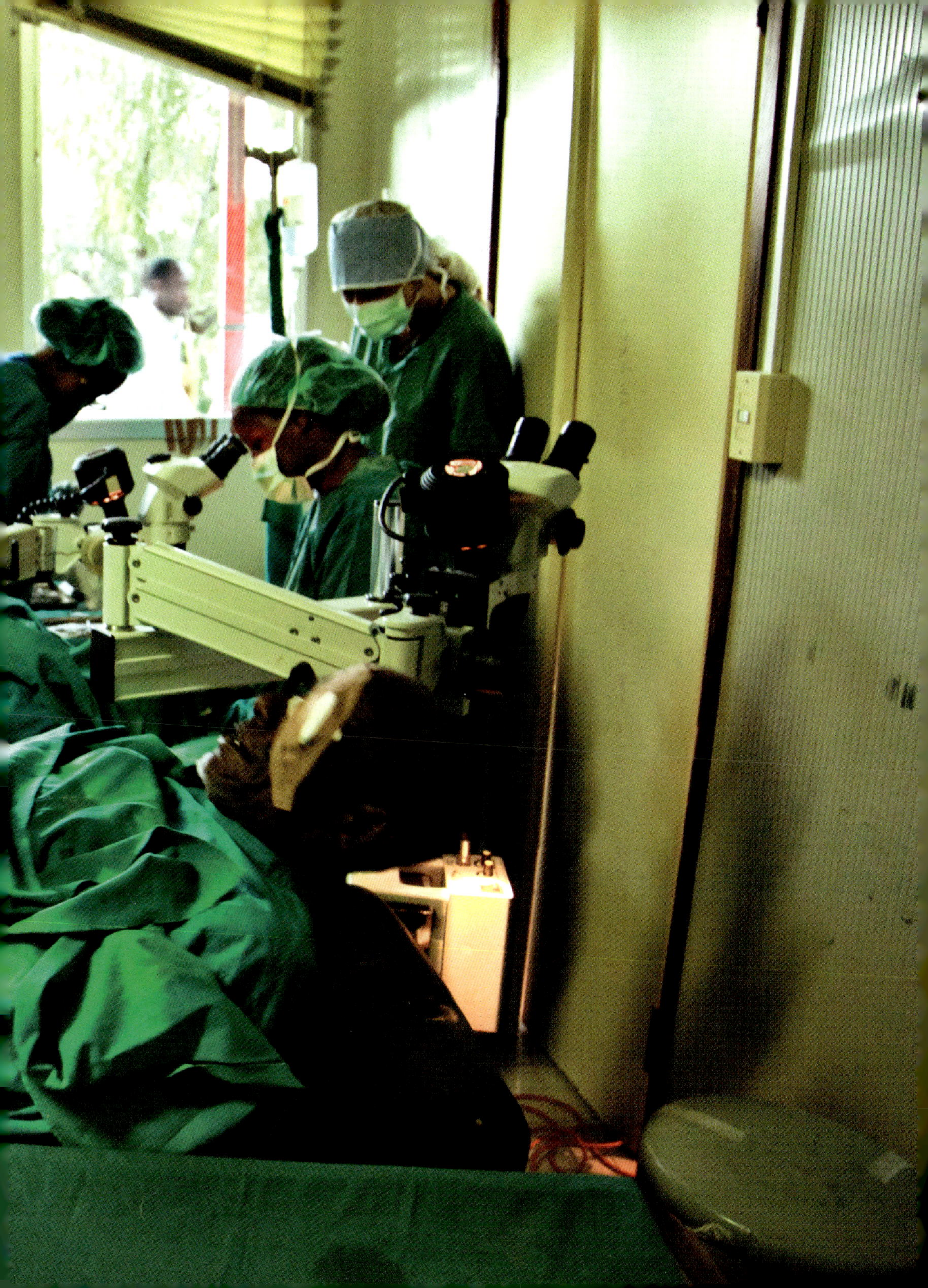

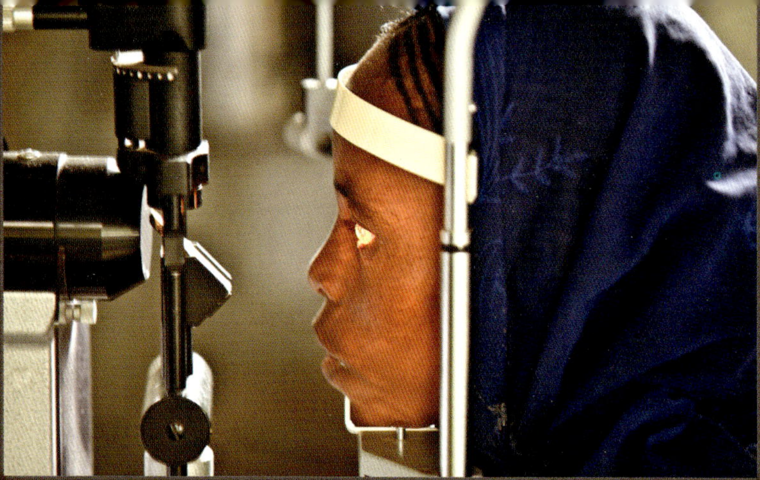

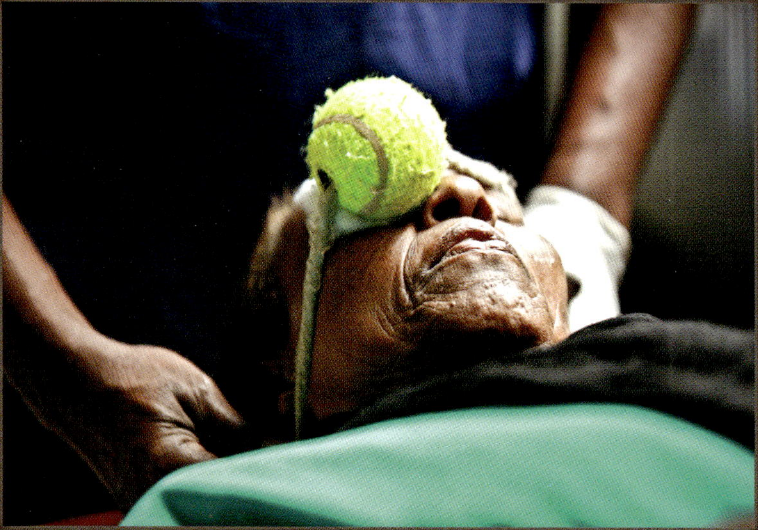

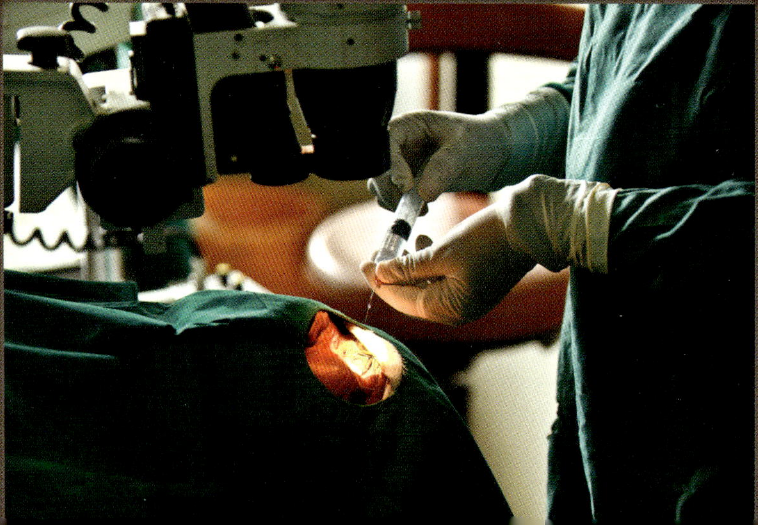

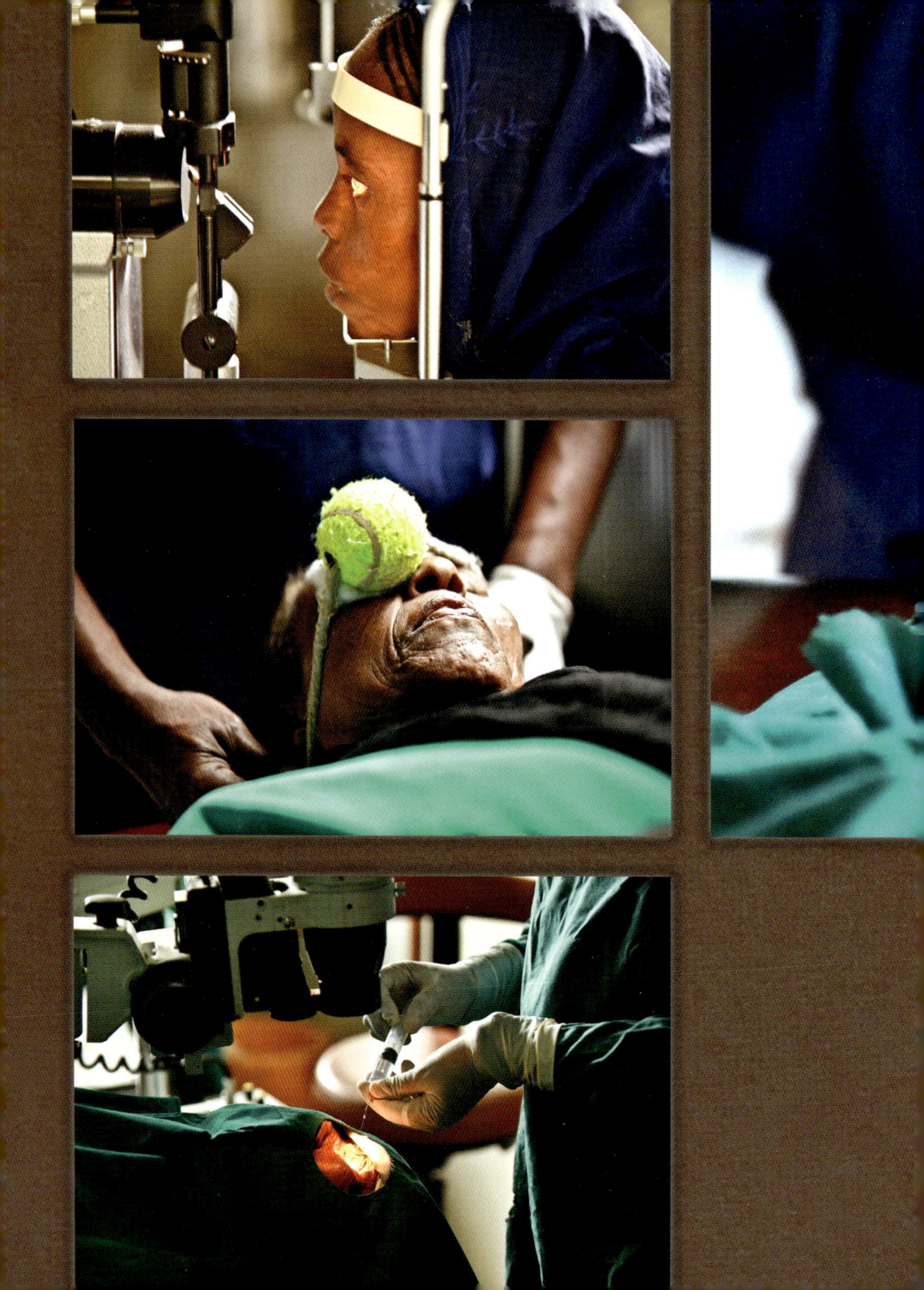

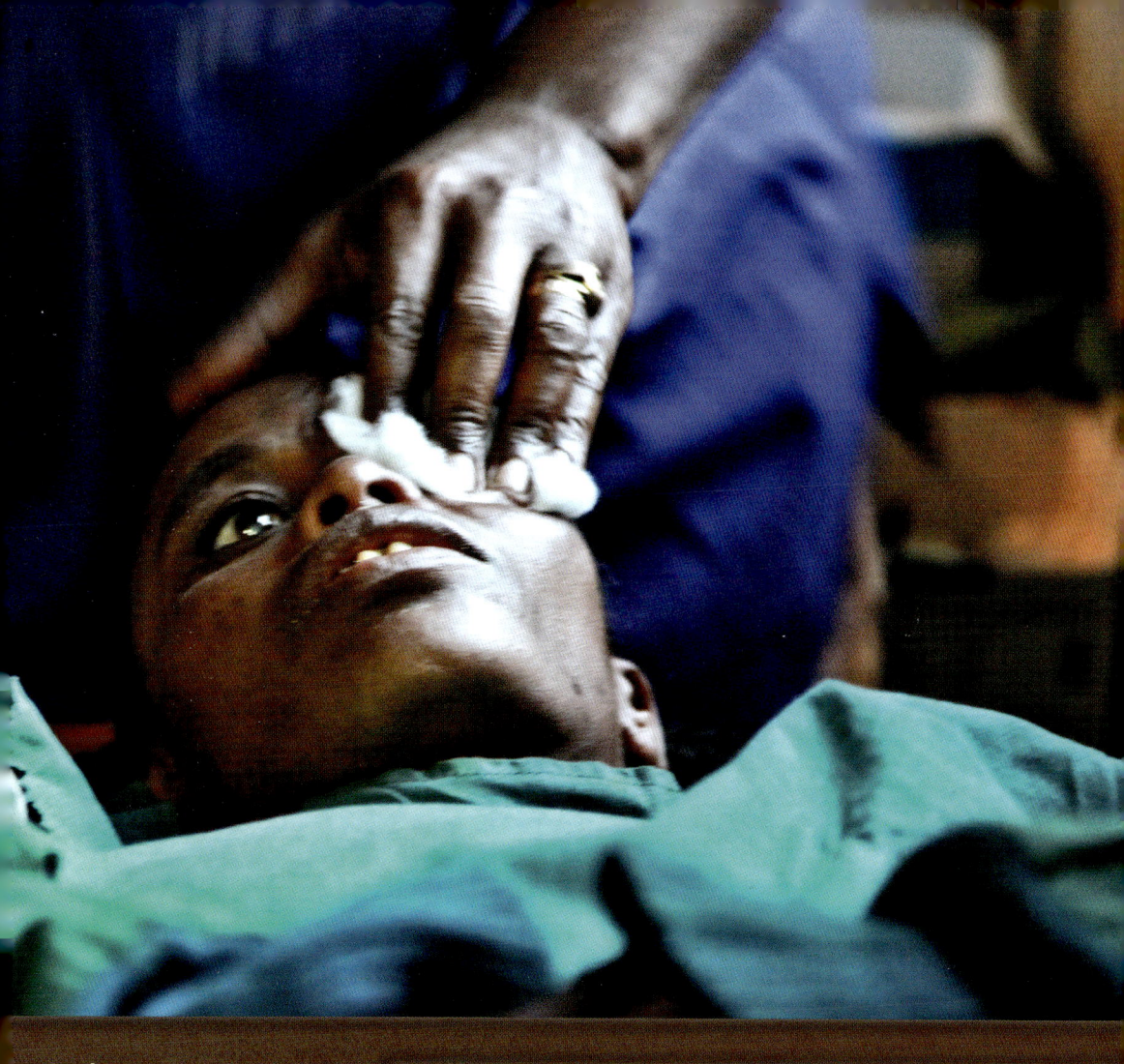

Podczas Eye Camp dziennie wykonuje się nawet 200 operacji katarakty. Większość pacjentów boi się, najczęściej to ich pierwszy kontakt z lekarzem.

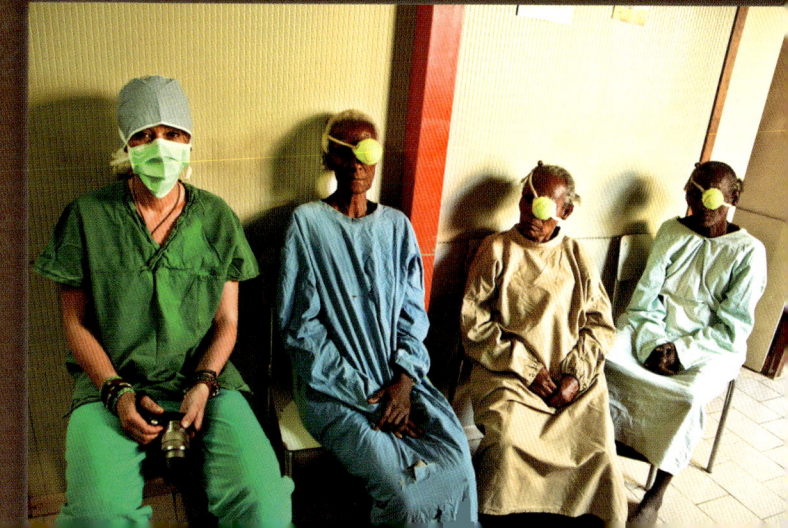

dyrektorem medycznym programu Sight Life. Zajmuje się dystrybucją materiałów niezbędnych do przeszczepów i tworzeniem banków tkanek w krajach rozwijających się. Jego bagaż stanowiła przenośna lodówka, w której było 12 rogówek pobranych od zmarłych.

– W całej Etiopii jest tylko jeden bank tkanek okulistycznych, w Addis Abebie. Rocznie są w stanie zdobyć maksymalnie 50 rogówek – wyjaśnia mi. – A w tym kraju należałoby wykonywać około setki przeszczepów miesięcznie! Musimy więc ograniczać się do najbardziej potrzebujących.

Sama od lat wspieram akcję zachęcającą do udzielania zgody na pobranie naszych organów po śmierci, więc rozumiem, jak wielki jest to problem.

Właśnie trzymam w ręku fiolkę, na której znajduje się prosta biała naklejka z równo wypisanymi danymi: „Data śmierci: 22.06.2010, godzina 12:02 / Data pobrania materiału do transplantacji: 22.06.2010, godzina 17:00. / Numer 0284-10-01, wiek zmarłego: 65 lat, płeć: mężczyzna. LUDZKA ROGÓWKA DO PRZESZCZEPU. Lions Medical Eye Bank Norfolk, VA 23507, USA".

Doktor Oliva przygotowuje młodego mężczyznę do zabiegu. Przemywa mu twarz środkiem dezynfekującym i przykrywa zieloną tkaniną w taki sposób, że widać wyłącznie oczy. Chłopak koczował przed szpitalem od wielu dni, czekając na swoją szansę. Chętnych na przeszczep rogówki jest tu mnóstwo, ale doktor Oliva bardzo skrupulatnie wybiera pacjentów – muszą być silni, zdrowi, tak aby ich rokowania na wyleczenie były jak najlepsze.

– To już ostatni przeszczep. Dwanaście rogówek rozeszło się jak świeże bułeczki – mówiąc to, Matthew kończy wycinać maleńkimi nożyczkami okrągły otwór w gałce ocznej mężczyzny, dokładnie po obwodzie rogówki. Zmętniałą rogówkę wyrzuca do stojącego obok kosza. – Zobacz, Martyna, teraz mam pełne pole do popisu.

Pochylam się nad mężczyzną, który nawet nie ma pojęcia, o czym rozmawiamy – posługujemy się angielskim, on rozumie wyłącznie tigre. Zamiast soczewek widzę wyłącznie dziury w jego oczach, wyglądają niczym wulkaniczne kratery. Chłopak drapie się po ręce i przekłada nogę na nogę… Odskakuję od niego wystraszona. Aż trudno uwierzyć, że on nic nie czuje.

– A teraz wylej zawartość tej fiolki do naczynia, o tu – doktor Oliva w pełni angażuje mnie w asystowanie przy operacji.

Jest mi duszno, czuję, jak pod kitlem płyną po mnie strugi potu. Za oknem stoi tłum gapiów złożony z kolejnych osób czekających na operację i ich rodzin, a ja myślę tylko o tym, że uczestniczę w czymś ważnym i nie mogę upuścić tej miseczki z cennym materiałem do przeszczepu. Albo zemdleć. A jestem tego bliska.

– Teraz wytnę z rogówki dawcy okrąg wielkości wyciętego wcześniej fragmentu rogówki operowanego pacjenta. Zobacz! – Matt przywołuje mnie gestem: – Mam tu pod niego przygotowane miejsce.

Doktor Oliva sprawnie preparuje rogówkę, układa na wyciętej przed chwilą dziurze w gałce ocznej kolisty plasterek tkanki i już po chwili zakłada kilkanaście szwów naokoło.

– Aby ocenić, czy przeszczep się udał, musimy poczekać około dziewięciu miesięcy, może nawet rok. Otrzymam informacje na bieżąco od lekarzy, którzy są tu na miejscu i co kilka tygodni będą badać tego mężczyznę. Sam jestem ciekaw, czy wszystko się udało… – Matt uśmiecha się oczami, bo jego usta szczelnie zakrywa maska chirurgiczna. – Może jak wrócę tu za rok, to sam go przebadam? Wiesz, ci ludzie naprawdę nie mieli szansy na odzyskanie wzroku. Nie w północnej Etiopii.

Od 1995 roku, gdy została założona organizacja Himalayan Cataract Project, wykształcono w ramach różnych projektów 92 lekarzy i 88 asystentów okulistycznych i pielęgniarek. Tylko w 2009 roku HCP przebadała 264 tysiące pacjentów i przeprowadziła prawie 26 tysięcy operacji, w tym ponad 15 tysięcy operacji zaćmy. Wyobrażacie sobie te liczby? Pomyślcie tylko – tysiące ludzi, którzy byli skazani na ślepotę, a teraz widzą i znów mogą cieszyć się normalnym życiem, zamiast tkwić na marginesie społeczeństwa. Pod opieką HCP znajduje się ponad 200 tysięcy pacjentów, którym udało się przywrócić wzrok. 200 tysięcy to mniej więcej tyle, co liczba mieszkańców sporej wielkości miasta w Polsce. To tak jakby nagle cała ludność Częstochowy albo Kielc mogła znów widzieć.

Tę charytatywną organizację założyli: Nepalczyk doktor Sanduk Ruit, specjalista od mikrochirurgii oka, oraz Amerykanin, doktor Geoffrey Tabin. Obaj są pracoholikami, którzy prawie nocują na salach operacyjnych i całkowicie poświęcili się leczeniu zaćmy. Doktor Ruit pomógł wybudować Tilganga Eye Centre w Katmandu w Himalajach. To szpital, który tygodniowo leczy dwa i pół tysiąca najbiedniejszych mieszkańców Nepalu. Doktor Yewubnesh, która odbyła tam miesięczny staż, uważa, że to placówka jej marzeń. Taką samą chciałaby kiedyś zorganizować w Etiopii, w swoim rodzinnym mieście, czyli Arba Myncz.

W roku 1990 soczewki wewnątrzgałkowe kosztowały po 100 czy nawet 120 dolarów – cena zaporowa dla większości mieszkańców krajów Trzeciego świata. Doktor Ruit odkrył, że za materiał, który jest potrzebny do ich wykonania, płaci się zaledwie 60 centów. Olśnienie przyszło natychmiast. Ilu osobom można by pomóc, produkując soczewki po kosztach? Tysiącom. Obecnie założona przez niego fabryka produkuje rocznie około 300 tysięcy soczewek wysokiej jakości, a następnie eksportuje je do ponad 60 krajów. Cały koszt operacji zmniejszył się kilkakrotnie, a cenę soczewek udało się zbić do zaledwie kilku dolarów.

Natomiast Geoffrey Tabin jest profesorem okulistyki, na co dzień, o ile właśnie nie zbawia świata, pracuje w John A. Moran Eye Center, na Uniwersytecie Utah w Salt Lake City. Ukończył studia medyczne na Harvardzie, uzyskał też tytuł magistra filozofii na uniwersytecie w Oksfordzie. Ma pięcioro dzieci, pracuje 50 godzin tygodniowo, a mimo to udało mu się zdobyć dwa razy Mount Everest – w 1983 i 1988 roku. Jako czwarta osoba na świecie wspiął się na najwyższe szczyty siedmiu kontynentów i tym samym zdobył Koronę Ziemi. (Nie muszę chyba dodawać, że imponuje mi to szczególnie...).

Stoimy przed szpitalem, dookoła nas tłoczą się pacjenci. Z żółtymi piłeczkami tenisowymi umieszczonymi w oczodołach, podtrzymywanymi za pomocą sznurków lub bandaży wyglądają trochę przerażająco, a trochę zabawnie. Pielęgniarze najpierw wpuszczają każdemu pacjentowi do oczu tropicamid. Potem jedną osobę po drugiej, niemal taśmowo, układają na brudnych kozetkach i po kolei wbijają im tuż pod oczodołami długie igły, w ten sposób podawane jest znieczulenie przed operacją. Potem trzeba takie oko docisnąć, żeby środek zadziałał prawidłowo – właśnie do tego służą piłeczki tenisowe, bo przecież kto by tu miał czas tak stać nad jednym pacjentem przez kilkanaście minut?

Rozglądam się po dusznej poczekalni. Dwóch mężczyzn umila sobie czas rozmową. Siedząca obok mnie staruszka opiera się o ścianę w oczekiwaniu na swoją kolej do sali operacyjnej; młoda ładna Etiopka ustępuje jej miejsca i pomaga usiąść. Mały, może sześcioletni chłopiec siedzi skulony na podłodze i dociska mocniej piłkę do oka. Chyba ma nadzieję, że dzięki temu będzie go mniej bolało. Pielęgniarz zrobił sobie przerwę, zmęczony odgania teraz natrętną muchę i gapi się przed siebie, jakby zapomniał, po co tu w ogóle jest... Każdy, niezależnie od wieku i sytuacji materialnej, boi się tak samo. Nasi operatorzy mówią, że pacjenci wyglądają jak drużyna tenisowa po przegranym meczu. Nawet śmiejemy się z tego żartu, choć tak naprawdę nikomu do śmiechu nie jest... Doktor Matt zdjął właśnie chirurgiczną maskę i komentuje wczorajsze wydarzenia.

– Doktor Yewubnesh to świetny lekarz. Wczoraj zaimponowała mi tym, jak sobie poradziła z zapaścią pacjentki – chwali lekarkę i widzę, że robi to naprawdę szczerze.

– A na jakiej zasadzie wybieracie do projektu lekarzy z takich krajów jak Etiopia? – pytam.

– Staramy się nawiązywać współpracę z miejscowymi lekarzami. Chodzi nam o to, żeby umieli szybko i skutecznie operować i leczyć duże grupy ludzi. Zresztą w Himalayan Cataract Project zawsze wybieramy takie osoby, które potrafią rozpoznać najważniejsze potrzeby własnej społeczności i bez reszty poświęcić się niesieniu pomocy.

Faktycznie, Himalayan Cataract Project rzadko wysyła lekarzy do pracy do innych krajów, raczej skupia się na organizowaniu szkoleń oraz zapewnia w różnych miejscach świata niezbędną infrastrukturę. W Afryce działa w siedmiu krajach, między innymi w Etiopii, Rwandzie, Malawi i Kenii.

> Lekarze z całego świata przybywają do naszego ośrodka do Nepalu, a my uczymy ich, jak w najbardziej niegościnnych zakątkach globu wykonać tanie i skuteczne operacje oczu. Średnio takie szkolenie, podczas którego przekazujemy niezbędną wiedzę do przeprowadzania nowoczesnych operacji katarakty, trwa od czterech do ośmiu tygodni. Biorą w nim udział całe zespoły medyczne, czyli lekarz chirurg, pielęgniarka, asystent okulisty. Kolejny etap szkolenia odbywa się już w terenie. Kursanci odwiedzają wioski, gdzie niewidomi czekają na zabiegi. W ciągu kilku godzin zespół z Himalayan Cataract Project jest w stanie przemienić lokalną szkołę lub inny dostępny budynek w ośrodek, gdzie można przeprowadzać operacje. Podczas zabiegu jedno oko operuje nauczyciel, natomiast osoba, która jest na szkoleniu, asystuje mu. Przy drugim oku następuje zamiana ról. Wszystkie projekty HCP w założeniach mają być samowystarczalne finansowo: 45 procent pacjentów płaci aż 120 dolarów za nowoczesną operację katarakty, 20 procent – mniejsze kwoty, po to by najbiedniejsi mogli otrzymać profesjonalną opiekę całkowicie bezpłatnie.

– Gdy przyjechałem tu po raz pierwszy, na miejscu był tylko jeden lekarz, doktor Tilahun Kiros – wspomina Matt Oliva. – Rocznie wykonywał 10 tysięcy operacji zaćmy. Teraz dołączył do niego szkolony przez nas w Nepalu doktor Zehu, zwiększyła się również liczba pielęgniarek, które pracują w terenie. Myślę, że w ciągu kilku następnych lat w tutejszym szpitalu będzie na etacie co najmniej ośmiu czy dziewięciu lekarzy specjalistów, a dzięki pomocy hiszpańskiej organizacji pozarządowej zbudujemy w tym mieście kolejny szpital. Oni zajmą się przygotowaniem budynku, my dostarczymy wyposażenie i wyszkolimy miejscowy personel – opowiada z pasją.

Rano po wejściu do szpitala otoczył mnie wyraźny, świeży, kwaskowy zapach. Od kiedy pierwszy raz, wiele lat temu gdzieś na południu Etiopii spróbowałam *yndżery,* wciąż pamiętam ten aromat. Kierując się nosem, docieram do kuchni – dużego pomieszczenia z wielkimi metalowymi garnkami, olbrzymimi patelniami, plastikowymi koszami i wiadrami. Zastaję tam ubrane w białe fartuchy i czapy *mammy.* Szatkują warzywa, kroją mięso, wyrabiają ciasto, smażą i pitraszą różne potrawy. Chichoczą jak nastolatki. Ciasto na yndżerę robi się z mąki pochodzącej z ziaren rośliny zwanej tiefem (miłka abisyńska, *Eragrostis abyssinica)* zmieszanej z wodą. Ma ono lekko kwaskowaty smak, ponieważ przez trzy dni spokojnie sobie fermentuje. Potem wystarczy cienką warstwą rozlać je na patelni i po kilku sekundach zdjąć z niej około pięćdziesięciocentymetrowej średnicy naleśnik. Jedna z kobiet usmażyła już cały stosik brązowych, cienkich niemal jak bibułka placków i ruchem ręki zachęca mnie, żebym ją wyręczyła.

Kucharka ze mnie nie najlepsza, ale może z naleśnikami jakoś sobie poradzę. Nie każdym kubkom smakowym *yndżera* przypada do gustu, moim zdecydowanie tak. Przypomina mi trochę chleb razowy, tyle że jest rzadszej konsystencji. W nagrodę za mój trud (udało mi się usmażyć trzy yndżery, trochę koślawe, ale zawsze) dostaję wielki placek, a do niego sosy. Yndżerę rwie się rękami, kawałki ciasta macza w sosach z dodatkami warzyw lub mięsa i wkłada do ust, koniecznie prawą ręką. Mniam!

Szpitalne jedzenie chyba wszędzie cieszy się podobną opinią, jednak tutaj nikt nie narzeka. To często jedyny posiłek pacjentów, którzy nawet kilka dni czekają na operację. O ile jednak ja dostałam yndżerę z sosem warzywnym, to większości pacjentów musi wystarczyć suchy placek i do tego kubek gorzkiej herbaty. Na lepsze jedzenie szpitala zwyczajnie nie stać. Kiedy Mura była po operacji, chciałam jej dogodzić – przyniosłam banany, sok owocowy i ciepłą kanapkę, którą kupiłam w barze tuż obok. Zupełnie nie pomyślałam, że jest muzułmanką i nie może jeść wieprzowiny, a takie mięso znajdowało się w środku. Mura wypluła kęs w serwetkę, ale zaraz znaleźli się chętni, którzy pochłonęli resztki. Smutno mi było na to patrzeć, ale na sali było chyba z 30 osób; jak miałam ich wszystkich nakarmić?

Od tego momentu codziennie przynoszę do szpitala bułki, owoce, cokolwiek, co nadaje się do jedzenia, bo nikt tu nie wybrzydza. Najpierw idę do małej Hiwot i zazwyczaj zastaję ją płaczącą na łóżku. Lubię obserwować jej piękną matkę i choć zupełnie nie rozumiem, co do mnie mówi (posługuje się językiem tigre), to na swój sposób polubiłyśmy się. Tihitena potrafi przemawiać do mnie przez godzinę łagodnym głosem, podczas gdy ja tylko trzymam ją za rękę i przytakuję. Mam wrażenie, że jej to pomaga, przynosi ulgę w cierpieniu. Zastanawiam się, jak tak delikatna, subtelna kobieta o urodzie damy radzi sobie w tym surowym świecie?

W tej samej sali, na kocu pod ścianą, na wprost drzwi leży matka z dwójką chłopców. Jedno z dzieci nie ma jeszcze roku i niemal cały czas tkwi przy nagiej piersi, czasem tylko próbuje raczkować. Drugi, trzyletni synek, jest powodem, dla którego kobieta przebywa w szpitalu tyle dni. Obsługa z litości zgodziła się, żeby wszyscy troje spali na terenie ośrodka, dostają codziennie kilka placków yndżery plus bułki, które ja donoszę.

Przypuszczam, że chłopczyk zatarł oczy brudnymi rękami; w takich rejonach świata dostęp do mydła i bieżącej wody jest luksusem. Prawdopodobnie wdało się zapalenie spojówek, które ciągnęło się tygodniami... Pewnie w normalnych warunkach dziecko dostałoby krople z antybiotykiem, coś do przemywania oczu i choroba szybko by minęła. Ale teraz zamiast rogówki mały Mebratu ma tylko galaretę otoczoną czerwienią opuchniętych powiek – rogówka jest kompletnie zniszczona i dziecko nie ma szans na odzyskanie wzroku. Jedna wizyta u lekarza, może dwie i opakowanie leku – tylko tyle i aż tyle potrzeba było, żeby to dziecko nie zostało kaleką na całe życie.

Na dzisiaj przewidziano ponad 150 operacji. Po zabiegu pacjenci mają zapewnioną opiekę. Każdy z nich zostaje tu na całą noc, dostaje leki oraz instrukcje co do dalszego leczenia. Pielęgniarki umawiają ich na badania kontrolne, które powinny się odbyć tydzień po operacji. Nikt nie wyjdzie ze szpitala, zanim lekarze nie upewnią się, że stan pacjenta na to pozwala.

– Ile godzin dzisiaj pracowałaś? – pytam doktor Yewubnesh pod koniec dnia.

– Zaczęliśmy o jedenastej i mieliśmy dwudziestominutową przerwę na lunch. To oznacza, że pracowałam mniej więcej 10 godzin non stop – nie wiem, jak udaje jej się mówić z taką lekkością w głosie. Ja czuję się zmęczona już po samym wysłuchaniu tej relacji.

– Ile operacji przeprowadziłaś w tym czasie?

– Szesnaście, nie tak źle. Kiedy patrzysz przez dobry mikroskop, wystarczy raz ustawić ostrość obrazu. Przy starym, w którym nie wszystkie części działają jak trzeba, musisz wciąż ją poprawiać i wielokrotnie przymierzać się do jednego zabiegu. To znacznie wydłuża czas trwania operacji – doktor Yewubnesh mówi o tym bez złości, z całkowitą wyrozumiałością dla sytuacji i warunków, w jakich przyszło jej pracować.

Musi być wycieńczona. Ja po operacji Mury poszłam z naszą ekipą telewizyjną na wódkę i nie odezwałam się do nikogo przez cały wieczór. Bywają takie sytuacje, całkowitej bezsilności, kiedy z nikim nie chce ci się rozmawiać. Tak po prostu nie masz ochoty dzielić się swoimi odczuciami, słuchać o emocjach innych. Chyba dawno nie panowała między nami tak wymowna cisza. Potem jeszcze długo płakałam w poduszkę.

– Kiedy operuję wspólnie z kolegami, nie odczuwam tak bardzo zmęczenia. Nie wiem dlaczego, ale wydaje mi się, że jest ono w jakiś sposób dzielone. Rozmawiamy, wymieniamy się przemyśleniami, a to pozwala zapomnieć o znużeniu – uśmiechem rozjaśniającym zmęczoną twarz pani doktor. – Czasem wykonuję zabiegi zupełnie sama, ale w pojedynkę trudniej zmagać się z myślami, pracą, intensywniej wówczas wszystko przeżywam – zamyśla się.

Ten moment wszyscy chcemy widzieć, to dla nas najlepsza nagroda za wysiłek. Gdy obserwuję wyraz twarzy moich pacjentów, którzy odzyskali wzrok, autentycznie zarażam się ich szczęściem. Jestem tym upojona.

Mura siedzi przed szpitalem na metalowym krześle, których długi rząd ustawiono pod ścianą. Ma na sobie zwykłą bluzę dresową, włosy skrywa kolorowa chusta. Jej zoperowane lewe oko zaklejone jest plastrami. Wygląda dobrze, znacznie lepiej niż kiedy widziałam ją po operacji, leżącą na materacu rzuconym wprost na podłogę. Szpital jest przepełniony i nie było ani jednego wolnego łóżka.

Teraz kobieta uśmiecha się na mój widok. Podchodzę do niej i pytam na migi, jak się czuje. Odpowiada skinieniem głowy, że dobrze. Podchodzi do mnie doktor Yewubnesh. Pytam ją, czy coś podobnego jak wczorajsza zapaść Mury już jej się kiedyś przydarzyło.

– To był mój pierwszy raz – śmieje się już całkiem zrelaksowana. – Ale wiesz, kiedy jesteś stażystką, zawsze po skończonym zabiegu masz wrażenie, że coś złego dzieje się z twoim pacjentem. Nie możesz spać, śnią ci się koszmary... To minęło, kiedy zaczęłam pracować jako samodzielny lekarz. Teraz nawet jeśli coś idzie nie tak, wiem, gdzie tkwi problem i co się później wydarzy. Jak dotąd udało mi się uniknąć naprawdę złych doświadczeń. Aż do wczoraj.

Nie mogę się już doczekać reakcji Mury. Napięcie rośnie, czuję motyle w brzuchu – sama jestem tym zaskoczona, ściskam kciuki, żeby wszystko poszło dobrze. Mura zasługuje na to, żeby odzyskać wzrok, a wraz z nią samodzielność. Doktor Yewubnesh uśmiecha się do Mury. Coś do niej mówi, po czym odrywa plastry i szybko zdejmuje opatrunek.

– Oko wygląda bardzo dobrze – relacjonuje zadowolona lekarka.

Słyszę, że wokół mnie rozlegają się radosne krzyki i śpiewy. Ludzie, którym też zdjęto opatrunki, zaczynają tańczyć. Czekam na reakcję Mury.

Widzę jak z jej oczu powoli po ciemnych policzkach płyną łzy. Kobieta uśmiecha się coraz szerzej. Najwyraźniej chce wyrazić swoją wielką wdzięczność, ale nie wie jak. Próbuje całować lekarkę po rękach. Chyba z rozpędu całuje też mnie i klęcząc, obejmuje moje nogi.

Każdy pacjent dostaje od organizacji Himalayan Cataract Project krople, które musi sobie aplikować codziennie w domu. Lekarze zalecają, aby przez co najmniej tydzień od operacji bardzo się oszczędzać, dużo leżeć, pozwolić organizmowi dojść do siebie. Jednak gdy patrzę na tych wszystkich ludzi, świadoma ich sytuacji, wiem, że dzisiaj, najpóźniej jutro będą dźwigać ciężary, wiązki chrustu na plecach, wodę z odległych studni i normalnie pracować w polu. Takie są tutaj realia. Nie wytrzymuję i w końcu pytam lekarkę:

– Yewubnesh, czy czujesz się jak Bóg? – pacjenci naprawdę często tak myślą o lekarzach. Nie wszyscy są w stanie zrozumieć, co się stało, więc postrzegają to w kategoriach cudu.

– Czuję się po prostu dobrze – odpowiada, uśmiechając się promiennie.

Praca w zawodzie lekarza tutaj, w Etiopii, często oznacza też bezdzietność i staropanieństwo. W dodatku kobiety cieszą się dużo mniejszym zaufaniem pacjentów niż ich koledzy. Wynika to z tradycji i kultury tego kraju. Mężczyzna w białym kitlu jest w tym rejonie świata automatycznie tytułowany „panem doktorem". Kobietę, niezależnie od tego, czym się zajmuje, traktuje się jak pielęgniarkę.

– Wielokrotnie tuż przed operacją pacjenci nie potrafili uwierzyć, że to „siostra" będzie ich operować – wspomina doktor Yewubnesh i wybucha śmiechem.

– A kobiety? Nie czują się lepiej, bezpieczniej, gdy opiekuje się nimi też kobieta, lekarka? – pytam.

– Rzadko – odpowiada bez wahania. – Większość ludzi uważa, że w tym zawodzie lepsi są mężczyźni. Mimo że kobiety o wiele mocniej angażują się w tę

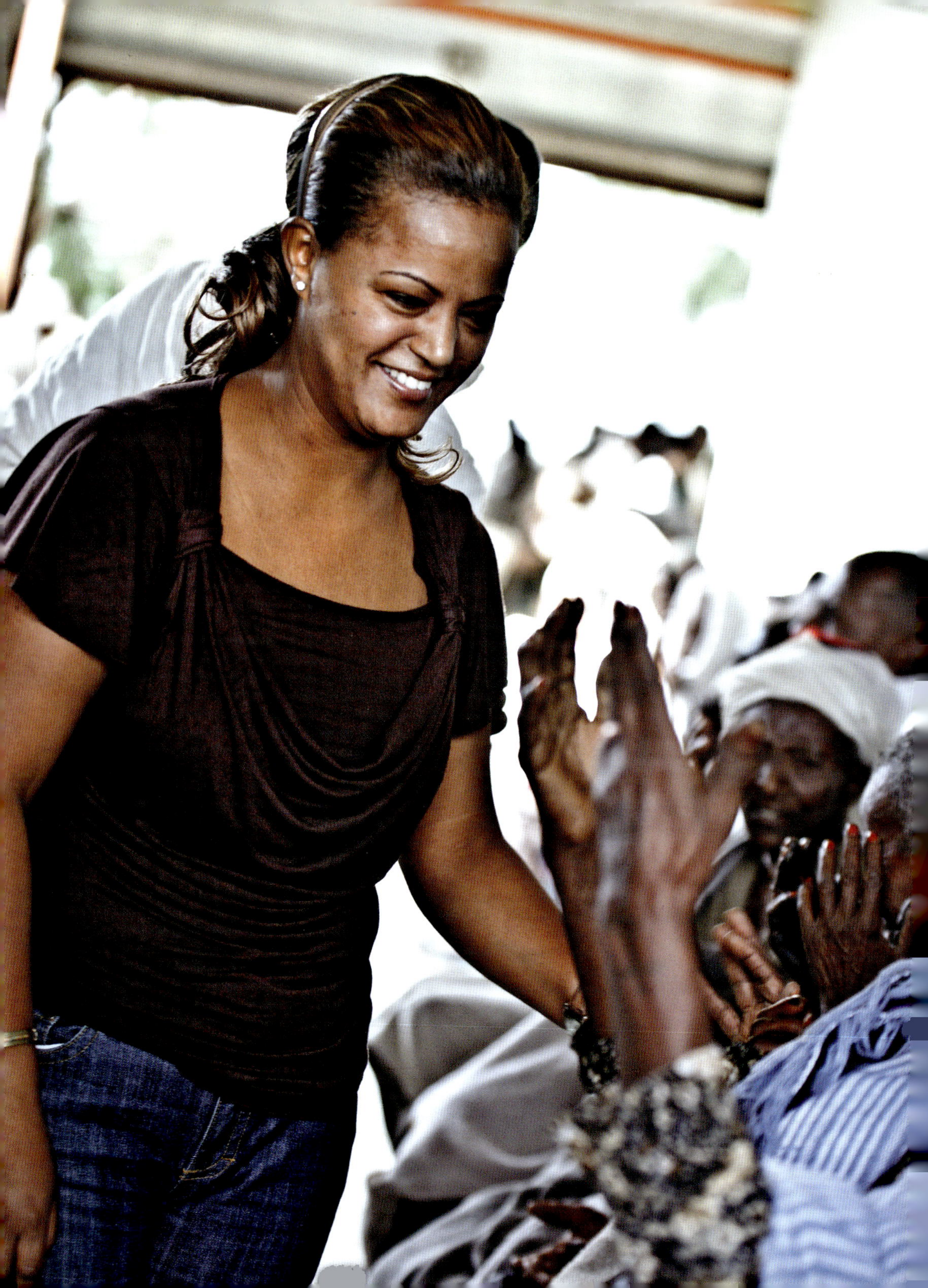

Zdejmowanie opatrunków po operacji – jedni pacjenci płaczą, inni się śmieją. Dla lekarzy to zawsze moment wielkiej radości.

pracę, czasem graniczy to niemal z obsesją. Starają się nie odstępować pacjenta nawet na krok i co chwila sprawdzają jego stan, pytają nawet, czy dobrze mu się spało w nocy. Mężczyźni mają znacznie większy dystans – potrafią zapomnieć twarz pacjenta, którego operowali dzień wcześniej.

– Czy trudno zostać lekarzem w Etiopii? – pytam doktor Yewubnesh.

– Kobiecie – bardzo trudno. Dotąd spotkałam tylko około 30 dziewczyn zajmujących się tu medycyną.

Zarówno dla kobiet, jak i mężczyzn płace nie są spektakularne. Lekarz ogólny w Etiopii może liczyć na pensję w wysokości 150 dolarów miesięcznie, specjalista zarabia około 200 dolarów. Tak ustalił rząd.

Podchodzi do nas doktor Matt i przez chwilę przysłuchuje się naszej rozmowie.

– Na razie pani doktor jest jedynym chirurgiem kobietą, który może zaradzić problemom blisko 2 milionów pacjentów, którzy statystycznie na nią przypadają w tym kraju – sam śmieje się ze swojego żartu. – Osiąga tak dobre rezultaty, że informacja o tym zacznie się wkrótce roznosić po Etiopii, ludzie będą ją sobie nawzajem polecali, co zapewni jej wspaniałą reklamę. Podobnie było w Nepalu, gdzie początkowo tylko kilka kobiet chciało się zajmować tego rodzaju operacjami, a dzisiaj stanowią ponad połowę wszystkich pracujących tam chirurgów okulistycznych. Tylko pani doktor czasami brakuje zdecydowania – zawadiacko puszcza do mnie oko. – Czasami trzeba krzyknąć, żeby wymusić u pacjentów posłuch.

Odwozimy Murę do domu. Kobieta nie może się już doczekać spotkania z mężem. Cały czas się uśmiecha. Za tydzień wróci do Mek'elē na kontrolę i jak wszystko pójdzie dobrze, może będzie miała operację drugiego oka, może wtedy w pełni odzyska wzrok. To dopiero będzie wielkie szczęście.

Mąż siedzi przed domem, podpierając się laską, wygląda na bardzo starego i bardzo zmęczonego. Jednak na widok żony jego twarz się rozjaśnia. Mura podchodzi i coś mówi mu na ucho. On głaszcze ją po głowie. Trzymając się za ręce, idą na spacer, jednak tym razem to Mura wyznacza kierunek.

Najbardziej frustruje mnie los niewidomych dzieci. W całym kraju jest niewiele placówek edukacyjnych, które mogą zapewnić im naukę na odpowiednim poziomie, dlatego większość z nich pozostaje uwięziona we własnych domach. Do szkół trafiają tylko te z bogatych rodzin lub te, którym dopisało szczęście. Jaglica to główny powód utraty wzroku również u najmłodszych. W tym wypadku jednak operację należy przeprowadzić jak najszybciej po zdiagnozowaniu, najlepiej zanim dziecko skończy dwa lata. W przeciwnym razie maluch może nie widzieć już do końca życia. Tak, czas też jest naszym wrogiem…

W pierwszym miesiącu życia reagujemy na światło, ale nasz wzrok błądzi, nie panujemy jeszcze w pełni nad mięśniami własnego oka. Bardziej podobają nam się przedmioty o skomplikowanych kształtach niż pluszaki, które w kółko ktoś nam daje lub wiesza nad kołyską. Wpatrujemy się też w ruchome obrazki z włosami, nosami, ustami i próbujemy naśladować ich mimikę. Trzy miesiące później śledzimy już wszystkie źródła światła, zaczynamy interesować się wydającymi dziwne odgłosy kolorowymi przedmiotami. Jesteśmy wrażliwi na dźwięk, chcemy wiedzieć, skąd on pochodzi. No i odwzajemniamy uśmiech tych twarzy z wąsami lub bez, które się nad nami pochylają albo nas karmią. Mamy już pięć miesięcy – widzimy wszystko w promieniu metra, odróżniamy kolor zielony od żółtego. Łapiemy wszystko, co znajdzie się w zasięgu rąk. Potem rozwija się nasza pamięć wzrokowa i koordynacja oko–ręka. Gdy mamy rok, wiemy już, że lalka ma nogę i głowę, którą możemy oderwać. Potrafimy też płynnie śledzić wszystko, co nas ciekawi, stajemy się mistrzami w naśladowaniu mimiki twarzy rodziców. Przez kolejne sześć miesięcy intrygują nas książeczki i obrazki, budujemy z klocków, raczkujemy w kierunku mamy i taty, sami znajdujemy sobie zabawki, bazgrzemy po wszystkim, a najchętniej po białych czystych ścianach, za co bardzo gniewają się rodzice.

Niewidome dziecko tego wszystkiego nie potrafi. Często jest nadwrażliwe na światło, pociera oczy piąstkami, nie interesuje się światem, nie uśmiecha się na widok rodziców.

W tym internacie nie ma żarówek. Nie są tu nikomu do niczego potrzebne. Na metalowych piętrowych pryczach, których w tej sali jest osiem, leżą koce. Brudne ubrania mieszają się z pomiętolonymi czystymi podkoszulkami i spodenkami. Na hakach wiszą plecaki, a pod łóżkami i pod ścianami w kartonowych pudłach poupychane są byle jak jakieś osobiste przedmioty. Przypomina to trochę przytułek dla bezdomnych. Przed ceglanym budynkiem dziewczynka w niebieskiej sukience i chłopiec w dresach grają w piłkę. Reszta dzieci siedzi na schodach lub pod ścianą szkoły. Nie byłoby w tej scenie nic niezwykłego, gdyby nie jeden szczegół. Dziewczynka, która właśnie próbuje schwytać żółtą piłkę, nazywa się Amita, ma 16 lat i jest niewidoma od urodzenia. Amita uczy się w tej szkole od ośmiu lat.

– Moi rodzice przyjeżdżają czasem w odwiedziny, ale mieszkają na wsi, bardzo daleko stąd – zwierza mi się, gdy zaczepiam ją na schodach. Widać, że jest spragniona kontaktu z ludźmi spoza ośrodka, z kimś, kto jej wysłucha.

Nie czekając na moje pytania, sama mówi dalej, że jej oceny są najlepsze w całej szkole, że w przyszłości chciałaby zostać prawniczką i przyczynić się do rozwoju swojego kraju, że nie czuje się tutaj szczęśliwa, ale uwielbia się uczyć i skakać przez gumę. I że jak będzie ciężko pracować, to może dostanie się na studia.

Jej towarzysz zabaw, piętnastoletni Mebratu, nie widzi od 10 lat. Nie wie, dlaczego stracił wzrok, bo rodzice nigdy mu tego nie powiedzieli. Chwali się, że jest rzecznikiem wszystkich chłopców w szkole, załatwia różne ważne sprawy z dyrekcją, przekazuje informacje o problemach i potrzebach rówieśników. On czuje się tu szczęśliwy. Niestety lekarze nie dają mu nawet cienia nadziei na odzyskanie wzroku.

– Rodzice odwiedzają mnie tutaj cztery razy do roku – mówi zaskakująco poprawnym angielskim. – Mam z nimi bardzo dobry kontakt, a kiedy tęsknię, piszę do nich listy. To znaczy ja dyktuję, a nauczyciel pisze.

On też chciałby zostać prawnikiem.

– A potem znaleźć sobie dziewczynę i założyć z nią rodzinę. Podobają mi się wszystkie dziewczyny.

W szkole dla niewidomych w Mekʼelē uczy się obecnie 89 dzieci. Najmłodsi uczniowie mają po 7 lat, najstarsi 17 lub 18. To jedna z trzech takich placówek w Etiopii; utrzymuje się z dotacji państwa i nieustannie boryka z brakiem materiałów edukacyjnych dla podopiecznych. Rodzice często przyjeżdżają tu z daleka, bowiem to jedna z niewielu szkół kształcących tak głęboko upośledzone dzieci. Niestety bardzo często słyszą odmowę. Budżet placówki jest zbyt mały, a koszt utrzymania jednego niewidomego dziecka wynosi około 17 dolarów miesięcznie. W tym kraju to bardzo dużo.

– Część rodziców odwiedza swoje dzieci regularnie, są jednak i tacy, którzy porzucają je u nas, twierdząc, że od teraz rząd powinien się nimi zaopiekować – mówi dyrektor szkoły. – Po ukończeniu nauki pomagamy im czasem dostać się na uniwersytet i to wszystko. A gdzie mieszkają i z czego żyją? Nie wiem. Nie możemy zrobić nic więcej.

Na progu szkoły wita nas nauczyciel w białym fartuchu.

– Jestem Equbay G. Michael Gezhe – przedstawia się oficjalnie – i uczę tutaj języka angielskiego.

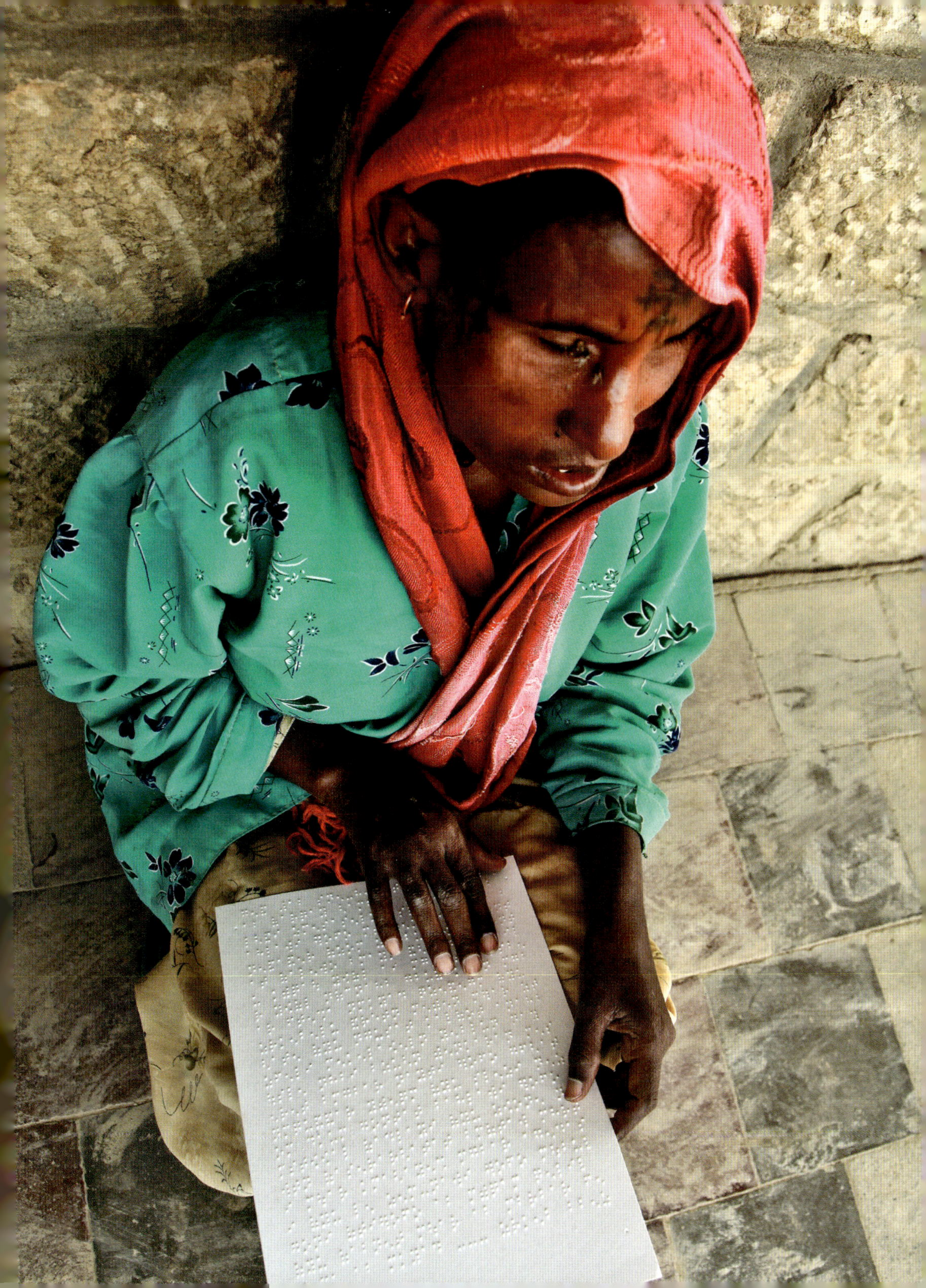

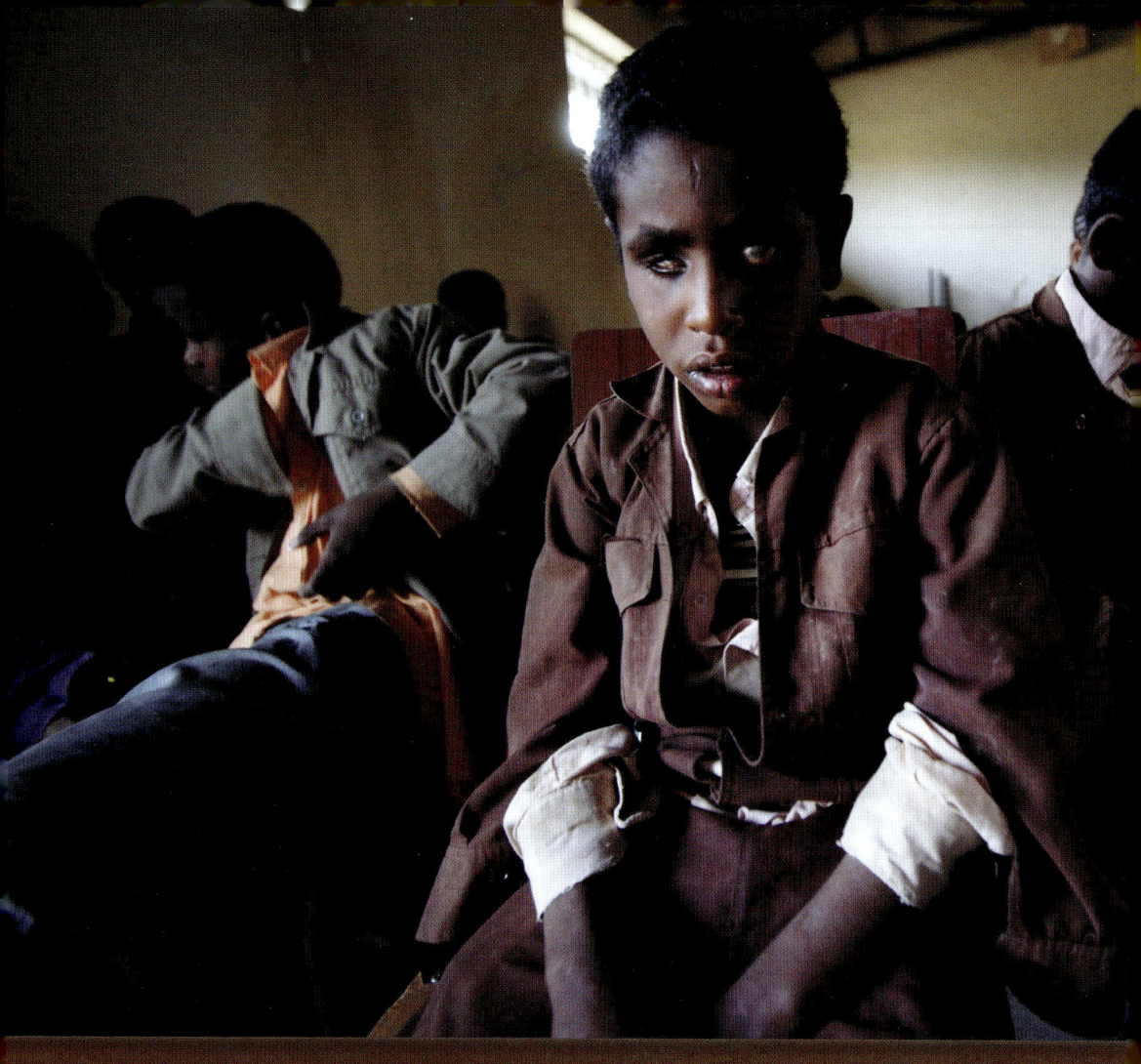

W szkole dla niewidomych w Mek'elē kształci się blisko dziewięćdziesięcioro dzieci. Żyją w fatalnych warunkach, ale i tak są szczęśliwe, że mają dach nad głową i mogą się uczyć.

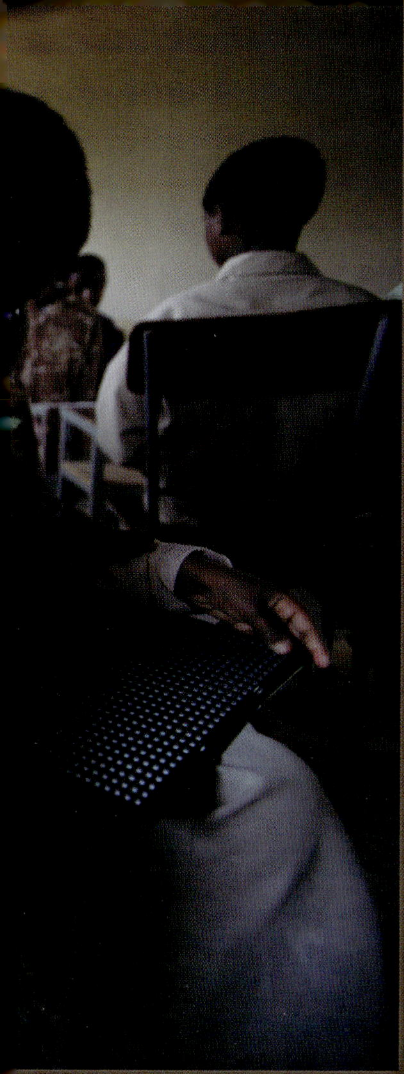

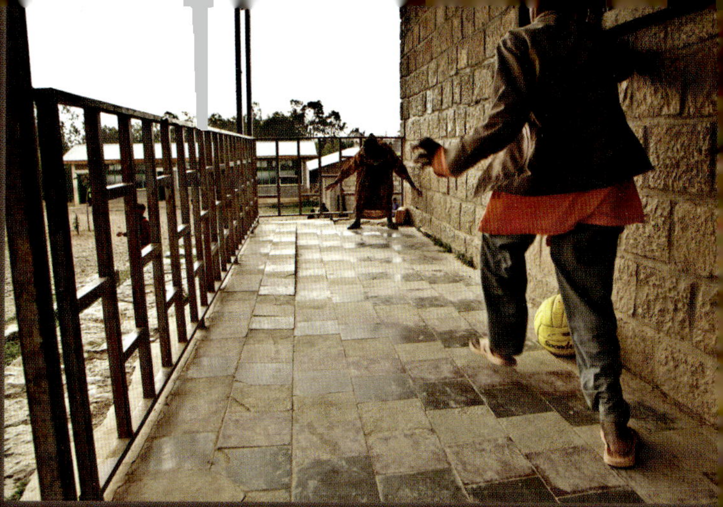

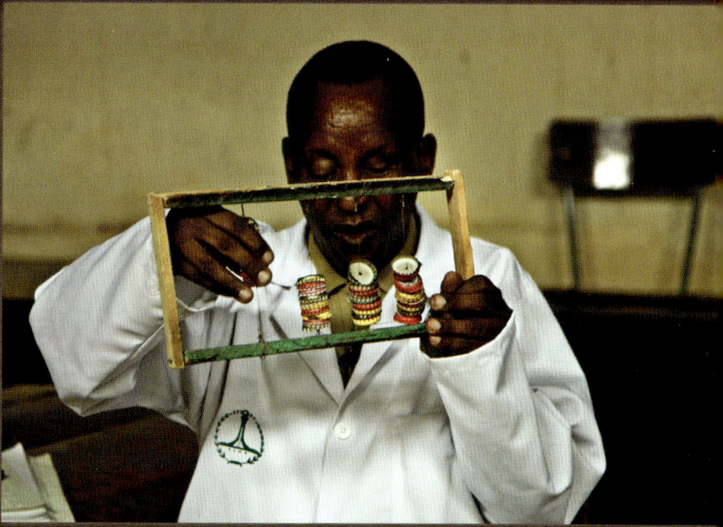

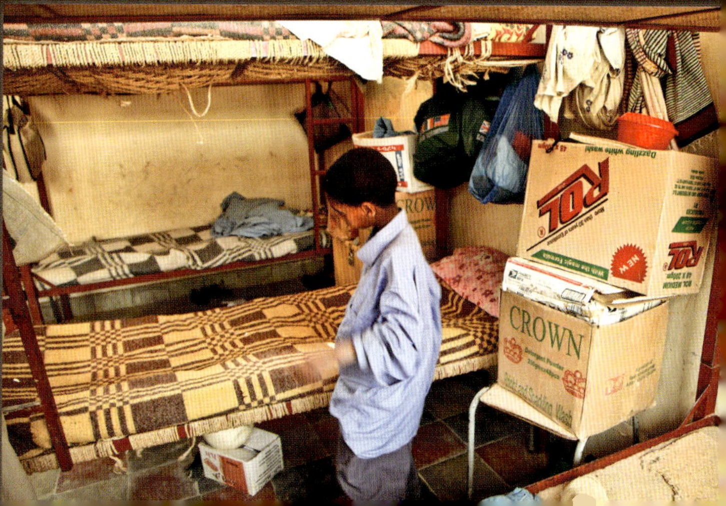
ROL
CROWN

Dwunastoletni Danny Elgebrait. Najzdolniejszy uczeń w szkole.

– Czy możemy usiąść? – pytam kurtuazyjnie i komplementuję jego doskonały akcent.

– Oczywiście – odpowiada i rozradowany dodaje: – Bardzo interesuję się językiem angielskim, lubię też osoby mówiące w tym języku. Twój angielski też jest niczego sobie – odwzajemnia komplement z uśmiechem.

Equbay ma czterdziestkę na karku i od 15 lat uczy tutaj dzieci. Jest niewidomy od piątego roku życia. Jeden z byków, którymi jego ojciec orał pole, uderzył go w oko i przestał na nie widzieć. Na drugi dzień zupełnie oślepł. Najwyraźniej jednak niepełnosprawność nie przeszkodziła mu w założeniu rodziny. Ma żonę i dwójkę dzieci – dwunastoletniego syna i dziesięcioletnią córeczkę, oboje widzą doskonale. Żona także jest w pełni sprawna. Equbay pochodzi z ubogiej rodziny, dlatego początkowo wydawało się, że nie będzie miał szansy się kształcić. Dzięki zbiegowi okoliczności w wieku siedmiu lat trafił do Erytrei. Tam pomogli mu obcokrajowcy, którzy płacili za jego edukację. Po trzech latach przeniósł się do Addis Abeby, gdzie dostał się do pierwszej szkoły dla niewidomych w całej Afryce, ufundowanej przez rząd Etiopii.

– Miałem niesamowite szczęście – mówi. – Jedynym wyjściem dla nas, niewidomych, jest nauka. W przeciwnym wypadku nigdzie nas nie zatrudnią.

– Jak tutaj trafiłeś? I dlaczego? – pytam, bo z jego perfekcyjnym angielskim mógłby pewnie znaleźć pracę także w stolicy.

– Tutaj się urodziłem. Stąd też pochodziła moja pierwsza miłość. Po latach przyjechałem do niej, ale okazało się, że nie żyje. Jakoś tak się złożyło, że zostałem. Czasem jednak podróżuję do Addis Abeby, mam tam przyjaciół i siostrę.

Equbay G. Michael wierzy, że ten, kto próbuje, osiąga rezultaty. Chciałby, żeby sytuacja w Etiopii przypominała tę w Skandynawii i pozostałych krajach europejskich, gdzie niewidomi mają zagwarantowaną opiekę i prawo do nauki. Nikt ich tam nie izoluje od zdrowej części społeczeństwa – uczą się razem z dziećmi widzącymi. W tych samych szkołach i klasach. Uważa, że taki system integracyjny należałoby wprowadzić w Etiopii.

Dzieci kształcące się w tej szkole mogą wyjechać na wakacje raz w roku, jednak większość woli zostać tutaj. Zaczął się właśnie sezon letni, a co za tym idzie – okres deszczowy. Niewidomym trudniej się teraz swobodnie poruszać.

Tak naprawdę te dzieci nigdy nie poczują prawdziwej wolności. Tutaj wszystkie są niewidome, więc wzajemnie się wspierają. Poza szkołą, w świecie osób widzących, są po prostu kalekami, które stale muszą prosić o pomoc. Jeśli rodzice mają dwójkę potomstwa, z których jedno jest

> *niewidome, a drugie zdrowe, oczywiście, że dużo większą uwagę przykładają do tego zdrowego. To dla nich inwestycja na przyszłość.*
> *Niewidome dziecko w biednych rodzinach to problem, nawet jeżeli jest kochane. Niektórzy rodzice, zwłaszcza ci lepiej wyedukowani, przyjeżdżają tu co tydzień – odwiedzają swoje dzieciaki, wspierają je, widząc olbrzymią szansę, jaką daje im nasza szkoła. Niestety są też tacy, którzy porzucają maluchy pod bramą naszego ośrodka i już nigdy nie wracają. Zdarza się też, że ludzie pozbywają się, dosłownie, ułomnych dzieci, żeby móc wykarmić te w pełni sprawne. Bywa, że topią je w rzekach lub zrzucają ze skał.*

– Co jest dla ciebie największym problemem? – pytam, bo wiem, że szkoła boryka się z brakiem sprzętu.

Kiedyś było znacznie gorzej. Jeszcze przed wyjazdem do Etiopii przeczytałam artykuł, z którego wynikało, że z trzech uczących tu nauczycieli tylko jeden miał odpowiednie uprawnienia, nie było bieżącej wody, toalety, a dzieci tylko raz dziennie dostawały suchą yndżerę. Były więc niedożywione, brudne, smutne i poranione o ostre sprzęty nieprzystosowane dla ludzi niewidzących. Często chorowały. Teraz dzięki datkom od ludzi z zagranicy są tu książki, gry i specjalistyczne zabawki. Starsi uczniowie uczą się pisma Braille'a. Niestety rocznie na jedno dziecko przypada tylko około 10 kartek papieru do pisania alfabetem dla niewidomych.

– Szczerze mówiąc, najważniejsza jest postawa ludzi. Jeśli byliby dla nas bardziej serdeczni, nasza ślepota nie byłaby tak wielkim problemem – Equbay mówi naprawdę pięknie, doskonale formułuje myśli i zgrabnie ubiera w słowa trudne tematy. – Na przykład ten papier jest sprowadzany ze Stanów Zjednoczonych albo z Włoch. Bez niego nie jestem w stanie nauczać. Sam go nie zdobędę, potrzebni są ludzie, którzy rozumieją, jaką szansą dla niewidomych dzieci jest edukacja, i nam pomogą. – Equbay pokazuje mi kilka innych przedmiotów. – To też jest bardzo drogie, a to jeszcze droższe, i to pozornie małe – również.

Mój wzrok pada teraz na liczydło, które drogie z pewnością nie jest. Zamiast koralików ma kapsle od butelek nanizane na druty i osadzone w byle jak zbitych deseczkach.

– No cóż, jakoś trzeba sobie radzić, skoro nie mamy góry pieniędzy – Equbay usłyszał najwyraźniej, że wzięłam do ręki tę niecodzienną pomoc naukową.

Wychodzimy przed budynek szkoły. Na podwórku, dla bezpieczeństwa odgrodzonym od reszty świata wysokim murem, bawią się uczniowie. Wcześniej zdarzały się tu kradzieże, a nawet gwałty. Niewidome dzieci są przecież całkowicie bezbronne.

– Czy to prawda, że u osób, które nie widzą, inne zmysły, takie jak słuch czy wzrok, się wyostrzają? – pytam nauczyciela.

– Tak, w mojej opinii są bardziej czułe – chwyta mnie za rękę, a potem prosi o zgodę na dotknięcie mojej twarzy. Wodzi palcami po policzkach. – Sama się nad tym zastanów. Jeśli mi coś dasz, będę chciał wyczuć kształt tego przedmiotu, bo nie mogę go po prostu zobaczyć, a bardzo bym chciał wiedzieć, co otrzymałem. Jeśli usłyszę dzwonek, muszę domyślić się, czy to dzwonek oznaczający koniec lekcji, czy na alarm. Teraz na przykład dyskutujemy w sposób miły i przyjemny, jeśli jednak w międzyczasie zaczniesz się śmiać, od razu w mojej głowie powstanie pytanie – dlaczego ci tak wesoło? Wymieniamy poglądy, a tu nagle ktoś się śmieje… Zaczynam się wtedy irytować, ponieważ nie wiem, czy śmiejesz się z czegoś, czy ze mnie, czy może do mnie… Nie wiem, bo nie widzę i muszę w inny sposób spróbować zrozumieć, co się mogło wydarzyć.

Od samego początku wizyty w szkole towarzyszy mi dwunastoletni chłopiec, Danny Elgebrait. Przylgnął do mnie i nie opuszcza na krok. Trzyma mnie stale za rękę i początkowo chyba jest to dla mnie krępujące. W przyszłości chciałby zostać prawnikiem albo muzykiem – nauczyć się grać na fortepianie, a może wyćwiczyć głos i zostać piosenkarzem? Nawet dla zdrowego dziecka spełnienie takich marzeń jest często nieosiągalne; wymaga morderczej pracy, codziennych ćwiczeń. Jak ma temu podołać niewidomy chłopiec urodzony w Etiopii? Wiem, że Danny jest odważny i zdeterminowany, może nawet bardziej niż przeciętne zdrowe dziecko. Mam nadzieję, że to wystarczy.

– A masz rodzinę, Danny? – pytam, kiedy chłopiec się do mnie tuli.

– Moja rodzina mieszka niedaleko stąd. Tęsknią, ale wytłumaczyłem im, że muszę się uczyć i że nie powinni za mną płakać. Wracam do domu na Wielkanoc, urodziny i Boże Narodzenie. Mogę się z nimi widzieć, kiedy chcę!

Nie wierzę w tę idylliczną opowieść. Czuję pod skórą, że nie chce się przyznać, jaka jest prawda. Potem dowiem się od dyrektora ośrodka, że od dawna nikt się nim nie interesuje.

– Czuję się tutaj szczęśliwy – Danny mówi z przekonaniem w głosie. – W każdy piątek odwiedzają nas goście tacy jak wy i możemy się z nimi bawić. Ale najbardziej to lubię słuchać muzyki albo śpiewać. Zaśpiewam ci coś, chcesz?

I nie czekając na moją odpowiedź, zaczyna pięknym, czystym głosem nucić *Amazing Grace*:

*Niezwykła łaska, jak słodki to dźwięk,
uratował takiego nieszczęśnika jak ja.
Kiedyś byłem zagubiony, ale teraz się odnalazłem,
byłem ślepy, a teraz widzę.*

Gdy się żegnamy, przytula się do mnie mocno i mówi mi na ucho:
– Chciałbym kiedyś odzyskać wzrok, ale to może sprawić tylko Bóg. Bóg może wszystko, wiesz?
I dodaje coś, co łamie mi serce:
– Przyjedź po mnie, będę się tu uczył jeszcze pięć lat. Przyjedziesz, prawda?

***

Jeśli chcesz wesprzeć szkołę dla niewidomych w Mek'elē, wejdź na stronę *www.mekeleblindschool.org*.

Więcej informacji o Himalayan Cataract Project oraz o możliwości pomocy organizacji na *www.cureblindness.org/help/donate*.

Mura zaraz po zdjęciu opatrunków.

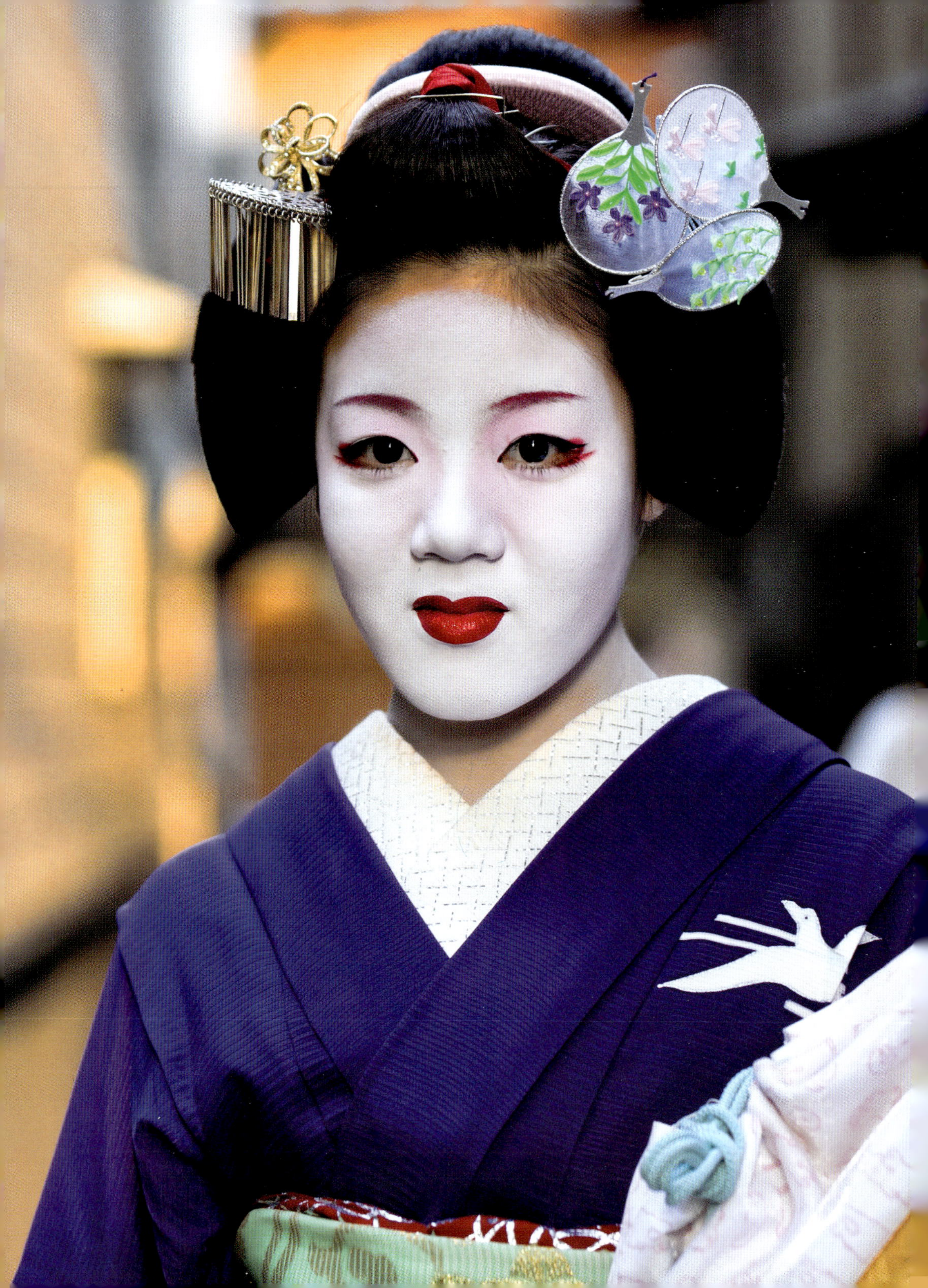

JAPONIA
niedzisiejsze
gejsze

Bohaterka: **Kimichie**
(z urodzenia: **Honda Ayana**)
Wiek: **20 lat**
Zawód: **gejsza**
Miejsce akcji: **hanamachi**

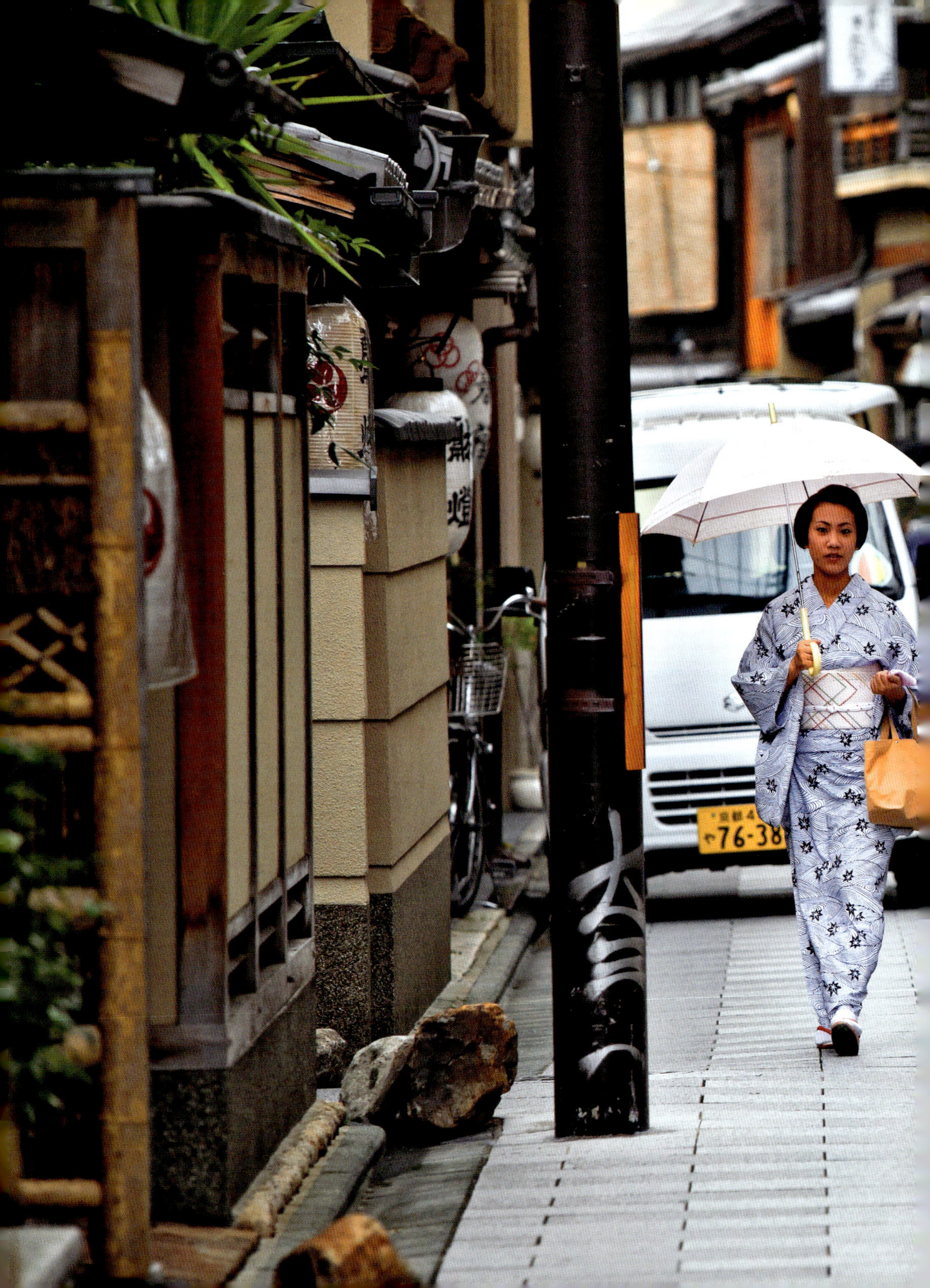

水口鍼灸治療院

Kształcenie gejszy niemal nie różni się dziś od nauk, które pobierały w dawnych czasach. Uczennice mają jedynie dwa wolne dni w miesiącu i mało czasu na sen, pracują nocami, dopóki z herbaciarni nie wyjdzie ostatni gość. To świat z twardymi zasadami, własnym kodeksem moralnym i etyką zawodową. Ale żadna nie narzeka, bo bycie gejszą jest dla wielu kobiet największym marzeniem.

W tym hermetycznym wciąż dla nas, ludzi Zachodu, nieznanym i subtelnym świecie trzeba wyostrzyć wszystkie zmysły. Tuż obok mnie z cichym szelestem rozsuwają się drzwi. Odwracam głowę. W świetle padającym z wnętrza herbaciarni pojawia się kolorowy motyl. Ciężkie kimono w kolorach błękitu i bladego różu z żółtymi kwiatowymi deseniami, czerwono-bordowy pas *obi* zawiązany wysoko na plecach zwisa prawie po kostki. Całość kołysze się lekko, kiedy dziewczyna przekracza wysoki próg. Biel na twarzy i karku połyskuje w słabym świetle lampionów, a linia brwi oraz obwód oczu mają mocno czerwony kolor. Podobnie jak dolna warga. Ten charakterystyczny makijaż sprawia, że przefruwająca obok mnie *maiko* wygląda jak porcelanowa, wiecznie zdziwiona lalka.

Zerka na mnie, a ja się uśmiecham. Teraz ona śmieje się nerwowo i zasłania usta dłonią. Po kilku krokach dochodzi do czarnego, zaparkowanego w uliczce lexusa. Obok lewych tylnych drzwi czeka już kierowca w eleganckim garniturze. Spogląda na mnie niechętnie, kiedy dziewczyna wślizguje się do samochodu. Głuchy trzask. Po chwili auto dostojnie odjeżdża. Dla większości gejsz z Kioto tak właśnie rozpoczyna się wieczór. Przedstawienie czas zacząć.

Nazywam się Kimichie, mam 20 lat. Jestem maiko, co oznacza, że dopiero kształcę się na gejszę. Mieszkam w okiya, czyli domu gejsz, który moja rodzina prowadzi od czterech pokoleń. Kiedy miałam 16 lat, mama zapytała mnie, czy chciałabym zostać gejszą. Zatem ona pierwsza to zasugerowała, ale… Tak naprawdę to była moja decyzja. Zależało mi, żeby kontynuować rodzinne tradycje. Uważałam, że po prostu tak trzeba…

– Kto zaprasza cię na przyjęcia? – pytam, mimo że znam odpowiedź.

Kimichie ma na sobie prostą czarną yukatę w białe kwiatowe wzory. Jest to rodzaj przewiewnego kimona noszonego na co dzień. Siedzimy, a właściwie klęczymy w pokoju gościnnym jej domu, wprost na podłodze pokrytej tatami – matami plecionymi ze słomy ryżowej. Ich standardowe wymiary, czyli 90 na 180 centymetrów – są jednocześnie miarą powierzchni japońskich wnętrz – i tak 7 metrów kwadratowych to mniej więcej cztery i pół tatami. Wchodząc do japońskiego domu, obowiązkowo trzeba zdjąć buty i założyć kapcie, które z kolei wchodząc do pokoju, trzeba zdjąć i zostawić w przedpokoju. Po delikatnym tatami chodzi się boso bądź w skarpetkach.

– Różne osoby nas zapraszają. Nie wypada mi pytać o profesję klientów – Kimichie starannie dobiera słowa. Mówi cicho.

Ciąg dalszy odpowiedzi pozostawia mojej wyobraźni. Ale czyż nie o to właśnie w tym zawodzie chodzi? Im mniej wiemy o gejszach, tym mocniej chcemy je poznać i zrozumieć. Powoli dajemy się uwodzić, hipnotyzuje nas ten świat skryty za maską makijażu, pod fałdami szeleszczących kimon, otoczony zasadami niczym murem. Żeby się do niego dostać, nie wystarczy mieć pieniądze, co najmniej tysiąc dolarów za przywilej spędzenia wieczoru w ich towarzystwie. Trzeba też zostać poleconym przez kogoś znajomego. Poznać gejsze mogą tylko wybrani, co jedynie potęguje ciekawość.

Na razie wiem tylko, że spolszczone słowo „gejsza", czyli *geisha*, oznacza dosłownie „człowieka sztuki" i pochodzi od dwóch japońskich słów: *gei* – „sztuka" i *sha* – „człowiek", czyli osoba obu płci. I rzeczywiście, kiedyś zawód gejszy wykonywali tylko mężczyźni, a ich praca polegała na umilaniu biesiadnikom czasu grą na instrumentach. Kobiety zajmowały się rozrywką „klasyczną" i zwano je kurtyzanami. Znacznie później pojawiły się kobiety gejsze, które szybko zastąpiły mężczyzn. Dla odróżnienia zaczęto nazywać je *geiko* (w Kioto) lub *onna geisha* (w Edo, czyli dzisiejszym Tokio).

– Czy podczas takich wieczorów zdarzają się nieprzyjemne sytuacje? – pytam, bo to kolejny temat, o którym chciałabym się czegokolwiek dowiedzieć. Choćby dlatego, że wielu ludzi myli gejsze z prostytutkami.

– Tak, zdarzają się trudne sytuacje… – odpowiada Kimichie lekko zażenowana. – Jednak nigdy nie wolno mi reagować… Na przykład powiedzieć, że coś mi się nie podoba. Jeżeli sama nie potrafię sobie poradzić, muszę zgłosić to *onēsan* – mojej starszej siostrze, czyli przełożonej. Wtedy ona przychodzi mi z pomocą.

Zadziwiające, ale kiedy zobaczyłam Kimichie po raz pierwszy, pomyślałam, że nie jest ładna, że jej twarzy brakuje proporcji, a oczy są zbyt szeroko rozstawione. Teraz, po zaledwie kilku minutach rozmowy, jestem urzeczona jej subtelnością i delikatnością. I tym jak uroczo marszczy nosek, kiedy coś ją śmieszy albo krępuje. Od lat jest uczona ukrywania emocji. Także tych pozytywnych.

W Japonii człowiekowi wylewnemu i otwartemu trudno zaskarbić sobie szacunek i zaufanie. Przyjęte jest, że należy mówić dwuznacznie, stosowane są niedomówienia i ogólniki. Taka forma komunikacji zwana jest *haragei*, czyli umiejętnością czytania pomiędzy wierszami. W tej kulturze unika się także kontaktu wzrokowego podczas rozmowy, co jest uważane za zbyt natrętne. Przychodzi mi to z trudem, bo jestem zafascynowana wyglądem i sposobem bycia Kimichie.

W życiu każdego japońskiego mężczyzny bardzo ważne miejsce zajmuje praca. O firmie mówi się nawet: *uchi,* drugi dom. A w pracy opartej na dawnych konfucjańskich zasadach najważniejsze są lojalność, wierność i sumienność w wypełnianiu obowiązków. Przeciętny Japończyk poświęca 8 minut dziennie na zajęcia w domu, na przykład na wbicie gwoździa albo naprawę uszczelki przy kranie. Pięć minut zajmuje się dziećmi i średnio przez 10 minut w ciągu doby rozmawia z żoną. Resztę czasu poświęca na dojazdy do pracy i samą pracę. To właśnie tu, w Japonii opisano *karōshi*, czyli zjawisko śmierci z przepracowania, przemęczenia, wypalenia.

Karōshi to skutek pracoholizmu – wywołany niewydolnością układów krążenia i oddechowego. W ciągu roku z tego powodu umiera nawet 35 tysięcy osób. W Japonii wręcz *trendy* jest powiedzieć: „A wiesz, mój kuzyn zmarł na *karōshi*". Wypada zapracować się na śmierć.

Japończycy wstają bladym świtem, zaspani jadą metrem lub szybką koleją zwaną shinkansenem, i pracują albo udają, że pracują, po 16 godzin dziennie. Dlaczego? Tutaj największym wstydem jest opuścić fabrykę czy biuro przed kolegą. Ba! Nie uchodzi wyjść o czasie, bo oznacza to lekceważenie nie tylko obowiązków, ale przede wszystkim firmy. Nawet jeśli Japończyk wykona już wszystkie powierzone mu zadania, to dalej tkwi przy tym swoim małym biureczku. Siedzi, gapi się w ekran komputera, pisze e-maile. Wszyscy czekają tak do nocy. Z upływem godzin coraz bardziej zmęczeni i rozstrojeni. I co mogą potem zrobić? Przecież japoński mąż, utrzymujący żonę i dzieci, nie ma w domu prawa do chwil słabości, bo to nie przystoi. W jaki zatem sposób może odreagować stres i efekty uczestnictwa w nieustannym wyścigu szczurów?

Relaks oznacza alkohol i to w dużych ilościach. Karaoke, gra na automatach *pachinko* i głośny śmiech też ponoć odstresowują. Potem panom jakoś udaje się wrócić do domu albo śpią w kapsułowym hotelu, w pokojach wielkości trumien. Rano znów są w pracy. A weekendy? W Japonii tylko jeden dzień jest wolny. Cóż można wtedy robić? Zazwyczaj pić sake do nieprzytomności. Ponieważ przebywanie wyłącznie w męskim towarzystwie byłoby na dłuższą metę nie do zniesienia, większość Japończyków wynajmuje hostessy. Tylko ci najbogatsi mogą pozwolić sobie na nieco bardziej wysublimowaną rozrywkę, czyli towarzystwo gejszy. Choć to zjawisko nie ma odpowiednika w innych kulturach na świecie – ani w czasach starożytnych, ani współcześnie. Stare japońskie powiedzenie mówi: „Żona to matka dziedzica, kurtyzana to kochanka, a gejsza to przyjaciółka".

Mężatki oczywiście wiedzą, że ich mężowie po pracy spędzają czas z gejszami, i akceptują je, świadome sposobu, w jaki one pracują. Ze strony gejsz nie grozi im niebezpieczeństwo rozpadu małżeństwa, ponieważ niepisany kodeks stanowi o nierozłączności rodziny klientów. Zresztą w Japonii miejsce żony jest w domu i większość mieszkańców tego kraju uważa, że kobieta zawsze powinna w nim być, więc mężczyzna nawet nie nosi klucza. Japońskie określenie głębi to *oku*, żona to *okusan*, czyli kobieta mieszkająca w głębi domu.

Zdaniem Japończyków życie gejszy jest wspaniałe. To często najkrótsza droga do zostania Kimś. Jednak bycie gejszą to nie zawód. Do tego trzeba mieć powołanie. Gejsza powinna być nie tylko piękną, inteligentną, ale i świetnie wykształconą mistrzynią tańca, śpiewu i recytacji oraz dowcipnego wyrażania myśli. Musi też znać tajniki tradycyjnych japońskich ceremonii; podawania sake, *shodō* – sztuki kaligrafii, *kadō* (ikebana) – sztuki układania kwiatów, i oczywiście parzenia herbaty. Każda czynność, choćby tak oczywista jak otwieranie drzwi, to rytuał. Kandydatki na gejsze powinny więc rozpocząć edukację w wieku sześciu lat, sześciu miesięcy i sześciu dni. Im wcześniej zaczną obcować ze sztuką, tym lepiej.

Dawniej rodzice, których nie było stać na wychowanie licznego potomstwa, sprzedawali córki do domów gejsz. Dziś większość kandydatek na gejsze rozpoczyna kształcenie dopiero w wieku lat 15 czy 16, niektóre nawet później, po skończeniu szkoły średniej. Nie każda z nich jest świadoma, że wybór takiej drogi

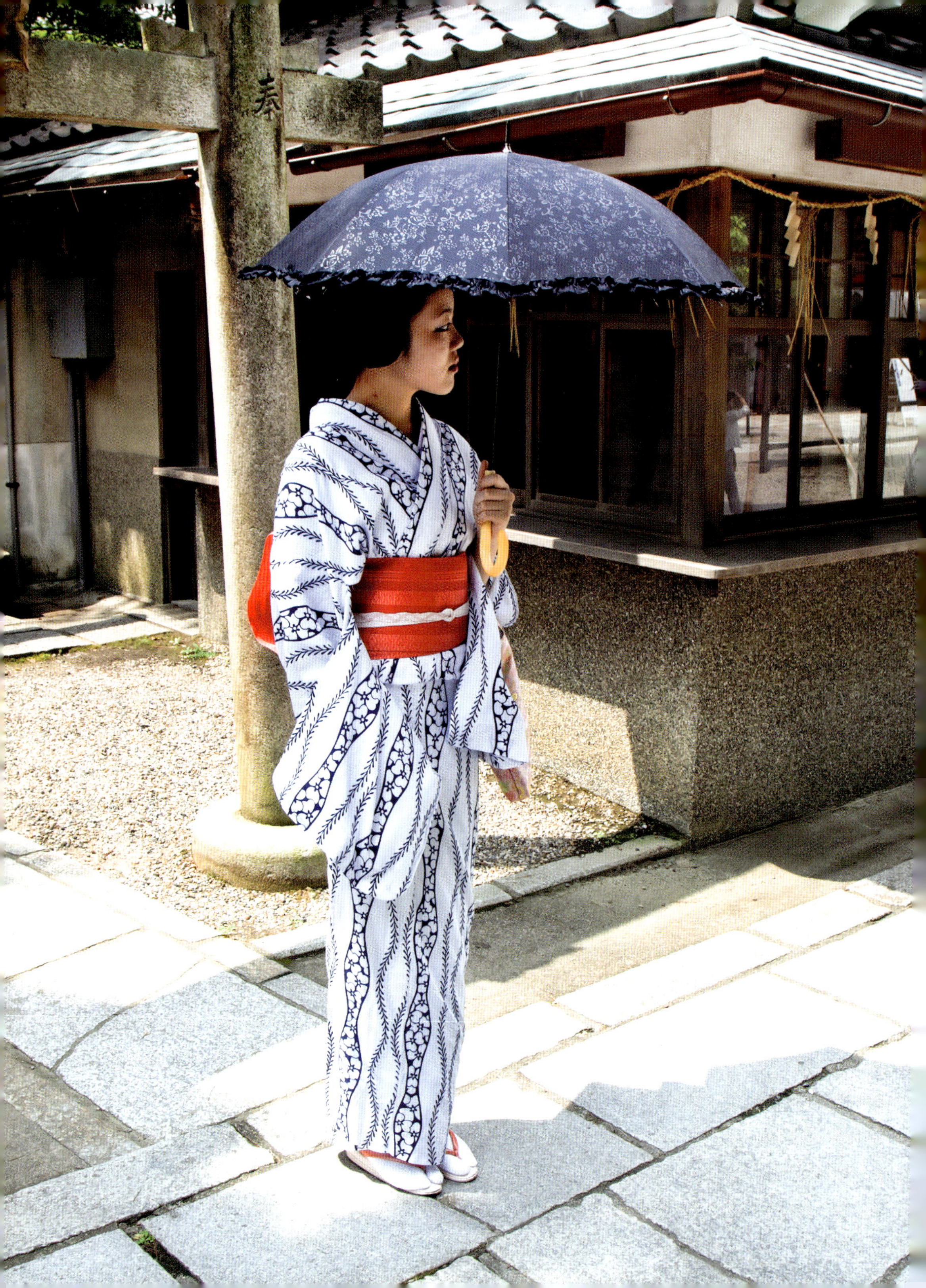
奉

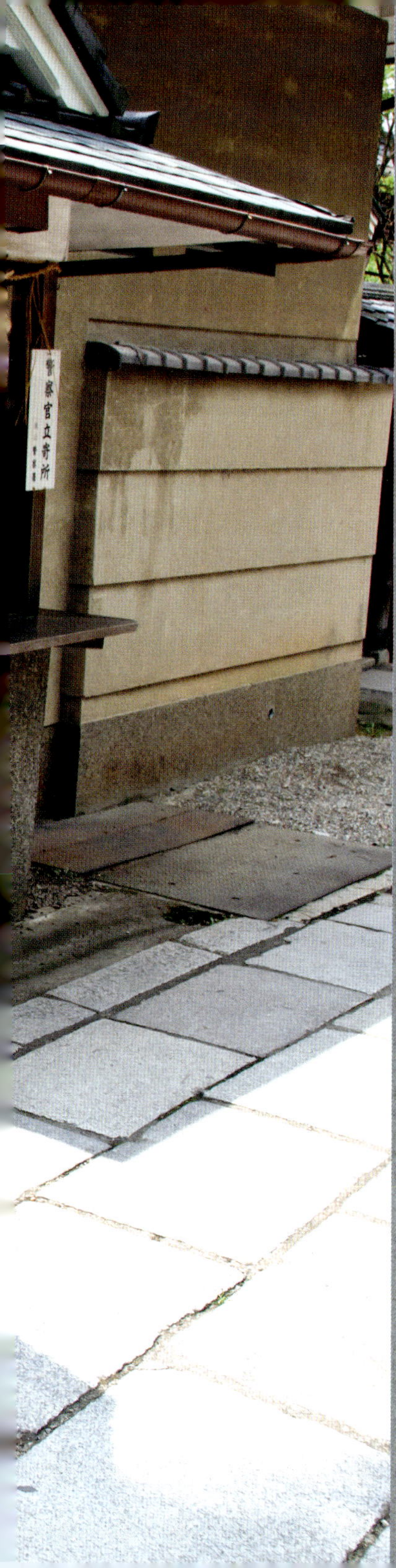
警察官立寄所

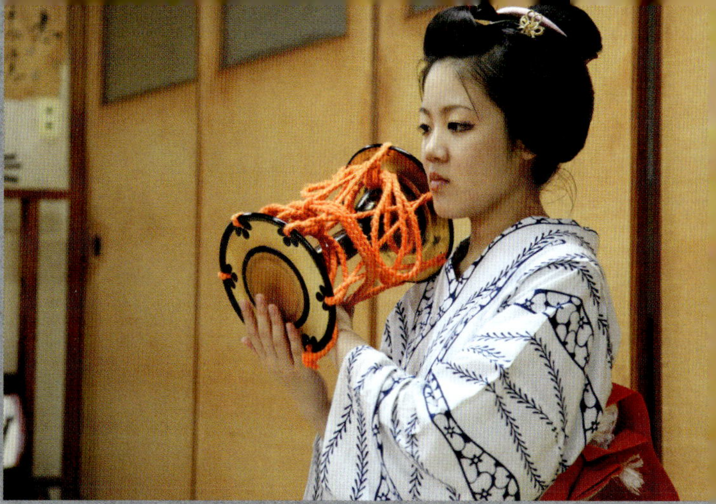

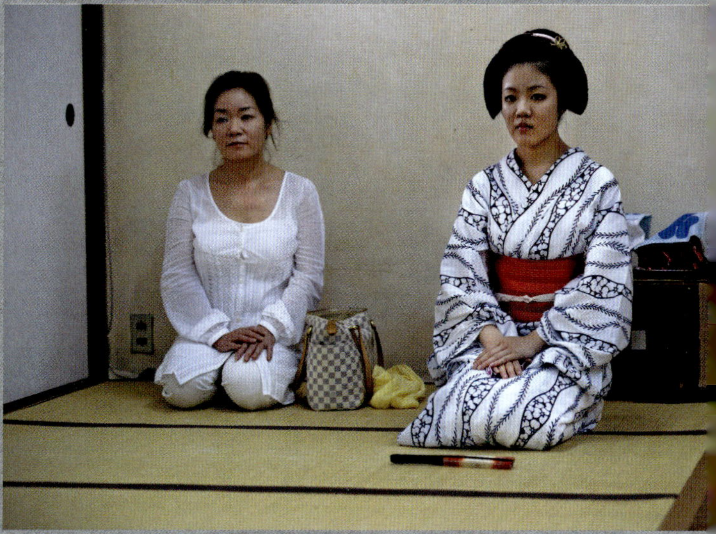

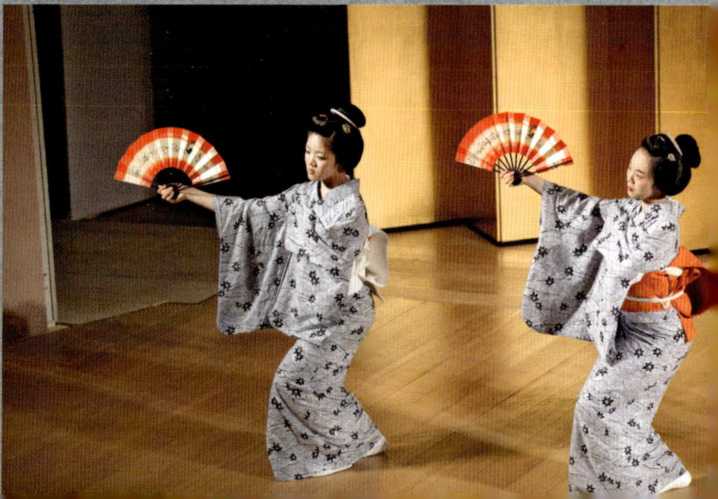

życiowej wiąże się z wieloma wyrzeczeniami. Kandydatka na *maiko* musi przeprowadzić się do *hanamachi* (dosłownie „dzielnice kwiatów", czyli miejsca, gdzie żyją i pracują gejsze), do konkretnego *okiya* (domu, w którym mieszkają), który zgadza się przyjąć ją na naukę. Od tego momentu jego właścicielkę musi nazywać mateczką, *okāsan*, i całkowicie się jej podporządkować. Cała edukacja opiera się na olbrzymim kredycie zaufania, ale i zaciąganiu materialnego długu. Wydatki poniesione przez *okāsan* na podopieczną zapisywane są skrupulatnie w specjalnej księdze. Gdy dziewczyna przeistoczy się w *geiko*, musi spłacić wszystko co do jena.

Kimichie codziennie wstaje o świcie. To czas na zajęcia w szkole, gdzie gejsze doskonalą swoje umiejętności. Świat zmysłów musi być perfekcyjny i jedynie intensywny trening zapewni gejszy sławę i uznanie. Zwycięstwo w rywalizacji o klienta. Współczesna gejsza musi też iść z duchem czasu – uczy się angielskiego, wie, jak serwować drinki, zna najnowsze trendy w modzie, orientuje się w sytuacji ekonomicznej i politycznej kraju, a nawet potrafi zaśpiewać japoński hip-hop na karaoke. Uczestniczy w kulturalnym i politycznym życiu kraju, w kampaniach społecznych, jeździ z przedstawicielami rządu na zagraniczne misje charytatywne, pozuje do plakatów, kalendarzy i widokówek…

Zanim jednak to się stanie, kandydatka na gejszę zalicza okres przejściowy – *shikomi*. Przez blisko 10-12 miesięcy przygotowuje się do zostania *maiko*. Nosi już proste kimono, maluje twarz na biało, uczęszcza na zajęcia etykiety i tradycyjnych sztuk, a pomiędzy lekcjami pracuje w samym *okiya*. Potem zdaje test, który albo otwiera jej ścieżkę kariery w zawodzie gejszy, albo tę drogę całkowicie zamyka.

Około czternastej Kimichie zgłębia tajniki ceremonii parzenia herbaty, a potem składa kurtuazyjne, ale nieodzowne wizyty sąsiadom, przyjaciołom domu, czyta. Wreszcie wraca do *okiya* na skromny posiłek złożony z ryby i ryżu. Trochę odpoczywa, góra godzinę, półtorej. Dzielnice gejsz, *hanamachi*, ożywają po siedemnastej, kiedy to rozpoczynają się prywatne przyjęcia i spotkania.

– Kończę zwykle około północy, może pierwszej – mówi Kimichie. – Biorę kąpiel, składam kimono i około trzeciej nad ranem mogę nareszcie zasnąć – uśmiecha się jak osoba, która nie chcąc urazić gospodarzy, dyplomatycznie chwali nieudaną imprezę. – Budzę się o ósmej i… No właśnie, tak wygląda moje życie – sama wydaje się zaskoczona tą konkluzją.

Dom gejsz Daidama Okiya znajduje się w dzielnicy Kioto Miyagawa i z zewnątrz nie wyróżnia się niczym szczególnym – klasyczny drewniany piętrowy budynek ze spadzistym dachem i wąską kilkumetrową fasadą, ale za to sięgający nawet 20 metrów w głąb. W Japonii brakuje ziemi pod zabudowę, szczególnie w miastach, domy są więc małe i bardzo drogie. A ponieważ lato jest tu gorące i wilgotne, muszą być też przewiewne. Cyrkulację powietrza wymuszają rozsuwane drzwi i okna wykonane z papieru oraz drewna. Japoński dom odzwierciedla tutejszy styl życia, który polega na oddzieleniu przestrzeni publicznej od prywatnej. W pomieszczeniach znajdujących się od strony ulicy załatwia się wszelkie sprawy związane z osobami z zewnątrz, a pokoje na tyłach są przeznaczone wyłącznie dla domowników. Jak głęboko gość może wejść do domu gospodarza, zależy od jego relacji z rodziną. Ja dostąpiłam zaszczytu zobaczenia salonu. Jednak siedząc tu, nie dostanę nawet szklanki wody, nie mogę też skorzystać z toalety, bo gdybym o to choćby zapytała, byłby to absolutny nietakt. Jeden mój niewłaściwy ruch może spowodować natychmiastowe, acz kurtuazyjne wyrzucenie mnie za drzwi i odmowę dalszych kontaktów. Cały czas jestem więc „na wdechu".

Pani Honda, matka Kimichie, właścicielka tego cieszącego się powszechnym szacunkiem przybytku, nie potrzebuje reklamy ani pieniędzy, które mogę jej zaoferować. Jednego i drugiego ma pod dostatkiem. To ona zajmuje się organizacją spotkań i decyduje, ile i które *maiko* będą towarzyszyć klientom wieczorem. Jej matka i siostra były gejszami, teraz zostanie nią córka. Pani Honda uważa, że od współczesnej gejszy wymaga się znacznie więcej niż dawniej. A poza tym rozdźwięk pomiędzy ich światem a sposobem życia rówieśnic jest coraz większy. Dlatego i gejsz jest coraz mniej. W latach dwudziestych XX wieku było ich w całej Japonii 80 tysięcy – dziś zostały tylko 2 tysiące. Z tego powodu gdziekolwiek gejsze się pojawią, od razu błyskają flesze. Są żywą wizytówką tego kraju. I atrakcją turystyczną, także dla Japończyków, którzy na ich widok okazują zdziwienie. Zachowywałabym się podobnie, gdybym ja zobaczyła kobietę w kompletnym stroju łowickim na warszawskiej ulicy. Pani Honda sama nigdy nie była gejszą. Jestem tym szczerze zdziwiona.

– Rodzice przewidzieli dla mnie inną przyszłość. Planowali, że skończę studia i wyjdę za mąż. Poszłam więc na uniwersytet, trenowałam grę w tenisa. Nawet byłam w tym dobra, najlepsza w mieście… Żyłam jak zwyczajna dziewczyna – wspomina właścicielka Daidama Okiya.

To kobieta elegancka i z klasą. Założyła kremową, prostą sukienkę, raczej w stylu europejskim, która dobrze podkreśla jej wciąż młodzieńczą i zgrabną sylwetkę. Kiedyś musiała być bardzo ładna, jej oczy wciąż błyszczą zalotnie.

Ale tylko momentami, bo pani Honda wytwarza ogromny dystans. Jest surowa, powściągliwa i równie ascetyczna jak wnętrze jej wyłożonego tatami salonu. Mimo że nasza rozmowa trwa już dość długo, kobieta klęczy z rękoma idealnie ułożonymi na udach i wyprostowanym tułowiem. Nawet się nie poruszyła, od kiedy włączyliśmy kamerę.

Seiza, pozycja na kolanach z pupą opartą na obciągniętych stopach, jest obowiązkowa niemal przy wszystkich okazjach. Japończycy twierdzą, że takim właśnie, wyjątkowo niekomfortowym, sposobem siedzenia wyraża się szacunek dla osoby zajmującej miejsce naprzeciwko, podkreśla swoje pokojowe nastawienie. (Faktycznie, trudno zrobić komuś krzywdę, kiedy nogi drętwieją). Pozycja ta symbolizuje skupienie i równowagę psychofizyczną, jedność z otoczeniem. I musi boleć. Mnie już całkiem ścierpły kolana.

– A gdyby decyzja zależała tylko od pani? Marzyła pani o tym, żeby zostać *maiko*? – nieśmiało pytam kobietę, która wygląda i zachowuje się jak Królowa Lodu.

– Widząc, jak pięknie wygląda moja siostra, przez jakiś czas bardzo chciałam być gejszą. Potem jednak mi przeszło.

– Zastanawiam się, dlaczego pani, która zaznała tyle swobody, wybrała dla córki taką właśnie drogę? – czuję, że zadając tak osobiste pytania, stąpam po kruchym lodzie, bo matka Kimichie nadal jeszcze nie zdecydowała, czy w ogóle i jak daleko wpuści mnie do świata córki. Nie chcę popełnić gafy, co jest tak typowe dla białych „gaijdzinów" przyjeżdżających do Kraju Kwitnącej Wiśni. Pani Honda jednak odpowiada bez drgnięcia powieki:

– Początkowo obie moje córki przygotowywały się do tego zawodu. Jednak starsza szybko uznała, że ten wysiłek przerasta jej możliwości i dała sobie spokój. – Któregoś dnia okazało się, że pomimo ogromnych starań nie potrafię zgromadzić odpowiedniej liczby *maiko* i *geiko* na pewne przyjęcie. Widząc to, Kimichie postanowiła mi pomóc. To był moment, w którym ostatecznie zdecydowała się zostać *maiko*.

Herbata dotarła do Japonii z Chin w VIII wieku. W XVI wieku ze sposobu jej parzenia uczyniono rytuał, kierując się zasadami filozofii zen, sztuki kontemplacji. Można go określić przy pomocy trzech słów: spokój, surowość i wdzięk. Głównym celem ceremonii herbacianej nie jest tylko smakowanie tego napoju, lecz oderwanie się od świata zewnętrznego, przeniesienie do innej rzeczywistości pełnej harmonii, piękna i zasad. Dlatego ceremonie odbywają się w pawilonach w otoczeniu doskonale wypielęgnowanych ogrodów, które same w sobie stanowią prawdziwe dzieła sztuki. Ich podziwianie to jeden z elementów rytuału, który niestety znany jest dziś tylko nielicznym.

Drzwi do pawilonu herbacianego to właściwie drzwiczki. Dlaczego są takie małe? Każdy, kto przez nie przechodzi, musi się schylić, co symbolizuje równość wszystkich uczestników ceremonii. Sam pawilon jest urządzony według zasad *wabi* i *sabi*. Obowiązują tu: prostota, powściągliwość i stonowane kolory. Nie ma mebli ani zbędnych przedmiotów; siedzi się na matach. Nie wypada rozmawiać o polityce, interesach czy pracy. Poruszanie takich tematów jest uważane za nietakt. Można za to mówić o czarkach do herbaty, pogodzie albo o sentencji zen wiszącej we wnęce na ścianie. To czas na wyciszenie. O tym wszystkim opowiada mi *sensei*, czyli mistrz. Rytuał parzenia herbaty *chadō* (droga herbaty) i jej picie to zbiór bardzo skomplikowanych czynności, które następują po sobie w określonej kolejności; najpierw trzeba się przywitać z mistrzem i wyrazić wdzięczność (nawet jeśli jej nie odczuwasz…) za możliwość uczestniczenia w ceremonii. *Sensei* też łaskawie okazuje radość z tego powodu, po czym zezwala nam usiąść. Zajmujemy więc wyznaczoną pozycję i oczywiście natychmiast dziękujemy.

I tak jak siedzenie na kolanach jest najpowszechniejszą pozycją, tak ukłony są w Japonii najbardziej charakterystycznym gestem. Kłaniamy się na dzień dobry i na do widzenia, kłaniamy się, prosząc i dziękując, na stojąco i na siedząco. Jednak robiąc to, łatwo popełnić błąd. Trzeba bowiem wiedzieć, jak się prawidłowo kłaniać, żeby niezamierzenie nie obrazić drugiej strony. Siedząc w pozycji *seiza*, należy położyć obie dłonie przed sobą, złożyć je i nisko się pochylić, niemal dotknąć twarzą tatami. Jednocześnie słowami dziękować za wszystko. I raz po raz tak sobie nawzajem dziękować. I cały czas mówić, jak bardzo jesteśmy sobie za wszystko wdzięczni.

Ceremoniał rozpoczyna się od złożenia serwetki. Ciemnogranatowy kwadrat o boku mniej więcej 20 centymetrów zrolowany jest w poprzek, tworząc pasek szerokości około 3 centymetrów. *Sensei* trzyma go pionowo w prawej dłoni, a następnie chwyta w połowie lewą i składa na pół przy użyciu kciuka. Potem jeszcze raz na pół i dopiero odkłada. Przechodzimy dalej.

Woda właśnie „dochodzi" w kociołku *chagama*, tymczasem mistrz przeciera czarki i bambusową łyżeczką wsypuje do nich sproszkowaną zieloną herbatę *matcha* – trzy łyżeczki na każdą. Zalewa ją wodą i roztrzepuje specjalnym bambusowym mieszadłem, które przypomina pędzel do golenia. Podnosi wzrok, przywołuje gestem panią techniczną. Teraz uwaga – biorę czarkę

Dwa różne światy.
Okazało się, że Kimichie
zazdrości mi mojego
życia i wolności.

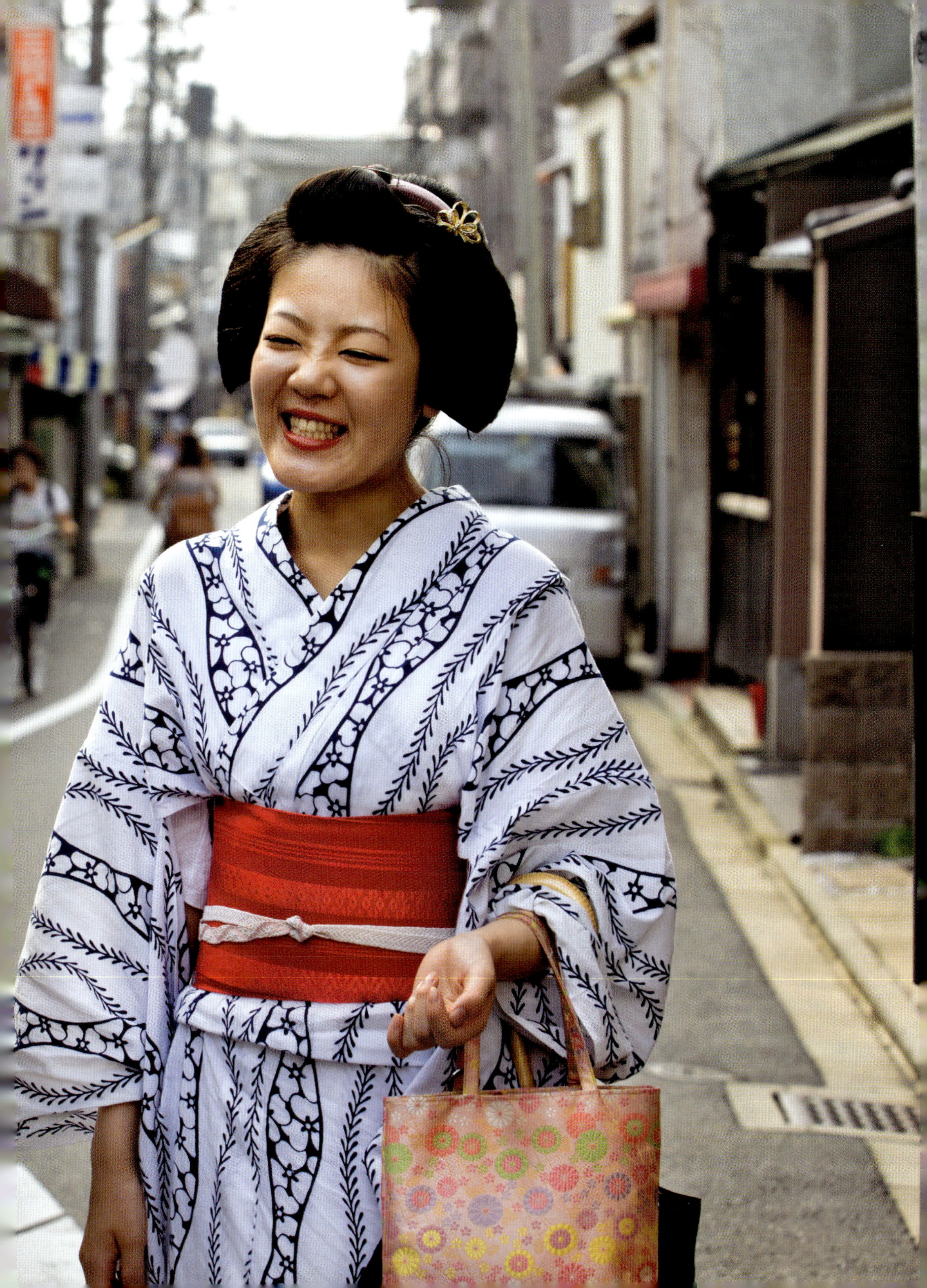

i obracam w prawo: raz, dwa i pół. I nareszcie mogę wziąć ją w obie ręce, przystawić do ust i wypić napar.

Surowe zasady etykiety *chanoyu*, na pierwszy rzut oka uciążliwe i przesadnie drobiazgowe, są starannie wyreżyserowane i skalkulowane, by uzyskać maksymalną oszczędność ruchów. To dla widza prawdziwa uczta estetyczna. Japończycy bowiem najprostsze życiowe czynności podnieśli do rangi sztuki.

Matcha nie ma nic wspólnego z zieloną herbatą, którą dobrze znam. Choć za nią nie przepadam, piję ją, bo podobno poprawia przemianę materii, pomaga schudnąć… A teraz dostaję gęstą zawiesinę we wściekle zielonym kolorze glonów, gorzką, ciepłą, potwornie mocną. Na dodatek ostatni jej łyk muszę głośno siorbnąć i w ten sposób oznajmić, że czarka została opróżniona…

Japońską herbatę wypija się małymi łyczkami, ale naraz. Potem należy przetrzeć palcem miejsce, gdzie dotykało się czarki ustami (jednym ruchem!) i znowu obrócić naczynko (dwa i pół razy). Dopiero wówczas można skupić się na wizualnej konsumpcji samej czarki – *sensei* dobiera je dla każdego indywidualnie. Niegrzecznie jest odstawić naczynko od razu na podłogę. Powinniśmy je z uwagą obejrzeć, ale nie na nasz barbarzyński, zachodnioeuropejski sposób, podnosząc do oczu. W Japonii należy się oprzeć łokciami na kolanach, kilka centymetrów nad podłogą, i oglądać czarkę, obracając ją powoli. W ten sposób wyraża się podziękowanie mistrzowi ceremonii. Ja jestem szczerze wdzięczna za możliwość uczestniczenia w *chadō*, bo w tej tradycji zamyka się esencja „japońskości" w moim, dość tradycyjnym rozumieniu. Szkoda tylko, że aby podziwiać ten wysmakowany rytuał, trzeba udać się do specjalnej szkoły, bo mało kto kultywuje tę tradycję na co dzień, w domu.

Społeczności gejsz można spotkać w Tokio, w Atami, Hakacie, Nagoi czy Tamazukuri, jednak słynie z nich przede wszystkim Kioto, przez ponad tysiąc lat, aż do połowy XIX wieku, oficjalna stolica Japonii („kioto" to w dokładnym tłumaczeniu „miasto stołeczne").

Miasto leży w płaskiej dolinie otoczonej górami, co zablokowało jego metamorfozę w typową dla Japonii nowoczesną metropolię. Nie ma tu dzielnic przemysłowych, wielkich fabryk i wysokościowców. Są za to sintoistyczne i buddyjskie świątynie, pałac oraz dzielnice *hanamachi*. Kioto nie zostało zbombardowane podczas drugiej wojny światowej, więc przetrwały tu zabytkowe tradycyjne domy o drewnianych ścianach, maleńkie restauracyjki, herbaciarnie. W wąskie, brukowane uliczki oświetlane wieczorem białymi i czerwonymi lampionami tylko czasami wjeżdżają samochody i to głównie po to, żeby podjechać pod jeden z domów *okiya* i zabrać gejszę na spotkanie z klientami.

W Kioto jest aż pięć dzielnic, w których żyją gejsze: Gion – tradycjami sięgająca XVIII wieku (a w niej wyróżnia się Gion Kobu i Gion Higashi), Pontochō, Kamishichiken, Miyagawachō oraz najstarsza – Shimabara. Noszą one wspólną nazwę *Gokagai*.

> *Mówisz, że nasz świat jest hermetyczny? Hmm… To prawda. Ale dlaczego tak jest…? Każda herbaciarnia ma własną tradycję i renomę, które stara się utrzymać. Właściciele dbają o jej dobre imię, dlatego nie każdego wpuszczają do środka. Jednak my, maiko, tak tego nie postrzegamy… Uważam, że nie ma nic złego w tym, że ktoś chce porozmawiać z młodą gejszą, gdy spotka ją na ulicy… To prawda, że często mówi się o nas* heisateki, *czyli ekskluzywne, niedostępne, mało towarzyskie. Może dlatego, że ludzie tak nas widzą i chcą widzieć, to takie się właśnie stajemy?*

Wiadomość o przyjeździe ekipy telewizyjnej rozniosła się po Kioto błyskawicznie, zupełnie jakbyśmy pojawili się w maleńkiej wsi, a nie w półtoramilionowym mieście… Snujemy się teraz po uliczkach w oczekiwaniu na kolejne spotkania (każde trwa z dokładnością co do minuty), ale niewiele poza tym możemy zrobić. Filmowanie gejsz na ulicach bez pozwolenia skończyłoby się zakazem filmowania w ogóle. Od początku było dla nas jasne, że w tym miejscu natkniemy się na wyjątkowe trudności. Od tego, czy zrobię dobre wrażenie na pani Hondzie, zależało, czy pozwoli mi zbliżyć się do swojej córki. Pomyślałam, że na początek zrobię wszystko, żeby w absolutnie doskonały sposób wręczyć jej moją wizytówkę. Przypomniałam sobie protokół: podać wizytówkę w palcach obu dłoni napisem skierowanym do obdarowywanego. Ukłonić się nisko. Wyrecytować swoje dane. Potem przyjąć wizytówkę od rozmówcy oburącz – palcami wskazującymi i kciukami obu dłoni. Ukłonić się nisko. Powtórzyć imię i nazwisko osoby, która przed chwilą powiedziała na głos to, co jest napisane na jej wizytówce. A przy tym pamiętać, żeby nie wsadzić wizytówki do tylnej kieszeni spodni… Tak właśnie wyglądało moje pierwsze spotkanie z Królową Lodu. Po zlustrowaniu mnie od góry do dołu zostałam wpuszczona do wnętrza szkoły dla gejsz.

Budynek okazuje się równie skromny jak poprzednie. Proste drewniane ściany, zielono-brązowe bambusowe elementy wystroju wnętrza i tylko w części przeznaczonej do występów dostrzegam misterne zdobienia w kształcie ptaków i kwiatów.

Trwają przygotowania do uroczystego przedstawienia. Na scenie pojawia się mężczyzna z deseczką i linijką, z pomocą której wyznacza miejsca, które mają zająć *maiko*. Dziewczyny muszą się trzymać wytyczonych linii co do milimetra. Ich taniec to odtwarzany od setek lat spektakl harmonii, równowagi i piękna.

– Co za chwilę zobaczymy? – szepczę do siedzącego obok tłumacza języka japońskiego.

– To *benkyōkai*, czyli pokaz wyłącznie dla rodziców i mieszkańców Kioto. Właściwie jedyna okazja, podczas której publiczność jest wpuszczana do wnętrza szkoły. Dziewczyny prezentują to, czego się nauczyły w ciągu roku. Większość z nich nie chodzi do zwykłych szkół średnich, tylko tutaj na zajęcia sztuki, muzyki i tańca. Tylko nielicznym udaje się zdobyć bilet.

Po tym wyczerpującym opisie poczułam się wyróżniona. Nasza ekipa filmowa to jedyni biali i Europejczycy w tej sali. Zasiadam w fotelu na balkonie i cierpliwie czekam na pokaz.

Złoto-niebieska kurtyna, ozdobiona wizerunkami żurawi stojących nad brzegiem rzeki, unosi się do góry. Na scenę wchodzą dziewczynki – mają najwyżej po 14-15 lat. Drobią maleńkimi stopami, jakby w ogóle nie odrywały ich od podłogi. Są dopiero kandydatkami na *maiko*. Ubrane w czarno-białe yukaty, z rękawami sięgającymi kolan i prostymi wzorami. Ich pasy *obi* są czerwone lub morelowe. Mają skromne uczesania bez żadnych ozdób. Jedyny makijaż to podkreślone na czerwono usta. Zaczynają tańczyć, jednak nie są w stanie mnie oczarować – ich ruchy są mało precyzyjne, brak im płynności, która charakteryzuje starsze koleżanki. Japoński taniec to niezwykle trudna sztuka.

Nazywam się Henshin. Przez ponad 25 lat pracowałam jako gejsza w Kioto, ale dziś zdrowie już mi na to nie pozwala. Mogę jednak jeszcze wiele dziewcząt nauczyć tego pięknego zawodu. Jeżeli któraś chce zostać maiko, *powinna wysłać do mnie podanie. Potem, jeśli list mi się spodoba, zapraszam dziewczynę na spotkanie razem z rodzicami. Czasami słyszę, że powodem zostania* maiko *jest chęć posiadania bajecznego kimona, pięknych ozdób albo po prostu stania się piękną kobietą i wtedy… Hmm… jestem zakłopotana. Zażenowana. Edukacja przyszłej gejszy to znacznie więcej! Maniery, perfekcyjna poza przy siadaniu, wiedza o świecie. Dziewczyna musi też nauczyć się mówić w dialekcie z Kioto, a jest to trudne do opanowania. Dlatego najlepiej, aby przyszła* maiko *urodziła się i wychowała w naszym mieście. Czy złoszczę się na podopieczne? Oczywiście, złość jest normalna, prawda? Trzeba słuchać uwag nauczyciela i pokornie mówić: „Ach, mamo, przepraszam, siostro, przepraszam – to do nauczycielek. Od tej pory, dobrze wysłuchawszy, obiecuję poprawę". Tego wymagam.*

Perfekcja. Nieważne, co powie nauczycielka, odpowiedź zawsze powinna brzmieć: „Tak, przepraszam". Posłuszeństwo, ukrywanie uczuć to podstawowe cechy charakteru idealnej gejszy.

– Kiedy zdarza ci się płakać? – pytam Kimichie.

Zapanowała długa, wymowna cisza. Dopiero po chwili Kimichie podniosła wzrok z podłogi i powiedziała powoli:

– Gdy sądzę, że coś jest naprawdę złe, nie podoba mi się i chciałabym o tym powiedzieć. Ale to jest w świecie gejsz zabronione.

Ostatniego dnia bycia maiko, *kiedy skończę 21 lat, moja opiekunka dokona ceremonii obcięcia włosów. Nie mogą być do pasa, ścina się je mniej więcej do ramion. Wtedy zacznę nosić perukę,* katsura.

Maiko odróżnia się od *geiko* na pierwszy rzut oka. Te młodsze (*maiko* można być od 15. roku życia do 20, góra 21 lat, geiko nawet w wieku 80 lat) używają dużo różowego pudru do makijażu, malują sobie mniejsze usta (w Gion Kobu – wyłącznie dolną wargę). Najbardziej różni się ich pas *obi*. *Maiko* nosi możliwie najdłuższą i najbardziej wzorzystą wersję upiętą lekko z tyłu, z końcami zwisającymi luźno aż po stopy. Ozdobna taśma podtrzymująca pas, zwana *obijime,* jest znacznie szersza niż u *geiko* i kolorowa, natomiast *pocchiri* (klamra) inkrustowane szlachetnymi kamieniami najczęściej przekazywane jest z pokolenia na pokolenie. We fryzurę młodej gejszy wpięte są bardzo kolorowe *hana kanzashi*, czyli wykonane z jedwabiu kwiatowe ozdoby. Kimono *maiko*, zwane *furisode,* co dokładnie oznacza „kołyszące się rękawy" (faktycznie, rękawy sięgają niemal ziemi i mają długość około 100–107 centymetrów!), jest również bajecznie kolorowe.

Kimono *geiko* wygląda bardziej klasyczne, najczęściej ma tonację beżu, szarości i granatu. Cały strój jest zdecydowanie skromniejszy, a zachowanie gejsz bardziej dostojne. Bo *geiko* to kobieta sztuki, to diament wśród klejnotów. I nie trzeba jej już dodatkowo upiększać. Błyszczy własnym światłem.

Natomiast kurtyzany, czyli podróbki gejsz – w naszym rozumieniu panie do towarzystwa – również noszą kimona, jednak pas *obi* przewiązują tak, aby węzeł wyszedł im z przodu, a nie na plecach. Łatwiej go wtedy rozwiązać i na powrót po wszystkim założyć…

Po drugiej wojnie światowej stacjonujący w Japonii amerykańscy żołnierze szukali uciech wśród tamtejszych prostytutek, a te, aby sprawiać wrażenie bardziej atrakcyjnych, często wmawiały klientom, że są gejszami. Takie

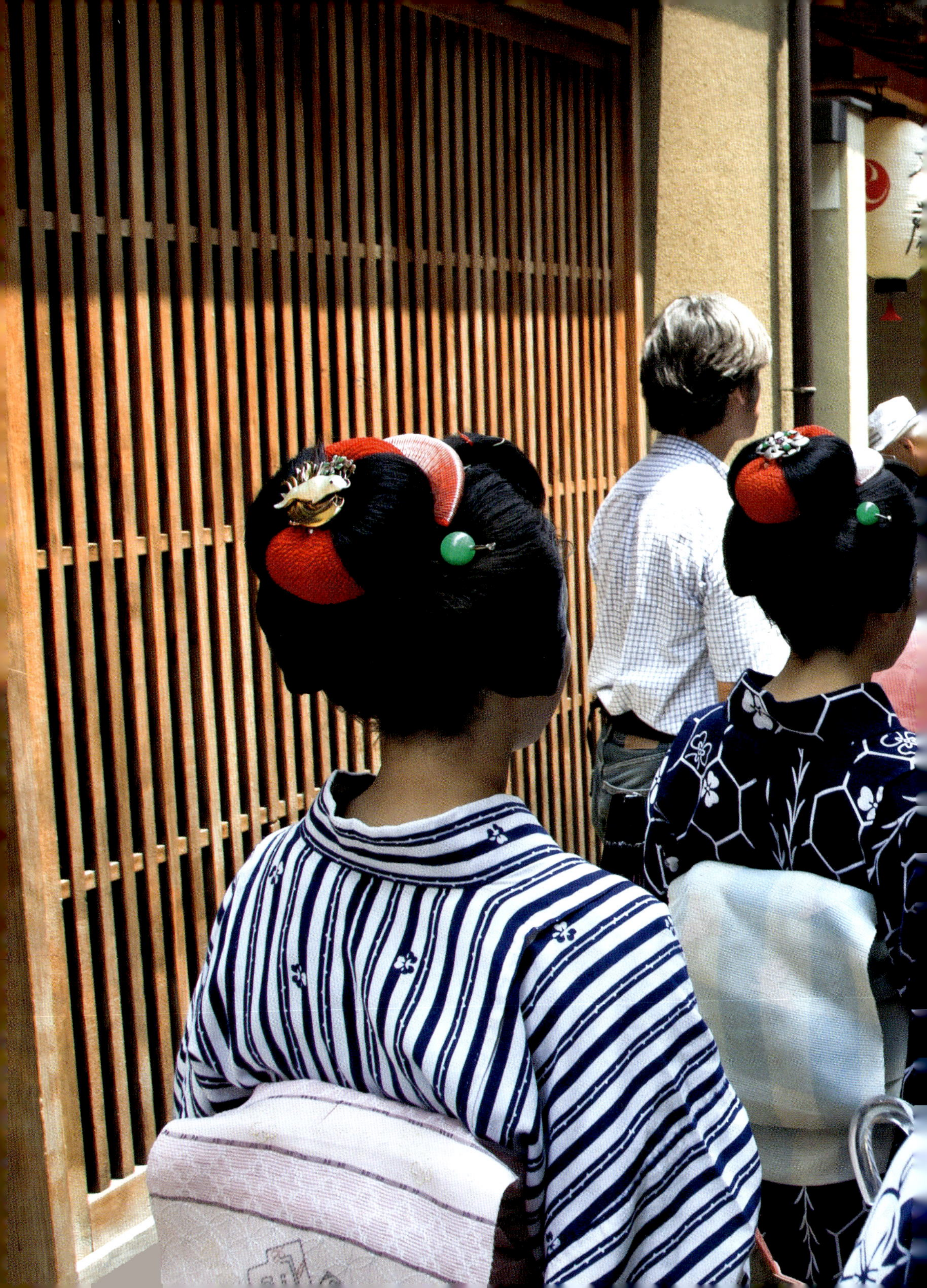

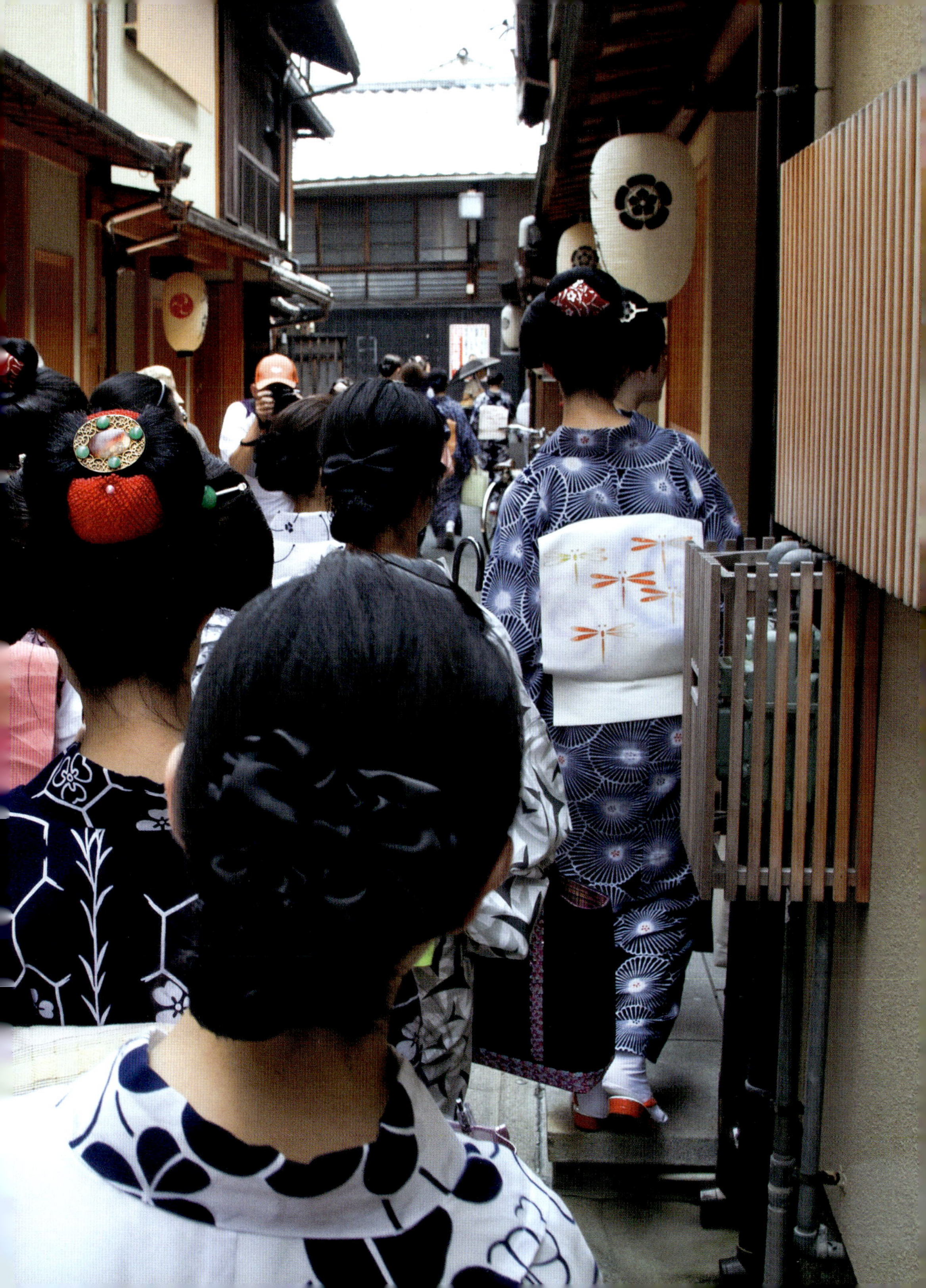

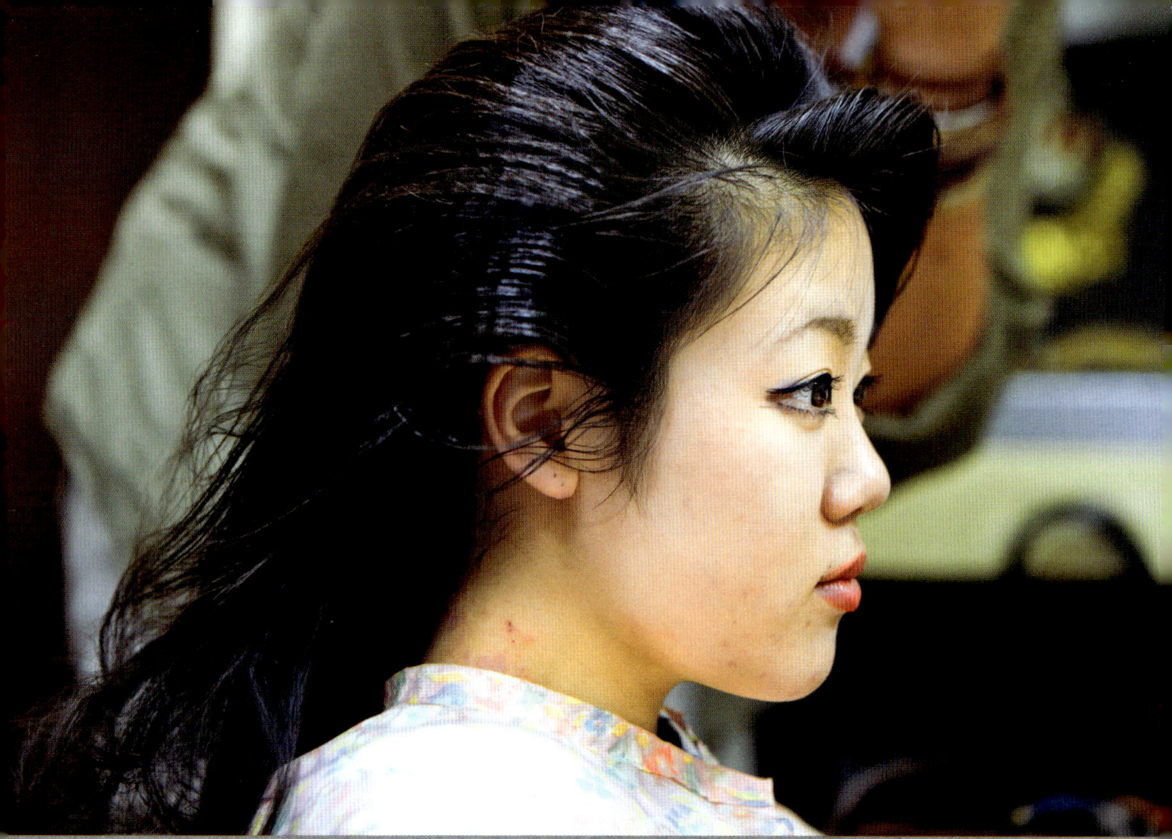

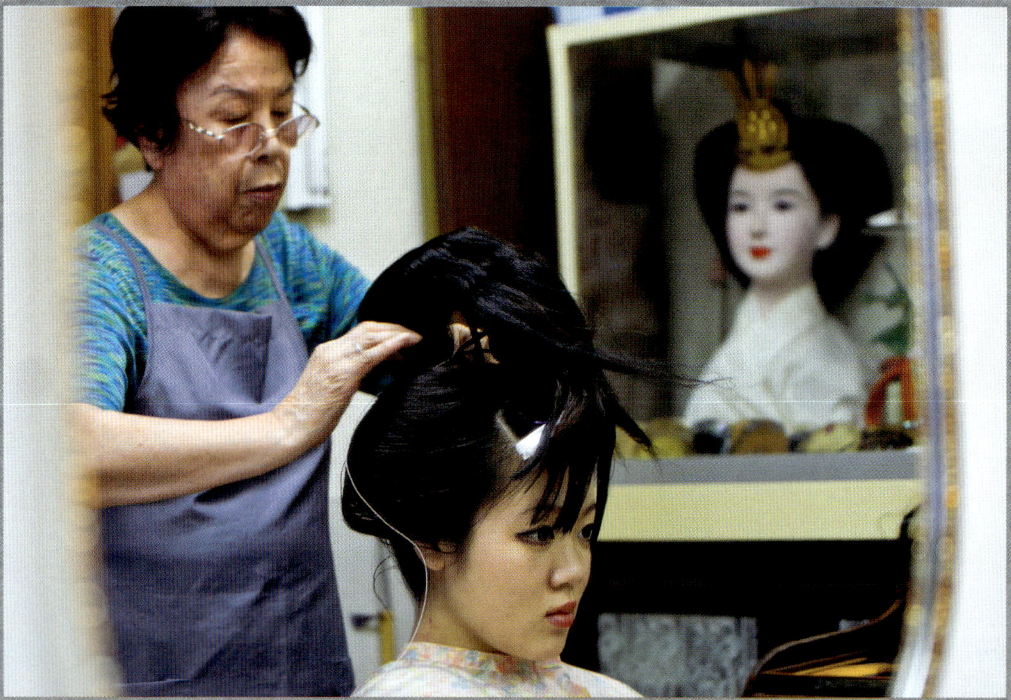

sytuacje zdarzają się i dziś. Można powiedzieć, że kurtyzany zawsze stanowiły konkurencję dla gejsz, ale ten, kto myli gejszę z prostytutką, popełnia wielki nietakt.

Jeśli na ulicy kobieta wyglądająca jak gejsza zaczepia mężczyznę i oferuje mu seks, znaczy to, że nie jest gejszą.

Idziemy do fryzjera, jakieś 100 czy 200 metrów od domu Kimichie. To zakład z tradycjami, którego właścicielką jest starsza pani wyglądająca jak była gejsza, ale nie pytam jej o to. Kimichie wita się grzecznie, odkłada parasolkę i siada do rozpięcia włosów.

Kiedy zostają z nich usunięte wszystkie wpinki, wsuwki i doczepki, w lustrze pojawia się śliczna młoda buzia. Nawet się nie spodziewałam, że dziewczyna ma tak piękne włosy! Kruczoczarne, błyszczące i gęste sięgają aż do pasa. Mimowolnie gładzę po nich Kimichie, choć czuję niestosowność tego gestu.

– Jak często rozpuszczasz włosy? – pytam.

– Raz w tygodniu przychodzę tutaj umyć głowę. Żeby usunąć tłuszcz z moich włosów trzeba najpierw użyć płynu do mycia naczyń. Potem dopiero normalny szampon, suszenie i… znów upinanie fryzury, więc nie cieszę się długo wolnością. No i raz, może dwa razy w miesiącu, kiedy mam wolne, pierwsze co robię, to właśnie rozpuszczam włosy i ubieram się normalnie. Jestem wtedy zwyczajną dziewczyną. Naprawdę! – odpowiada z szelmowskim wyrazem twarzy.

– Co wtedy robisz? Kino? Dyskoteka? Zakupy? – dopytuję.

– Idziemy z koleżankami na karaoke albo potańczyć, robimy zakupy i doskonale się bawimy. Aż do chwili, gdy trzeba wracać do domu… Mama wyznacza mi godzinę powrotu… Jest surowa, przestrzega wszystkich reguł. No wiesz, mimo że to moja mama, w pracy jest przede wszystkim przełożoną.

Okāsan, czyli „mateczka", to zawsze szefowa, nauczycielka, menedżer i księgowa w jednym. To ona prowadzi *okiya*, ustala surowy regulamin i wyznacza kary za jego złamanie, nadzoruje naukę, zapełnia terminarze podopiecznych i księgi handlowe, robi rozliczenia podatkowe. Ona też decyduje o naborze kandydatek. Akurat w Daidama Okiya mieszka teraz tylko jedna adeptka na gejszę, ale Honda-san marzy o tym, żeby wyszkolić jeszcze jedną *maiko*. Kiedy w *hanamachi* rodzi się chłopiec, przyjmowane jest to z wielkim żalem. Dziewczynki stanowią tu bowiem największy majątek i kiedy dorosną, będą utrzymywać całą wielopokoleniową rodzinę. Są jak kury znoszące złote jajka.

– Czy nie zazdrościsz zwyczajnym dziewczynom? – Korzystając z nieobecności matki, która kontroluje Kimichie (i mnie), próbuję namówić moją bohaterkę na zwierzenia.

– Bardzo im tego zazdroszczę – odpowiada i zamyśla się.

Jest zupełnie inna, kiedy nikt obcy nas nie słyszy. Poprosiła nawet operatorów, by dali jej potrzymać kamerę na ramieniu, bo chciała sprawdzić, czy to ciężka praca. Ubawiliśmy się przy tym setnie!

– A jak wyobrażasz sobie przyszłość? Zostaniesz gejszą czy odejdziesz z zawodu?

– Chciałabym mieć normalną pracę i życie, ale to na razie nie jest możliwe. Mama wciąż jest młoda i pełna sił, dlatego szybko nie przejmę od niej prowadzenia herbaciarni. Nowe życie musi po prostu poczekać. – Kimichie mówi jak dojrzała kobieta po przejściach. Obciążona ponad miarę odpowiedzialnością za rodzinę, którą utrzymuje. Sama dostaje pieniądze zaledwie na drobne wydatki.

Tymczasem fryzjerka zaczyna suszyć i rozczesywać włosy dziewczyny, żeby przygotować je do katorgi. W ruch idzie olejek kameliowy nadający im niezwykłego blasku. Rozglądam się po wnętrzu małego zakładu pełnego starych, przykurzonych sprzętów – suszarka, grzebień ze złamanym zębem, nieopisane pudełka z produktami do włosów.

Starsza pani z wprawą chwyta pierwsze pasmo, przeciąga po nim grzebieniem umoczonym w wosku i uformowaną falę upina nad czołem Kimichie w kierunku karku. Potem z rosnącą fascynacją obserwuję, jak fryzjerka wpina, podpina, wpycha we fryzurę poduszeczki ze sztucznych włosów, gąbki, a nawet papier! Co chwila wkłada tam drut, który przytrzymuje zębami i w oparciu o takie rusztowanie tworzy następną konstrukcję. Zaiste praca fryzjera w Warszawie i w Kioto znacząco się od siebie różnią…

– Co jest najtrudniejsze w byciu gejszą? – pytam Kimichie, która znów ma na głowie fryzurę nazwaną „trzy koki". Fryzjerka wieńczy dzieło spinką przystrojoną kwiatem lipca. Obecnie obowiązuje wzór bladozielony z różowymi akcentami. Kimichie przegląda się krytycznie w lustrze i odpowiada:

– Wiesz, że chyba najgorsza jest właśnie konieczność chodzenia przez cały tydzień w tej fryzurze. Nie mogę rozpuścić włosów ani do kąpieli, ani do snu. Rano muszą wyglądać idealnie – wzdycha. – Mam specjalną poduszkę, którą podkładam pod szyję. Kiedy chcę w nocy zmienić pozycję, muszę się obudzić, ułożyć od nowa i spróbować ponownie zasnąć. I tak w kółko. Czyli nigdy się nie wysypiam…

Oczywiście, że n i e uważam, że moja córka traci w ten sposób młodość i najlepsze lata! Przecież w tej szkole uczy się dobrych manier oraz naszej tradycji. Cały czas się rozwija! Kiedy porównuję ją z innymi dziewczynami w jej wieku, to widzę, że jest od nich o wiele lepsza. One nie wiedzą, na czym polega kobiecość, nie znają żadnego wstydu, przyzwoitości. Rodzice za mało rozmawiają teraz z dziećmi, nie tłumaczą im tego, co dobre, a co złe. Jeżeli nie daje się dzieciom właściwych wskazówek, skąd mają wiedzieć, jak żyć? Więc czy to młodzież jest zła? Sama nie wiem… Dziecko potrzebuje, by ktoś je poprowadził przez życie, prawda?

– Jak pani sądzi, czy gdyby córka jeszcze raz miała wybór, to zostałaby *maiko*?

Honda-san spogląda na mnie niechętnie. Pewnie zastanawia się, kiedy miałam szansę zadać Kimichie to pytanie i jaką córka dała na nie odpowiedź, czy poskarżyła się. Zaczyna więc dyplomatycznie – trochę groźnie, a trochę niepewnie.

– Być może teraz nie podoba jej się bycie *maiko* i chciałaby jak najszybciej z tym skończyć. Ale za parę lat będzie mi wdzięczna. Z radością wspomni to doświadczenie i będzie się cieszyła, że miała taką szansę – odnoszę wrażenie, że pani Honda jest głęboko przekonana o prawdziwości tych słów.

– A studia? Czy nie byłoby lepiej, żeby poszła, tak jak pani, na uniwersytet? – drążę temat.

– Patrzę na córkę i wciąż widzę, jakim jest dzieckiem, jak bardzo nie potrafi się kontrolować. Czasem marzę tylko o tym, żeby przestała mówić wszystko, co jej ślina na język przyniesie, i zaczęła w końcu zachowywać się jak dorosła kobieta – odpowiada nieco poirytowana.

– Czy Kimichie zwierza się pani? Opowiada o pracy? – zmieniam temat.

– Czasem trochę narzeka, ale niewiele mi mówi. Nawet gdy przytrafiają jej się jakieś przykre sytuacje, raczej się nie skarży.

Kiedy jesteś maiko, dowiadujesz się o rzeczach, których nie chcesz wiedzieć. Których nie powinna znać żadna dziewczyna w tym wieku. Jestem jeszcze młoda i chciałabym wierzyć, że życie tak nie wygląda, że jest piękniejsze, a ludzie są bardziej uczciwi. Ja wiem o sprawach, o których nikt zwykle się nie dowiaduje. Moi klienci zdradzają sekrety gwiazd, prezesów, polityków. Jeżeli nie ma się pojęcia o mrocznej stronie działania niektórych firm, to można się zwyczajnie cieszyć, kupując na przykład ich produkty, prawda? Wierzę, że to, czego się tutaj nauczyłam, bardzo mi się przyda w przyszłości, z drugiej strony jednak muszę znać się na milionach niepotrzebnych mi do niczego rzeczy, kojarzyć fakty z gospodarki, polityki, sportu i reszty tego typu nudziarstw, które interesują naszych klientów. Męczące są również te wszystkie rozmowy z pijanymi mężczyznami.

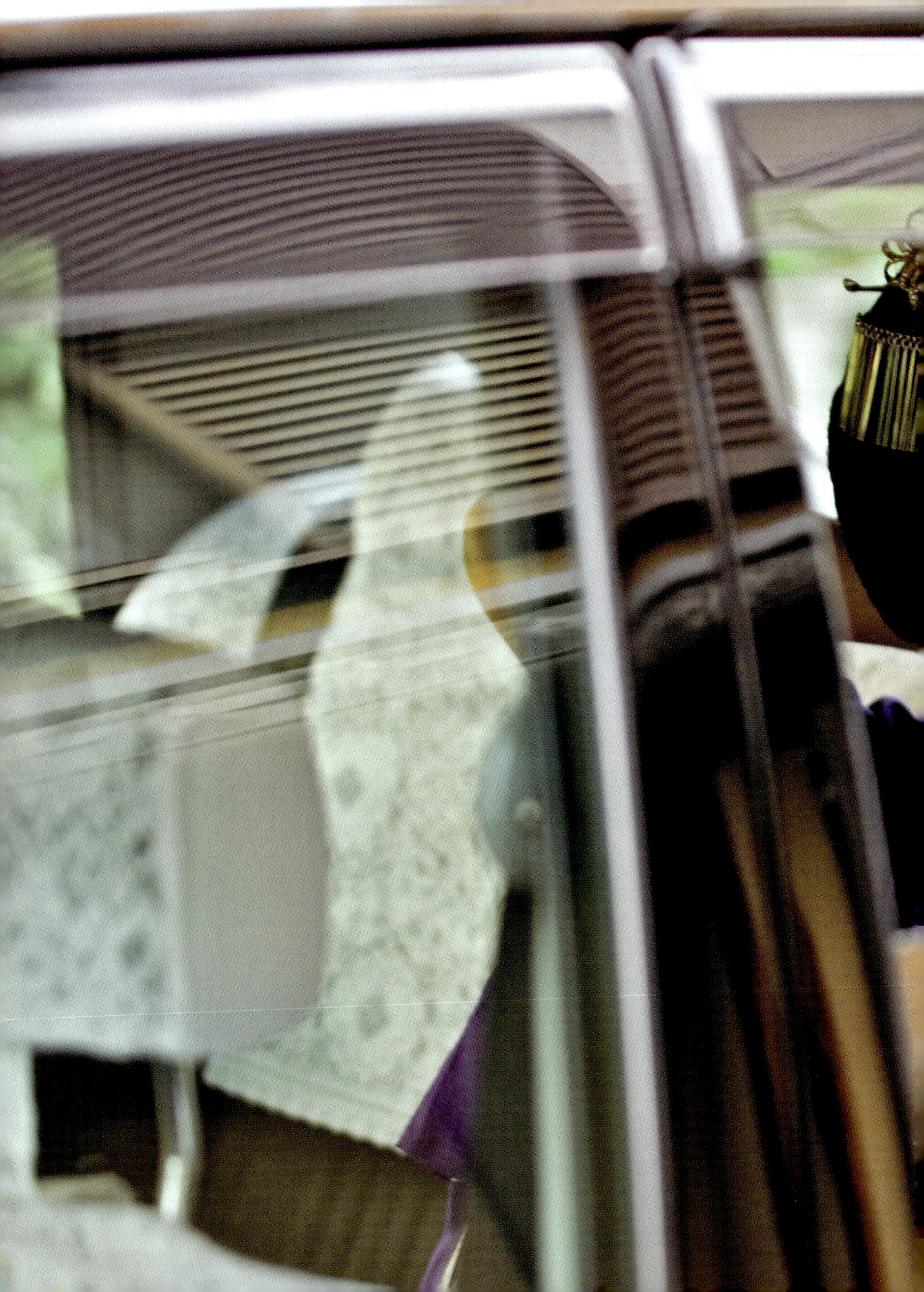

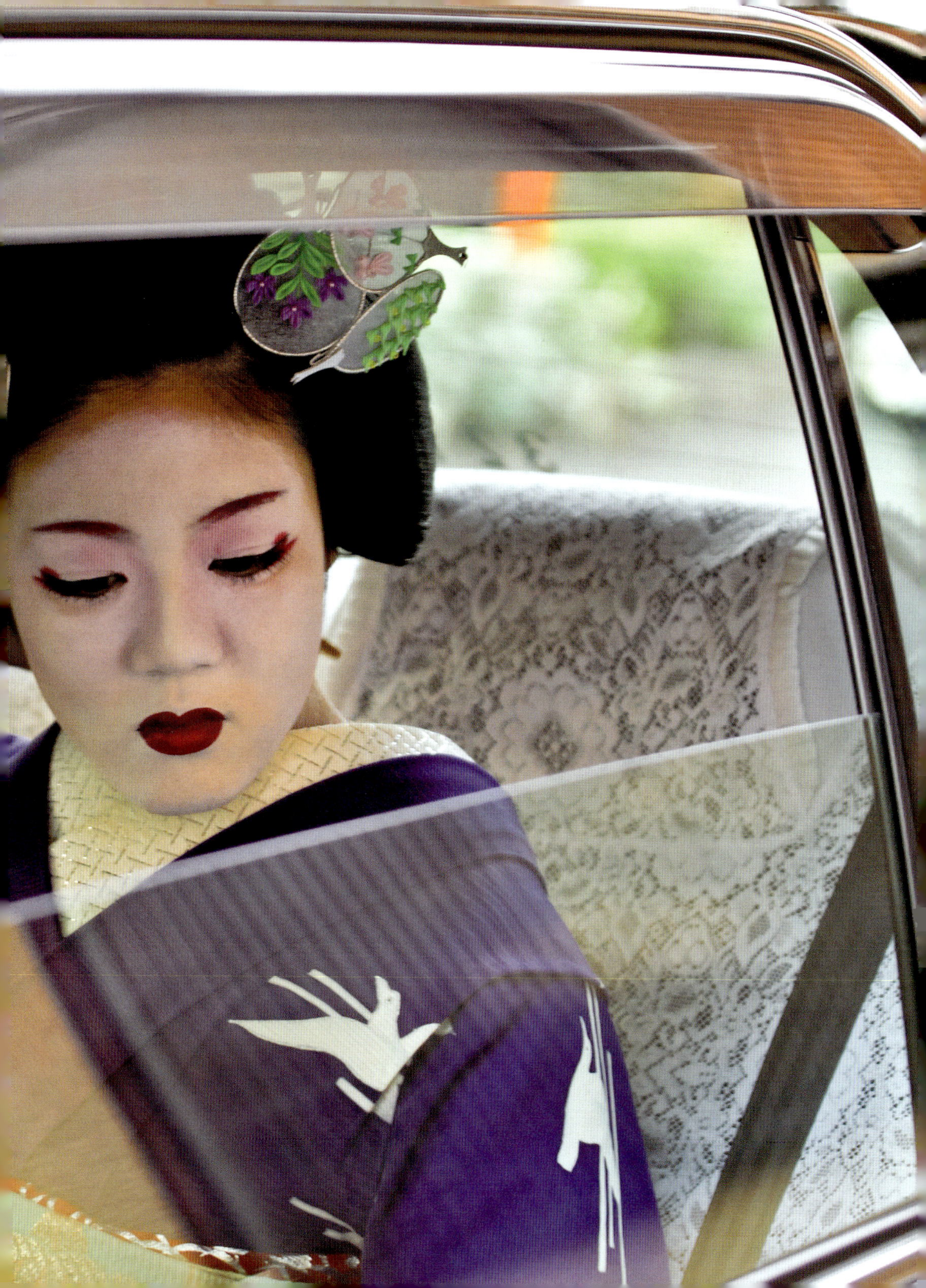

Postanawiam przeistoczyć się w gejszę tylko na jeden dzień. Z ciekawości. W tym celu spotykam się z właścicielką studia Hanagiku, która przez ponad ćwierć wieku pracowała jako gejsza. Obecnie szkoli *maiko* oraz prowadzi firmę, która za 100 czy 200 dolarów z każdej kobiety zrobi gejszę na potrzeby sesji zdjęciowej. Jest żwawa, dużo mówi, choć niewiele z tego rozumiem. Komenderuje mną po swojemu. Pomaga jej córka.

Zaczynamy od twarzy. Pokryta warstwą pudru wygląda po prostu… przerażająco. Patrzę w lustro. Obielona twarz przywołuje mi i mojej ekipie co najmniej kilka skojarzeń.

– Wyglądasz jak John Malkovich! – mówi Michał zza kamery.

– I jak transwestyta. Serio – dodaje Małgosia.

Choć pod białą pastę nakłada się specjalną, tłustą bazę, która ma zabezpieczyć skórę, czuję, jakby nagle skurczyła mi się twarz. Nie mam też śmiałości zwrócić pani makijażystce uwagi, że nadużywa koloru różowego – na obwódki oczu, na brwi. To przecież barwa zarezerwowana dla młodych *maiko*, a ja ze względu na wiek powinnam od razu zostać *geiko*. Doceniam jednak, że pani chciała być miła. Pod koniec makijażu domagam się jeszcze namalowania większych ust, bo te, które teraz mam, nie prezentują się najlepiej.

– Nie, kochana – wtrąca się starsza pani. – Normalne gejsze mają po prostu większe usta, a jak ja ci tu namaluję większe, to będą wyglądały, jakbyś mogła rybę połknąć w poprzek – kobieta zaśmiewa się z własnego żartu.

Muszę przyznać, że jak na Japonkę jest wyjątkowo bezpośrednia. Może to dlatego, że spędza sporo czasu z turystami odwiedzającymi tę dzielnicę?

– Tu pani stanie i włoży to na siebie – popycha mnie lekko w stronę lustra. Ignoruje obecność kamer.

Najpierw na gołe ciało zakładam tak zwane *shitagi*, ubranie spodnie. Na to kimonową haleczkę z cienkiego jedwabiu. I w końcu trzecią warstwę – kimono właściwe, które sama sobie mogłam wybrać. Przyznaję, że nie kierowałam się tym, jaka jest pora roku, ale wyłącznie gustem.

Każdy miesiąc ma bowiem przypisany określony zestaw kolorów i wzorów. O ile więc motywy abstrakcyjne mogą być tematem uniwersalnym, o tyle poszczególne kwiaty, ptaki i owady są ściśle przypisane do konkretnych miesięcy. I tak na przykład: styczeń to sosna, a barwy stroju to jasnozielony wierzch i ciemnopurpurowe tło. W lutym popularne są czerwone kwiaty śliwy, w marcu brzoskwinia, kwiecień kojarzy się z kwiatami wiśni. To moim zdaniem najpiękniejsze kimona – na ciemnoczerwonym tle widoczne są białe desenie. Wybrałam seledynowo-zielony strój z motywem żółtych i pomarańczowych kwiatów. Kołnierz jest ciemniejszy, co oznacza, że jestem jeszcze dziewicą, ale ponieważ mam już dwuipółletnią córeczkę, sprawa jest jasna… Nie jestem.

Każdą warstwę zakłada się w ten sam sposób – lewa poła musi zachodzić na prawą, odwrotnie ubiera się wyłącznie zmarłych. Największą sztuką jest umiejętne dopasowanie kimona do wzrostu i sylwetki, bo szyje się je w jednym rozmiarze. Nadmiar materiału starsza pani podwija wokół moich bioder i mocuje przy użyciu cienkiego sznureczka; kimono powinno sięgać do połowy pięty. Następnie wygładza nierówności, likwiduje zmarszczki. W ten sam sposób przewiązuje mi kimono drugim sznureczkiem tuż pod biustem, by się nie poluzowało. Nie ma bowiem żadnych guzików ani zapinek, a taki strój musi zachować nienaganny wygląd często nawet kilkanaście godzin.
– Ach, czasem tęsknię za tym zawodem – wzdycha emerytowana gejsza. – Zawsze kochałam sztukę. Wyobrażasz sobie, że przez 26 lat zajmowałam się wyłącznie parzeniem herbaty, tańcem, śpiewem… Ale nie jestem już w stanie tańczyć, doktor mi zabronił. I co mi pozostało? – Nagle kobieta się ożywia. – O, zobacz, tutaj mam zdjęcie! Nawet Richard Gere kiedyś nas odwiedził. Widzisz? Tu obok jestem ja! – z dumą pokazuje mi fotografię, na której faktycznie uwieczniony jest hollywoodzki gwiazdor w towarzystwie gejszy.

Obi wiąże się na ściśle określonej wysokości, tak aby całkowicie pokrywał przeponę. W wersji „dla panienek" powinien zachodzić na piersi, w wersji „dla mężatek" należy zawiązać go tuż pod biustem. Pas podtrzymuje plecy, uniemożliwia garbienie się i przechylanie na boki, ułatwia więc siedzenie w japońskim stylu. Może być wiązany na kilkanaście sposobów, które zależą od rodzaju kimona, wieku i stanu cywilnego kobiety oraz okazji, na jaką wkłada ten odświętny strój. Najbardziej fantazyjne i wymyślne formy stosowane są dla kimon panieńskich. Dla mnie najpiękniejszy jest chyba węzeł zwany *ruricho musubi*, który wygląda jak olbrzymia kokarda lub motyl z rozłożonymi szeroko skrzydłami.
Pas *obi* uszyty jest najczęściej z jedwabiu wyszywanego złotą i srebrną nicią. Może mieć długość nawet 6 czy 7 metrów, a szerokość niemal do metra. Pod *obi* z przodu dla usztywnienia i w celu wyeliminowania niepożądanych zmarszczek wkłada się specjalną deseczkę – płaską, cienką i sztywną. Na plecach wsuwa się z kolei pod węzeł poduszeczkę zwaną *obimakura*, która nadaje mu odpowiednio godny kształt. Dla ozdoby, ale i jako dodatkowe zabezpieczenie całej tej konstrukcji potrzebna jest jeszcze *obijage*, czyli szarfa podtrzymu-

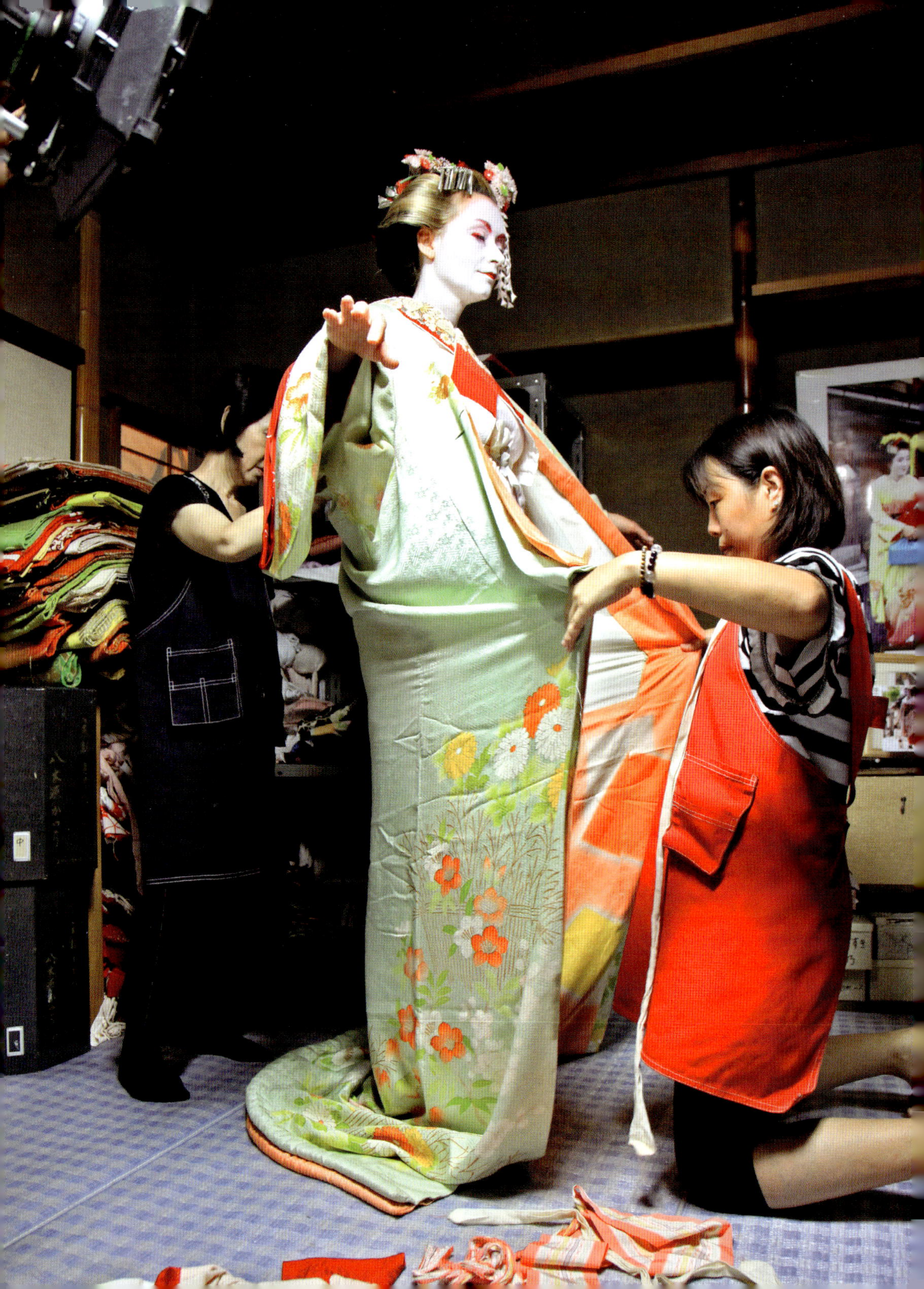

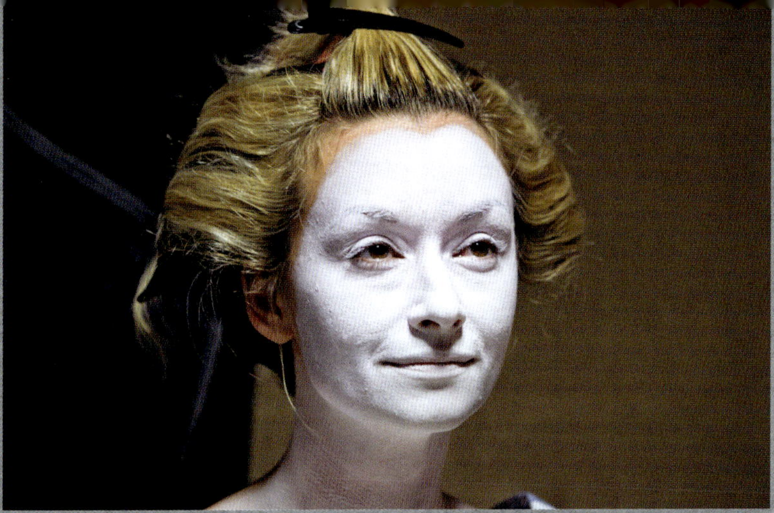

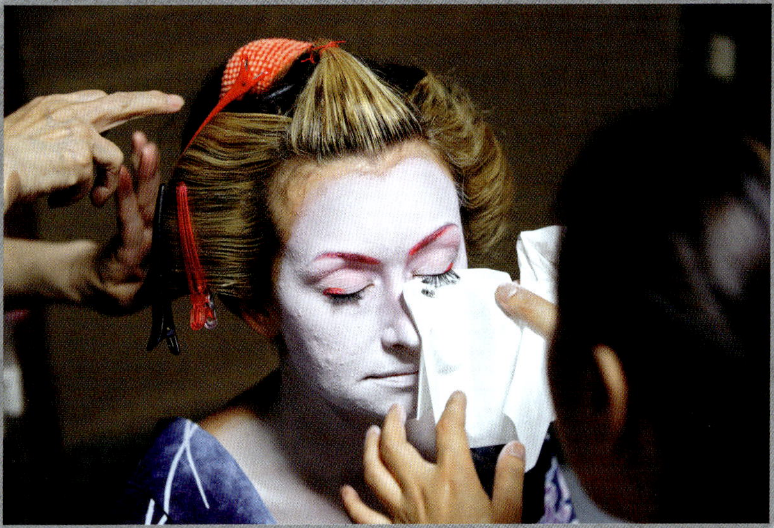

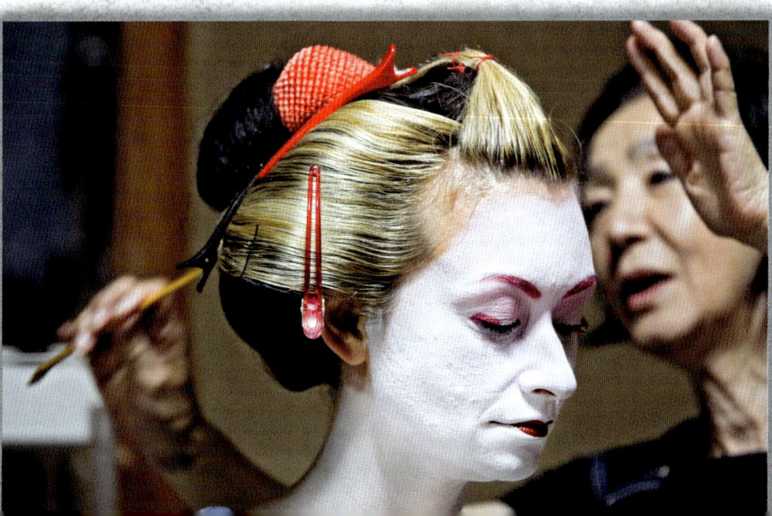

jąca *obi*, oraz specjalny sznureczek *obijime* wiązany na zewnątrz. Poza tym, że stabilizuje pas, stanowi też niezbędny element dekoracyjny całego stroju. Uff… Teraz przestaje mnie dziwić, że kompletny strój gejszy to wydatek rzędu od 10 do kilkudziesięciu tysięcy dolarów. Metamorfoza trwa około godziny, może dwóch. Ale ten czas wystarcza mi w zupełności, by upewnić się, że nie mogłabym codziennie znosić tego rytuału.

Zostaje mi jeszcze założyć *tabi*, czyli skarpetki uszyte z cienkiego płócienka, które jednak nijak nie dają się naciągnąć na moje „czterdziestki". Prawidłowo noszone powinny sięgać grubo powyżej kostki; z boku od wewnątrz mają rozcięcie, które zapina się na metalowe haftki. Japonki zawsze zakładają *tabi* o numer za małe, aby ładnie opinały stopę – u mnie największy rozmiar skarpetki kończy się mniej więcej w połowie kostki, haftkę zdołałam zapiąć raptem jedną i to z wielkim trudem. Na koniec wkładam drewniane sandały na bardzo grubej podeszwie. I już bez przeszkód niczym Guliwer wkraczam w krainę liliputów…

„Chód kobiety winien być jak fala szeleszcząca po piaszczystym cyplu" – przypomina mi się cytat z „Wyznań gejszy" Arthura Goldena. No cóż, ja czuję się jak kobieta, która pierwszy raz założyła dziesięciocentymetrowe szpilki. Jeżeli nie skręcę kostki, to będzie cud, szczególnie że wychodzę na (brukowane, o zgrozo!) ulice Kioto. Patrzę z zazdrością, jak obok mnie Japonki suną maleńkimi kroczkami i, co jest w dobrym tonie, stawiają stopy do środka. Ja w kółko się potykam. Nie jestem w stanie jednocześnie podtrzymywać długiego kimona, poprawiać peruki, która wraz z ozdobami waży jakieś 3 kilogramy, i iść. Poza tym z nerwów jest mi gorąco i niewygodnie. Jednak nagle, kiedy przechodzę na drugą stronę ulicy, błyskają flesze. To turyści. Właśnie zobaczyli kolorowego „motyla nocy". Czyli mnie. Aż trudno uwierzyć, że nie są w stanie odróżnić tak nieudolnej podróbki od oryginału.

Jaki jest największy skarb kobiety w Japonii? Mężczyzna. Również w życiu gejszy odgrywa on kluczową rolę. To dla niego stroi się godzinami, dla niego się uczy, jego ma zabawiać i jemu usługiwać. Aby go zdobyć, godzi się na wielogodzinną katorgę u fryzjera, białą tapetę na twarzy, ciężkie kimono. Każda bowiem gejsza marzy o własnym *danna* – patronie.

Gejsza, uprawiając swój zawód, nie może liczyć na męża, to przekreśliłoby jej karierę. Może być matką, ale nie może być żoną. Dlatego w Daidama Okiya mieszka pięć kobiet – Kimichie, jej mama, babcia, młodsza siostra matki, bywa też starsza siostra, o której jednak się nie mówi. Mężczyzn brak i nie wypada o nich pytać. I tak jest w każdym domu gejsz. Chłopcy, jeśli już na nieszczęście urodzą się w takiej rodzinie, mogą mieszkać w społeczności *hanamachi* do 15. roku życia. Potem są oddawani do szkoły z internatem albo zostają *otokoshi*, czyli garderobianymi, bo niewiele jest dla nich zajęć w świecie kolorowych motyli.

Oczywiście najlepiej, żeby *danna* był mężczyzną młodym, przystojnym, mądrym i bogatym. Trudno jednak znaleźć człowieka skupiającego w sobie tyle pięknych cech naraz. Nawet w Japonii. Gejszy wystarczy więc, by jej *danna* był bogaty, dodatkowo powinien być stałym i dobrze znanym klientem *hanamachi*. W praktyce oznacza to, że *danna* to najczęściej starszy i żonaty mężczyzna. To on wybiera sobie gejszę, a ona godzi się na taki układ lub nie. Jeśli się zgadza, następuje zawarcie ustnej umowy, w której określa się wysokość wsparcia finansowego, które *danna* co miesiąc będzie przeznaczał na utrzymanie swojej *geiko*. Poza gratyfikacją finansową kobieta dostaje też nowe kimona i *obi*, w zamian towarzyszy patronowi w teatrze i podczas imprez artystycznych. Okazuje mu szacunek, uwagę i posłuszeństwo. Oczywiście gejsza zazwyczaj ma w swoim życiu kilku *danna*, ale przelotne i krótkotrwałe romanse przynoszą jej ujmę i hańbią ją.

Jeżeli dziewczyna ma szczęście, jej patron spłaca *okiya* i funduje jej własny dom. Dziewczyna zostaje wtedy *okāsan* i przestaje być gejszą.

Próbuję zweryfikować te informacje u źródła, czyli u matki Kimichie.

– Przykro mi, ale to jest sekret, a jeżeli się go zdradzi, to przestanie być sekretem – odpowiedź krótka, acz dyplomatyczna. I jak dla mnie aż nadto wymowna.

Dawniej do *danna* należał przywilej uczestniczenia w ceremonii *mizuage* (dosłownie – wyniesienie wody), która oznaczała przejście *maiko* w dorosłość. Odbywała się pomiędzy jej 13. a 15. rokiem życia. Mówi się, że *mizuage* to jeden z największych jednorazowych zastrzyków pieniężnych, jakie gejsza może otrzymać w całej swojej zawodowej karierze. Rytuał odebrania dziewictwa, bo na tym ta ceremonia polegała, trwał siedem nocy – ostatniej para znajdowała na łóżku trzy jajka. *Danna* zjadał żółtko, a białkiem smarował uda *maiko*. Potem mogło dojść między nimi do zbliżenia… Utratę dziewictwa symbolizowała *erikae* – zmiana kołnierza przy kimonie z czerwonego na biały oraz fryzury z *wareshinobu* na *ofuku*.

Podobno współczesne *maiko* i gejsze nie przechodzą ceremonii *mizuage*. W 1958 roku zwyczaj ten uznano za nielegalny po wprowadzeniu w Japonii praw antyprostytucyjnych. A jak jest w praktyce?

– Przykro mi, ale nie mogę odpowiedzieć na to pytanie – właściwie nie spodziewałam się innej odpowiedzi od Honda-san.

Po kilku dniach starań, poprawnego zachowania, siadania jak należy, kłaniania się, przepraszania (tak na wszelki wypadek) i zachwalania kultury japońskiej nareszcie dostąpiłam zaszczytu zobaczenia, jak wygląda wnętrze domu Kimichie. Miałam obserwować, jak *maiko* przygotowuje się do wyjścia na przyjęcie. Zostałam zaproszona z jedną kamerą i tłumaczem do salonu i mimo umówienia się na konkretną godzinę czekałam naprawdę długo. Było warto.

– Maiko-san jest na górze w swojej sypialni – pani Honda zagląda przez rozsuwane drzwi i zastaje mnie niemal śpiącą na macie tatami.

Drewniane schody prowadzą wprost do pokoju Kimichie. Góra domu jest urządzona w sposób bardziej nowoczesny, pomieszczenia oddzielają drzwi. Trochę to kłóci się z moim wyobrażeniem mojej bohaterki, która bardziej mi pasuje do ascetycznego wnętrza i ścian z papieru ryżowego.

Sypialnia dziewczyny wygląda jak pokój studencki w akademiku. Proste, jasne meble, zwyczajne łóżko zamiast tradycyjnego w japońskich domach futonu. Na ścianach zdjęcia modelek z zachodnich żurnali, kilka prywatnych fotografii. W rogu stoi wieszak z „cywilnymi" ubraniami – dostrzegam białe koszule niedbale przewieszone, spodnie „szarawary", tak ostatnio modne. Ważne miejsce w pokoju zajmuje sporej wielkości plazmowy telewizor i trochę dziewczyńskich drobiazgów – rzeźba kota, ramki ze zdjęciami, jakieś zabawne figurki, pluszaki.

– *Konnichiwa* – *maiko* pojawia się bezszelestnie i z uśmiechem zagląda do własnego pokoju, który ja dosłownie skanuję wzrokiem.

Czuję się, jakbym została przyłapana na gorącym uczynku.

– *Konnichiwa* – odpowiadam uśmiechem.

Kimichie ma już na sobie spodnią warstwę kimona. Prosi, żebyśmy rozpoczęli filmowanie, dopiero gdy nałoży na twarz białą warstwę makijażu. Gejsza zawsze sama robi sobie makijaż. Dzięki temu wchodzi w rolę i skupia się przed występem…

Od tej chwili przez ponad godzinę nikt z nas nie mówi ani słowa.

Kolor biały jest uważany w japońskiej kulturze za bardzo erotyczny. Kiedyś gejsze smarowały buzie zwykłym talkiem rozbełtanym w wodzie, a te zamożniejsze nakładały na siebie odchody skowronków. Poza pożądanym kolorem działały one niczym ekskluzywny odżywczy krem, po którym skóra robiła się delikatna i gładka. Dziś każdy sklep kosmetyczny dla gejsz oferuje porządne kosmetyki do bielenia twarzy. Nakłada się je specjalnym pędzelkiem od linii włosów do linii głębokiego dekoltu oraz na kark.

Z tyłu mniej więcej od linii ucha z obu stron pod skosem do dołu szyi zostawia się kawałek niepomalowanej skóry. Kark jest bowiem najbardziej erotyczną częścią ciała gejszy i ponoć właśnie ten pozbawiony makijażu fragment robi na mężczyznach największe wrażenie. Następnie całość się pudruje i przechodzi do podkreślania szczegółów twarzy. Poza pastą do bielenia reszta kosmetyków wygląda zwyczajne, dostrzegam kredki i cienie znanych producentów. Linia brwi oraz linie wokół oczu u młodych *maiko* mają mocno czerwony kolor, jednak w miarę upływu czasu gejsza stosuje coraz ciemniejsze odcienie, by w końcu, będąc już dojrzałą *geiko*, używać wyłącznie czerni. Szminka znajduje się w specjalnym pudełeczku i Kimichie nakłada ją pędzelkiem. Młode gejsze malują usta mniejsze, niż mają w rzeczywistości, później dopiero naturalnej wielkości.

Niemal przestaję oddychać i z fascynacją śledzę dokładnie każdy jej ruch. Obserwuję poszczególne etapy tego spektaklu i jestem nim urzeczona. Przypomina mi się fotoreportaż o gejszach zrobiony przez znaną fotografkę National Geographic, Jodi Cobb. W nakładaniu makijażu faktycznie jest coś z wchodzenia w rolę. Kimichie z wesołej, zabawnej dziewczyny, którą była jeszcze przed chwilą, przeistacza się w kobietę świadomą swojego magnetyzującego działania. Podobno prawdziwa gejsza potrafi zatrzymać mężczyznę jednym spojrzeniem…

Otokoshi, garderobiany, czeka już za drzwiami. Zgodnie z regulaminem strój gejszy ma ważyć około 20 kilogramów, a jego elementy powinno się zakładać w ściśle określonej kolejności. Potrzeba do tego siły – stąd obecność tego mocno zbudowanego mężczyzny z certyfikatem uprawniającym do ubierania w kimono. Każdego popołudnia chodzi on od jednego *okiya* do drugiego.

Zabawne, ale odnoszę wrażenie, że mężczyzna lepiej wie, gdzie dziewczyna trzyma poszczególne przedmioty, niż ona sama. Nie pytając o zgodę, sięga do górnej szuflady szafki pod oknem i wyjmuje z niej piękne, ciężkie kimono. Materiał mieni się fioletem i czerwienią – ekstrawaganckie połączenie, które nagle wydało mi się niezwykle piękne.

– *Otokoshi* jest dla mnie jak przyjaciel. Przy nim mogę płakać i śmiać się, mówię mu o moich rozterkach i on zawsze potrafi mnie pocieszyć – zwierza się

Przygotowania do wieczoru z klientami to kilkugodzinny rytuał. Zaczyna się od pokrycia twarzy białym podkładem, wykonania precyzyjnego makijażu oczu i ust. Natomiast do założenia kimona i zawiązania pasa *obi* niezbędna jest pomoc silnego mężczyzny.

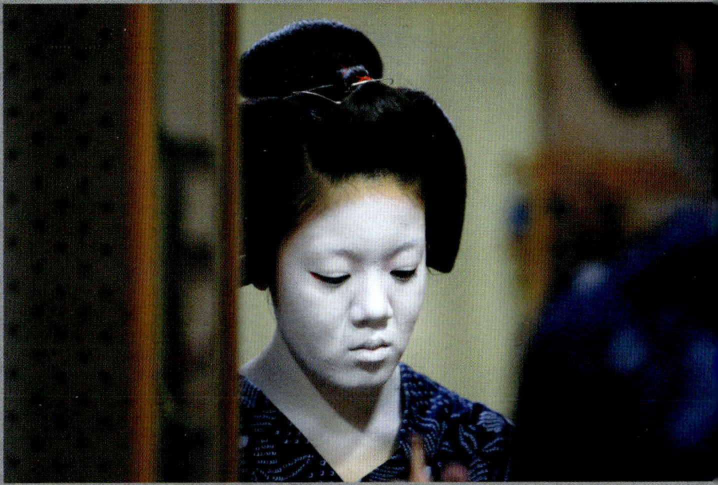
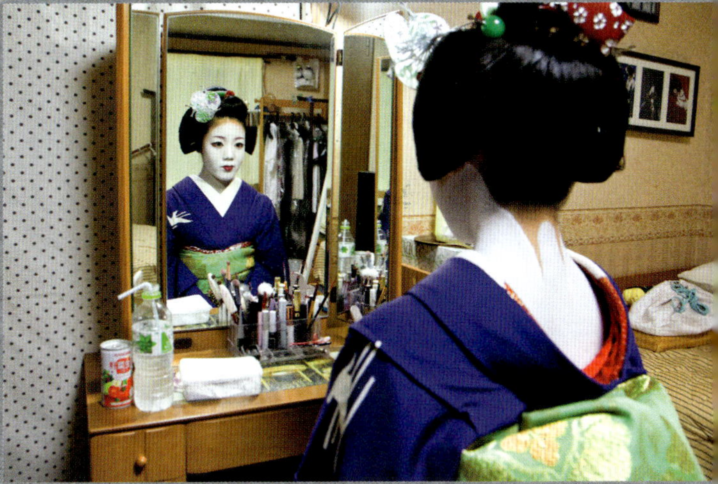
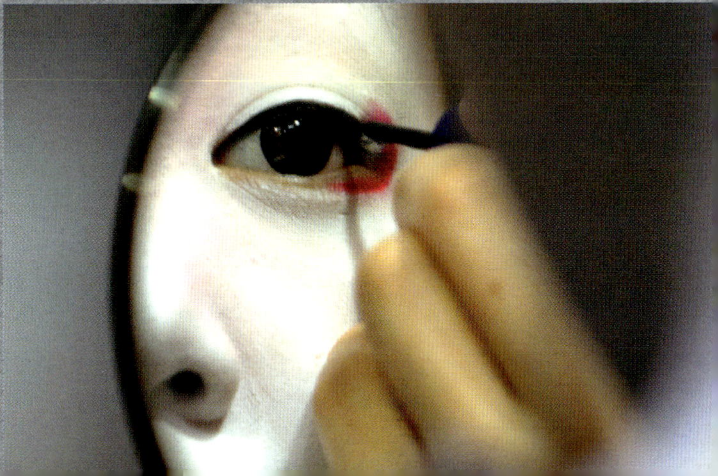

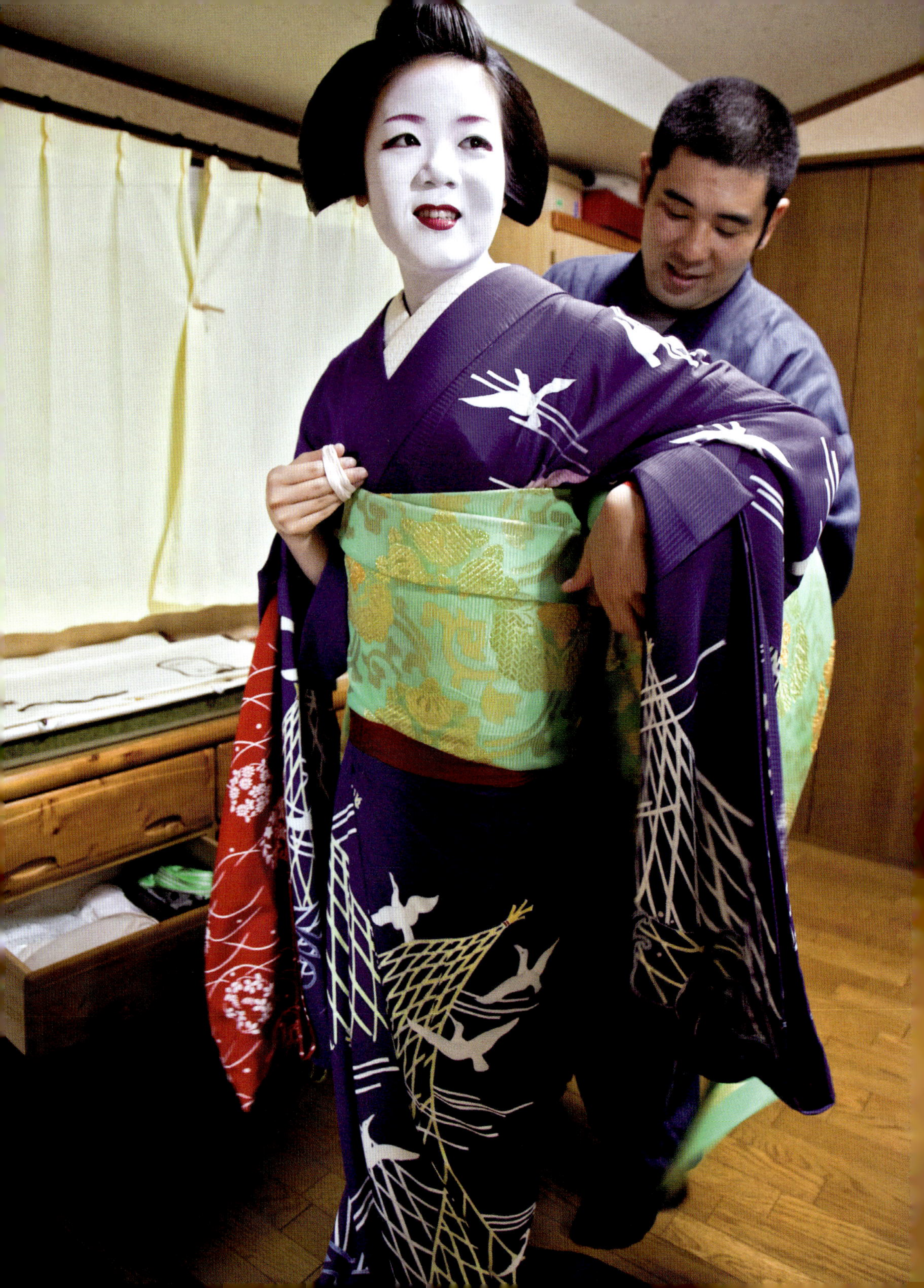

Kimichie, spoglądając z wdzięcznością na rosłego mężczyznę w tradycyjnym, niebieskim stroju.

Ubrana Kimichie żegna się z garderobianym, a ja korzystam z okazji i proszę mojego tłumacza, który pełni niestety też funkcję cerbera (wybrała go matka Kimichie), żeby zostawił nas na chwilę, na wspólne zdjęcia.

– Ponieważ jest dużo luster, musimy zostać same, bo wszyscy się w nich odbijacie – dodaję, żeby uwiarygodnić moją prośbę.

Siadamy na łóżku. Dwie kobiety z dwóch różnych światów.

– Co dzisiaj będziesz robić? – przechodzę na angielski.

Kimichie mówi całkiem płynnie, choć jak większość Japończyków nie lubi posługiwać się obcym językiem. Wynika to z nieustannego dążenia do perfekcji we wszystkim, co robią.

– Idę na przyjęcie, będzie na nim pięć osób. Zamówiona jestem od dwudziestej do dwudziestej drugiej, może zostanę trochę dłużej. Dziś mam spokojny dzień.

Biorę do ręki ramkę ze zdjęciem stojącą koło telewizora. – A to kto? – pytam machinalnie.

– Ja i moja przyjaciółka.

Z fotografii patrzy na mnie śliczna dziewczyna. Nie rozpoznałam w niej Kimichie – mocny makijaż zdecydowanie dodaje jej lat. Przyjaciółki siedzą przy stoliku przytulone do siebie głowami i uśmiechnięte szeroko. Kimichie cieszy się, że udało się jej mnie zaskoczyć.

– Nosisz barwiące soczewki kontaktowe, prawda? – przyglądam jej się z bliska.

Dziewczyna się czerwieni. – To sekret, ciii – przykłada palec do ust. Po chwili jednak śmieje się głośno. – W naszej kulturze duże oczy uchodzą za ładne, więc noszę soczewki, które nadają mojemu spojrzeniu głębi.

Mój wzrok pada na stos płyt DVD. Na samym szczycie jest „Ocean's 13", znany hollywoodzki film w reżyserii Stevena Soderbergha.

– Fajny? – pytam od niechcenia. (Osobiście uważam, że „11", czyli pierwsza część, była najlepsza).

– Nawet fajny. Lubię filmy akcji.

Dysonans. Piękna *maiko* w tradycyjnym stroju, a tu z płyty patrzą na mnie przystojniaki z George'em Clooneyem na czele…

– Który ci się najbardziej podoba? Ja kocham Brada Pitta, jest super!

– Brad Pitt? No nie… – Kimichie wydyma usteczka. – To Matt Damon jest najprzystojniejszy. Uwielbiam go! – jest podekscytowana.

Nie wierzę w to. Jest to tak nierealna sytuacja, że zaczynam się głośno śmiać.

– Najbardziej jednak z aktorów podoba mi się Johnny Depp. Zazdroszczę Vanessie Paradis – mówi i teraz śmiejemy się już obie.

Po opuszczeniu domu Kimichie długo jeszcze o niej myślę. O tym, że najlepsze lata poświęca na rzeczy, które tak naprawdę nie sprawiają jej przyjemności.

Hanamachi, dzielnice kwiatów, są wydzielonymi obszarami miasta posiadającymi własną administrację. Społeczność, która tam mieszka, tworzy sieć wzajemnych powiązań. Centralne miejsce zajmują w niej gejsze. To dzięki ich klientom malarze i producenci tkanin na kimona, sprzedawcy, perukarze, wytwórcy ozdób do włosów i kosmetyków, dostawcy i organizatorzy przyjęć mogą nadal wykonywać swoje profesje. Bez tych wszystkich osób czarodziejski świat pełen tajemnic zapewne by nie przetrwał.

Życie dzielnicy kwiatów skupia się w tradycyjnych herbaciarniach, które wyróżniają przesuwane drzwi wejściowe i okna na parterze zasłonięte delikatnie tkanym ratanem lub bambusowymi żaluzjami. Herbaciarnia *(ochaya)* to miejsce, które musi zapewniać klientom dyskrecję, ułatwić swobodne zachowanie, wyjście na jakiś czas z oficjalnej roli opanowanego urzędnika, sztywno skrępowanego nakazami etykiety.

Nic z tego, co wydarzy się podczas spotkania z gejszami, nie powinno wydostać się na zewnątrz, zwłaszcza w przypadku, gdy pijany „samuraj" powie zbyt wiele lub będzie poczynał sobie zbyt śmiało. W tych ekskluzywnych klubach bywają tylko stali klienci. Aby się tu dostać, trzeba zostać poleconym, a i to nie zapewni od razu spotkania z gejszą. Wzajemne zaufanie i szacunek są podstawą funkcjonowania herbaciarni. Za każde przyjęcie i towarzystwo gejsz płaci fundator zabawy. To z jego inicjatywy odbywa się spotkanie, to on przyprowadza ze sobą gości. Na nim też spoczywa odpowiedzialność za ich zachowanie, dlatego kiedy ktoś zaprosi cię na przyjęcie z gejszami, możesz być pewien, że okazuje ci w ten sposób zaufanie albo daje dowód przyjaźni.

Na wieczór w towarzystwie gejsz nie stać przeciętnego Japończyka. Mogą sobie na to pozwolić bogaci biznesmeni, politycy i gwiazdy. Bywanie na imprezach z gejszami należy do dobrego tonu – mówi nie tylko o zamożności klienta; podnosi też jego prestiż i świadczy o wysokiej kulturze… Kiedy reżyser „Wyznań gejszy" przygotowywał się do kręcenia filmu, odwiedził słynną herbaciarnię w Kioto. Spędził w towarzystwie gejsz całą noc. Za tę jedyną w swoim rodzaju dokumentację zapłacił 10 tysięcy dolarów…

Ja mam możliwość biernego obserwowania takiego spotkania. Siadam w kącie *zashiki* (pokój wyłożony matami, oznacza także rodzaj przyjęcia, które odbywa się, gdy występuje tam gejsza). Uważam przy tym, żeby mimo zmęczenia nie oprzeć się o ściany, które w tradycyjnym budownictwie są wyjątkowo delikatne. Na środku stoi niski stół zastawiony *sushi* i *sashimi* (cienkie plastry surowej ryby) oraz marynowanymi warzywami. Do wyboru są też *tempura*, czyli owoce morza, i warzywa smażone w głębokim oleju.

Goście już biesiadują. Dziś są to dwaj dobrze sytuowani mężczyźni, towarzyszy im starsza kobieta. Właściciel popularnej w Kioto restauracji jest w zwyczajnym stroju – luźna, rozpięta koszula i proste spodnie, znany architekt ma na sobie yukatę w kolorze ciemnoszarym. Przez cały czas hostessa podaje im jedzenie i wykwintne alkohole.

Świat gejsz zawsze kojarzył się z pięknem, zmysłowością i erotyzmem. Mało kto jednak wie, że do obowiązków gejszy należy też picie nalewanej przez nią sake i to w tym samym tempie co klienci.

Rozsuwają się drzwi. W korytarzu klęczy Kimichie. Żeby wejść, musi kucnąć przed drzwiami (w kimonie z trzech warstw, z deseczką oraz z poduszeczką!) i z gracją je otworzyć. Kimichie przepuszcza swoją starszą siostrę *onēsan*, po czym sama wchodzi i znów na kolanach zamyka za sobą drzwi. Obie witane są entuzjastycznie, ale widać, że prawdziwy podziw wzbudza Kimichie. Goście są wyraźnie ożywieni, oczy im błyszczą. Nie tylko od alkoholu. Są zachwyceni, że mogą spędzić dwie godziny w towarzystwie gejsz.

Starsza siostra i opiekunka Kimichie jest już *geiko*. Wygląda mniej atrakcyjnie niż jej tryskająca młodością i energią podopieczna, widać, że całonocne imprezy bywają męczące. Jest jednak miła i jak się okazuje – bardzo lubiana.

Każda młoda uczennica podczas specjalnej ceremonii zaślubia *onēsan*, która od tego momentu staje się jej nauczycielką, przewodniczką, obrończynią. Związek kobiet przypieczętowuje wspólny toast trzema łykami sake z trzech różnych czarek. *Maiko* otrzymuje wówczas nowe imię tworzone zazwyczaj od imienia starszej siostry. Data ceremonii wybierana jest zgodnie z japońskim horoskopem, bowiem gejsze są bardzo przesądne. Dzień po zaślubinach *maiko* oficjalnie debiutuje w społeczności *hanamachi*. Obchodzi wtedy wszystkie najważniejsze herbaciarnie w swojej dzielnicy, po czym udaje się na bankiet zorganizowany na jej cześć.

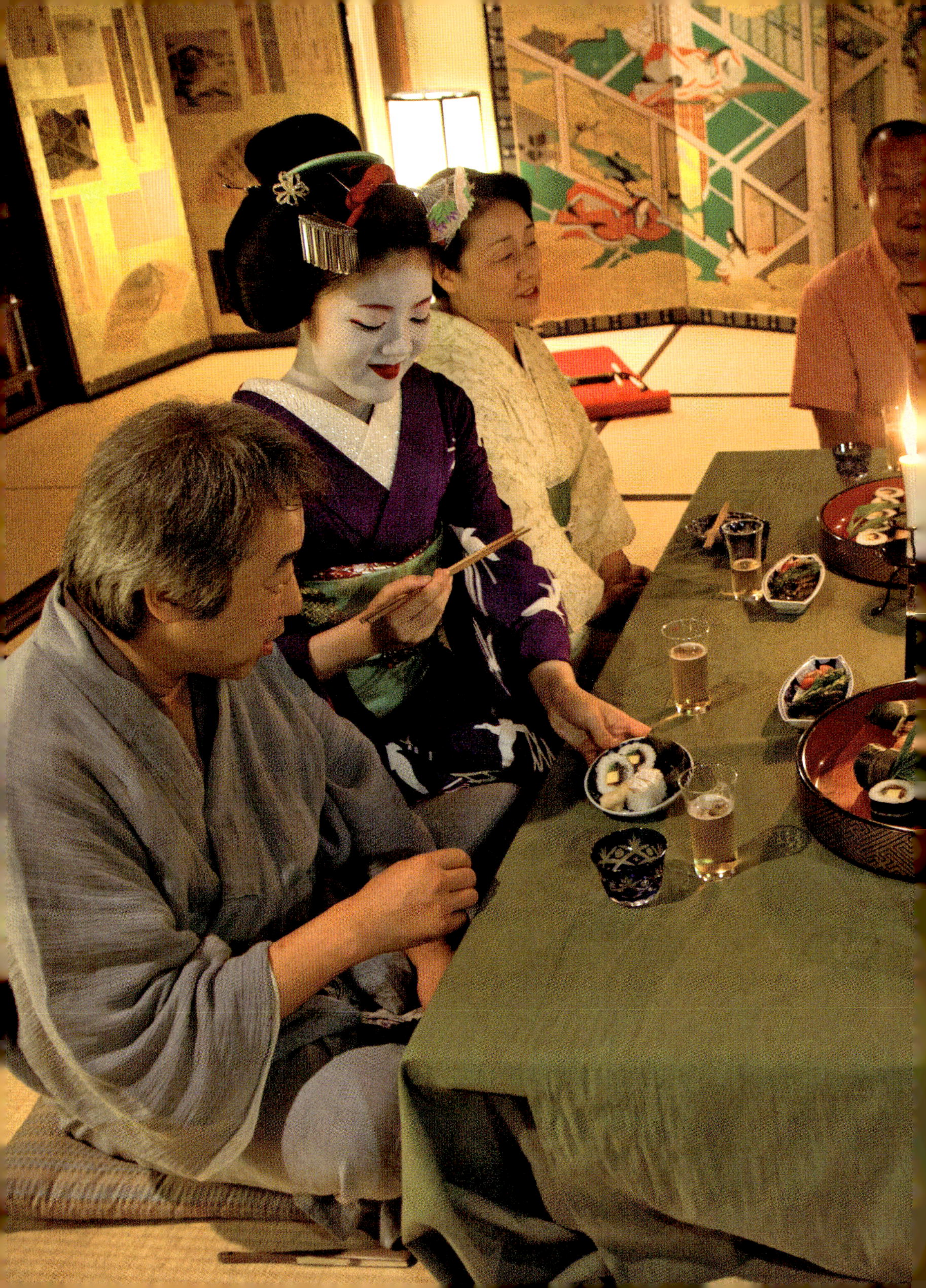

Dwie godziny z gejszami to wydatek nawet do kilku tysięcy dolarów.

Klienci jedzą, popijają przednią sake, co chwila donoszone są nowe butelki piwa. Atmosfera rozluźnia się, rozmowy są coraz głośniejsze. Panom zaczynają puszczać hamulce i stają się rubaszni. Gejsze uśmiechają się, za każdym razem zasłaniając usta. Z jednej strony tak jest grzecznie, tak wypada. Z drugiej – zęby przy tak białych twarzach wyglądają bardzo żółto, a więc i nieładnie. Nalewając sake, Kimichie lekko odsłania nadgarstek, który uchodzi za jeden z bardziej erotycznych fragmentów kobiecego ciała. Robi to świadomie, z rozmysłem uwodzi swoich klientów. Po nalaniu trunku szybko zasłania go rękawem. Teraz pręży łabędzią szyję i pozwala mężczyznom delektować się jej widokiem. Zastanawiam się, czy po tej ilości alkoholu ktokolwiek, poza mną, jeszcze zauważa jej subtelne starania. Mówi się, że gejsza nie sprzedaje swojego ciała, tylko sztukę. Szkoda, że widownia w tym teatrze upiła się, zanim jeszcze rozpoczął się właściwy występ.

Kimichie zatańczy, bo taka jest rola *maiko*, a starsza siostra będzie jej akompaniować na *shamisenie*. Dziś pudło rezonansowe tego instrumentu robi się z tworzyw sztucznych, a trzy nylonowe struny szarpie kostką z drewna. Dawniej *shamisen* miał struny z jedwabiu, uderzało się w nie kostką z kości słoniowej albo skorupy żółwia, zaś pudło rezonansowe było obleczone… kocią skórą. Ponoć małe dziewczynki zmuszane były do grania na tym instrumencie na zewnątrz nawet w mróz, by kształtować hart i wytrwałość. Poza tym na mrozie sztywnieją palce. Sztywnieją też ze strachu. Jeśli uczennica nauczy się bezbłędnie grać na mrozie, nie popełni błędu, gdy palce zesztywnieją jej pod wpływem tremy przed ważnym występem.

Starsza siostra zaczyna grać. Kimichie bierze w dłonie wachlarze. Długie rękawy jej kimona zaczynają falować niczym skrzydła motyla. *Maiko* wygląda, jakby chciała unieść się nad tatami. Wygina ciało lekko i bez wysiłku, choć przecież jej kimono waży kilkanaście kilogramów. Zaczyna przypominać lalkę w teatrze, której ruchy ktoś reżyseruje, pociągając za odpowiednie sznurki. Dopiero teraz widać, jak pięknym strojem jest kimono, jak przemyślany jest każdy jego element. Od rękawów po pas *obi*, kołnierz, długość, sposób wiązania kokardy. Doskonale podkreśla kruchość kobiety, jej zmysłowość. Gejsza w tym stroju zdaje się być prezentem gotowym do rozpakowania.

Do kogo można porównać gejszę? Do aktorki, która każdego wieczoru maluje się i wychodzi na scenę? Dostarcza ludziom wrażeń, emocji. A może do klezmera, który przygrywa do kotleta, umilając gościom wieczór? Czy raczej jest panią do towarzystwa? Środowisko gejsz ma swoją specjalną nazwę – „świat wierzb i kwiatów", bo te kobiety muszą być piękne niczym kwiaty i uległe niczym te giętkie drzewa. Brzmi poetycko, ale romantycznie raczej nie jest.

Kiedy kierowca odwozi nas do domu Kimichie czarnym lexusem, wyrywam dziewczynę z zamyślenia. Pytam ją, czy gdyby miała córkę, chciałaby, aby została gejszą?

– Zdecydowanie nie – odpowiada z przekonaniem. – Nawet gdyby sama chciała wybrać taki zawód, sprzeciwiłabym się jej.

– Dlaczego? – niemal domagam się wyjaśnienia. Po raz pierwszy czuję, że Kimichie chce być ze mną całkowicie szczera.

– Dziewczyny, które decydują się zostać gejszami, nie mają pojęcia, na czym ta praca polega. Jedyne, co widzą, to zewnętrzna otoczka i na tym budują całkowicie fałszywy obraz. Gdyby wiedziały, o co tu tak naprawdę chodzi, pewnie trzymałyby się od tej pracy jak najdalej. Nie pozwolę, by moja córka dała się zwieść rzeczom tak powierzchownym.

– Co więc sprawia, że nadal uprawiasz ten zawód?

– W tym momencie? Chyba już tylko kontrakt. Decyzja o zostaniu *maiko* to umowa wiążąca mnie na sześć lat, a jej zerwanie jest bardzo trudne, praktycznie niemożliwe. Właściwie nie mam innego wyjścia – mówi z goryczą. – Do końca złożonej obietnicy pozostało mi około dwóch lat. Potem chciałabym wrócić do normalnego życia... Ale tyle pieniędzy i starań poszło już na moje wykształcenie... Wiem, że bardzo zawiodłabym mamę...

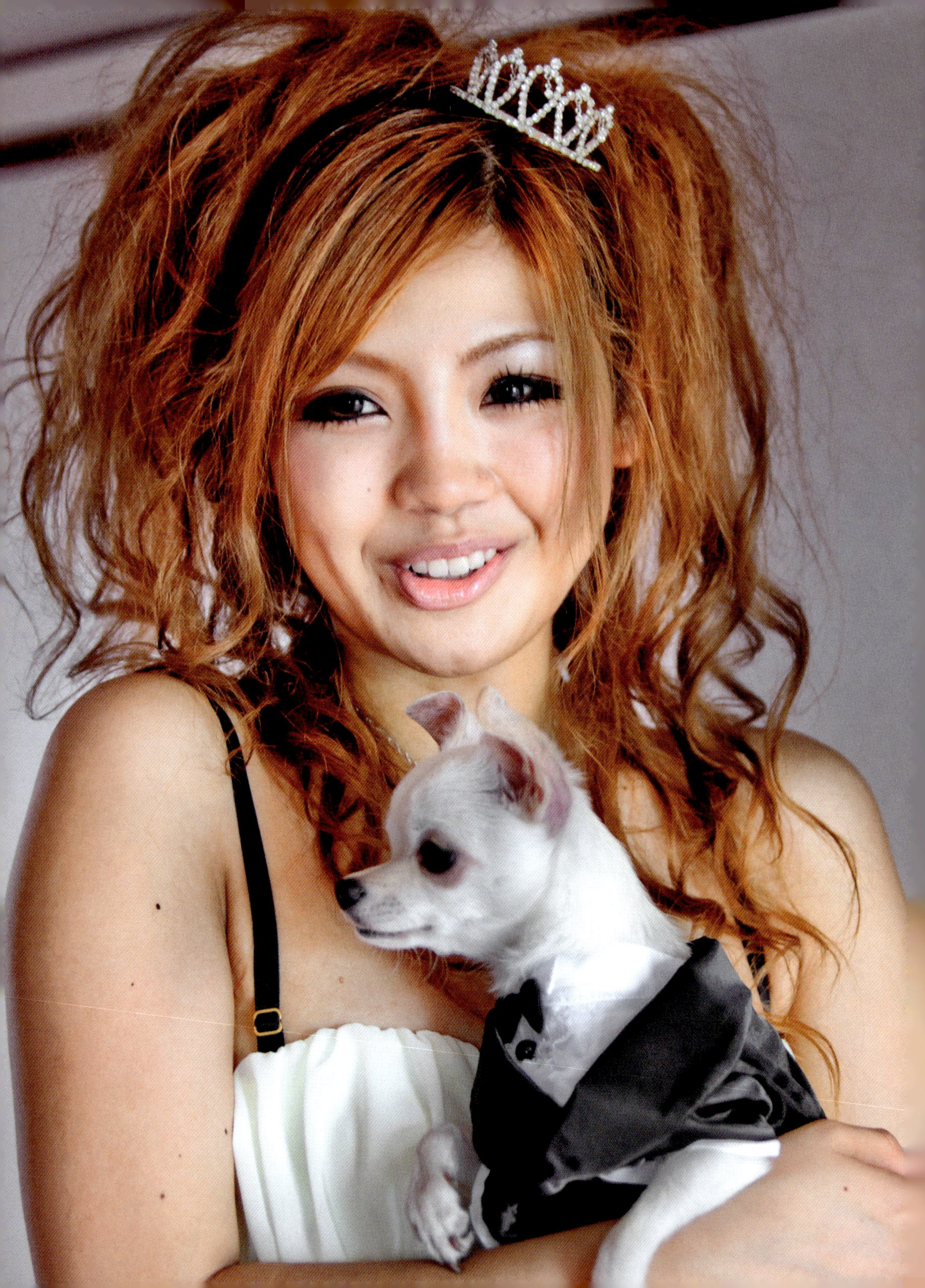

JAPONIA, TOKIO
księżniczka w wielkim mieście

Bohaterka: **Watanabe Kanae**
Wiek: **25 lat**
Zawód: **modelka i... kierowca ciężarówki**
Stan cywilny: **panna**
Miejsce akcji: **najdroższe miasto świata**

Nazywam się Watanabe Kanae, mam 25 lat i należę do subkultury gyaru. *Staramy się wyglądać jak księżniczki, tapirujemy włosy, nosimy sztuczne rzęsy, korony i diademy. Wierzymy, że to właśnie księżniczki są najbardziej* kawaii. *Chcę być piękna, słodka i kobieca, a ten styl mi to umożliwia. Oczywiście wielu facetom to się bardzo podoba, ale nie oni są tutaj najważniejsi. Wcześniej byłam yamambą, z tych, które malują oczy na czarno i mocno opalają się w solarium. Jednak po ukończeniu 20. roku życia musiałam się zdecydować na coś dojrzalszego, dlatego też wybrałam* himegyaru, *czyli księżniczki. Po co to robię? Po prostu uwielbiam rzucać się w oczy.*

Ōe Kenzaburō, laureat literackiej Nagrody Nobla, powiedział kiedyś: „Ludzie widzą dawną Japonię poprzez samurajów i ogrody zen. Nową Japonię poprzez sprzęt elektroniczny i wysoką wydajność. Pomiędzy tymi dwoma wyobrażeniami jest pusta przestrzeń, w której żyją Japończycy".

Obecnie w tej przestrzeni króluje *kawaii*. Angielskim odpowiednikiem tego słowa jest *cute*. W Japonii opisuje ono nie tylko rzeczy słodkie i wdzięczne, ale również maleńkie i bezbronne. *Kawaii* jest zatem pluszowa maskotka przy torebce, puszyste różowe etui na telefon komórkowy, bezradne zwierzątko…

Kultura *kawaii* od lat osiemdziesiątych dominuje w życiu Japończyków. Nawet posterunki policji były wtedy milutkie, bo stylizowano je na domki z piernika, a prefektury wybrały na swoje logo bohaterów dziecięcych kreskówek. Charakterystyczne wielkookie postacie z mang malowano na samolotach. Dziś widnieją one niemal na wszystkich przedmiotach codziennego użytku. Wszystko ma być *„fajne"*. Co roku na rzeczy *kawaii* wydaje się w Japonii miliardy jenów.[*]

---

[*] Joanna Bator, Kompleks lolity po japońsku, Wysokie obcasy, 8.08.2003

Marzenie większości mężczyzn w Japonii to dziewczyna, która jest *kawaii*. Już nie dziecko, ale jeszcze nie kobieta – lolita. Buzia aniołka, krótka spódniczka, delikatny głosik. Japonki opanowała moda na bycie *kawaii*; nieważne, czy mają 12 lat, czy zbliżają się do trzydziestki.

Znak charakterystyczny – serduszko. Ulubiony kolor – róż. *Himegyaru* to skrzyżowanie disneyowskiej królewny z Paris Hilton, Marią Antoniną i dziewczynką z mangi, lekko zabarwione serialem „Dynastia". Jest też starsza królewna, czyli *onēgyaru* – równie słodka i niewinna, ale zwolniona z konieczności noszenia tysiąca kokardek i falbanek. Kolory jej ubrań są bardziej stonowane, a ozdoby wyszukane. Tu pawie pióro, tam zmysłowy puszek, gorset wykończony koronką… Z kolei lolita w stylu *goth* przypomina owoc związku horroru z dobranocką. Taka mroczna dzidzia, dla której liczą się tylko dwa kolory: czerń i biel. Długa koronkowa spódnica, falbaniasta bluzka, buty na bardzo wysokich koturnach. No i dodatki – obowiązkowo torebka w kształcie trumny, krzyża albo nietoperza. Są też Czarne Lole – o czarnych włosach, z makijażem, w którym dominują gruba czarna krecha i krwistoczerwone usta. Jeśli natomiast zobaczycie na ulicy nastolatkę z zabandażowaną ręką, plastrem na czole i krwawiącą raną na ramieniu – spokojnie, nie trzeba wzywać karetki! To tylko Makabryczna Lola. Sztuczna krew, sztuczna rana i sztuczny strup to oprócz kredki do oczu podstawowe wyposażenie jej kosmetyczki. Lolity yamamby nie sposób pomylić z żadną inną. Wygląda jak osoba ciężko uzależniona od solarium. Skóra yamamby jest ciemnobrązowa, a do brązu najlepiej pasuje platynowy blond i kucyki oraz białe powieki plus białe usta. Jeśli o intensywnych kolorach mówi się krzykliwe, to barwy strojów yamamby są wrzaskliwe. A buty? No cóż, one też nie mogą prezentować się gorzej – piętnastocentymetrowe koturny są absolutnym minimum…

Nastolatki siedzą na ławkach albo na chodniku, stoją na kładkach nad ulicami. Chcą być oglądane, podziwiane. Niektóre palą papierosy, a to, co popijają z puszek, raczej nie jest oranżadą. Jedne szczebioczą, inne głośno chichoczą. Po ulicach tej dzielnicy Tokio, niczym na pokazach prêt-à-porter paradują wszystkie odmiany japońskich lolit. Jestem w Harajuku. To mekka na modowej mapie świata. Witam się z Kanae. A w zasadzie powinnam stwierdzić, że witam się z jej gigantyczną, wymyślną blond-rudawą fryzurą, ozdobioną z boku maleńkim diademikiem z kilkoma migocącymi wisiorkami. Z białą, falbaniastą sukienką na ramiączkach i wysokimi szpilkami, zupełnie niepraktycznymi na krzywym chodniku z płyt. A nawet z czarno-różową parasolką, przy której wisi złocone serduszko. Dopiero potem patrzę na jej twarz.

– Jak twoim zdaniem powinien wyglądać ideał japońskiej urody? – pytam po kilku minutach rozmowy.

– Dziewczyna musi być słodka, śliczna, *kawaii*, ładnie się wysławiać – wylicza niczym składniki przepisu na tort czekoladowy. – Bardzo ważna jest jasna cera, włosy takie „sypkie" – Kanae poprawia swoją imponująco nastroszoną fryzurę. – No i wysokie czoło, duże, w zasadzie bardzo duże oczy. Najlepiej żeby były jak najbardziej okrągłe… Drobny, ale wysoko sklepiony nosek, wąskie usta i szeroki uśmiech oraz pociągła twarz – dziewczyna nabiera w płuca powietrza i kontynuuje wyliczankę. – Wzrost to minimum 170 centymetrów, koniecznie długie nogi i ręce, jędrne pośladki i sprężysty biust, musi być seksowna i dobrze wyglądać w czarnych ubraniach – chwilę się zamyśla. – Najlepiej gdyby wyglądała jak Brazylijka, ponieważ ten typ urody to dla nas niedościgniony ideał.

Okazuje się, że niełatwo być ideałem w Japonii. Co najmniej połowa z wymienionych cech kompletnie nie zgadza się z wyglądem przeciętnej Japonki, które zazwyczaj są niskie, mają małe, skośne oczy, ich twarze są raczej okrągłe… Kolejne pytanie nasuwa się więc samo.

– Dużo Japonek decyduje się na operacje plastyczne?

– Tak, to jest u nas bardzo popularne, zwłaszcza operacje oczu. Oczy to nasze największe utrapienie – wzdycha i robi smutną minkę. – Wiesz, mamy bardzo małe oczy, a nasze powieki nie mają tutaj tego załamania – pokazuje linię pomiędzy powieką a brwiami – które jest uznawane za bardzo seksowne, więc mnóstwo moich koleżanek skorygowało tę wadę. Ja nie, bo strasznie się boję tego zabiegu… Może kiedyś wydłużę sobie nogi. Słyszałaś o takiej operacji? To jest podobno bardzo bolesne…

Przyglądam się Kanae, jak na Japonkę jest i tak wyjątkowo wysoka, ale czego się nie robi, by osiągnąć ideał.

– Ile czasu zwykle zajmuje ci przygotowanie się do wyjścia z domu?

Ja potrzebuję mniej więcej 15 minut. Okazuje się, że Kanae musi przeznaczyć na to aż dwie godziny, z czego na sam makijaż poświęca ponad połowę tego czasu.

– Wiedząc, że idę na spotkanie z ekipą telewizyjną, byłam wczoraj u fryzjera – chwali się. I trzepocząc rzęsami, dodaje: – Żeby zrobił mi porządną fryzurę.

Porządną? Moje wyobrażenie porządnej fryzury całkowicie rozmija się z tym, co ma na głowie moja bohaterka.

– Potem całą noc musiałam spać twarzą do poduszki – żali się, wydymając usta w podkówkę. A sekundę później, zapominając o nocnym dyskomforcie, szczebiocze: – Ale, jak widać, i tak się trochę rozczochrałam.
– Uważasz, że jesteś ładna? – pytam prowokacyjnie.
– Znam ładniejsze dziewczyny. Ale z drugiej strony moja twarz z makijażem a twarz bez makijażu to dwa różne światy – chichocze, zasłaniając usta.

Muszę przyznać, że na swój sposób jest magnetyzująca – ma przepiękne oczy, wspaniały uśmiech i, co rzadkie u Japonek, idealne zęby. Ledwie się ze mną przywitała, natychmiast zaczęła się przeglądać w filtrze kamery, przekrzywiając główkę we wszystkie strony, tak jak mój kanarek. Jest w pełni świadoma swojej kobiecości i wrażenia, jakie wywiera na ludziach. Moi operatorzy nie mogą oderwać od niej wzroku. Zresztą wszyscy jesteśmy porażeni. Nie co dzień ogląda się takie zjawisko, które nieustannie poprawia sobie włosy, wydyma usta, wygładza ubranie, robi zdjęcia wszystkiemu dookoła, chichocząc przy tym bez żadnego wyraźnego powodu. Może jednak księżniczki tak właśnie powinny się zachowywać…

Pierwszą milusią dziewczynką została na początku lat osiemdziesiątych Seiko Matsuda, ogromnie popularna piosenkarka pop. Nagrała 24 single, które stały się hitami. W zrobieniu kariery nie przeszkodził jej brak talentu wokalnego i prezencji. Seiko w genialny sposób wyczuła bowiem, czego pragnie publiczność. Wystrojona jak mała dziewczynka, szczebiotała, chichotała, seplenila i słodko przekręcała słowa. Dziś to po prostu język *gyaru*, który stał się obowiązującym kanonem. Afektowany, pełen zdrobnień i udziwnień. Matsuda, idealna lolita, stworzyła infantylny wizerunek kobiecości, który odpowiadał podświadomym potrzebom Japończyków. Na ulicach miast natychmiast pojawiły się podobne do niej osóbki, zachowujące się zdecydowanie nieadekwatnie do wieku. Rozszczebiotane, ubrane jak uczennice szkoły podstawowej, z dziecinnymi torebkami, przy których zwisały pluszowe maskotki. Tak narodził się styl *kawaii*.
Świat lolit pewnie nie przetrwałby długo, gdyby te niczym wirus nie zainfekowały męskiej wyobraźni. Kostium małej dziewczynki maskuje dojrzałość. Lolitki przypominają mężczyznom beztroski świat dzieciństwa, gdzie wszystko było dozwolone, gdzie nie było jeszcze podziału na płeć, a niewinna seksualność nie groziła konsekwencjami. W zależności od swoich pragnień Japończyk może wybrać grzeczną albo niegrzeczną wersję lolitki. Małą słodką niunię lub bohaterkę ociekających ostrym seksem mang. I ani trochę nie będzie się tego

Dzielnica Harajuku, modowa mekka lolitek.

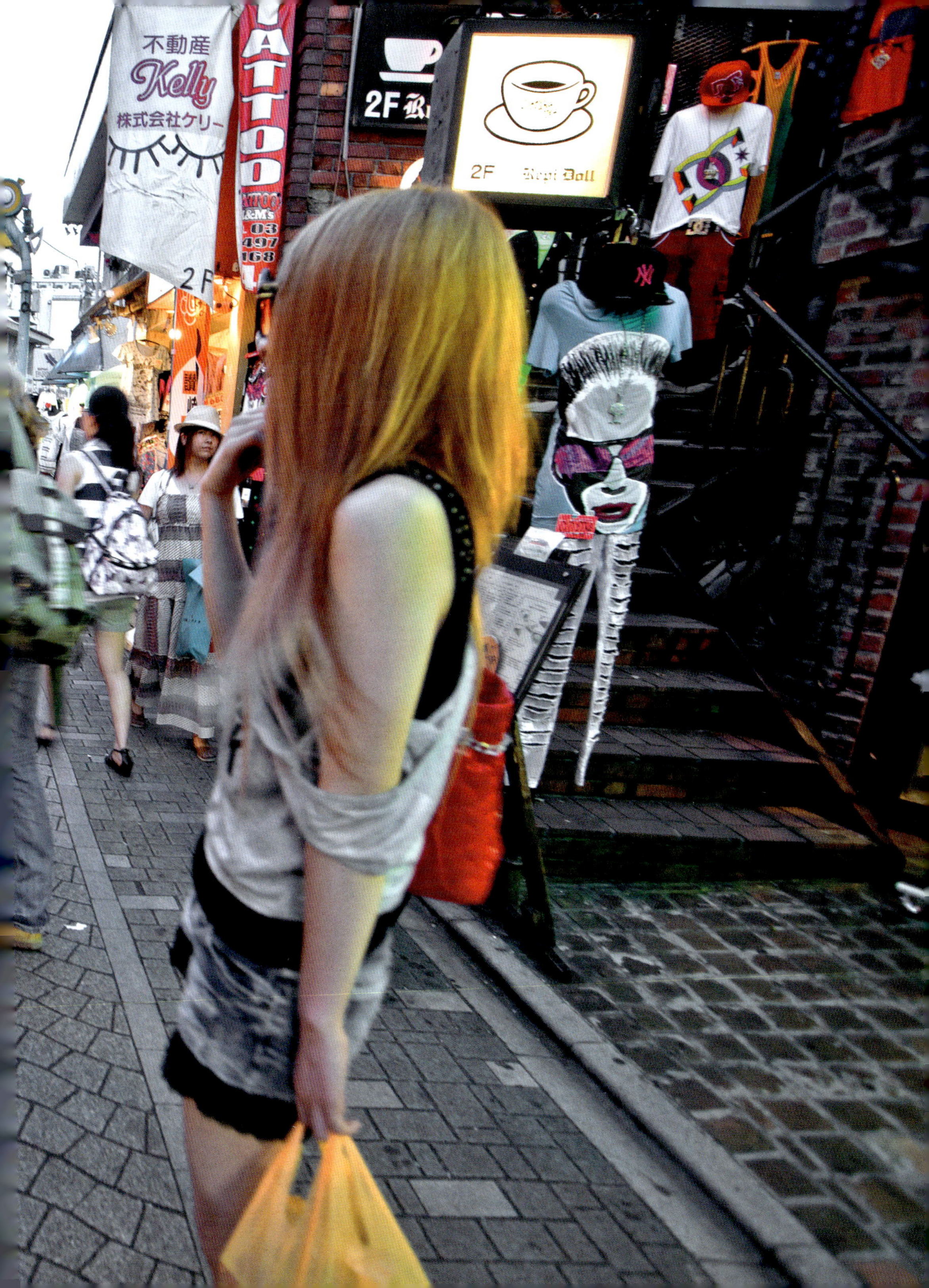
不動産
Kelly
株式会社ケリー
2F
2F

Zakupy w sklepie Jesus Diamante to marzenie każdej lolity, ale też spory wydatek – torba „jamnik" ze zdjęcia obok kosztuje 2 tysiące dolarów. Księżniczki jednak mogą zrezygnować z jedzenia, ale nie z nowych butów czy ozdób do telefonów (różowy pompon!). Sprzedawczynie same wyglądają jak chodzące reklamy stylu *kawaii*.

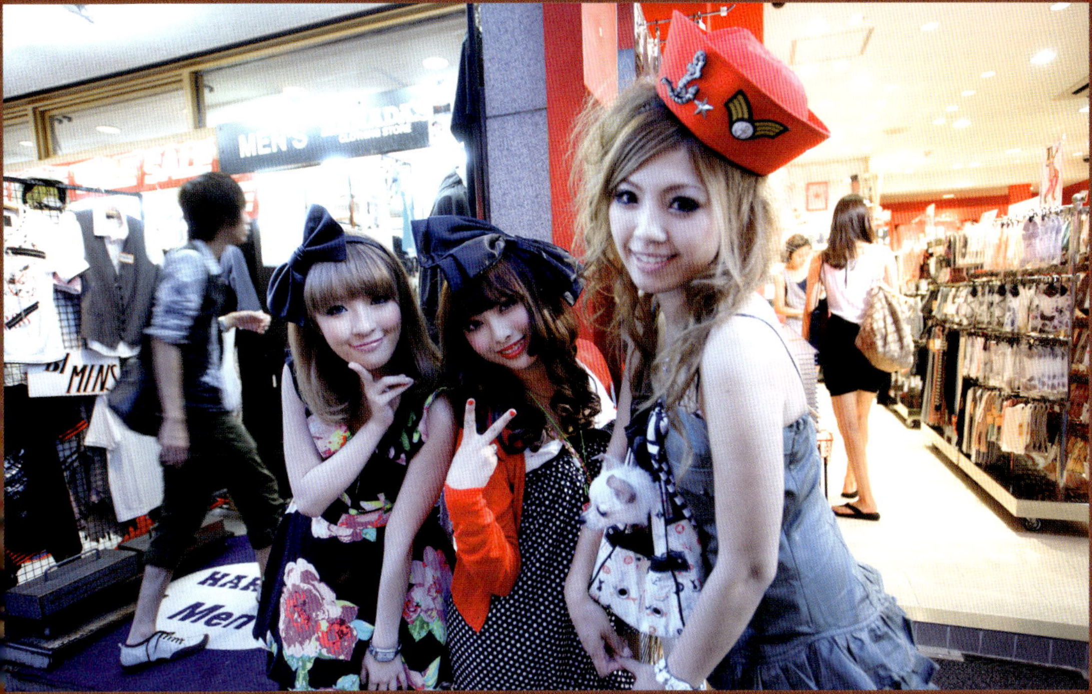
MEN'S

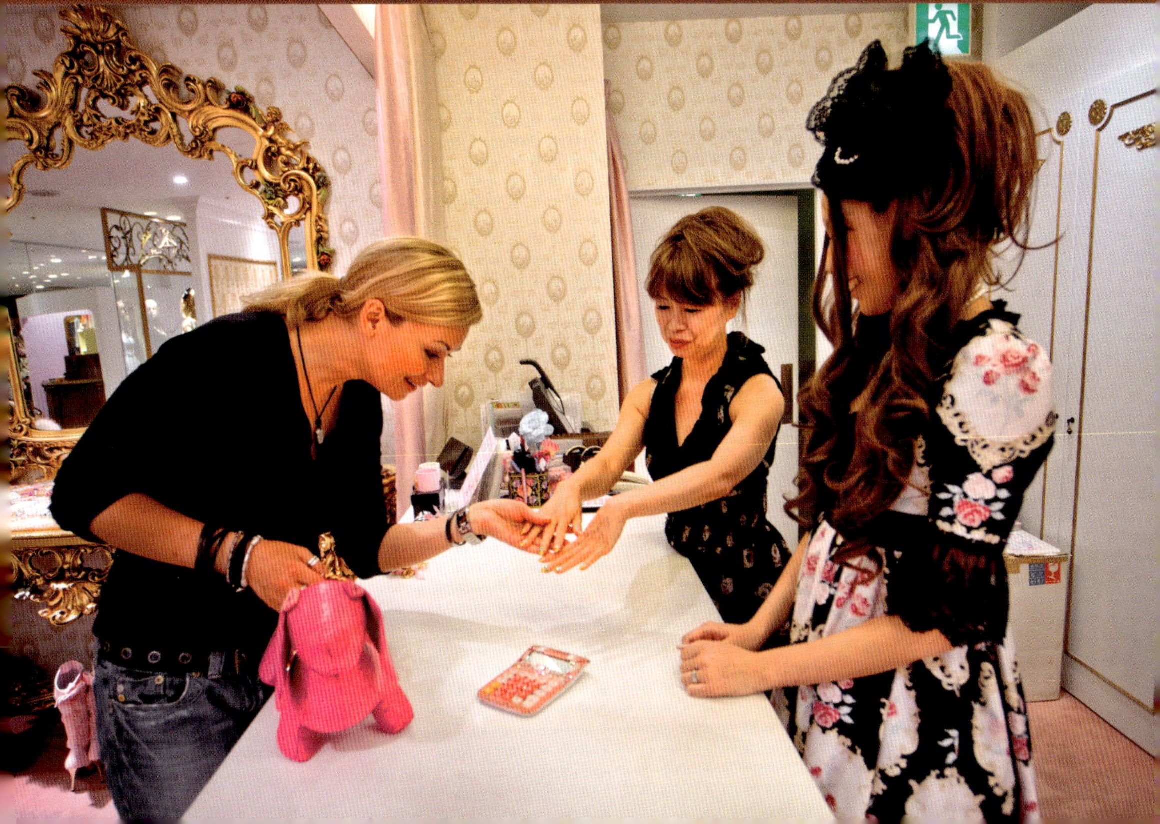

wstydził. Pisma, które dla nas są pornografią dla pedofili, japońscy mężczyźni otwarcie czytają w metrze.

Zresztą tutejsi panowie mają *rorikon*, czyli kompleks lolity. Nie potrafią zmierzyć się z dojrzałą kobiecością, ze zmysłowością w naszym, europejskim rozumieniu. Spotykają się w fanklubach lolitek, czytają o nich i oglądają się za nimi na ulicy. W Japonii kobietę jeszcze przed trzydziestką nazywa się *christmas cake*. To znaczy, że jest czerstwym ciastkiem, które zostało na sklepowej półce. Z kolei żona i matka to zupełnie inne kategorie – skromne, dobrze ubrane i przykładnie się zachowujące wzorowe gospodynie domowe.**

Nie jest łatwo być kobietą w Japonii, ale kto wie, czy nie trudniej być tu mężczyzną. Kult lolitek to bunt przeciw systemowi, w którym każdej z płci przypisane są konkretne, sztywne role. Japońskie nastolatki nie chcą dorosnąć, stać się układnymi żonami i matkami, których obowiązkiem będzie siedzieć w domu, bawić dzieci i dbać o męża. Dojrzewanie kojarzy się wyłącznie z kompromisami i piekielnie ciężką pracą. Jak tego uniknąć? Za wszelką cenę nie dorastać!

> *Mama mówi, że wyglądam prześlodko. Mam śliczne ubrania, słodkie mieszkanko i uroczego, małego pieska. Bardzo o siebie dbam i poświęcam dużo czasu na układanie włosów i na robienie paznokci – zobacz, jakie są super, mam teraz manikiurzystkę, która specjalnie dla mnie przywozi nowe ozdoby. Fajne, co? Jak to, kto za to wszystko płaci? Rodzice. To chyba oczywiste, prawda?*

Kilkanaście milionów Japończyków między 20. a 35. rokiem życia mieszka z rodzicami. Jeśli już zarabiają, to wyłącznie na własne przyjemności. *Parasaito shinguru*, czyli pokolenie pasożytów, jak się o nich mówi, nakręca sprzedaż towarów luksusowych. Triumfy święcą tu zachodni projektanci, tacy jak Dolce & Gabbana czy Versace. Stało się tak z powodu kryzysu bankowego i recesji, po tym jak w latach osiemdziesiątych XX wieku rozpędzona machina japońskiej gospodarki z prędkością shinkansena wypadła z torów (tak zwana dekada bańki mydlanej). Giełda straciła wówczas 70 procent wartości, zatrzymał się rozwój budownictwa. Starsze pokolenie wzięło to na swoje barki i w konsekwencji cała rzesza młodych ludzi zaczęła żyć w poczuciu beztroski na utrzymaniu rodziców.

**Joanna Bator, Kompleks lolity po japońsku, Wysokie obcasy, 8.08.2003

Rodzice Kanae harowali, by uzbierać 30 tysięcy dolarów potrzebnych na zakup mieszkania dla córki oraz kolejnych 10 tysięcy, które poszły na jego umeblowanie i odnowienie. Apartamencik Kanae znajduje się na obrzeżach Tokio, niedaleko firmy ojca. Blokowisko, w którym mieszka, do złudzenia przypomina nasze stawiane w latach siedemdziesiątych ubiegłego wieku, tyle że w pomniejszonej wersji. Wszystko jest tutaj maciupeńkie, od klaustrofobicznych okienek, drzwi, po żwirek, którym wysypano dróżki. Uliczki tak bardzo niczym się od siebie nie różnią, że dłuższą chwilę musimy błądzić pomiędzy pobielonymi elewacjami, ponieważ Kanae najzwyczajniej w świecie zapomniała, gdzie mieszka. Jakież to *kawaii*!

Tokio to miasto o największym zagęszczeniu mieszkańców na kilometr kwadratowy – około 6 tysięcy osób (w Warszawie to połowa tej liczby). Na stosunkowo niewielkiej powierzchni musi się zmieścić ponad 12 milionów ludzi. Tu dwupokojowe mieszkanie uchodzi za luksusowy apartament. Domy są budowane głównie z papieru i drewna, co ma swoje zalety – są przewiewne, a w czasie trzęsień ziemi (częstych w tym rejonie świata) nie trzeba obawiać się cegieł spadających na głowę, jednak ich wielkim minusem są cienkie ściany, przez które słychać absolutnie wszystko. Stąd bierze się poniekąd olbrzymia popularność japońskich love hoteli, gdzie można uprawiać seks do woli i bez zahamowań. „Miłosny" biznes przynosi kolosalne dochody. Właściciele tych przybytków zarabiają rocznie więcej niż wszystkie pięciogwiazdkowe hotele razem wzięte. Ba! Zarabiają cztery razy tyle co Toyota Motors! Cztery miliardy jenów rocznie, czyli blisko 50 milionów dolarów.

Jeśli jakiejś parze w Tokio nagle zbierze się na amory, nie muszą biec do domu, mogą iść do hotelu miłości. Jak go znaleźć? Wystarczy się rozejrzeć. Maksymalnie kiczowaty budynek wystylizowany na średniowieczny zamek, chatka Baby-Jagi, statek kosmitów albo domek smurfów, który w dodatku świeci we wszystkich kolorach tęczy – to wasz cel… Pokój można wynająć na godzinę-dwie, maksymalnie na jedną noc. Z tego wynalazku korzysta dziennie 1,5 miliona par, mając do wyboru 37 tysięcy hoteli… Urządzając ich wnętrza, Japończycy wykazują się wprost nieziemską wyobraźnią – są pokoje wyglądające jak gigantyczne klatki dla ptaków, gabinety lekarskie, wagony metra, sale tortur. Można kochać się w pokoju igloo, pokoju wesołym miasteczku, pokoju UFO albo w dekoracjach z „Przeminęło z wiatrem"…

Wąziutkimi schodami wspinamy się na ostatnie piętro bloku, w którym żyje moja bohaterka. Na klatce schodowej jest tak ciasno, że dwie osoby ledwo się mogą wyminąć, a odwrócenie się to już zdecydowanie ekwilibrystyka. Wchodząc do mieszkania Kanae, muszę się bardzo mocno schylić, żeby zmieścić się w drzwiach. Oczywiście buty japońskim zwyczajem zostawiamy w przedpokoju, w którym stoi różowa kanapa ze złotymi lamówkami oraz klateczka dla pieseczka z miseczką i kuwetką (tu wszystko jest zdrobniałe). Drzwi na prawo prowadzą do garderoby – Kanae zabroniła mi co prawda do niej zaglądać, ale to mnie jakoś nie powstrzymało. Zobaczyłam pomieszczenie wielkości reszty mieszkania, od podłogi po sufit zawalone ciuchami. Na lewo odkryłam łazienkę z wanienką o przekątnej mniej więcej metra, za to bardzo głęboką. Kąpiel zaczyna się od nalania do niej zimnej wody, którą dopiero później się podgrzewa.

Poznaję matkę Kanae. To spracowana kobieta o przepięknym, pełnym ciepła uśmiechu, która całkowicie zapomniała o swoich potrzebach i żyje tylko po to, by zadowalać córkę. Klasyczny przykład japońskiej matki i żony. Twarz całkowicie pozbawiona makijażu, wielkie wory pod oczami, krótkie siwe włosy, prosta, taniutka różowo-czarna bluzka, zwykłe spodnie i buty na płaskiej podeszwie. Widać natomiast, że dla swojej córeczki zrobi absolutnie wszystko i wyda ostatniego jena.

Przez całe lata mieszkałyśmy same, firma mojego męża mieściła się na skraju miasta i z reguły nie wracał do domu na noc, sypiał w biurze. W końcu uznał, że dłużej tego nie wytrzyma, że musi zacząć żyć z rodziną, jak normalny człowiek. Wynajęliśmy więc mieszkanie bliżej jego firmy, ale tam było strasznie ciasno, więc Kanae postanowiła się wyprowadzić. Musieliśmy wszyscy bardzo ciężko pracować, żeby kupić dla niej to mieszkanie. Razem z nią wybierałam w Internecie wszystkie śliczne mebelki, zasłony i resztę wyposażenia. Tak naprawdę to chciałabym tu zamieszkać z moją córeczką. Wtedy byłabym najszczęśliwsza… Jak mi się podoba styl córki? Jest doskonały. Moja córunia ślicznie się ubiera i uwielbiam na nią patrzeć. Inni ludzie też wspaniale na nią reagują, zauważyła to pani? Cieszę się, że potrafi w ten sposób wyrażać swoją osobowość. Sama czasem chciałabym założyć coś takiego, no ale w moim wieku to już raczej nie wypada.

Siedzę właśnie w słodziutkim mieszkanku urządzonym niczym domek Barbie. Za mikroskopijnym przedpokojem znajduje się salon otwarty na sypialnię, ozdobioną różowymi zasłonkami, na łóżku leży pikowana narzuta i stos poduszek w różnych odcieniach różu. Podłogę pokrywa wykładzina, oczywiście różowa i włochata. Wnętrze wypełniają rokokowe mebelki, z którymi kontrastuje olbrzymia plazma stojąca pośrodku salonu. Całość przypomina buduar Marii Antoniny. Do tego Kanae, równie słodka jak całe to mieszkanko, razem ze swoim pieskiem, różowością i całym *kawaii*.

– Jak spędzasz wolny czas? – pytam, przeglądając za jej zgodą zawartość szafy. Stroje przypominają kostiumy na bal przebierańców.

– Najczęściej w swoim pokoju. Mam naprawdę śliczne mieszkanko, urządzone jak dla księżniczki, prawda? – zamaszystym gestem pokazuje swoje królestwo. – Tu czuję się najlepiej, mogę godzinami słuchać muzyki i układać ubrania. Tak się relaksuję.

Dzwonek do drzwi. Do Kanae przyszły dwie koleżanki, modelki. Szczebioczą już w progu. Nic z tego nie rozumiem, ale muszą mówić coś szalenie zabawnego, bo co chwila chichoczą, zasłaniając ręką usta.

Nazywam się Sudō Aimi „Aipocha", mam 17 lat, chodzę do liceum i jestem koleżanką Kanae. Pierwszy raz zobaczyłam ją zupełnie przypadkiem, w telewizji. Była taka kawaii i mieszkała w takim ślicznym pokoiku. Bardzo się ucieszyłam, gdy ją poznałam, a potem razem uczestniczyłyśmy w sesjach fotograficznych, nosiłam zaprojektowane przez nią ubrania Comprenda i od tego czasu się przyjaźnimy.
Wcześniej byłam wielką fanką stylu shibuya, ubierałam się jak te dziewczyny z Domu Towarowego nr 109, niesamowicie mi się to wszystko podobało. Bardzo długo byłam kogal, w końcu jednak znalazłam dla siebie zupełnie nowy styl, w pobliskim Harajuku, gdzie najbardziej docenia się indywidualizm i własną mieszankę wybranych elementów. Uwielbiam eksperymentowanie z modą. Mogłabym się co chwila przebierać i w ogóle mnie to nie męczy, czasem tylko bolą mnie oczy, jak za długo noszę soczewki. Jak to, po co je noszę? Żeby oczy wyglądały na większe, oczywiście!

Sudō ma wygląd porcelanowej lalki, czarne włosy, a na czubku głowy sterczy jej kokarda jak u Myszki Minnie, do tego czerwony, słodki sweterek i sukienka w grochy. Ma tak mocny makijaż, że nie jestem w stanie ocenić jej urody. Gigantyczne soczewki w oczach sprawiają, że dziewczyna ma niesamowite, trochę przerażające spojrzenie. A skąd ma pieniądze na te stroje i dodatki?

– Tato za wszystko płaci – odpowiada z rozbrajającą szczerością.

Prosimy dziewczyny o minipokaz mody, specjalnie dla naszych kamer. Zaczynają się przebierać. Kombinezony projektowane przez Kanae wyglądają naprawdę ciekawie – czarne z kraciastymi wykończeniami, młodzieżowe bluzy z kapturem, krótkie spódniczki. Przez kolejną godzinę Kanae, Sudō i Nakayama z pełną powagą wyginają się w pozach modelek z wybiegów, robią słodkie minki, składają usta niczym do pocałunku. Palce w znaku „V" umieszczają

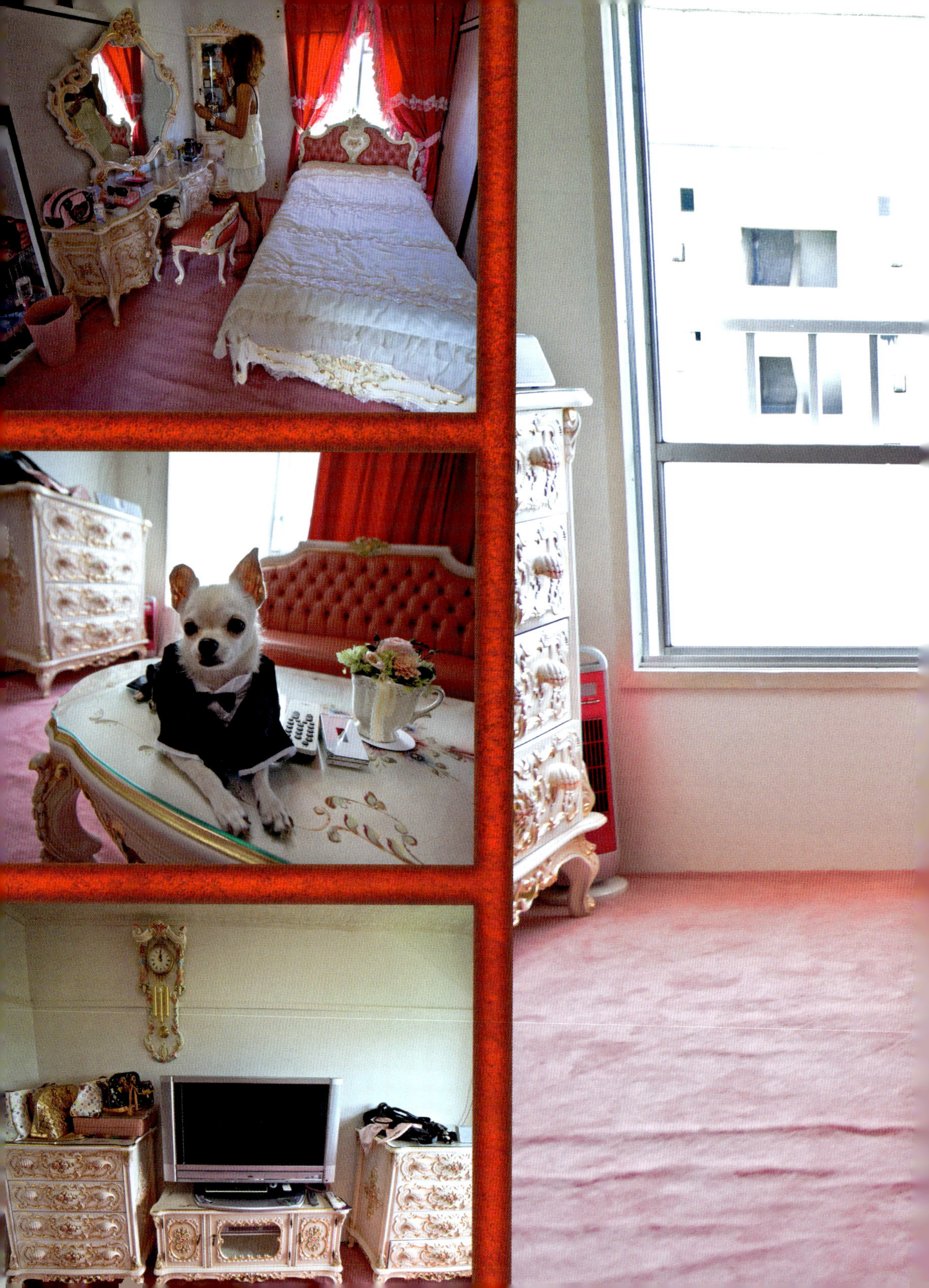

Księżniczka Kanae
w swoim królestwie.

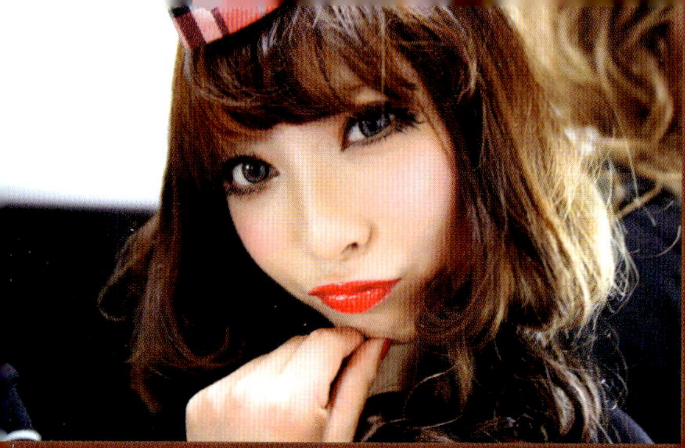
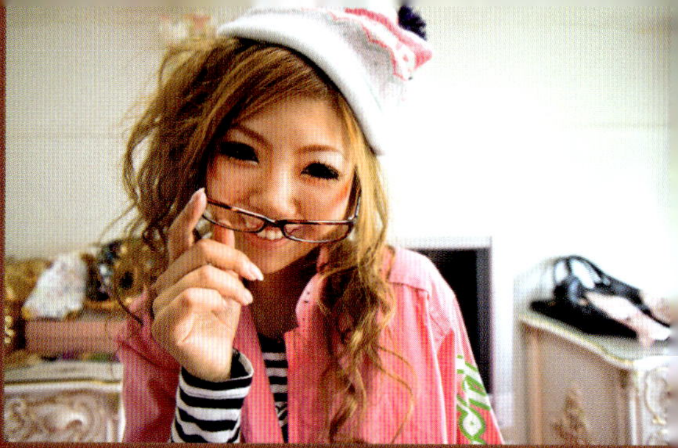
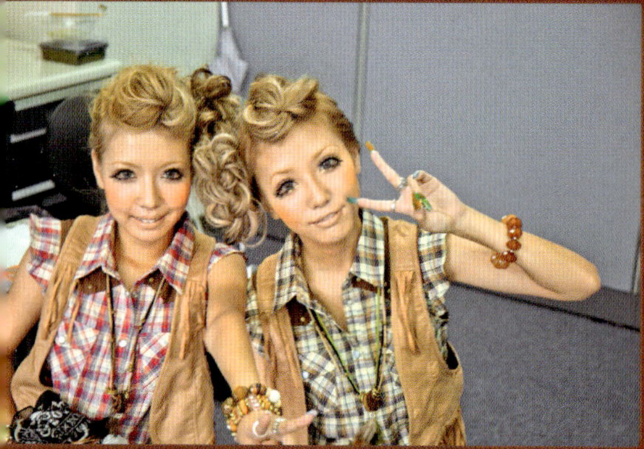
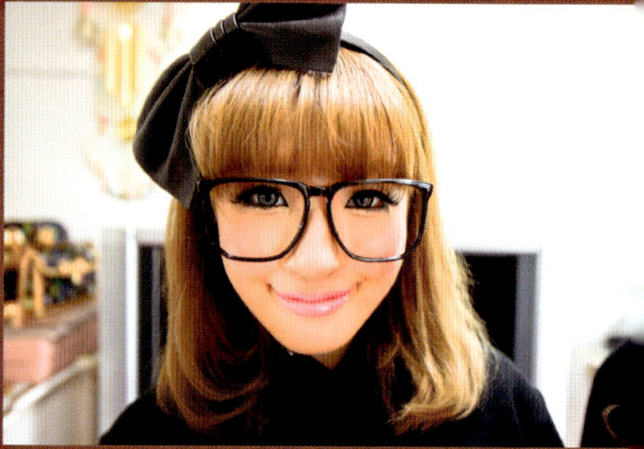
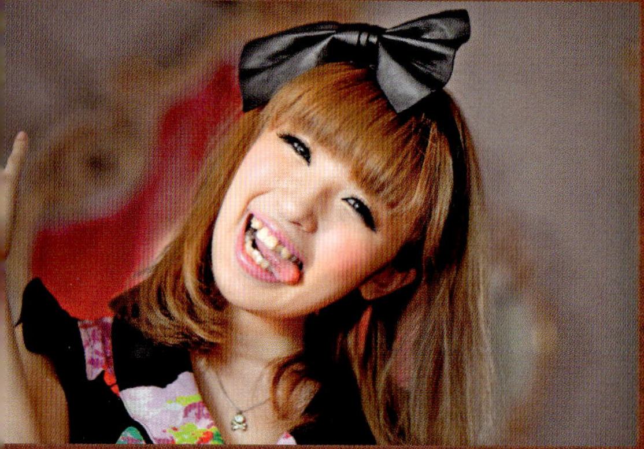
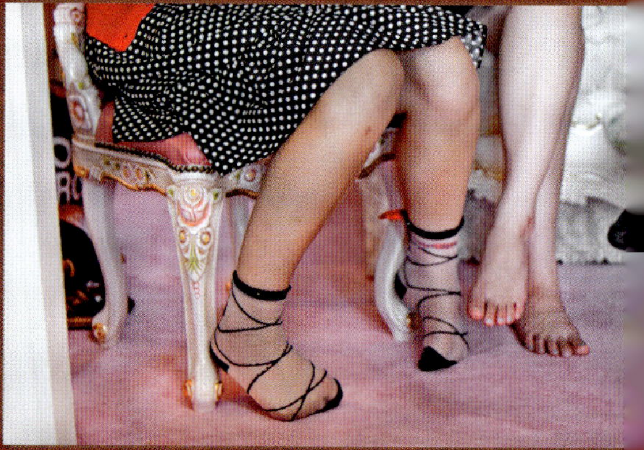
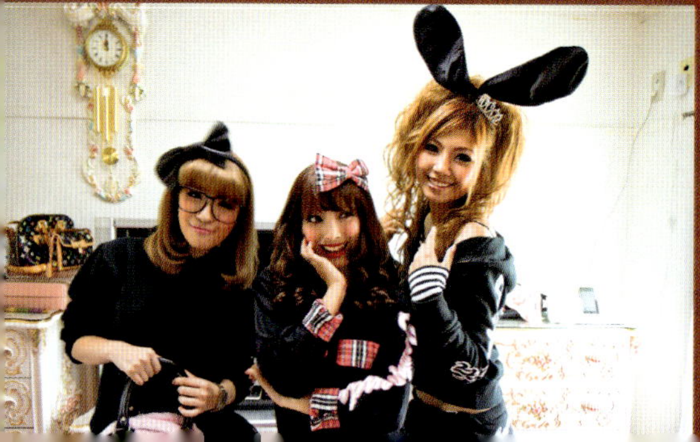
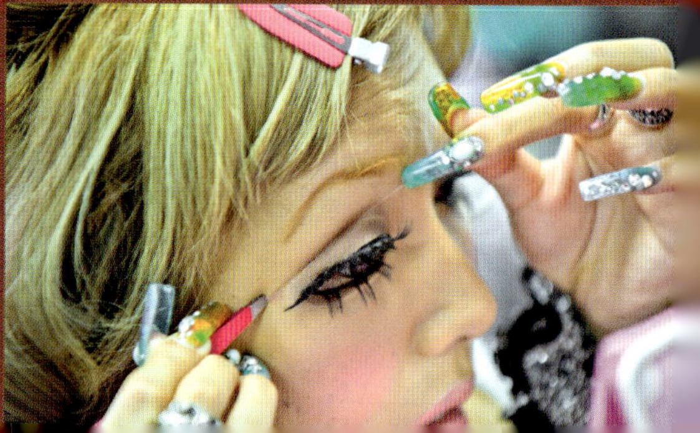

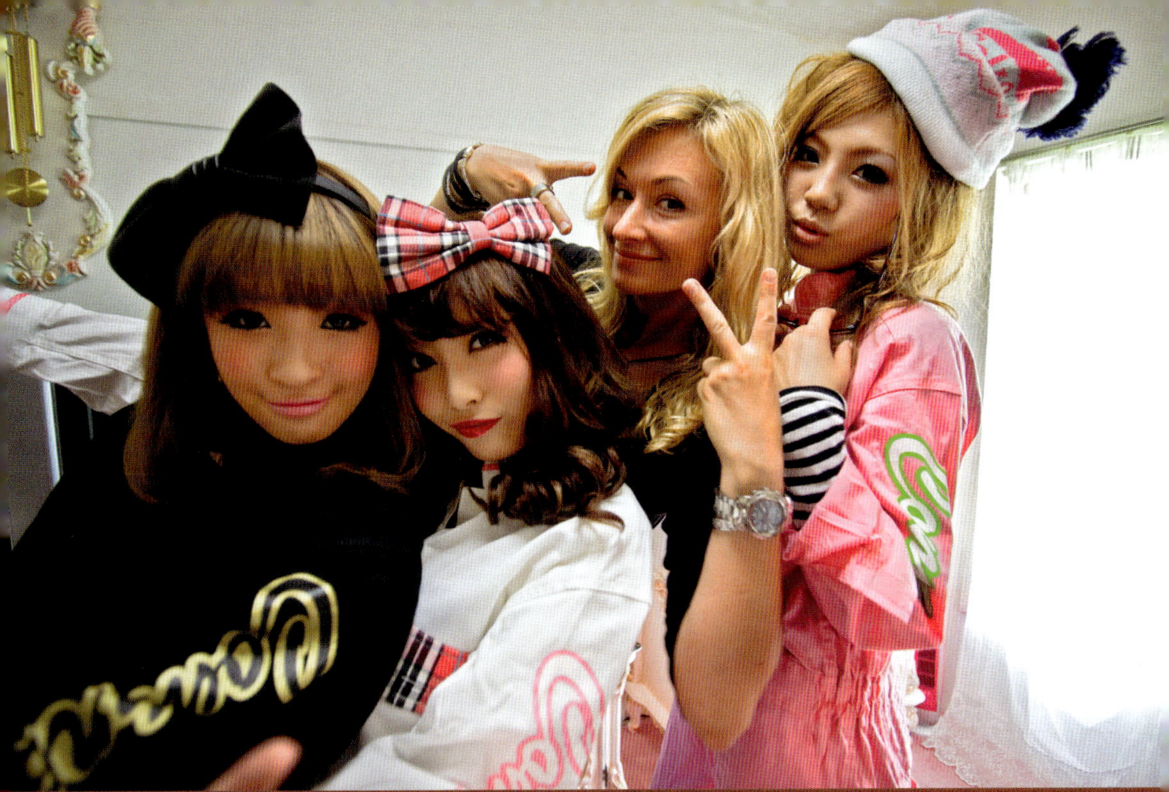

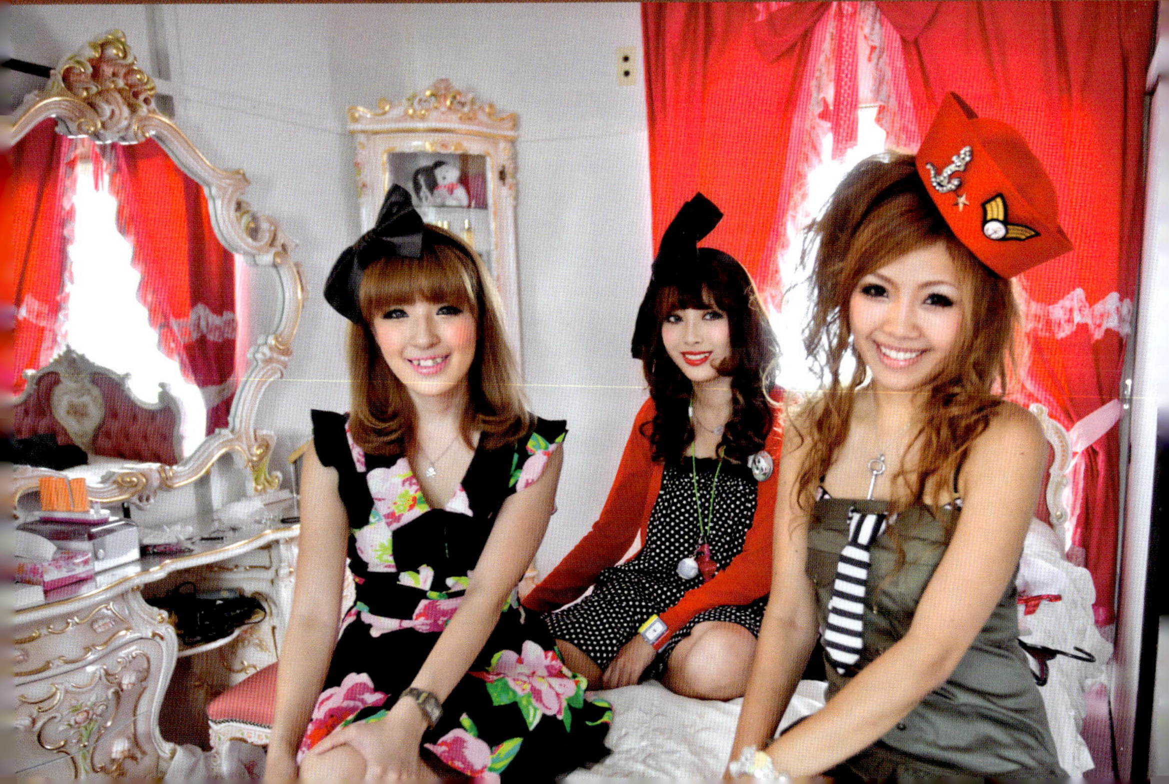

na wysokości brody – to sprawia, że twarz (przynajmniej ich zdaniem) wygląda na szczuplejszą.

Aby zrozumieć japońską młodzież, trzeba wiedzieć, w jaki sposób jest ona wychowywana. Tradycyjny model rodziny to surowy, pracujący ojciec, który często zostaje w biurze po godzinach i rzadko bywa w domu (tak więc jego rola w wychowaniu dzieci na ogół sprowadza się do zapewnienia im środków do życia). Jest też matka przebywająca w domu i nadzorująca edukację dzieci. Brak zainteresowania rodziców czymkolwiek innym niż nauka pociech oraz wyścig szczurów, który zaczyna się już w przedszkolu wyzwalają potrzebę buntu. Inną jego przyczyną jest tłamszenie jakichkolwiek przejawów indywidualności przez japoński system szkolnictwa. Zgodnie z zasadą: „wystający gwóźdź zostanie wbity".

Mama Kanae wraca z zakupów z psem.

– To mój pieseczek, Pompoko – Kanae dokonuje prezentacji dziewięciomiesięcznego chihuahua. Piesek przygląda mi się uważnie. – Uwielbiam kupować mu ubranka, ale strasznie szybko z nich wyrasta – głaszcze pieszczocha po głowie. – Ostatnio znowu musiałam mu kupić trzy nowe zestawy, bo w stare się nie mieścił.

Zimowy bezrękawnik, dresik, spodenki, wiosenny płaszczyk, czapeczki z daszkiem, bandanki, letnia kurteczka, sweterek z golfikiem, buciczki, obróżki – na każdą okazję inna, i oczywiście biżuteria. Tak wygląda garderoba, a właściwie garderóbka Pompoko. W Tokio jest zatrzęsienie sklepów z modnymi ciuchami dla czworonogów, można w nich kupić wszystko od koronkowych majtek dla psów, przez buciki na kożuszku, po kapelusik w kratkę. A jeśli właściciel jest tradycjonalistą, może zafundować pupilowi klasyczne kimono w wersji mini za jedyne 70 tysięcy jenów, czyli za 2600 złotych! Piesek królewny nie może spać na byle czym – ma swoją sofkę i poduszeczki. Są torby, w których pańcia nosi Pompoko, kiedy razem idą na zakupy albo do kawiarni. A ten różowy, futrzany pałacyk z kokardkami to psia buda w wersji milusiej. Piesio też jest milusi. No i zmieści się w torbie i w kieszeni, bo waży niecałe 1,5 kilograma, nie wymaga spacerów – załatwia się do kuwety. Jest bezgranicznie rozpieszczony i uwielbia wygody, jak przystało na psa, w którego żyłach płynie błękitna krew – chihuahua to potomkowie starożytnej rasy hodowanej na azteckich dworach. To też najpopularniejsza rasa psów w Japonii. Moda na nią przyszła z Zachodu, bo Japonki chciały mieć takie same psy jak gwiazdy z Hollywood. (Przecież to ulubiony pies Paris Hilton). Kultura europejska dla

Japończyków fascynująca już nie jest. Mieszkańcy Kraju Kwitnącej Wiśni patrzą na świat nie w stronę zachodnią – ku nam – tylko na wschód. Dla nich jest wielka woda i Ameryka, czyli jedyny punkt odniesienia. A potem jest jeszcze jedna wielka woda i dopiero – Europa.

Japończycy kochają zwierzęta. Ona, on i pies – tak coraz częściej wygląda model japońskiej rodziny. Rząd dwoi się i troi, żeby zachęcić młode pary do posiadania dzieci, ale prorodzinna polityka nie daje efektów. Za to bez namawiania kogokolwiek liczba psów w tym kraju przekroczyła 13 milionów. Właściciele wszelkiej maści psich biznesów zacierają ręce, na ich konta wpływa rocznie wiele milionów dolarów, bo Japończyk swojemu psiemu dziecku nie jest w stanie niczego odmówić… A co jeśli mama i tata całymi dniami pracują? Żaden problem – czworonożne dziewczynki i chłopcy idą wtedy do przedszkola, gdzie dba o nich wykwalifikowana psia przedszkolanka… Pizza, spaghetti, a na deser lody o smaku szynki – taki obiad można zaserwować swojemu psu w japońskiej psiej restauracji. Jeśli pupil nie jest abstynentem, może do tego chlapnąć piwo o smaku schabu. Na urodziny zaś właściciele zapraszają jego przyjaciół, a firma cateringowa zastawia stoły psimi rarytasami. Psie wesele to w Japonii też żaden problem, a kreator mody zaprojektuje ubrania dla pary młodej. Dlaczego pani i piesek mają chodzić do fryzjera do dwóch różnych salonów? Pani robi sobie loki, a jej suczka obok farbuje grzywkę na różowo. Jeśli pan i jego pupil chcą dbać o formę pod okiem profesjonalisty, idą na podwodny aerobik z hydromasażem – przyjemność kosztuje „jedyne" 200 dolarów za godzinę… Zbikowani na punkcie psów Japończycy zadbali nawet o to, żeby ich czworonożni pupile mówili! Wyprodukowali tłumacza psiej mowy. Urządzenie składa się z nadajnika przyczepionego do obroży oraz odbiornika, który właściciel ma przy sobie. Translator rozpoznaje barwę oraz intonację szczeku towarzyszącą psim emocjom. Kiedy pies szczeknie, z odbiornika słychać miły głos lektora: „Jestem zaniepokojony", „Jestem przygnębiony", „Jestem szczęśliwy".

Zwierzęta w tym kraju kupuje się jak kolejny gadżet (głównie dla młodych kobiet), im mniejsze, tym atrakcyjniejsze. Za rzadkie psy, wielkości pięści, płaci się ogromne pieniądze, ponoć nawet 10 tysięcy dolarów. Dlatego kuszeni szybkim i dużym zarobkiem hodowcy często bez konsultacji weterynaryjnej rozmnażają psy różnych ras lub spowinowacone ze sobą. Na przykład żeby otrzymać jamnika o białej sierści, kojarzy się kilka pokoleń tej samej rodziny. Najczęściej efektem tego krzyżowania są szczeniaki niezdolne do życia, potwornie zdeformowane.

Zwierzęca Brama Aniołów – dom pogrzebowy dla pupili. Można tu skremować i pochować psa, kota, chomika, a nawet rybkę akwariową.

Ale jeśli choć jedno szczenię z miotu się „uda", jest warte kilka tysięcy dolarów, bo biała sierść u jamnika jest niczym niebieska skóra człowieka, niespotykana.

Kanae miała wcześniej psa – golden retrievera.
– Nazywał się Hani. Zmarł niedawno – opowiada zasmucona. – Zamówiliśmy dla niego serwis pogrzebowy, a potem, gdy został spalony, umieściliśmy jego prochy w zbiorowym grobowcu. Wszędzie dookoła stoją ramki ze zdjęciami, ale to Hani ma najbardziej *kawaii* fotografię, sama ją ozdobiłam diamencikami i świecącymi kamyczkami.

Dzielnica Ikebukuro, Zwierzęca Brama Aniołów. Jak przystało na szanujący się dom pogrzebowy, wystrój jest pełen dostojeństwa, w środku panuje podniosła atmosfera. Parter to miejsce, w którym można wybierać urnę dla naszego zwierzątka, niezależnie od tego, czy przyszliśmy z psem, kotem, iguaną, chomikiem czy rybą nadymką. Wystawiono tu również ołtarzyki, figurki, prezenty, upominki, ramki do zdjęć, a nawet specjalne wisiorki, w których możemy przechowywać prochy zmarłego pupila.

Wsiadamy do windy i jedziemy prosto na czwarte piętro, gdzie odbywają się najbardziej wystawne i najdroższe ceremonie. Koszt pochówku zależy od wagi zwierzątka i może sięgnąć ceny powyżej tysiąca dolarów. Na tym piętrze za roczne wynajęcie oszklonej niszy, w której przechowuje się urnę, trzeba zapłacić 200 dolarów. W zamian za to rodzina może odwiedzać zmarłego, kiedy tylko ma na to ochotę, i pomodlić się nad jego prochami w ciszy i skupieniu. Piętro niżej cena tej usługi spada do 100 dolarów. Najtaniej jest na pierwszym piętrze, gdzie mieści się coś w rodzaju zbiorowego grobowca, do którego zsypuje się prochy wszystkich spalonych zwierząt. Otaczają je ramki ze zdjęciami tych, którzy odeszli, oraz karteczki z tekstami ostatnich pożegnań. Większość żałobników poprzestaje jednak na zakupie niezbyt wymyślnej urny za 30 dolarów i zabraniu prochów pupila do domu.

Byłam pewna, że swoje już w życiu widziałam i coś wiem na temat świata. Tokio udowodniło mi jednak, jak bardzo się myliłam. A właściwie przekonała mnie o tym @home café, należąca do tak zwanych maid café. Tokijskie @home café mieści się w zwykłym bloku i zajmuje wszystkie jego piętra. Jadąc na samą górę, przez rozsuwające się drzwi windy dostrzegłam, że na każdym z poziomów obowiązuje nieco inny wystrój, rozbrzmiewa odmienna muzyka, a kelnerki noszą na sobie różne wariacje na temat stroju pokojówki. Na miejscu gnące się w ukłonach dziewczyny w strojach służących i pokojówek w fartuszkach, koronkowych czepkach i podkolanówkach, przyozdobione mnóstwem różowych misiaczków, landrynkowych spinek – witają Wielmożną Panią (czyli mnie) oraz Najjaśniejszych Państwa (to znaczy resztę ekipy), ciesząc się z naszego „powrotu do domu". Krótko mówiąc – znalazłam się w lokalu dla ludzi rozpaczliwie poszukujących dowartościowania.

Siadam na barowym krzesełku dostawionym do wysokiego stołu. Dwaj mężczyźni obok mnie piją drinki i są tu chyba stałymi bywalcami. Jeden przytaszczył nawet ze sobą torbę albumów ze zdjęciami zrobionymi polaroidem w tym właśnie lokalu. Pieczołowicie ozdobił je serduszkami, kwiatuszkami i dopiskami. Drugi skupia się na czytaniu komiksu, a tuż obok niego leży najnowszy model nokii ozdobiony wisiorkami Kitty-chan, króliczkami i różnymi innymi „babskimi" gadżetami.

Pomiędzy stolikami krążą dziewczyny, usłużnie zagadując i pytając, w czym mogą jeszcze pomóc. Przyszłam tutaj, żeby zjeść kolację, a tymczasem znalazłam się w centrum jakiegoś psychodelicznego party. Jedna z pokojówek (pani żółty krawat, żółta kokarda) wychodzi na środek i zaczyna namawiać klientów do zabawy w papier, nożyce, kamień. Kolejna zabawa jest jeszcze lepsza – polega na obnoszeniu po lokalu wielkiego plastikowego krokodyla z otwartą paszczą i macaniu go po wyszczerzonych kłach. Ten, kto trafi na ząb uruchamiający mechanizm zamykający paszczę, oczywiście przegrywa. Pan obok mnie bawi się tą zabawką przez równe trzy minuty, co skrupulatnie rejestruje kelnerka na swoim pluszowo-landrynkowo-misiowym stoperze. Mój udział skończył się oczywiście przygryzieniem palców oraz tubalnymi salwami śmiechu wszystkich dookoła. Normalnie zabawa na całego.

Dziewczęta intonują pieśń, która informuje, że podano do stołu, a na Wielmożnych Państwa czekają przepyszne dania. Towarzyszą temu oczywiście słodkie minki i charakterystyczna postawa ze stopami obowiązkowo zwróconymi do wewnątrz. Jako „Księżniczka Martyna" zostaję wywołana na środek sali. Pani służąca przedstawia się imieniem Hiyoko, czyli Pisklaczek, a zapytana o wiek odpowiada, że cała obsługa @home café ma „po wszystkie czasy 17 lat". Następnie prowadzi mnie do ściany, na której powieszono różne nakrycia głowy oraz pluszowe uszy zwierzątek, i prosi, żebym coś sobie wybrała. W pierwszym odruchu decyduję się na żyrafę, ale widząc skrzywioną minę mojej służącej, błyskawicznie sięgam po kocie uszy wykończone białą koronką.

Wtedy dziewczyna ustawia się ze mną do pamiątkowego zdjęcia, przykładając dwie piąstki do policzków w geście oznaczającym „kici, kici" i przekrzywiając główkę. To było naprawdę coś.

Kolejne kilka godzin spędzam, klaszcząc, bawiąc się w papier, nożyczki i kamień, śpiewając, gwiżdżąc i robiąc milion innych rzeczy, których zwykle nie robię. A w przypływach świadomości zastanawiam się, jakim cudem dałam się wplątać w to przedstawienie. Tymczasem siedzący obok faceci nadal sączą drinki i nie są w stanie oderwać wzroku od tego cyrku, są nim autentycznie zafascynowani.

Pan Watanabe Chuichi, jak większość Japończyków, nie wstaje z miejsca, żeby powitać kobietę. Grzecznie podaje rękę, i owszem, ale to wszystko, na co można liczyć z jego strony. W trakcie wywiadu zachowuje olbrzymią powściągliwość, odpowiada powoli i po bardzo długim namyśle, zaczynając każde zdanie charakterystycznym mruknięciem, niczym zmęczony życiem samuraj.

Prowadzę firmę budowlaną Hakkoda-yuki i jestem ojcem Kanae. Mam też syna, starszego brata Kanae. Córka to dobra dziewczyna, ma dobry charakter i dobrze pracuje. Sama chciała, żebym ją przyjął. Moi pracownicy cieszą się na jej widok – maleńka dziewczynka siedząca w kabinie tak ogromnego pojazdu robi wrażenie. Przecież wielu mężczyzn nie poradziłoby sobie z opanowaniem tej gigantycznej koparki. Klienci lubią niezwykłe zjawiska, a moja córka bez wątpienia do nich się zalicza.

Korzystając z nieobecności córki, pytam o nią pana Watanabe.
– Na czym polega praca Kanae w pańskiej firmie?
– Na załadowywaniu i rozładowywaniu lawet – odpowiada. – Daję jej też jakąś prostą robotę przy cięciu blach czy segregacji metali, często też wsiada za kółko ciężarówki i rozwozi maszyny, ale staram się ją wysyłać tylko tam, gdzie wiem, że jest dużo miejsca i nie będzie musiała lawirować w wąskich uliczkach.
– Ile u pana zarabia?
– Jakieś 200 tysięcy jenów miesięcznie (mniej więcej 2 tysiące dolarów). Wszystko, co zarobi, wydaje tylko na siebie.
– A jaka byłaby wymarzona przyszłość dla pańskiej córki?
– Nie wiem, nie można od niej za dużo wymagać, to w końcu tylko dziewczyna. Kiedyś pewnie znajdzie sobie jakiegoś chłopaka i wyjdzie za mąż. Chciałbym, żeby miała dobrego męża, bo w pracy nie będzie potem z niej pożytku, nie przekażę jej swojej firmy, musi trafić w ręce jej brata. To on jest dla mnie ważniejszy.

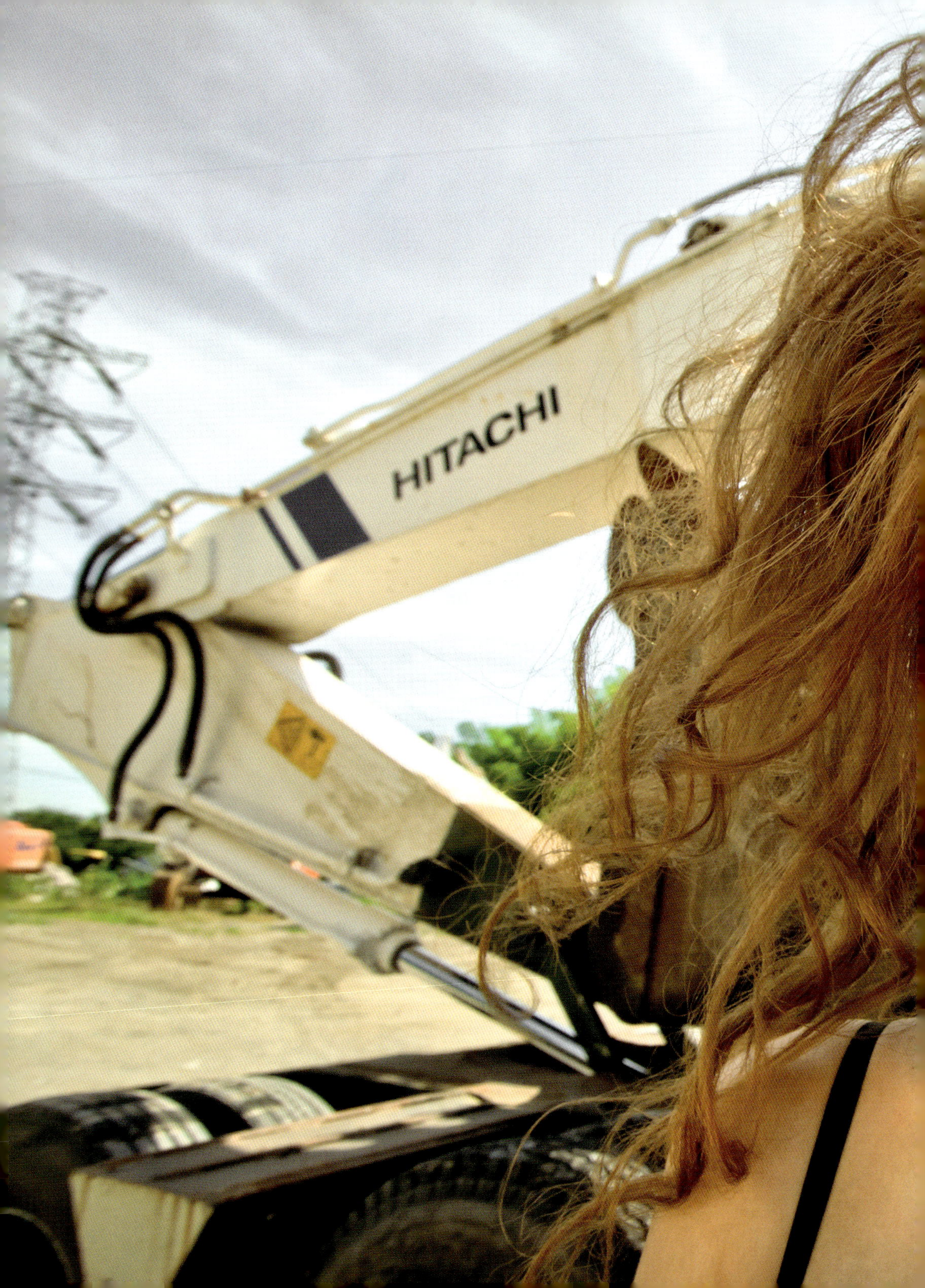
HITACHI

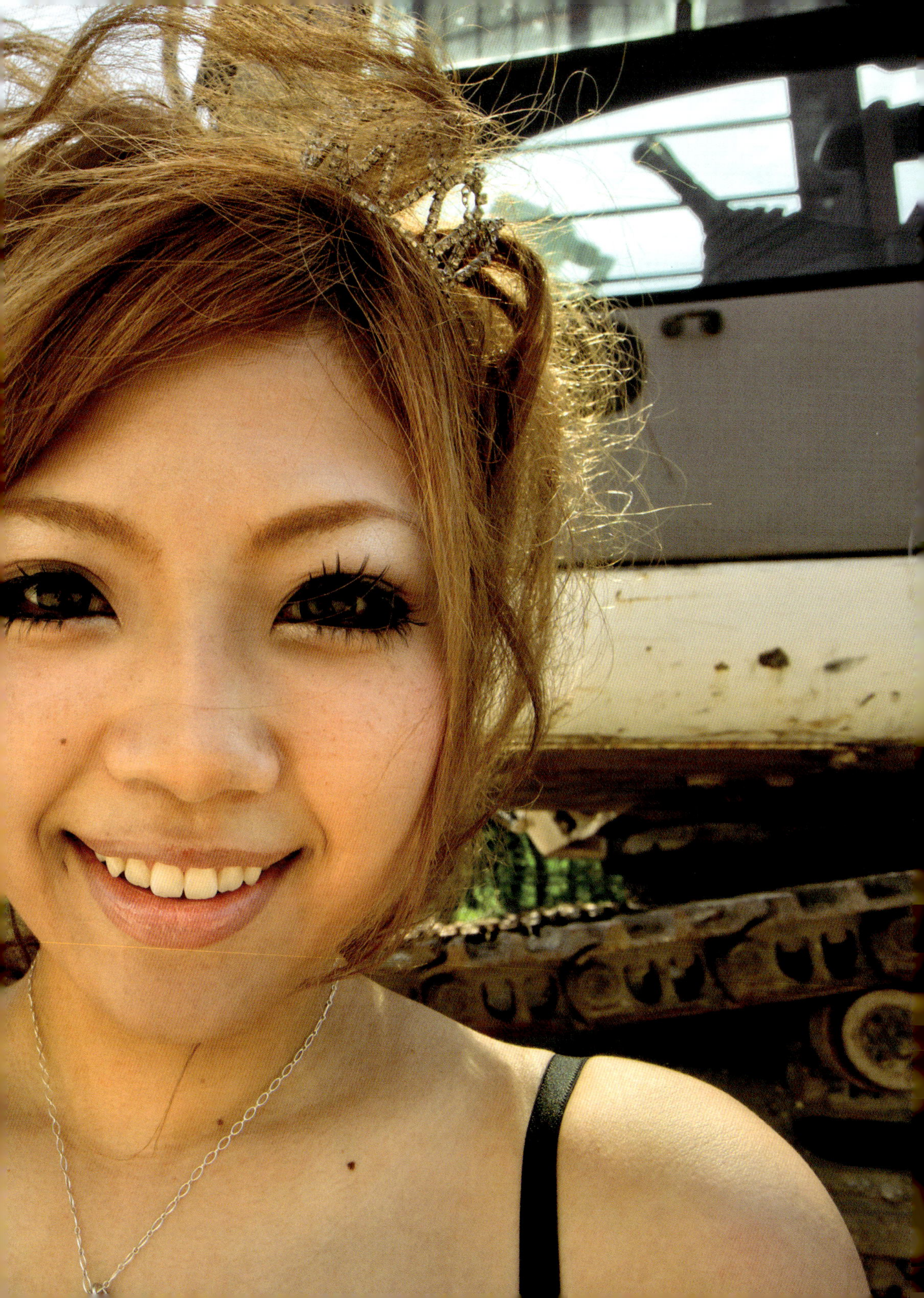

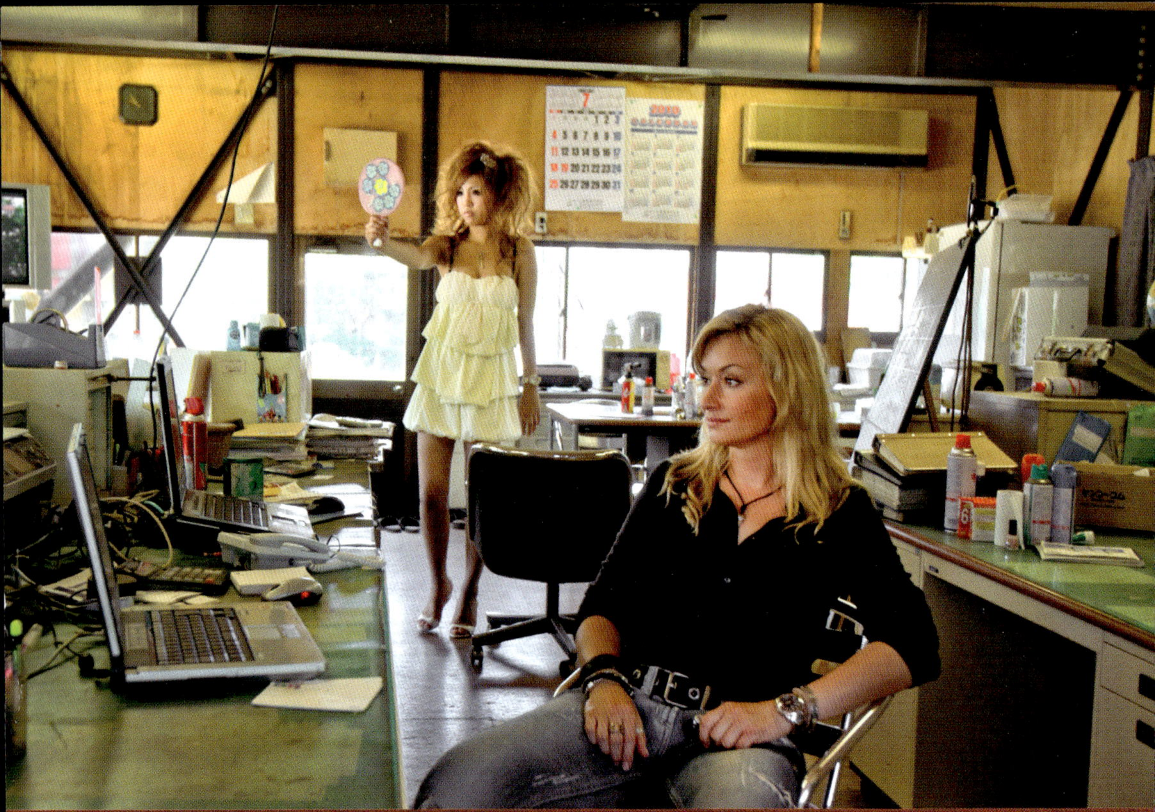

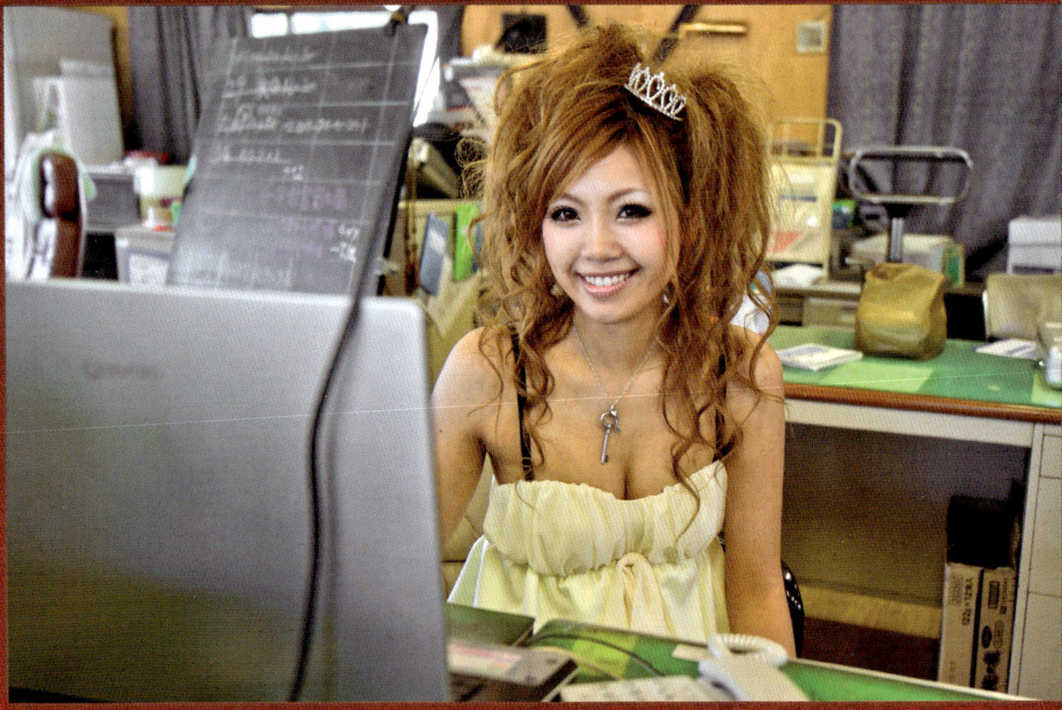

Kanae pracuje w firmie ojca i do jej obowiązków (poza ładnym wyglądem) należy obsługa ciężkich maszyn. Wszystkie zarobione pieniądze dziewczyna wydaje na ciuchy i kosmetyki. Pan Watanabe uważa, że córka jest świetną reklamą jego przedsiębiorstwa.

Do niedawna w Japonii pracowali prawie wyłącznie mężczyźni. Obecnie sytuacja się zmieniła na korzyść pań, których w przedsiębiorstwach zatrudnia się coraz więcej. Panuje pogląd, że kobiety będą siłą napędową Japonii. Nie znając struktur korporacyjnych, łatwiej będą mogły obserwować zmiany zachodzące w gospodarce oraz szybciej na nie reagować. Jednocześnie to właśnie kobiety wydają pieniądze i są głównym odbiorcą życia kulturalnego.

– Pana zdaniem kobiety nie nadają się do pracy? – pytam pana Watanabe.

– Bardzo trudno pogodzić jakąś pracę z byciem kobietą. Nie mogę powierzać córce zbyt trudnych zadań, wybieram dla niej najprostsze zlecenia, a i tak ciągle się o nią martwię. Jeśli wyjdzie za mąż, to nie będzie mogła pracować, a kiedy urodzi dzieci, to po prostu zabraknie jej na to czasu.

– Orientuje się pan w tych wszystkich współczesnych modach i trendach?

– Nie, nie mam o tym bladego pojęcia. Muszę przyznać, że kiedy Kanae zaczęła się tak malować i ubierać, to z początku było mi za nią trochę wstyd. Jest inna niż wszystkie dziewczyny, no ale cóż, najwyraźniej taka jest teraz moda.

Ruszamy przez podwórze, które wygląda jak typowy skład maszyn budowlanych – trochę rupieci, jakieś pojazdy, samochody pokryte warstwą pyłu, wraki czekające na naprawę i sterty złomu. Tuż obok mieści się złożony z gotowych prefabrykatów budynek biurowy, w którego klimatyzowanym wnętrzu panuje miły chłód. W środku stoją biurka przywalone jakimiś papierami, kilka laptopów, trochę sprzętu biurowego w postaci nieco przestarzałych drukarek, pod ścianą stolik i kanapa.

Pod naszą nieobecność Kanae przebrała się we własnoręcznie zaprojektowany kombinezon roboczy z wielkim logo Comprenda na rękawach i pośladkach. Wygląda nieźle. Czarny strój wykończony jest różowo-białą krateczką na kieszeniach i przy mankietach. Pod spód włożyła zwykłą bladoróżową koszulkę, podobno do kompletu ma jeszcze różowy kask, ale tego akurat nie dane mi jest zobaczyć.

Kanae wkłada obie ręce do kieszeni i absolutnie świadoma swojej kobiecości oraz seksapilu podchodzi do wózka widłowego. Po chwili zabiera się do zdejmowania koparki z lawety samochodu. Przyglądam się, jak z niezwykłą wprawą manewruje tym gigantem, przesuwając pojazd centymetr po centymetrze, i fachowo podpiera łyżkę koparki, żeby odciążyć siodło pojazdu. Muszę przyznać, że słodka, różowa dziewczynka za kierownicą tej olbrzymiej maszyny również na mnie robi wielkie wrażenie. Kanae kończy pracę, zeskakuje z wózka i zanim wypowiadam pytanie, podniecona szczebiocze.

– Uwielbiam prowadzić ciężarówki i wszyscy mi mówią, że jestem do tego wręcz stworzona.

– Przecież to jest męski zawód – pytam trochę bez sensu, sama w końcu od dziecka naprawiam samochody.

– Można tak powiedzieć, ale od zawsze jeździłam z tatą i wcale nie uważam, że jest to praca tylko dla mężczyzn. Uwielbiam obserwować reakcje ludzi, gdy widzą mnie za kierownicą takiego potwora. Trudno im wytłumaczyć, że nie powinni się martwić i że na pewno dam sobie z tym radę – Kanae jest autentycznie zachwycona sama sobą.

Pod kostiumem infantylnej nastolatki kryje się bardzo świadoma swoich celów kobieta. Mistrzyni PR-u.

– Możesz nam opowiedzieć o swoich zarobkach i wydatkach?

– Poza tym, co płaci mi tata, czasem dorabiam również jako modelka, pozuję do zdjęć dla czasopisma „Koakuma Ageha". Dzięki temu mam jakieś dodatkowe pieniądze. Średnio dwie trzecie moich dochodów przeznaczam na nowe ubrania i kwestie związane z wyglądem.

Na kolację docieramy do restauracji o nazwie Alcatraz. Jej wnętrze podzielono na klaustrofobicznie małe cele, cała obsługa nosi stroje pielęgniarek i pielęgniarzy, a dania podawane są na metalowych szpitalnych nerkach. Wszędzie dostrzegam rozbryzgi sztucznej krwi, półki ozdabiają słoiki z formaliną, w której pływają fragmenty ludzkich ciał. Ze ścian, sufitów, stojaków zwisają kroplówki z napojami, można sobie również zamówić drinka w butelce ze smoczkiem, takiej jak dla dziecka. Do wyboru są napoje czerwone jak krew, zielone jak płyn ludwik, pomarańczowe, różowe. Część drinków wypełnia strzykawki zanurzone w szklankach z wodą, obok mnie ktoś zamówił danie, które kelnerka przyniosła w rozpołowionej głowie lalki; zawartość do złudzenia przypomina mózg. Przez szklane otwory w podłodze widać stopy nieboszczyków lub mózg wyciekający szeroką plamą spod prześcieradła. Po prostu coś fantastycznego... Gdzie ja jestem?

Już sobie przypominam – w Alcatraz, więzieniu, z którego podobno nie można było uciec. Zdecydowanie niczego tutaj nie zjem, szczególnie że kuchnia przypomina prosektorium i to wcale nie jest zabawne. Wokół jest ciemno, brudno, odrapane kraty obwiązane zardzewiałymi łańcuchami i zamknięte za pomocą kłódek. Pokoje znajdują się na dwóch poziomach, podobnie jak w hotelach kapsułowych, tyle że tutaj goście siedzą za kratami.

Dziewczyny wybierają celę z różowymi ścianami i meblami. Z góry zakładam, że dłonie, rozpołowiona głowa i gigantyczny penis pływające w słoikach z formaliną są sztuczne. Podobnie jak ściekająca po ścianach krew. Tuż obok mamy celę śmierci, która wyróżnia się tym, że z jednej z jej ścian wystają zakrwawione stopy. Atmosferę grozy zabija niestety konieczność zdjęcia butów przed wejściem do wybranego pomieszczenia. Ale w końcu jesteśmy w Japonii.

Obsługująca nas pani jest ucieleśnieniem męskich marzeń o sadomasochistycznej pielęgniarce. Jej strój składa się z czarnego stanika oraz czerwonych majtek wystających nieskromnie spod kusego kitla, który sięga jej zaledwie do połowy bioder. No i oczywiście na głowie nosi czepek z dużym czerwonym krzyżem. Nie wydaje mi się, żeby była *kawaii*, nie jest też lolitką, to zdecydowanie Królową Hardcore'u. Pani podaje nam kartę. Cóż w niej mamy do wyboru? Na początek aperitif – Doświadczenie Na Ludzkim Ciele Na Bazie Soku Pomarańczowego (karta ostrzega przed truciznami kryjącymi się ponoć w niektórych menzurkach) albo Czerwony Napój, Pod Wpływem Którego Mówi Się Prawdę, a może Domózgowy Zastrzyk Z Wódki, a na danie główne Sterczący Bananowy Fiutek Na Bazie Jogurtu. Wszystko kosztuje mniej więcej po 8 dolarów. No nie, chyba nawet nie dam rady nic tu wypić…

Dzielnica Harijuku to królestwo zbuntowanej japońskiej młodzieży. A jak najlepiej wyrazić bunt? Ekstrawaganckie fryzury, kolczyki w najprzeróżniejszych częściach ciała, opaski na szyi w formie dłoni kościotrupa, psie obroże… Spotykam tu Czerwonego Kapturka, Alicję z Krainy Czarów i młodzieńca przebranego za flagę Wielkiej Brytanii. Kobietki w skórach, chłopców w plastiku tlenionych na blond, w kaskach, w futerkach, z balonikami… Szkoda, że większość z nich nie chce ze mną rozmawiać. Podchodzę do nich, zaczepiam, uśmiecham się, zadaję proste pytania – oni w odpowiedzi tylko uśmiechają się i… uciekają. Japończycy są bardzo wstydliwi – a jeżeli już ktoś się zgodzi na wywiad, słyszę mniej więcej to samo: codzienność to szare, sztywne szkolne mundurki, dlatego po lekcjach zakładam takie właśnie dziwaczne stroje i idę w miasto, by dać wyraz swojej osobowości.

W Harijuku są bary, knajpki, dyskoteki, sklepy, pasaże i butiki z najbardziej odjazdowymi rzeczami i ubraniami, jakie w życiu widziałam. Krążymy po ulicach wśród tłumu, zgiełku, muzyki i świateł. Nagle trafiamy do sklepu z ubraniami dla psów i kotów. A w środku stroje w stylu: „pies à la kaczka", chomik, królik i wiewiórka. Jest wersja „pies przebrany za kota", ale też „kot przebrany za kota", czyli za japońską maskotkę Hello Kitty (biały z charakterystycznymi uszkami i z taką milunią, okrągłą główką). Są tu też sklepy z zabawkami. Wchodzę do jednego z nich – mnóstwo robotów i innych elektronicznych zabawek. Próżno tu szukać szmacianej lalki czy misia z klapniętym uszkiem. Wszystko jest elektroniczne, wszystko jest interaktywne, wszystko się rusza, świeci i burczy. Zabawki skaczą, miauczą… Docieram do ściany plastikowych ptaszków, które na dotyk zaczynają ruszać łebkami i śpiewać. Obok w sztucznych akwariach pływają sztuczne rybki. Jest normalna fala, są bąbelki, a co najważniejsze, nie musisz tego towarzystwa karmić. Mijam kilka kolejnych regałów i odnajduję tamagotchi, czyli żyjące jajka. Tamagotchi mają przeróżne, bardziej i mniej zaawansowane formy. Jest na przykład takie, które hoduje się w komputerze – moja koleżanka miała taką wirtualną rybkę. Lubiły się dość długo, aż przyszedł wreszcie kres ich przyjaźni. I kiedy koleżanka przestała rybkę karmić, ta z żalu czy zemsty zżarła jej pliki z twardego dysku.

Hobby przeciętnego młodego Japończyka, oprócz oczywiście zakupów, to gra na automatach zwanych *pachinko*. Podobno biznes *pachinko* zatrudnia trzy razy więcej pracowników niż przemysł stalowy w Japonii. Właściwie rola gracza sprowadza się do siedzenia i wpatrywania się w migające obrazki na ekranie (pieski, kotki, rybki). Czasami smyrnie sobie tylko jedną z dwóch gałek przy automacie, aby wprowadzone do wewnątrz metalowe kulki znalazły się w odpowiednim otworze. I tyle. Robi to, siedząc w tym potwornym huku, w papierosowym dymie. Istne seppuku dla mózgu. Wygrywając, pomnaża swoją liczbę kulek. Po zakończeniu gry wymienia je w kasie na drobne przedmioty codziennego użytku, jak papierosy, a większe wygrane na sprzęt AGD, na przykład żelazko czy suszarkę. Może też nieformalnie (i nielegalnie) poza salonem zamienić je na pieniądze. Japończycy spędzają tak większość wolnego czasu. A niektórzy właściwie cały wolny czas. Specjalnie dla nich salony *pachinko* otwarte są przez 24 godziny, a mimo to przed niektórymi już od dziesiątej rano stoją kolejki. Dlaczego tokijczycy wolą wieczory spędzić w towarzystwie okrutnie głośnego i migoczącego automatu, niż spotkać się ze znajomymi w kinie czy choćby na dobrej kolacji? Bo jest to prostsze, wygodniejsze i ich zdaniem o wiele mniej stresujące.

Uzależnienie od automatów jest tu ogromne. Młoda matka czuje potrzebę rozerwania się, bierze więc swoje maleństwo i jadą razem do salonu *pachinko*. Następnie zostawia dziecko w samochodzie i idzie sobie chwilkę zagrać. I zatraca się w grze całkowicie. Na zewnątrz upał, 30 stopni Celsjusza, a ona gra, gra i gra. I zamiast 15 minut, zamiast godziny, spędza tam całe popołudnie. A gdy wreszcie kończy i wraca do samochodu, odkrywa, że w tak zwanym międzyczasie nastąpił zgon jej dziecka z przegrzania. W Japonii przez matki uzależnione od *pachinko* umiera rocznie 20 do 30 niemowląt.

– A jak zareagowałaś na propozycję, że będziemy o tobie kręcić program? – pytam Kanae.
– Z początku w ogóle nie wiedziałam, gdzie jest ta Polska, skąd się wzięli ci wszyscy Polacy i czego się mogę po was spodziewać. Ale wystarczyło, że was zobaczyłam, i zaczęłam skakać z radości – mówiąc to, dziewczyna piszczy i trzepocze rzęsami. – Jesteście tacy fantastycznie „obcokrajowi", wyglądacie jak mieszkańcy Hawajów, macie takie ubrania, których nikt u nas by nie założył, żaden kamerzysta nie włożyłby takiego kapelusika jak ten chłopak (czyli Michał). Strasznie *cool*.
– A co na to powiedzieli twoi rodzice? – pytam z ciekawości.
– Też byli zaskoczeni. Nie potrafili uwierzyć, że ktoś przyjeżdża z tak daleka tylko po to, żeby zrobić o mnie program dla telewizji.
– Koleżanki były zazdrosne?
– Nie. Za to były strasznie zdziwione, że chcecie mi towarzyszyć przez kilka dni non stop i zaraz zaczęły mnie przekonywać, że powinnam się jeszcze bardziej wylansować w telewizji. – Klaszcze w ręce i potrząsa głową. A chwilę później podciąga podkolanówkę, która zsunęła się jej z łydki.

Stoję w środku olbrzymiego budynku na lotnisku Narita w Tokio i kontempluję nieokiełznany pęd życia tego miejsca. Tokio oszałamia mnie hałasem i niewiarygodnym wprost tłumem ludzi. Żywa lawa przelewająca się chodnikami biegnie dokądś, byle szybciej... Do czego ci wszyscy ludzie się tak śpieszą? Czyżby umykali przed samymi sobą? Tak jakby nawet chwilowy postój miał sprawić, że na zawsze już wypadną z rytmu. Przypominają mi się sceny z filmu Sofii Coppoli „Między słowami" i ta niewiarygodna samotność i alienacja głównych bohaterów. Zrozumiałam ją w tej chwili. W tej olbrzymiej hali przylotów, wybuchającej dźwiękami, kolorami, migającej neonami, zalanej powodzią ludzi, jak w żadnym, ale to w żadnym miejscu na świecie – ani na pustyni, ani w tajdze syberyjskiej, ani w dżungli ekwadorskiej, ani na otwartym morzu, nigdy i nigdzie – nie czułam się tak samotna jak w tym miejscu, w tym kraju. Tokio pulsuje wściekłym rytmem jak świeża, otwarta rana. Jest niczym nieplanowana kąpiel w lodowatej wodzie i zanurzając się w nim, prawie odruchowo wstrzymujesz oddech. I trwasz tak dzień, dwa, aż zobaczysz czarne mroczki przed oczami i wtedy nagle przychodzi olśnienie.

I wiesz już, że albo się przystosujesz, albo zginiesz. Albo czym prędzej wyjedziesz. Uciekniesz do domu!

Japonia jest prawdziwą mieszanką przeciwieństw. Nowoczesność onieśmiela, a czasem i nawet ośmiesza tradycję, szyk spółkuje z kiczem, elegancja wtapia się w bezguście, a ład i precyzja współistnieją na równi z chaosem tandetnej brzydoty. Takie właśnie wydało mi się to miasto zaraz na dzień dobry. To zdecydowanie najbardziej przygnębiające miejsce, jakie widziałam. Jest hałaśliwe, jest zabetonowane, jest zatłoczone, poplątane i skomplikowane, ale jednocześnie przedziwnie puste i zimne. Kolejki na przejściu dla pieszych, kolejki do metra, kolejki, kolejki, kolejki...

Ludzie w Tokio nie patrzą na siebie na ulicy, nie uśmiechają się do siebie, nie zaczepiają. Drobią tymi swoimi małymi nóżkami z lekko zwieszonymi głowami, a ich wpatrzone w pustkę twarze wyrażają bezdenną obojętność. Dlaczego? W Japonii nie należy nikogo prosić o przysługę, ponieważ to może sprawić kłopot. Prosząc o pomoc, zaciągasz zobowiązanie wobec tej osoby i bezwzględnie musisz się później odwdzięczyć. Nawet oficjalne stosunki międzyludzkie, jak choćby układ nauczyciel – uczeń, wymagają poza klasyczną formą zapłaty także obdarowania jakimś stosownym drobiazgiem. I nie jest to traktowane w kategoriach przekupstwa, ale jako obowiązkowa forma wyrażenia wdzięczności, zapewnienie o chęci dalszej współpracy. Takie gesty zastępują słowa. A Japończycy nawet na przyjacielskich spotkaniach często milczą. I nie ma w tym nic niestosownego. Wręcz przeciwnie, komuś nadmiernie otwartemu ciężko zaskarbić sobie sympatię. Tutaj nie sposób przekonać kogoś, żeby nas polubił, skoro on cię w ogóle nie słucha i nawet nie patrzy na ciebie, a jeżeli już spojrzy i posłucha, to cię nie rozumie, a nawet jak cię rozumie, to ci nie odpowie, a nawet jak ci już odpowie, to wymijająco i na pewno nigdy nie zaprzeczy.

W Japonii ludzie żyją w swoim hermetycznym świecie i nie wolno ci ani wchodzić do tego świata (bo to pogwałcenie ich prywatności), ani nikt nie próbuje wnikać w twój (to akurat bardzo mi odpowiada). A jeśli przyjdzie ci ochota zaczepić kogoś na ulicy czy choćby w metrze, pytając o drogę, możesz popełnić nietakt, bo do wskazywania drogi służą posterunki policji, a zaczepianie ludzi w Japonii jest niestosowne. Zastanowiłam się nawet przez moment, czy gdybym przewróciła się na środku ulicy i umierała na zawał serca, ktokolwiek podszedłby z pomocą.

Shibuya – największe i najbardziej znane skrzyżowanie Tokio.

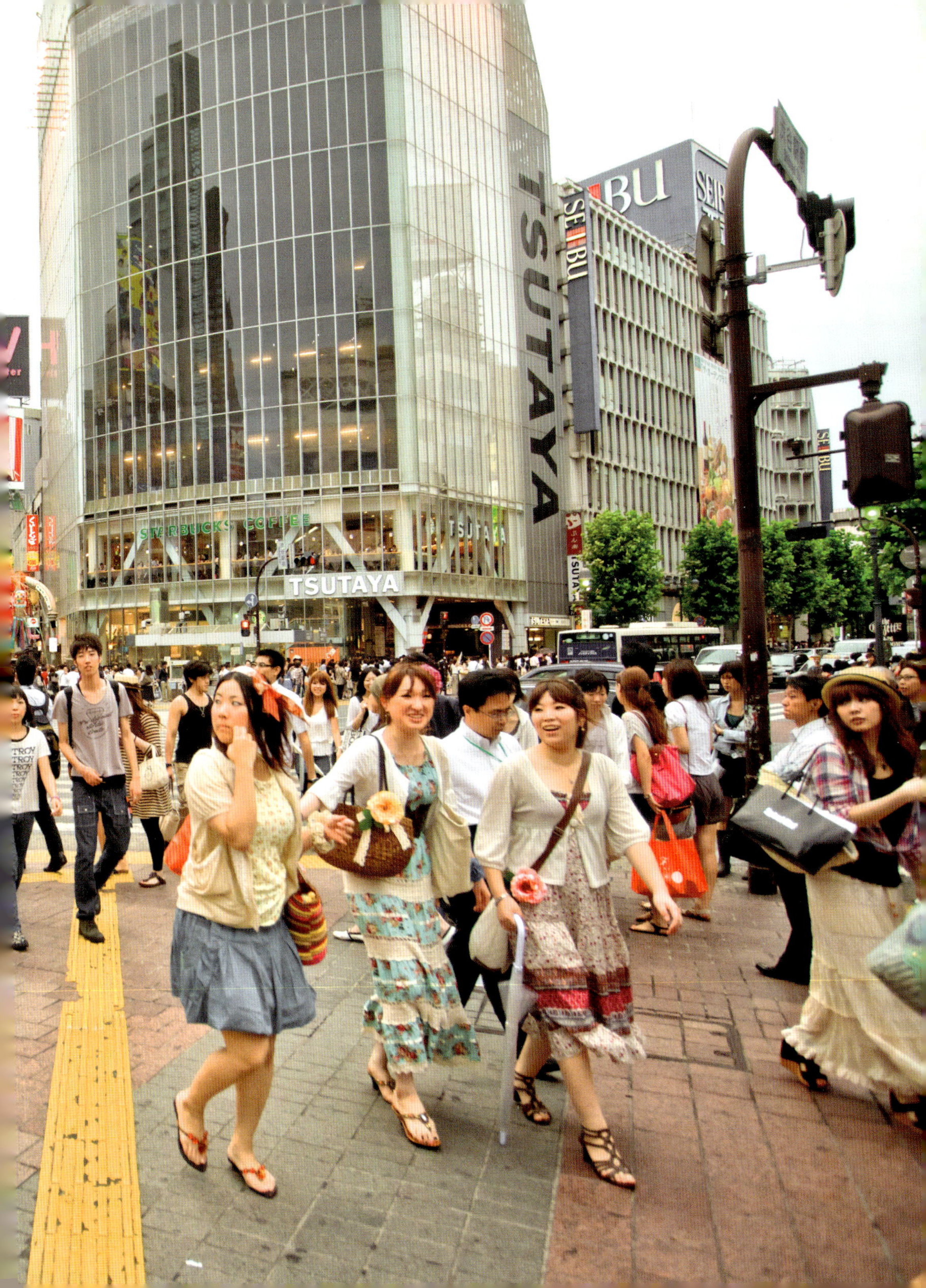
TSUTAYA
STARBUCKS COFFEE
TSUTAYA
SEIBU

Jedziemy szybkobieżną windą. Chcemy jeszcze nakręcić panoramę Tokio z dachu wieżowca. Okazuje się jednak, że nie ma takiej możliwości, bo prawie nigdzie powyżej trzeciego piętra nie ma balkonów, otwieranych okien, a na skraju tarasu widokowego zamontowane są pancerne szyby wysokie na kilka metrów. Albo kraty. Dlaczego? Żaden z administratorów budynków nie chce brać na siebie odpowiedzialności za czyjeś samobójstwo.

W Japonii średnio co 15 minut ktoś odbiera sobie życie. (Częściej robią to tylko Rosjanie). Samobójstwa popełniają już przedszkolaki, które nie są w stanie wytrzymać tempa wyścigu szczurów.

W naszej kulturze i religii życie jest wartością największą. Darem. Każdy, kto próbuje je sobie odebrać, popełnia śmiertelny grzech. Według japońskiej tradycji targnięcie się na własne życie nie jest czymś jednoznacznie złym. Buddyzm definiuje morderstwo jako grzech, ale o samobójstwie nie wspomina. Sintoizm, druga główna religia Japonii, niemal akceptuje je jako jedyną drogę moralnego oczyszczenia. Każdy z nas słyszał też o seppuku, rytualnym samobójstwie polegającym na rozpłataniu mieczem brzucha, gdzie, jak wierzono, mieściła się ludzka dusza. Uwalniając ją, samurajowie ratowali splamiony honor. Taka śmierć oczyszczała z wszelkich zarzutów, była dowodem niewinności. A kamikadze – lotnicy samobójcy z czasów drugiej wojny światowej?

Samobójcy w ubiegłym roku kosztowali gospodarkę Japonii blisko 32 miliardy dolarów – w tej kwocie są wypłaty zasiłków, koszty hospitalizacji i leczenia osób pogrążonych w depresji oraz utrata przychodu z podatków, których nie płacą denaci. Gdyby nie oni, ubiegłoroczny PKB Japonii byłby wyższy o ponad 20 miliardów dolarów. Wśród powodów samobójstw wymienia się „złą sytuację materialną". W kraju, gdzie bezrobocie wynosi 4 procent, czyli jest właściwie żadne, a PKB na jednego mieszkańca to 32 700 dolarów. (Dla porównania – w Polsce jest to odpowiednio 11 procent i 17 900 dolarów[***]). Powiecie, że dotyczy to wszystkich mieszkańców krajów rozwiniętych? Niby tak, ale w żadnym z nich poczucie dumy i konieczności nieodstawania od reszty społeczeństwa nie jest tak silne jak w Japonii. Nigdzie też nie spotkałam się z większym konsumpcjonizmem.

Trzeci dzień zdjęć, pobudka o szóstej rano, chwilę po siódmej wyjeżdżamy z hotelu, tylko po to, by następne dwie godziny przedzierać się przez kom-

---

[***] na podstawie CIA Factbook

pletnie zakorkowane Tokio. W strugach deszczu dojeżdżamy do Ginzy, gdzie najbogatsi Japończycy robią zakupy. Trafiamy do salonu Shiseido, który oferuje komputerowe dopasowanie makijażu do określonego typu twarzy. Na początek skan buzi, później komputer samodzielnie dobiera najlepsze dla mnie kolory, mogę zdecydować o natężeniu różu na policzkach i cieni na powiekach oraz dobrać odpowiedni kolor szminki. Decyduję się na wersję hipermocną i oczywiście wyglądam… koszmarnie. Potem robię analizę rysów twarzy i dowiaduję się, że ogólnie rzecz biorąc, moja jest zbyt długa (nie padło co prawda słowo „koń", ale mina pani powiedziała mi wiele), jedno oko mam „zbyt do góry" i zdecydowanie powinnam mieć większe usta. Właściwie nie wiem, po co mi ta cała wiedza, do tej pory byłam całkiem zadowolona ze swojego wyglądu. Kanae, którą zaprosiłam do tego eksperymentu, w tym czasie miała wykonywany makijaż przez miłą, subtelną panią. Chciałam przekonać się, jak moja bohaterka wygląda sauté i rzeczywiście zgodnie z tym, co sama deklarowała – jej twarz bez makijażu i z nim to dwa różne światy… Po interwencji specjalisty ma lekko zaróżowione policzki, delikatny cień na powiekach, błyszczyk. Wygląda gustownie, tyle że zupełnie… nielolitkowo. Trwa to jednak krótko. Kiedy wsiadłyśmy do samochodu, dziewczyna natychmiast wyjęła z torby gigantyczną kosmetyczkę (gdzie ona ją zmieściła?!) i nałożyła maskę na nowo – czarna kreska namalowana na pół centymetra poza obrysem oka, sztuczne rzęsy…

– Teraz czuję się sobą – stwierdziła na koniec, patrząc w lusterko usatysfakcjonowana.

Nazywam się Kotori Keita, pracuję jako fotograf dla magazynu „Koakuma Ageha". Dzisiaj fotografowałem przede wszystkim buty, takie wysokie, sięgające za kolana, bo to temat naszego najnowszego artykułu. Tak, zdarzało mi się wcześniej współpracować z Kanae, to świetna modelka. Przy tym ma doskonały gust i jest bardzo fotogeniczna. Niesamowicie pasuje do niej styl księżniczki. Czy jest znana? Czytelniczki „Koakuma Ageha" ją uwielbiają! Jak ona zaczyna nosić soczewki kontaktowe z Hello Kitty, to wszystkie dziewczyny w Tokio chcą mieć takie! Ogólnie to nie przepadam za tymi wszystkimi rozlazłymi, emocjonalnymi panienkami. Ze względu na pracę w pewnym stopniu jestem skazany na te dziewczyny. Ideał? Nie mam pojęcia. Mnie zależy tylko na dobrych zdjęciach.

Pierwszy egzemplarz „Koakuma Ageha" ukazał się w Japonii w roku 2006, więc jest to stosunkowo nowe czasopismo, w porównaniu z innymi publikacjami o modzie. Skupia się głównie na trendach panujących wśród nastolatek. Można tu znaleźć najnowsze propozycje fryzur, stylowe makijaże, odważne i wyzywające sesje mody oraz wskazówki dla młodych projektantek. W dzielnicach Tokio, takich jak Shinjuku, Shibuya, Roppongi i Ikebukuro, można spotkać wiele dziewczyn, które zmieniły całkowicie swój styl pod wpływem tego czasopisma. Obowiązkowe elementy wizerunku czytelniczek tej biblii mody to loki à la księżniczka, różowe staniki, plisowane sukienki, błyszczące akcesoria z pereł i gadżetów, farbowane blond włosy z tapirem na czubku głowy.

Jednak najwięcej miejsca magazyn poświęca temu, jak ze skośnego, małego oka Japonki zrobić okrągłe, wielkie oko jak u lalki. Są na to aż cztery metody. Pierwsza – makijaż: powiekę maluje się na biało, na górze i na dole rysuje grubą czarną krechę i przykleja długie sztuczne rzęsy. Metoda numer dwa: kupuje się specjalny klej, smaruje nim górną powiekę i przykleja ją do skóry poniżej brwi. Nie pytajcie mnie, jak się wtedy mruga – nie wiem, może wcale! Klej często przenika do oka i szkodzi mu, ale co tam… Metoda trzecia: sztuczna soczewka wielka jak 5 złotych, najlepiej kolorowa i wzorzysta. Metoda czwarta: operacja plastyczna – powiększa się oko za pomocą skalpela. Nie muszę dodawać, że wszystkie sposoby można dowolnie łączyć…

Tak jak oko lolity musi być duże, tak jej telefon komórkowy nie może być goły! Każdy centymetr kwadratowy jego obudowy powinien być oklejony minigadżetami. Perełkami, kokardkami, cekinami i miniaturowymi zdjęciami zwanymi *purikura*, które robi się w specjalnych automatach. Naklejone na komórkę plastikowe minitruskawki, plasterki kiwi i „bobki" bitej śmietany wyglądają jak prawdziwe. Taki telefon niemal do złudzenia przypomina ciacho. Lolity w podobny sposób zdobią też swoje zegarki, laptopy i telewizory. Dzięki ich nieograniczonej wyobraźni każdy poważny sprzęt elektroniczny zamieni się w uroczą zabawkę – telewizoruś, laptopuś i komórusię…

Kiedy patrzę na ręce i nogi „księżniczek", mam wrażenie, że nic nie wiem o tipsach i zdobieniu paznokci. Tym, co japońska królewna nosi na 20 paznokciach swoich palców, można by było ubrać małą polską choinkę. Miś, serduszko, pół cytrynki, koralik, biedronka, kamyczek, kryształek, łańcuszek… Zastanawiam się tylko, jak w czymś takim zmywać, myć się albo podrapać się po głowie…

„Koakuma Ageha" jest znane nie tylko wśród młodzieży – chętnie czytają je również dorośli. Miesięcznie sprzedaje się 300 tysięcy egzemplarzy tego czasopisma – to znacznie więcej niż innych magazynów w Japonii (i cały czas rośnie!). To tendencja trwająca już od trzech lat. Redaktor magazynu Oyagi

Keisuke przyznaje, że ma to związek ze stylem *kawaii*, na punkcie którego oszalał młodzieżowy świat.

– O czym piszecie w swoim magazynie? – pytam szczupłego, zamyślonego dziennikarza, który przygląda się sesji zdjęciowej Kanae i przez cały czas robi notatki.

– To pismo dla dziewczyn, które chcą być *kawaii*. Nie ma idealnego wzorca, my tylko pokazujemy, że każdy może znaleźć w sobie pierwiastek *kawaii*. Po to jest właśnie nasz magazyn.

Kanae jest modelką od kilku lat, z „Koakuma Ageha" współpracuje od jakichś trzech. Wcześniej pozowała dla miesięcznika „Egg".

– Sama projektujesz ubrania do tych sesji czy występujesz w tym, co narzuci redakcja? – pytam Kanae, która do tej pory z dumą wysłuchiwała peanów na swój temat.

– Sama poluję na ciuchy wykorzystywane podczas sesji, decyduję, w czym mogę się pokazać i jak powinnam w tym wyglądać – odpowiada, robiąc słodkie minki. – Nikt mnie nie stylizuje.

Zmieniam temat na wątek bardziej ogólny.

– Kiedy planujesz wyjść za mąż? – pytam, bo wiem, że matka Kanae bardzo by chciała, żeby córka znalazła sobie dobrego męża.

Najlepszy byłby podobno taki jak jej ojciec, czyli dobry, kochający i ciężko pracujący na całą rodzinę – zwierzyła mi się, gdy siedziałyśmy w mieszkaniu Kanae. Pamiętam też, że na moje pytanie, czy jej zdaniem córka nadaje się na żonę, odpowiedziała, że to się okaże. Dobra żona powinna skupiać się na wspieraniu męża i musi być dobra dla dzieci.

– Chyba jakoś w okolicach trzydziestki. Nie wiem zresztą – Kanae wzrusza ramionami, jakby ten temat kompletnie jej nie interesował. – Zależy mi na tym, żeby nikt nie ograniczał mojej wolności w takim związku. Nie chciałabym się też zmienić w jakiegoś starego, paskudnego babsztyla jak większość żon. Chcę pozostać słodka i śliczna!

Za tę sesję zdjęciową Kanae zarobiła 50 dolarów. Na same buty wydała 600 dolarów, do tego sukienka za stówkę i kapelusik za kolejną stówkę. W związku z czym będzie musiała przez jakiś czas obyć się bez klimatyzatora w domu, bo nie stać jej na naprawę.

– A jak radzi sobie twoja firma? – pytam na pożegnanie. Wiem, że Kanae zajmuje się projektowaniem ubrań i sprzedaje je w Internecie. Jej firma nazywa się Comprenda. Kanae mówi, że to znaczy z hiszpańskiego – „osiągnięcie", a więc sukces. Nie wyprowadzam jej z błędu. Według słownika *comprender* znaczy: 1. obejmować, ogarniać, 2. zawierać, mieścić w sobie, 3. rozumieć, pojmować.

– Na razie niewiele zarabiam na projektowaniu, ale najbardziej zależy mi na tym, żeby te ciuchy sprzedawały się jak najlepiej. Chciałabym, żeby to była marka rozpoznawana na całym świecie! A gdybym zarobiła milion dolarów? To kupiłabym dom dla mojej mamy. A resztę po prostu bym przepiła, kupując najlepsze czerwone wina.

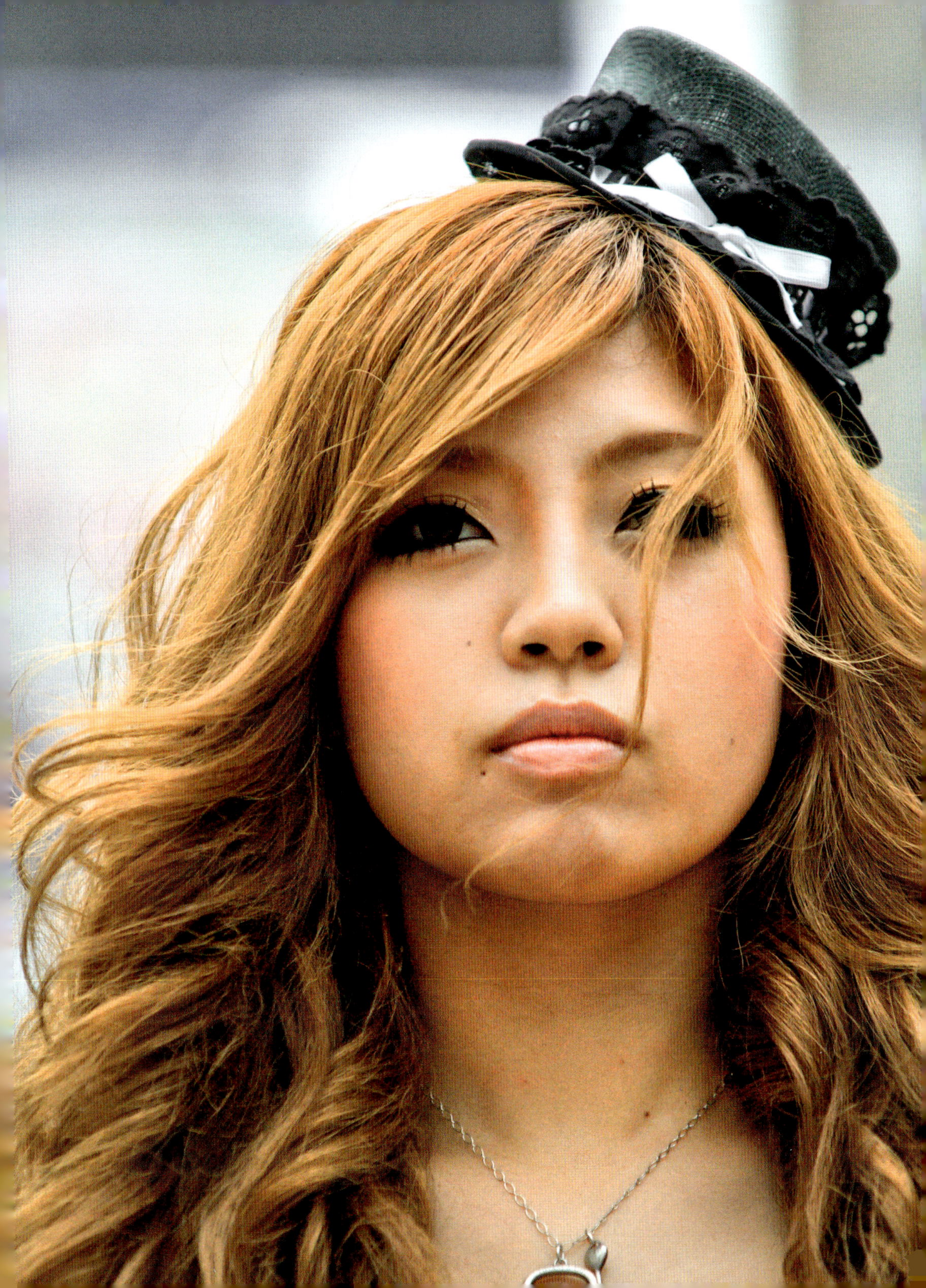

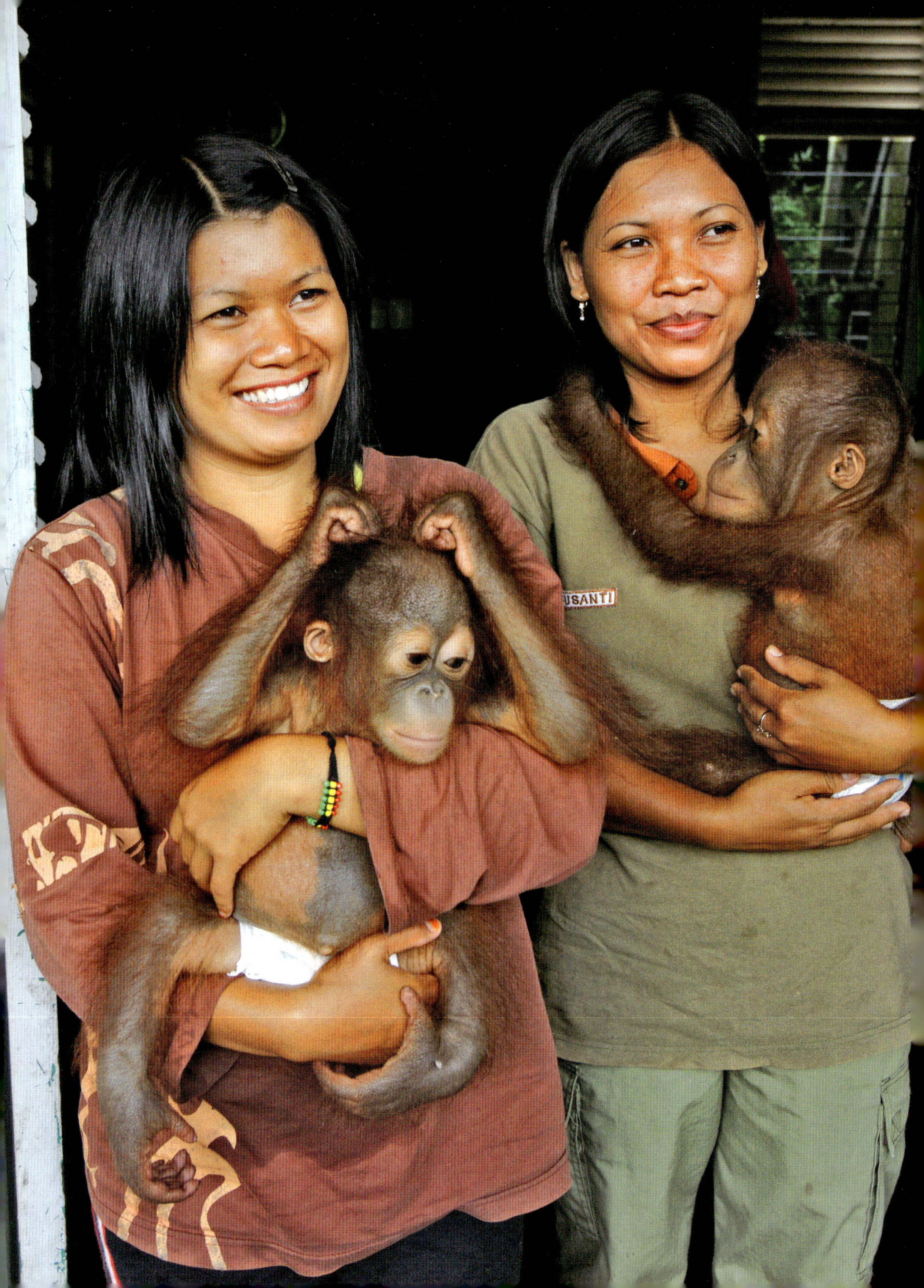
USANTI

INDONEZJA BORNEO
leśni ludzie

Bohaterki: opiekunki z ośrodka rehabilitacji orangutanów Nyaru Menteng

Miejsce akcji: tam, gdzie ludzie naprawiają błędy innych

Proszę pamiętać, że tych orangutanów w ogóle nie powinno tutaj być. Możemy obserwować, jak się bawią, skaczą po drzewach, cieszą swoim towarzystwem. Jednak ich miejsce jest na wolności, razem z matkami. Na pierwszy rzut oka może się wydawać, że nasz ośrodek jest czymś w rodzaju Disneylandu dla orangutanów, że przebywanie pod naszą opieką to dla nich wspaniała zabawa. Ale to nieprawda. Nasza praca polega przede wszystkim na próbie znalezienia dla nich bezpiecznego miejsca, w którym w przyszłości będą mogły żyć bez narażania się na kontakt z ludźmi.

Ali Munthaha, menedżer ośrodka Nyaru Menteng Rehabilitation Center

Miała nie więcej niż pięć-sześć lat. Była otyła. Jej pulchny brzuch przypominał wyrośnięte ciasto drożdżowe. Ręce ozdobione pierścionkami zostały przykute łańcuchami do ściany. Leżała twarzą w dół na brudnym żółtym materacu. Ktoś ją ogolił tak, że prawie nie miała włosów, przez co widać było, że niemal każdy centymetr jej skóry pokrywają ropiejące rany, infekcje po rozdrapanych ugryzieniach owadów. W sutkach i ustach tkwiły kolczyki. Przetrzymywano ją w wiosce w jednym z burdeli, gdzie obsługiwała lokalnych robotników, którzy gwałcili ją kilka razy dziennie. Grała też w filmach pornograficznych, które można było kupić w Amsterdamie.

Grupa ratunkowa wielokrotnie próbowała wydostać tego orangutana z domu publicznego. Za każdym razem przedstawiając nowe, mocniejsze dokumenty, a nawet wspierając się autorytetem lokalnych przedstawicieli władzy. Jednak mieszkańcy wioski kategorycznie sprzeciwiali się konfiskacie zwierzęcia. Mówili, że to ich „szczęśliwy orangutan", bo trafnie wybiera liczby na loterii. Samica wygrała też dla wioski motocykl. Zarabiali na niej pieniądze i to niemałe, nie chcieli pozbyć się źródła dochodów. Dopiero gdy po kilku miesiącach do akcji wkroczyło 36 uzbrojonych żołnierzy, wreszcie udało się ją uwolnić. Trafiła do ośrodka rehabilitacji orangutanów w Nyaru Menteng, gdzie leczono ją z traumy i licznych chorób. Dawny sutener kilka razy odwiedził podopieczną. Wówczas samicy jeżyły się włosy na głowie, zaczynała nerwowo biegać po klatce i krzyczeć. Odwiedzin zakazano. Okazały się dla zwierzęcia zbyt stresujące.

Dziś samica żyje na jednej z wysp należących do The Borneo Orangutan Survival Foundation. Jest szczupła i zdrowa, ma długą rudą sierść. Piękna z niej dziewczynka. Nigdy byście nie powiedzieli, że będzie taka wspaniała. Nic na to nie wskazywało w dniu, kiedy została odbita przez żołnierzy. Teraz może sobie wybierać „chłopaków" takich, jacy jej się podobają, i uciekać od nich, jeśli zajdzie taka potrzeba. Jest znakomitą kandydatką do tego, żeby wypuścić ją na wolność. Czy można sobie wymarzyć lepsze zakończenie tej strasznej historii?

Zaczęło się od dziwnego swędzenia stóp, wkrótce swędział mnie już każdy centymetr skóry. Pomyślałam, że prawdopodobnie zaraziłam się jakąś tropikalną chorobą… Po usłyszeniu diagnozy poczułam się, jakby ktoś uderzył mnie pięścią w twarz. W dniu moich 41. urodzin dowiedziałam się, że mam raka – chłoniaka, ziarnicę złośliwą. Pierwsza myśl, jaka pojawiła się w mojej głowie, to co się teraz stanie z moimi orangutanami.

Zaczęłam chemioterapię, w wyniku której miałam zerową odporność, nie mogłam podróżować, ponieważ najmniejsza infekcja skończyłaby się dla mnie tragicznie. Byłam zbyt słaba, żeby wchodzić po schodach. Nie rozpoznawałam własnej twarzy w lustrze. Patrzyła na mnie nabrzmiała, opuchnięta kobieta bez włosów, rzęs i brwi, która przytyła 10 kilogramów. Ale ilekroć przypominałam sobie, przez co przechodzą orangutany i jak dzielnie sobie z tym radzą, wiedziałam, że nie powinnam się nad sobą użalać. Pamiętam, jak jeden z moich podopiecznych cierpliwie czekał, aż usuniemy mu zranione oko, a drugi, kiedy oczyszczałam mu skórę z wrzodów, nie przestawał się śmiać…

Udało mi się zwalczyć chorobę. Gdy tylko poczułam się lepiej, wsiadłam do samolotu i wróciłam na Borneo. Po chemii bolało mnie wszystko, nie miałam siły. I wówczas doświadczyłam czegoś niezwykłego. Orangutany, które wcześniej w zabawie gryzły mnie po rękach i nogach, ciągały za włosy, wchodziły na plecy, teraz traktowały mnie z niezwykłą delikatnością, niczym porcelanową lalkę. Tak jakby wiedziały, przez co przechodzę. Jakby chciały mi pomóc.

Michelle Desilets wychowała się w Ambrosden – wsi oddalonej o 20 kilometrów od Oksfordu w Anglii. Jest tam kilka zabytkowych domów, poczta, młyn, szkoła, salon fryzjerski, sklep z rękodziełem i kościół parafialny pod wezwaniem Świętej Marii Dziewicy, którego historia sięga XII wieku. Miejscowość otacza rzeka Ray i łąki, na których pasą się krowy. Typowa sielankowa prowincja z mgłami, paskudną pogodą, ubłoconymi kaloszami, prochowcami i tym słynnym brytyjskim poczuciem humoru.

Teraz spotykam ją na Borneo. Burza falujących rudych włosów, szeroka szczęka i równie szeroki uśmiech. Mocny uścisk dłoni. Serdeczny. Z mowy jej ciała wnioskuję, że ta kobieta osiągnie wszystko, co zechce. A potem owinie mnie wokół palca jak precel i uczyni największą w Polsce orędowniczką ochrony orangutanów, zmuszając do adopcji co najmniej tuzina maluchów. Pytam ją, jak to się stało, że zamieniła deszczowe Wyspy Brytyjskie na równie deszczową wyspę Borneo. (Właśnie znów zaczyna padać). Michelle wybucha zaraźliwym śmiechem.

– To przez małpy – odpowiada. – Od dziecka je uwielbiam!

Rzeczywiście, trudno tego nie zauważyć.

Michelle ma na sobie koszulkę z hasłem namawiającym do ratowania orangutanów i zielone bojówki. Wiem, że mimo zamiłowania do zwierząt była kiedyś nauczycielką. Okazuje się, że stał za tym jej profesor. Słysząc, że dziewczyna chce zajmować się małpami, odpowiedział: „Taka praca to nie praca" i że lepiej będzie, jak zajmie się edukacją młodzieży. Dała się przekonać. Uczyła w szkole, ale na wakacje zawsze gdzieś wyjeżdżała. Za każdym razem wybierała inny kontynent – Amerykę Południową, Azję.

– W końcu jednak dopadła mnie karma – wzrusza ramionami, jakby podkreślając, że z przeznaczeniem i tak się nie wygra. – Trafiłam na Borneo i przez krótki czas zajmowałam się orangutanami jako wolontariuszka. No i zakochałam się w jednym z nich – teraz mruga zalotnie oczami.

Wtedy właśnie Michelle podjęła decyzję, że kolejne wakacje chce spędzić w podobny sposób. Wracała, wracała… Ostatecznie rzuciła pracę w Anglii, aby móc całkowicie poświęcić się organizacji The Borneo Orangutan Survival Foundation. Dziś jest dyrektorem naczelnym Forests 4 orangutans i wydziera każdy możliwy kawałek ziemi dla swoich podopiecznych. Współpracuje z wieloma organizacjami w Malezji i Indonezji, najbliżej właśnie z BOS. Stosuje wszystkie dozwolone i niedozwolone chwyty, by ochronić tutejsze orangutany.

– Wcale ci się nie dziwię – przyznaję.

Ich nawet nie trzeba widzieć na żywo, wystarczy zobaczyć zdjęcia. Naprawdę trudno się w orangutanach nie zakochać. Są tak bardzo podobne do nas, tak ludzkie, że wzrusza mnie każde ich spojrzenie. Powoli zaczynam rozpoznawać poszczególnych podopiecznych ośrodka. Lexi z wyjątkowo potarganą czupryną, Jacko, który tylko marzy o tym, żeby spłatać jakiegoś figla, i Aussie, która jest najsmutniejsza ze wszystkich.

– Kiedy patrzę w oczy orangutana, odczuwam trudną do opisania więź – dostrzegam, że Michelle stara się znaleźć właściwe słowa, takie, które nie zabrzmią banalnie lub przesadnie patetycznie. – Chciałabym nauczyć się odczytywać mowę ich ciała i lepiej rozumieć, o czym myślą i co czują. W końcu mamy aż w 97 procentach identyczne DNA. To jedni z naszych najbliższych krewnych.

Michelle zgodziła się być naszą przewodniczką po Nyaru Menteng Rehabilitation Center, które leży niecałe 30 kilometrów od Palangka Raya, stolicy prowincji Borneo Środkowe. Tak nazywana jest jedna z indonezyjskich części Borneo. Stanowi ponad 70 procent wyspy, resztę zajmuje Malezja i niewielkie Brunei. Ośrodek powstał dzięki współpracy z ministerstwem leśnictwa, które przekazało na ten cel ponad 60 hektarów ziemi. Pierwsze orangutany odebrane handlarzom pojawiły się tam w 1999 roku. Teraz to największe na świecie centrum chroniące naczelne. Obecnie jest ich tu 623. Podczas mojego pobytu dołączył jeszcze jeden maluch.

Michelle przyjaźni się z założycielką Nyaru Menteng – Lone Drőscher-Nielsen, którą opisała jako bardzo upartą, zdecydowaną kobietę, obdarzoną taką siłą woli, jakiej ona, podobno, nigdy nie będzie miała. Muszę przyznać, że Lone nie wygląda na twardą babę. Ze zdjęcia patrzy na mnie szczupła, wprost eteryczna, ładna blondynka z włosami związanymi w kucyk. Na rękach trzyma małego orangutana. Lone urodziła się na duńskiej prowincji, sterylnie czystej i uporządkowanej. W wieku 14 lat została wolontariuszką w ogrodzie zoologicznym w Aalborg i tam właśnie po raz pierwszy zetknęła się z małpami. Potem już jako stewardesa pracująca dla SAS zgłosiła się na miesięczny wolontariat na Borneo. Szybko zdradziła ojczystą trawiastą Danię dla tropikalnego lasu. To w nim poczuła się jak u siebie – bez prądu i innych udogodnień. Odkryła też, że najbardziej na świecie kocha orangutany. Tutaj nazywają ją ich mamą. Ponoć trochę się w tym zapędziła i po latach życia w dżungli stała się zbyt wyobcowana. Michelle namówiła ją, żeby zaczęła trochę wychodzić do ludzi, żeby zadbała o siebie, pojechała wygłosić kilka odczytów na uniwersytetach. Obecnie Lone jest w podróży po Europie i gromadzi fundusze na dalszą działalność ośrodka.

Panie nie tylko się polubiły, ale doszły też do wniosku, że razem mogą być bardziej skuteczne. Zaczęły szukać ludzi chętnych do pomocy, zbierać pieniądze i budować to centrum od podstaw.

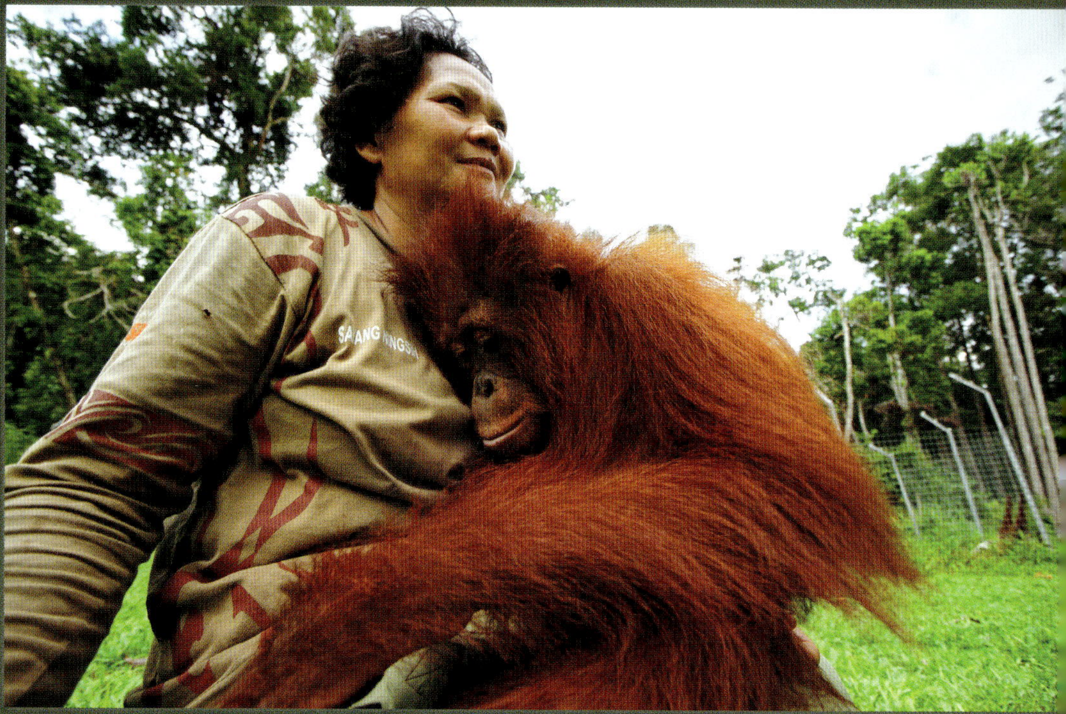

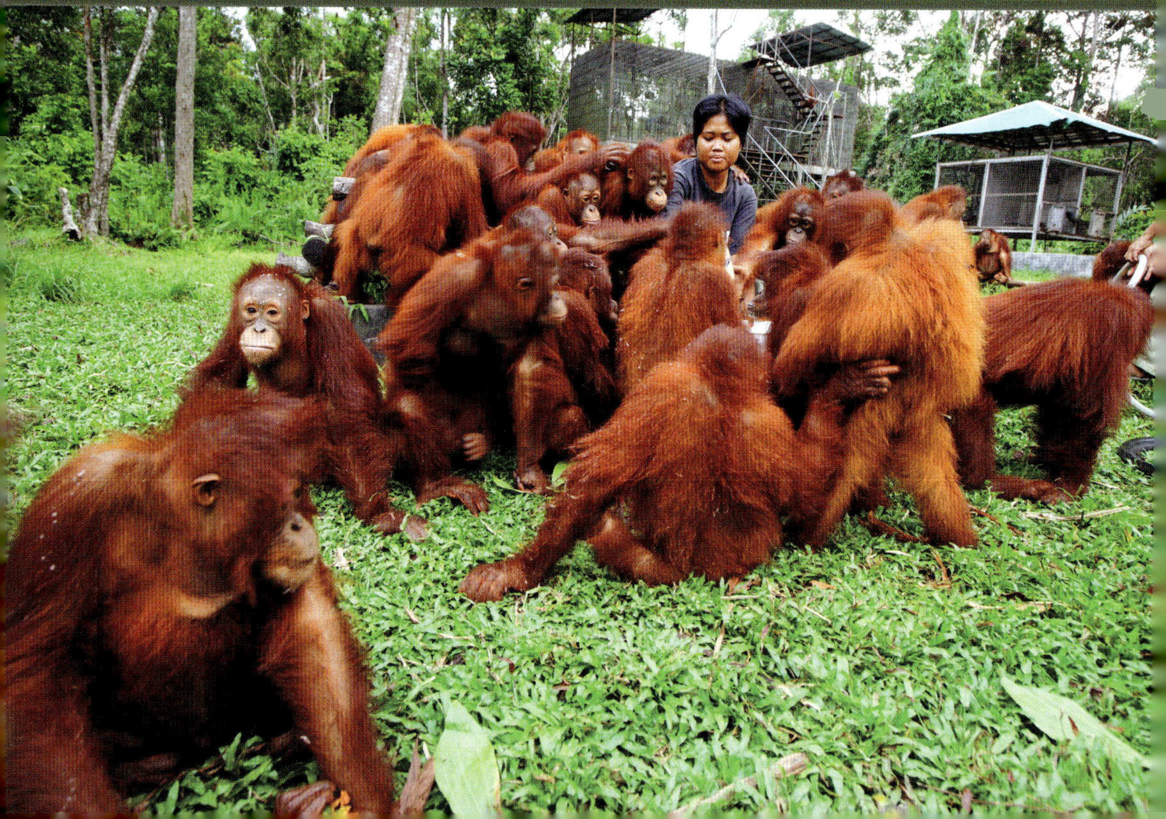

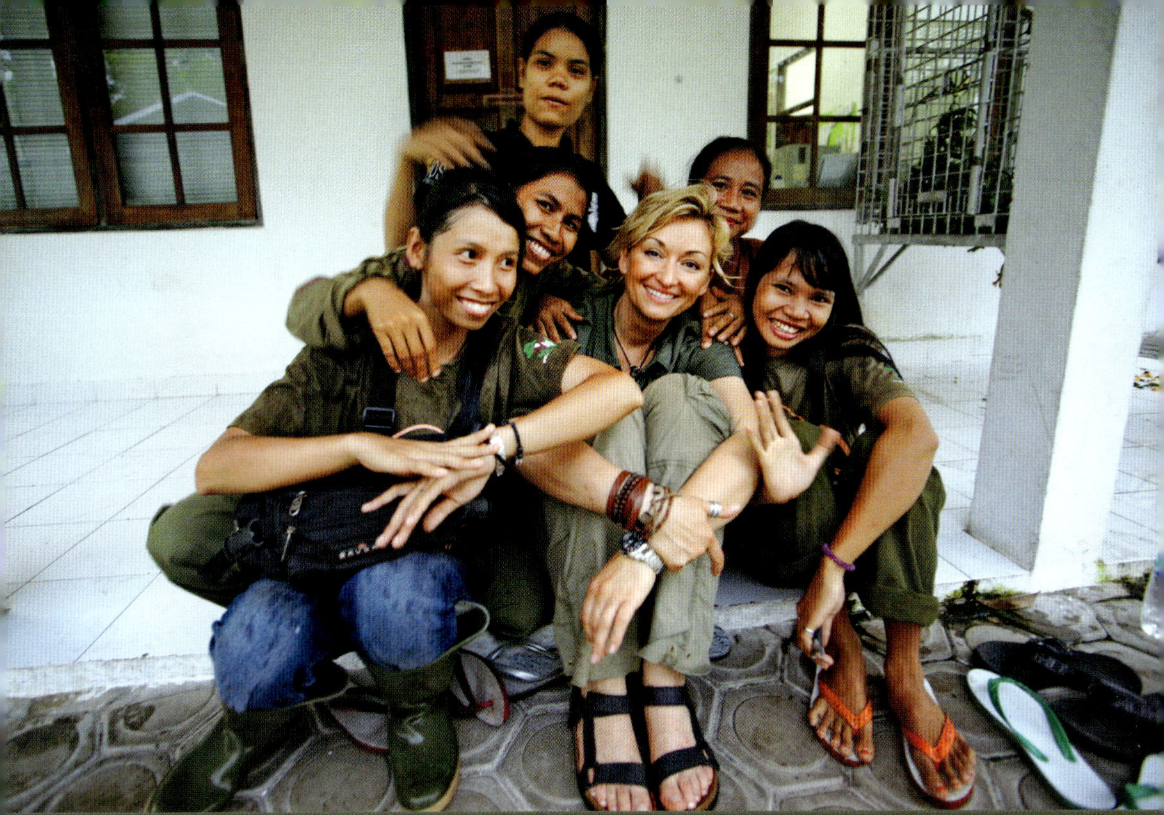

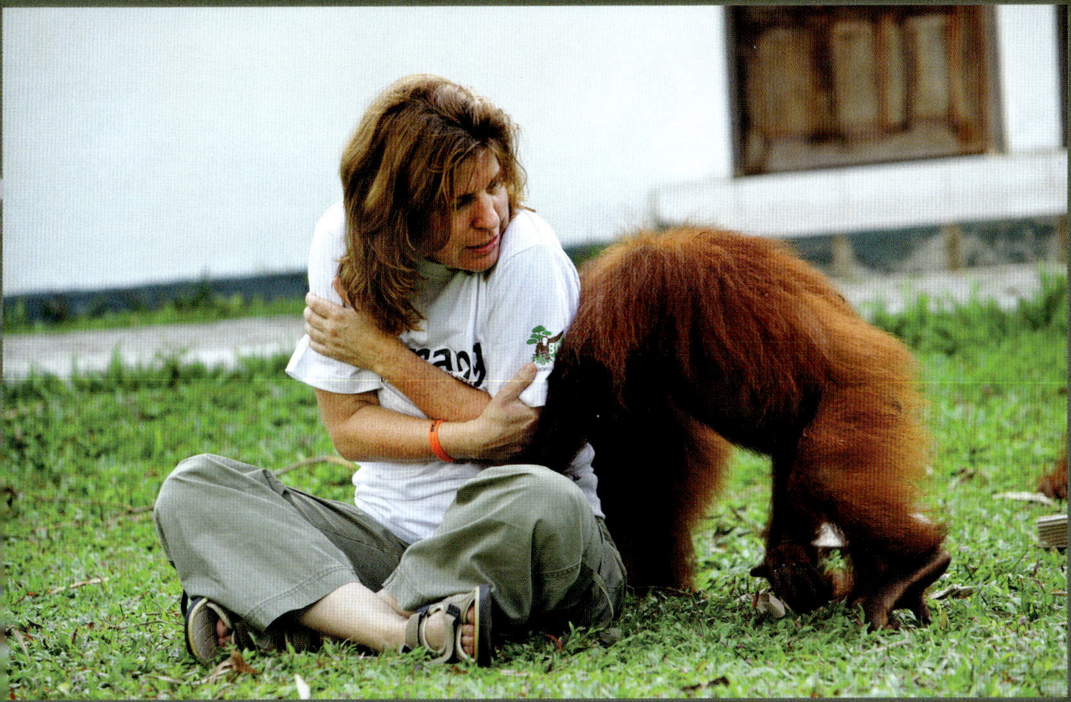

– Dotarłyśmy do Williego Smitsa, twórcy The Borneo Orangutan Survival Foundation, któremu bardzo spodobał się nasz pomysł – wspomina Michelle.

To on udzielił kobietom pożyczki w wysokości 50 tysięcy dolarów oraz pomógł w załatwieniu niezbędnych formalności.

Orangutany to najbardziej uwodzicielskie zwierzęta świata. Doktor Willie, ekolog, także zwariował na ich punkcie i stał się ich najlepszym adwokatem. A początek jego historii niewiele różni się od poprzednich. Pewnego dnia, będąc na targu w Balikpapan w prowincji Borneo Wschodnie, spojrzał w najsmutniejsze oczy świata. Należały do uwięzionego w klatce orangutana. Te oczy prześladowały doktora. Nie pozwalały o sobie zapomnieć do tego stopnia, że jeszcze tego samego dnia wrócił po orangutana. Kupił go, odkarmił, wyleczył, a potem to samo zrobił z następnym. I z kolejnymi. W ten sposób uratował setki zwierząt.

Ośrodek otoczony jest tropikalną puszczą, której wydarto około 1,5 hektara zieleni. Wzniesiono tam żłobek dla małych orangutaniątek, zorganizowano plac zabaw z drewnianymi podestami, ustawiono metalowe klatki dla zwierząt poddawanych kwarantannie, których jest tu około 40. A co najważniejsze – stworzono tu całkiem nowy system opieki nad orangutanami. Dla wszystkich najważniejsze jest zaspokojenie potrzeb emocjonalnych tych zwierząt. Wcześniej nigdy czegoś podobnego nie robiono.

W latach pięćdziesiątych i sześćdziesiątych XX wieku przeprowadzano eksperymenty na makakach, które odbierano rodzinom, próbując zastąpić ich prawdziwe matki makietą wykonaną z drutu obciągniętego pluszem.

– Miało to bardzo destrukcyjny wpływ na ich psychikę – opowiada Michelle i dodaje: – Ale dzięki tym doświadczeniom wiemy, że małpy potrzebują dokładnie takiej samej miłości i czułości jak ludzie. Trzeba o tym pamiętać, ponieważ podopieczni tego ośrodka to najczęściej zwierzęta, które przez lata były więzione i brutalnie traktowane.

Cassie odebraliśmy wieśniakom w 2004 roku. To bez wątpienia jedna z najstraszniejszych historii, z jakimi zetknęłam się, pracując w Nyaru Menteng. Myśliwi zabili jej matkę maczetą. Kiedy chcieli oderwać wczepione w jej futro maleństwo, musieli odrąbać mu lewą rękę. Później mała Cassie trafiła do klatki, gdzie mieszkała przez kilka kolejnych miesięcy. Wydaje mi się, że mogła mieć około roku, kiedy ją znaleźliśmy – ważyła zaledwie 1,5 kilograma i wyglądała naprawdę strasznie... Dziś to przepiękna i niesamowicie złośliwa dwudziestotrzykilogramowa samica. Pomimo kalectwa doskonale sobie radzi, potrafi zorganizować schronie-

> nie i pokarm, jest też niebywale ciekawska. Ostatnio trafiła do programu adopcyjnego i zyskała osobistego sponsora, co nie zdarza się zbyt często. Myślę, że jej smutna historia mogła mieć w tym przypadku spore znaczenie. Jeszcze nie jest gotowa do życia na wolności, ale mamy nadzieję, że za jakieś pięć lat będziemy mogli ją wypuścić.

Ona jest owłosionym rudzielcem z krótką szyją i bez talii. Ma 140 centymetrów wzrostu i waży trochę ponad 40 kilogramów. On też jest rudy i jeszcze bardziej włochaty. Ale przy swojej partnerce wydaje się prawdziwym gigantem – przerasta ją o dobre pół metra i jest cięższy o blisko 50 kilogramów. Ramionami zdołałby objąć dwie takie panie, a może nawet i trzy (ich rozstaw to imponujące 2,2 metra) i bez wysiłku podnieść rozwrzeszczane stadko do góry. Orangutan bywa nawet sześć razy silniejszy od człowieka. Jednak w przeciwieństwie do wielu strongmenów ma wyraz twarzy wielkiego myśliciela. Filozoficzny wygląd zapewniają mu tłuszczowe bokobrody i małe zmrużone oczy nadające jego obliczu wyraz łagodnej zadumy. Bez talerzy policzkowych orangutan nie prezentuje się już tak dostojnie, może dlatego posiadają je tylko dominujące samce. Wyrastają one wówczas, gdy orangutan zdobędzie własne terytorium. Osobniki bez prywatnego królestwa mają gładkie oblicza, przez co panie nie kochają ich już tak bardzo. One przejawiają słabość jedynie do samców alfa, takich którzy się złoszczą, tupią krótkimi nogami i kilka razy dziennie oznajmiają swoją obecność donośnym barytonem, który przebija gęstą i parną puszczę niczym grzmot. Jednak choć to prawdziwi macho, nie do nich należy inicjatywa.

To samice najczęściej doprowadzają do zbliżenia i spotykają się z panami tylko w celu prokreacji. Okres zalotów i konsumpcji związku trwa od kilku dni do kilku tygodni. A potem każde idzie w swoją stronę. Samca orangutana nic nie cieszy bardziej niż samotne filozofowanie nad istotą rzeczy. Panie zaś całkowicie poświęcają się macierzyństwu. Mogą być matkami zaledwie cztery razy w życiu, więc oddają się temu zajęciu bezgranicznie. Statystycznie rzecz biorąc, orangutany mają najmniej potomstwa spośród wszystkich ssaków. Samica, która żyje na wolności średnio 40 lat (w niewoli jakieś 10 lat dłużej), pierwsze dziecko rodzi zwykle około 15. roku życia. Mała, włochata półtorakilogramowa kulka przychodzi na świat po dziewięciu miesiącach. Matka przez kolejne siedem-osiem lat troskliwie się nią opiekuje, zapewniając jej najdłuższe dzieciństwo wśród dzikich zwierząt (w tym rankingu orangutany wyprzedzają tylko ludzie). Mama rozpieszcza malucha, nie spuszcza z oczu, uczy i bawi się z nim. Inwestuje w dziecko cały swój czas i miłość. Do trzeciego roku życia karmi go piersią i nie zachodzi w kolejną ciążę, zanim nie wyedukuje porządnie swojego potomka. Opuszcza on definitywnie matkę około 10. roku życia.

Zbliżamy się do niedużego budynku wzniesionego tuż przy drodze. Ogromne okna, spadzisty dach, mała weranda, wszystko utrzymane w postkolonialnym stylu i otoczone płotem z gałęzi. Kiedyś ten dom należał do Lone Drőscher-Nielsen, dziś mieści się tu żłobek. Na trawniku stoją skutery i kilkanaście plastikowych koszy, agregat prądotwórczy, na sznurach suszy się pranie – kocyki, ręczniki, poduszki. Obok ktoś zrzucił olbrzymią stertę bananów. Wchodzimy do środka. Wita nas mdławy zapach brudnych pieluch. Podłoga zrobiona jest z prostych desek, ściany częściowo pokryto boazerią, ponad którą łuszczy się tynk. Wszędzie walają się zabawki – głównie pluszaki i grzechotki. Pod ścianami dawnego salonu w różnokolorowych, wyłożonych poduszkami koszach na bieliznę słodko śpią rude maleństwa.

Osiemnaścioro maluchów w wieku od 5 do około 12 miesięcy budzi się niemal równocześnie. Około czwartej trzydzieści rano, bez litości, respektu i bez szans na wyspanie się opiekunek. Wiem, bo sama mam dziecko, którego zegar biologiczny funkcjonuje zupełnie inaczej niż mój, niestety. Co robią rozczochrane szkraby zaraz po otwarciu oczu? Oczywiście zaczynają zaczepiać opiekunki, chwytają je za ręce, nogi, bluzki, spodnie. Są o wiele zwinniejsze niż ludzkie maluchy i znacznie silniejsze. Cokolwiek wpadnie w ich lepkie dłonie, trudno potem odebrać. Nawet pampersy trzeba im zapinać tył na przód, bo zwinne palce błyskawicznie odpinają rzepy. Michelle przedstawia mi panie – babysitterki. Jatin pracuje też w zespole medycznym, Mariana uchodzi za prawdziwą skarbnicę wiedzy o orangutanach, a Hanni jest koordynatorką pracy opiekunek.

Do obowiązków Hanni Puspita Sari należy rozdzielanie pracy pomiędzy pozostałe 48 opiekunek. Kobieta jest w dziewiątym miesiącu ciąży, rodzi dosłownie za kilka dni i ani myśli odpoczywać w domu. Twierdzi, że orangutany działają na nią uspokajająco i relaksująco. Relaksująco?! No, nie wiem… Trudno opisać, co się tutaj dzieje. Dziewczyny dwoją się i troją, ale wciąż jest ich za mało. Noszą maluchy na rękach, karmią, przewijają, myją ich pupy, uspokajają, gdy te płaczą, domagając się butelki, albo tłuką się poduszkami. Opiekunki muszą być przy nich 24 godziny na dobę. A jeżeli trzeba – śpią na rozwieszonych w sali hamakach, trzymając orangutanie dzieciaki za ręce. Tak jak robią to ich prawdziwe mamy.

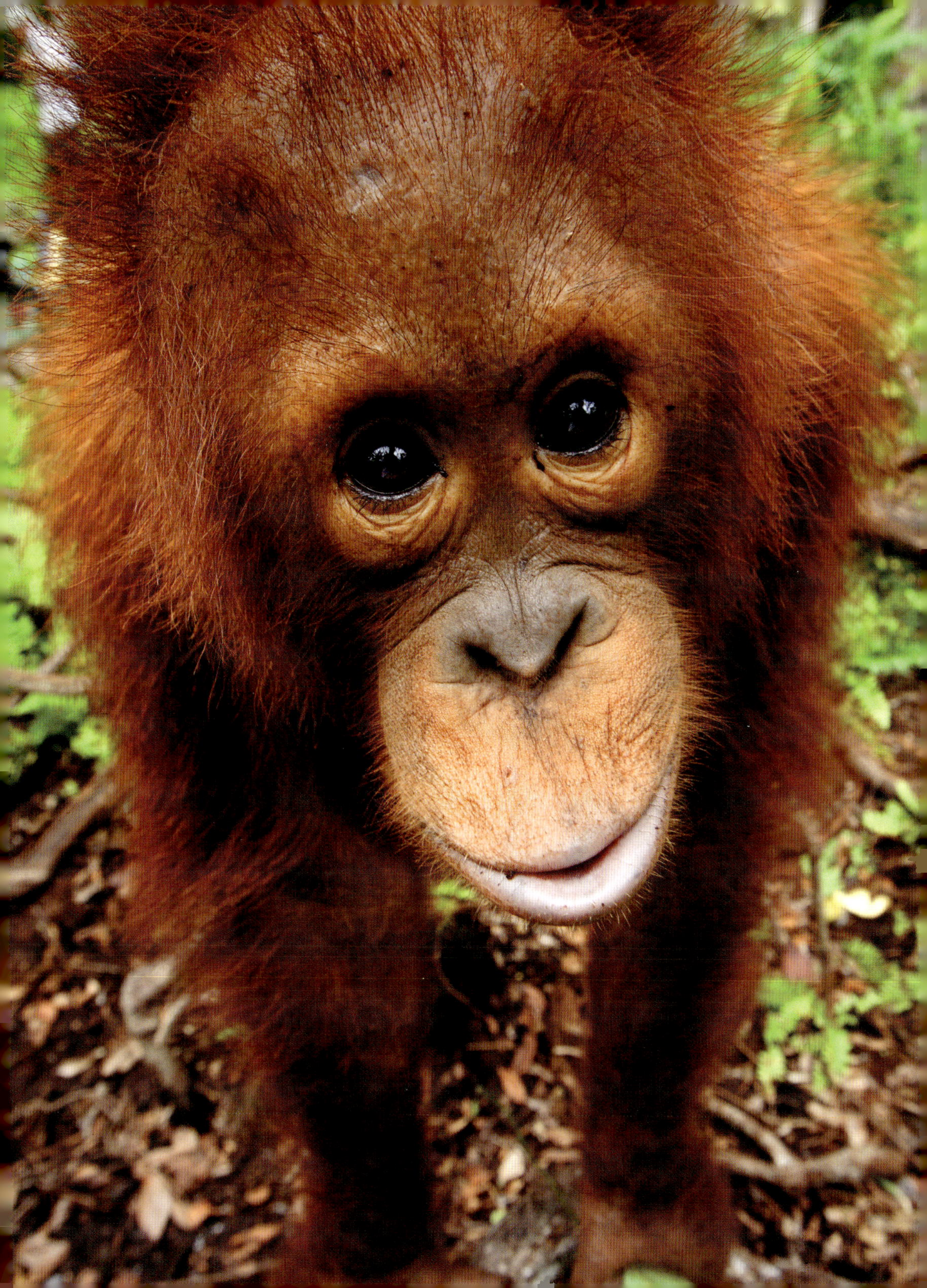

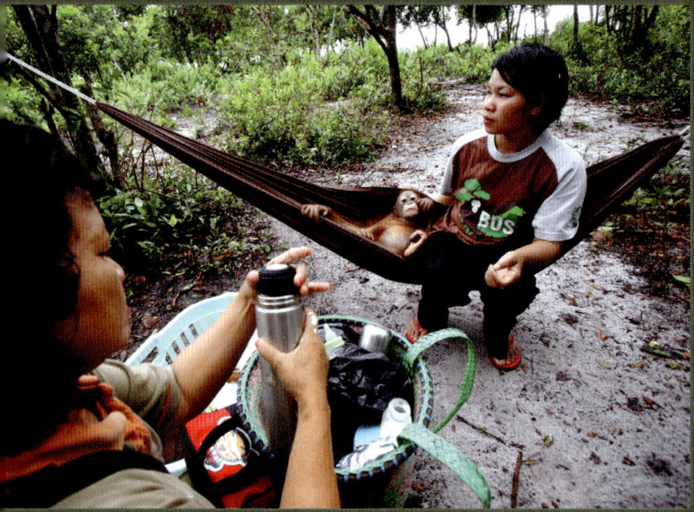

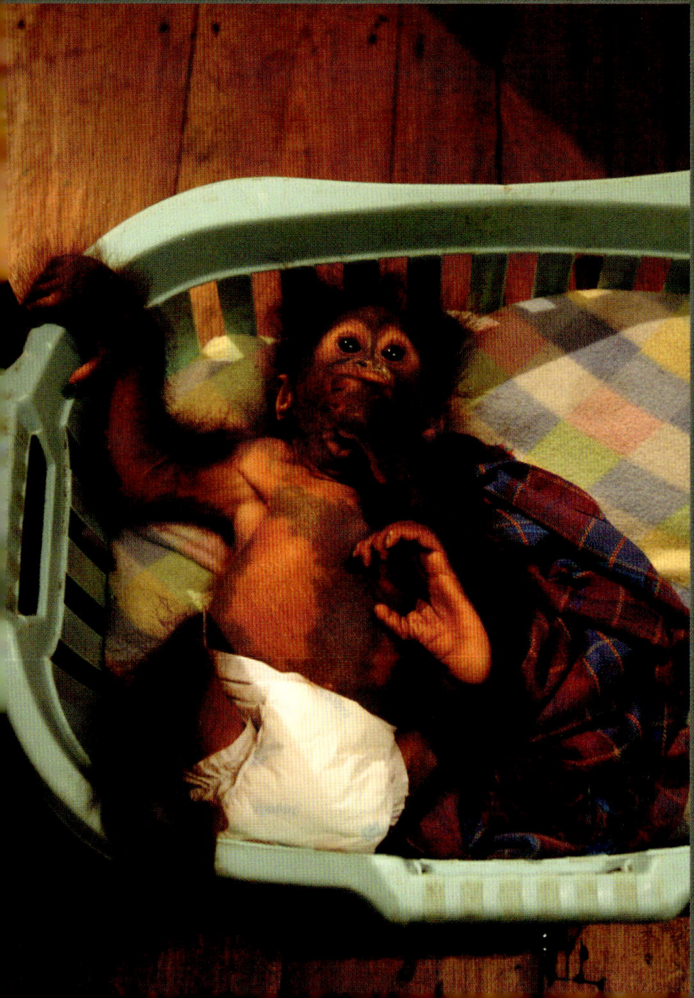

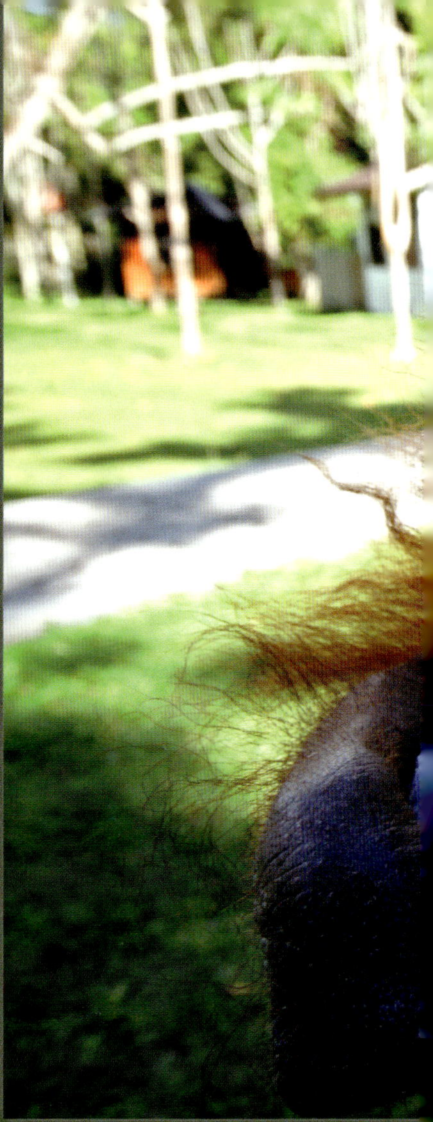

Czy te maluchy nie są jak ludzkie dzieci? Wymagają chyba jeszcze większej opieki ze względu na swoją żywiołowość. Poza tym mają własny stały rytm, pory jedzenia, zabawy, nauki, spania. I jak widać, bardzo potrzebują ludzkiej czułości.

W żłobku oprócz osobistych rzeczy opiekunek jest gigantyczny zapas jednorazowych pieluch, proszki do prania oraz apteczka, a w niej termometr, sanmol (paracetamol dla dzieci), ibuprofen, ambroksol (dokładnie taki sam, jaki brało moje dziecko, kiedy miało zapalenie oskrzeli), simplex na kolkę, oraz prosta kuchenna waga. Dostrzegam też rysunek ilustrujący kolejność pojawiania się zębów u małego orangutana. Do obowiązków opiekunek należy sprawdzanie, czy proces ząbkowania przebiega prawidłowo, podawanie leków oraz witamin. I oczywiście sprawdzanie listy obecności, bo maluchy są ciekawe świata i czasem znikają gdzieś bez kontroli. Co jakiś czas szefowa zmiany przechodzi z listą obecności i odznacza po kolei wszystkie orangutany.

Hanni ma 29 lat i pochodzi z plemienia Dajaków, podobnie jak większość z blisko 200 pracowników zatrudnionych na terenie ośrodka. W ciągu ponad 10 lat jego funkcjonowania wyrosła tu prawdziwa pracownicza wioska – mieszkańcy mają domy, ogródki, zapraszają się na grilla i urodziny dzieci. Na dużych palcach stóp kobieta nosi tradycyjne włóczkowe pierścienie – mają one chronić jej nienarodzone dziecko przed urokami, gdy Hanni wchodzi do lasu.

Dajakowie zamieszkują głównie centralną część Borneo, a ich liczbę szacuje się na 6 milionów. Są potomkami słynnych łowców głów – okrutnych wojowników, którzy nie tylko uważali, że jedynie dekapitacja skutecznie pozbawi życia ducha wroga, ale też zjadali wątroby swoich ofiar. Poza tym im więcej czaszek nieprzyjaciół ozdabiało dom wojownika, tym bardziej był szanowany. Członkowie tego plemienia wierzyli, że świeże czaszki nieprzyjaciół gwarantują wysokie plony, a bezpłodne kobiety dzięki ich mocy będą mogły mieć dzieci.

Dajakowie szanowali też orangutany, czyli ludzi lasu. *Orang* znaczy bowiem „człowiek", a *hutan* – „las". Ich niezwykłe podobieństwo do ludzi próbuje tłumaczyć wiele legend. Zdecydowanie najmniej korzystna dla wizerunku orangutanów jest ta, która mówi, że małpy te dawno temu były złymi ludźmi. Za swoje niecne występki zostali oni skazani przez bogów na banicję i wygnani do lasu, a ich skórę porosło rude futro. Oskarżano te zwierzęta o porywanie i więzienie ludzi – szczególnie zaś młodych i ładnych kobiet. Dla Dajaków orangutany właściwie nie są ludźmi, tylko duchami, które pojawiały się nagle i równie szybko znikały. Ich czaszkom składali dary i czcili je, uważając, że mają magiczne właściwości. Inna historia z kolei wyjaśnia, dlaczego leśni ludzie, choć potrafią mówić – milczą. Otóż podobno orangutany boją się, że jak zaczną gadać, to ktoś się zorientuje, że jednak są ludźmi i zostaną zmuszone do pracy. A pracować najwyraźniej nie lubią.

Nyaru Menteng to nie jest zoo, ale naukowy ośrodek, gdzie nie mają wstępu turyści. Żeby zbliżyć się do leśnych ludzi, jeszcze w Polsce musiałam zaszczepić się chyba na wszystkie możliwe choroby plus wykonać mnóstwo dodatkowych badań – opryszcza, testy na HIV, gruźlica. Zanim pojawiłam się na miejscu, przeszłam jeszcze dwutygodniową kwarantannę. Bakterie i wirusy groźne dla nas mogą być śmiertelnie niebezpieczne dla małp i vice versa. Ale dzięki temu mogę teraz bez wyrzutów sumienia wziąć jednego futrzaka na ręce. Kilka sekund później stwierdzam, że jednak nie był to najlepszy pomysł... Rudy potwór zaraz wyrwie mi z głowy wszystkie włosy i zje guziki od bluzki. Już przegryzł (i chyba połknął, niestety...) mój wisiorek. (A tak go lubiłam!). Maluch jest niesamowicie zwinny. Nie mogę opanować jego rąk i zębów – raz się we mnie wtula, a po chwili siedzi mi na plecach albo niemal na głowie, owija się wokół mojej nogi, gryzie w ramię.

– Ała! Ratunku! – skręcam się jak piskorz i wykrzykuję co chwila dziwaczne komentarze.

Z boku zapewne wygląda to komicznie i gdyby nie ból z powodu rwanych garściami włosów, pękałabym ze śmiechu. O cholera, ten psotnik właśnie oberwał mi kieszeń! Z pomocą przychodzi mi Jatin i sprawnie odczepia ode mnie malucha. Podziwiam jak niczym najwytrawniejszy sparing-partner blokuje ataki na mnie innych orangutaniątek. Uśmiechając się, mówi, że to straszliwie męcząca praca. Czuję jednak, że nie zamieniłaby jej na żadną inną.

Opiekunki starają się wszystkim maluchom poświęcać tyle samo uwagi, ale nie da się ukryć – każda ma swojego ulubieńca, którego przytula częściej niż pozostałe. Obserwując małpki, można pomyśleć, że będąc tutaj, wygrały los na loterii. Jednak po chwili dociera do mnie smutna prawda. Przecież wszystkie te dzieciaki to sieroty, które mają za sobą traumatyczne przeżycia. Winę za ich zmarnowane dzieciństwo ponosi tylko i wyłącznie człowiek. To przez nas Lima nie ma ochoty na psoty i praktycznie cały dzień leży w koszyku, w ogóle się nie rusza. Jest smutna i apatyczna – niewiele je, prawdopodobnie cierpi na depresję. Ma już prawie rok, a wciąż waży tyle co pięciomiesięczne maleństwo. Roczna Becki też nie ma o nas, ludziach, najlepszego zdania. Trafiła tu przedwczoraj z pobliskiej wioski. Właściciele najpierw trzymali ją w klatce, a kiedy zaczęła chorować, nie wiedzieli, co z nią zrobić i z ulgą oddali ją tutaj niczym zepsutą zabawkę. Happy z kolei, wbrew nadanemu imieniu, wcale nie jest szczęśliwy. Wyrzuca z koszyka wszystkie zabawki, ukrywa się pod kocem i izoluje od innych zwierząt. Do wygolonego ramienia ma podłączoną kroplówkę, którą teraz próbuje wyrwać. Trzyletnia samiczka Aya ma niedowład nóg spowodowany zanikiem mięśni – zbyt dużo czasu spędziła w za małej klatce i nie rozwinęła się prawidłowo. Nie wiadomo, czy kiedykolwiek nauczy się chodzić.

– Jak postępujecie z orangutanami, które trafiają do waszego ośrodka? – pytam Michelle.

– Najpierw badamy, czy nie mają żółtaczki, pasożytów, gruźlicy albo HIV – wylicza. – Potem poddajemy je kwarantannie. Jeśli orangutan nie ma większych problemów ze zdrowiem, jego pobyt w klatce trwa około miesiąca. W cięższych przypadkach, kiedy zwierzak jest bardzo schorowany lub wychudzony, ten okres jest wydłużany. Zanim trafi do odpowiedniej grupy wiekowej, orangutan musi odzyskać siły. Ponieważ naturalne instynkty tych małp nie zanikają nawet po wielu latach niewoli, w ośrodku robi się wszystko, żeby orangutany jak najwięcej czasu przebywały razem i uczyły się od siebie nawzajem.

– W ten sposób próbujemy przywrócić im dziki charakter – wyjaśnia Michelle. – To bardzo czasochłonny proces, ale po jego zakończeniu większość orangutanów, które skończą 8 czy 10 lat, jest gotowa do przeprowadzki na należące do ośrodka wyspy.

To ostatni etap przed całkowitym zwróceniem im wolności. Małpy zdają tam najważniejszy egzamin – z samodzielności. Nim wrócą do puszczy, muszą wiedzieć, jak znaleźć pożywienie, wodę i zapewnić sobie ochronę przed drapieżnikami.

Dzikie orangutany potrafią rozpoznać nawet 400 gatunków roślin i dużo czasu poświęcają na konsumpcję. Są w 60 procentach owocożercami, co jest ewenementem wśród tak dużych zwierząt. Uwielbiają figi, śmierdzące jak diabli duriany, z których wyjadają mięsisty środek, oczywiście banany, dzikie śliwki, mango, rambutany, owoce drzewa chlebowego. Nie gardzą też świeżymi pędami bambusów, kwiatami, liśćmi, chrupią orzechy. Bywa, że skusi je zwierzęce białko – jaja ptaków, termity, jakieś robaki czy jaszczurki. A ich ulubionym deserem jest porządna porcja miodu, jeżeli tylko znajdą pszczelą barć.

Orangutany nie bez powodu uchodzą za jedne z najbardziej inteligentnych zwierząt – potrafią nie tylko stworzyć sobie w głowie mapę obszaru, po którym się poruszają, z dokładną lokalizacją drzew. Wiedzą też, kiedy wydają one owoce, i w odpowiednich momentach pojawiają się przy nich. Jeżeli zachodzi potrzeba, używają narzędzi, na przykład do wydłubywania miodu, a nawet kijów, którymi ogłuszają ryby. Liśćmi zaś, niczym parasolami, osłaniają się przed deszczem. Jest też coś, o co nigdy leśnych ludzi nie podejrzewano – niedawno naukowcom udało się zaobserwować, że orangutany potrafią pływać.

Prymatolodzy zidentyfikowali 63 cechy uznawane za unikalne dla przynajmniej jednego gatunku naczelnych, do których należą szympans, orangutan, goryl i oczywiście człowiek. Okazało się, że dzielimy z orangutanami aż 28 z nich. Cech wspólnych z gorylami mamy siedem, a z szympansami... tylko dwie. Chociaż to człowiek i szympans są najbardziej spokrewnieni pod względem DNA – różni nas tylko 1 czy 2 procent materiału genetycznego. Z orangutanami 3 procent. Wystarczy zresztą spojrzeć na małe orangutaniątko, żeby natychmiast zauważyć, jak bardzo przypomina ludzkie dziecko.

– Czy to prawda, że w wielu ośrodkach orangutany karmione są wyłącznie mlekiem i bananami? – pytam Michelle, wspominając kiście bananów, które widziałam przed żłobkiem.

– Rzeczywiście tak jest. Niektóre sierocińce nawet się tym szczycą, twierdząc, że to skłania zwierzęta do poszukiwania innych źródeł pokarmu. Ale my dajemy im normalne, różnorodne jedzenie dostosowane do wieku i potrzeb. Zależy nam na tym, żeby właśnie w młodym wieku zwierzęta nabierały siły i odporności. Karmimy je praktycznie wszystkimi owocami i warzywami dostępnymi w sprzedaży. Orangutany nie wytrzymałyby zbyt długo na tak monotonnej diecie, skoro w naturze jest ona daleko bardziej urozmaicona.

Podopieczni ośrodka w miesiąc potrafią zjeść 8 tysięcy pomarańczy, ponad 44 tysiące mandarynek, 3 tysiące ananasów, 2 tysiące kokosów, tyle samo arbuzów i papai, 8 tysięcy kilogramów bananów, 2,5 tysiąca kilogramów kukurydzy cukrowej i 2 tysiące kilogramów ogórków, nie wspominając o innych produktach spożywczych. Nie trzeba dodawać, jak kosztowna musi być taka dieta. Na szczęście obecnie ośrodek ma już swoje plantacje.

Starszaki, czyli orangutany od drugiego do około piątego roku życia, budzą się o piątej i czekają, aż opiekunki otworzą ich metalowe klatki – sypialnie. Michelle wcześniej prosiła mnie, żebyśmy nie kręcili zbyt wiele ujęć z klatkami, w których przebywa większa liczba zwierząt.

– Te orangutany są poddane kwarantannie – tłumaczyła – i czasem bywa w nich dość tłoczno, a nie chcę, żeby ktoś odniósł wrażenie, że maltretujemy tu zwierzęta. Zresztą orangutany w klatkach to potwornie smutny widok i nie chcielibyśmy, żeby taki wizerunek naszego ośrodka poszedł w świat.

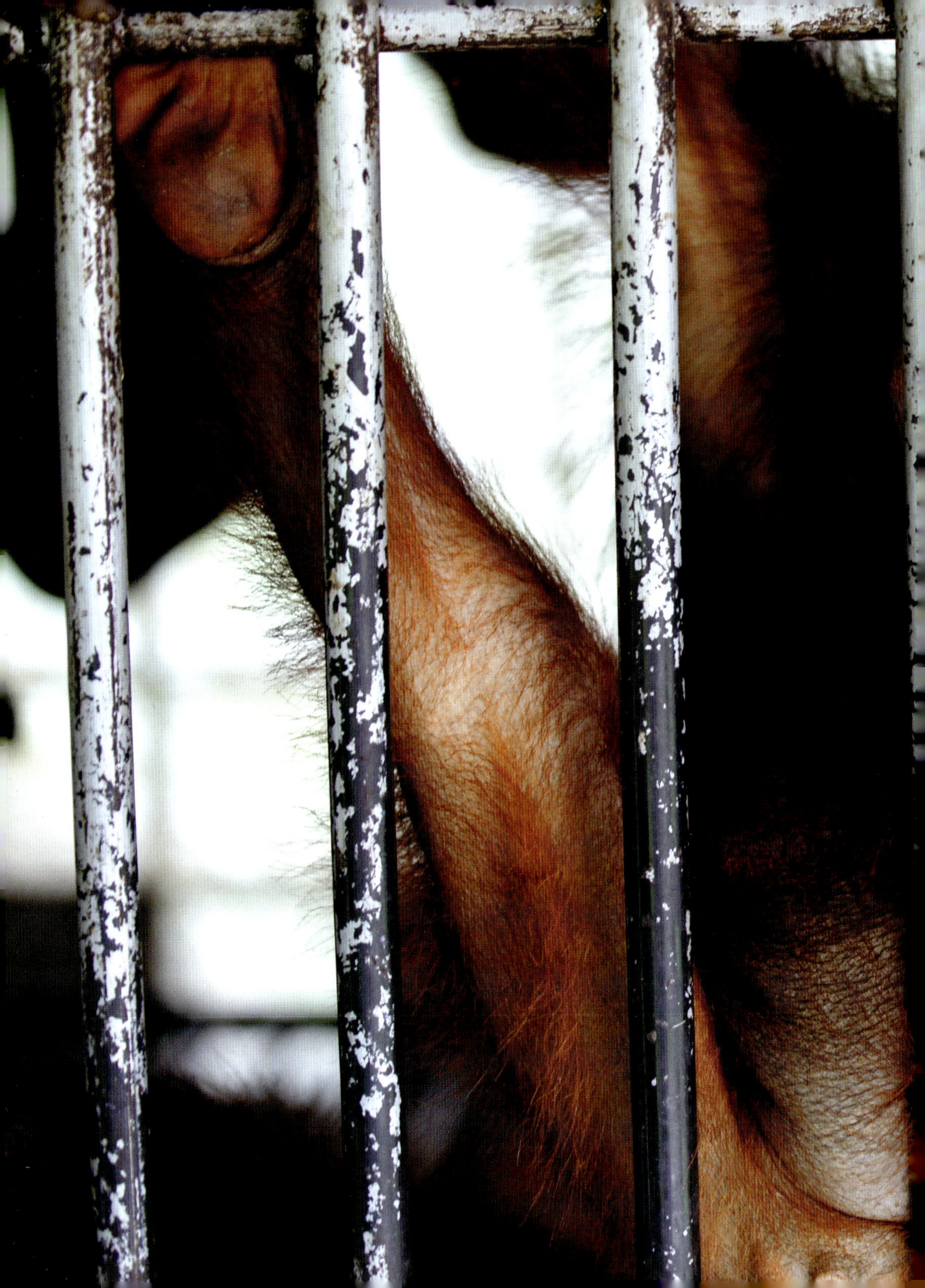

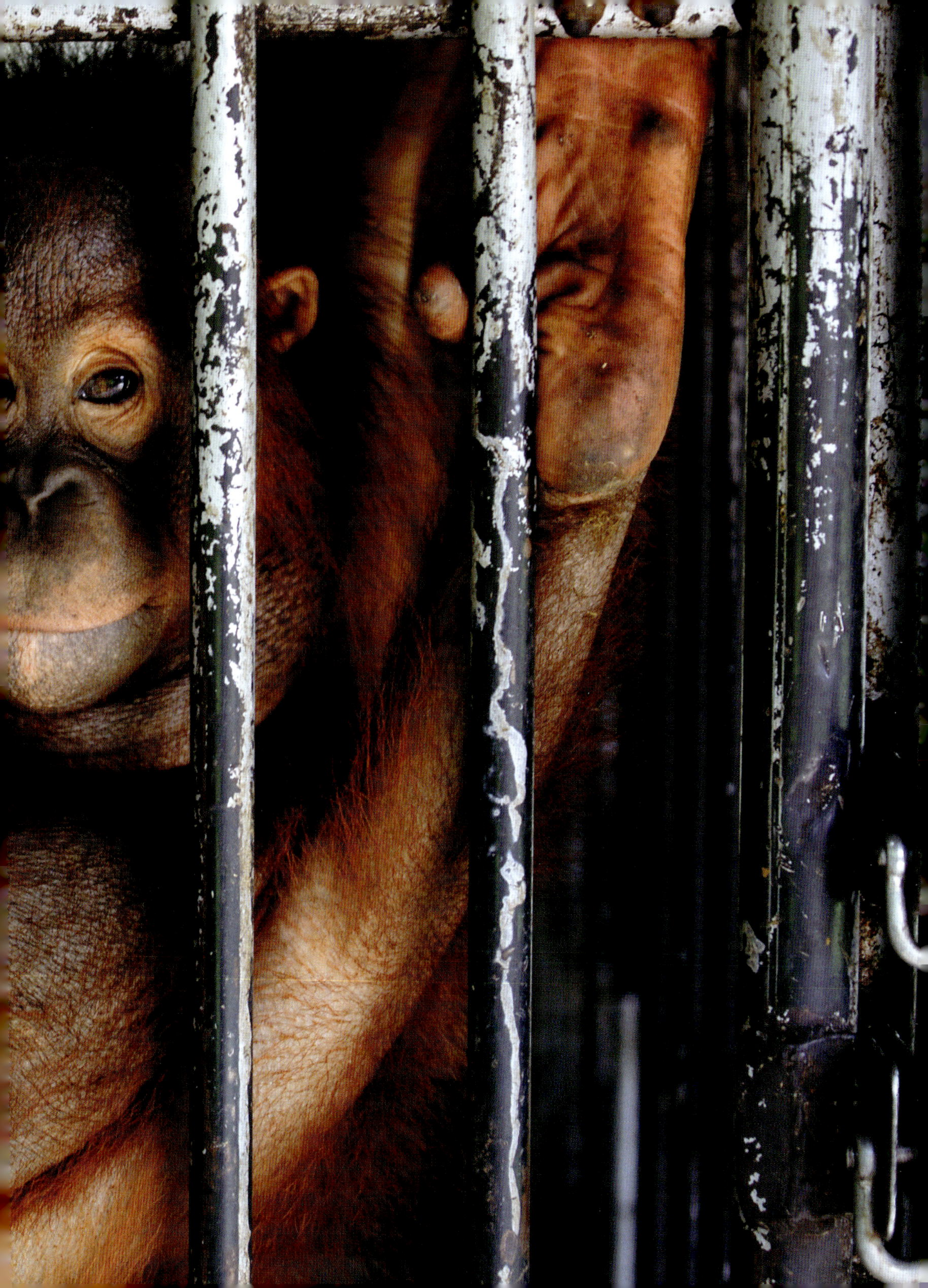

Nie sposób się nie zgodzić z Michelle. Klatki wyglądają jak więzienne cele, w których karę odbywają skazańcy. Zza metalowych prętów wystają dłonie, jakby ich właściciele prosili o pomoc. Spomiędzy prętów wyglądają wielkie okrągłe oczy. Te oczy bywają figlarne, czasami złośliwe, czasami zalotne, ale potrafią też być bardzo smutne, przestraszone, pozbawione nadziei.

– Czy dostrzegasz podobieństwa w zachowaniu i emocjach ludzi i orangutanów? – pytam jedną z opiekunek.

– Orangutany są dokładnie jak ludzie – odpowiada. – Bawiąc się, zupełnie nie zwracają na nas uwagi, ale wystarczy je połaskotać, żeby natychmiast zaczęły się szczerzyć w uśmiechu. Uwielbiają też nas przedrzeźniać – śmieje się. – Jeśli na przykład podnoszę kij, żeby je przegonić, postraszyć, to one natychmiast robią to samo – łapią za kije i zaczynają mnie parodiować. Czasem kradną buty, kartoniki z mlekiem lub owoce z koszyka. Niektóre z nich mają do tego prawdziwą smykałkę.

– Co więcej, są znakomitymi uczniami – wtrąca się Michelle. – W porównaniu z moimi uczniami w szkole one wręcz pochłaniają wiedzę – chwali podopiecznych. – Jeśli pojawia się jakiś problem, próbują go rozwiązać. Gdy widzą kogoś zajętego, skoncentrowanego na czymś, podchodzą i potrafią się przyglądać godzinami.

Orangutany są też wybitnie inteligentne i pomysłowe. Naukowcy z Lipska przeprowadzili doświadczenie – zwierzęta dostały plastikową, stojącą pionowo tubę wypełnioną w jednej trzeciej wodą. Na powierzchni wody pływały orzechy. Tuba była tak wąska, że nie mieściła się w niej ręka małpy. Tylko dziewięć minut zwierzęta zastanawiały się, jak wyciągnąć smakołyki. Tak długo przenosiły w ustach wodę z poidła do tuby, aż poziom wody podniósł się na tyle, że orzechy same wypłynęły i wypadły na zewnątrz. Jeden z badaczy zrobił ten sam eksperyment z pracownikami biurowymi jednej z korporacji – nie wszyscy przedstawiciele gatunku *Homo sapiens* wykazali się taką pomysłowością…

Niektóre historie dotyczące orangutanów, na które natknęłam się podczas przygotowań do programu, ubawiły i zaskoczyły mnie jeszcze bardziej. W latach siedemdziesiątych ubiegłego wieku w stanie Kansas objawił się nowy geniusz malarstwa. Prace pana Jamesa Oranga zdobyły pierwszą nagrodę w prestiżowym konkursie sztuk plastycznych. Abstrakcyjne obrazy sprzedawały się jak świeże bułeczki i plastyk zrobiłby pewnie zawrotną karierę, gdyby nie ujawniono jego tożsamości. Zapowiadający się na drugiego Picassa malarz był orangutanem mieszkającym w lokalnym zoo. Za pieniądze ze sprzedaży prac podopiecznego ogród zoologiczny kupił samicę orangutana, która została partnerką Jamesa. Ale odkąd abstrakcjonista zamieszkał w jednej klatce z damą, całkowicie stracił zainteresowanie sztuką...

W ośrodku wyjątkowo dba się o edukację orangutanów. Po okresie beztroskiego „dzieciństwa" w żłobku, czyli brykania i zabaw z kumplami, przychodzi czas na pójście do szkoły. Zajęcia trwają od siódmej do szesnastej. Podstawowe przedmioty to: „skakanie po drzewach", „chwytanie gałęzi", „zrywanie owoców", „nasłuchiwanie odgłosów". Wszystko odbywa się pod czujnym okiem opiekunek.

Obserwuję właśnie wykład pod tytułem „Wąż to niebezpieczne zwierzę i trzeba go unikać". Jedna z dziewczyn rzuca gumową atrapę gada, a reszta z nich ucieka z piskiem i krzykiem. Próbują w ten sposób pokazać kompletnie zdezorientowanym maluchom, że tak właśnie trzeba postąpić, kiedy w dżungli spotkają podobnego stwora. Kiki jednak nadal dłubie w nosie, Romeo i Cesar okładają się po głowach pięściami, a Jacko... łapie węża i ucieka z nim na drzewo. Dynda teraz na gałęzi z pseudojadowitym gadem w zębach i zaśmiewa się z własnego dowcipu.

– Złaź natychmiast, słyszysz?! Do ciebie mówię, Jacko! – Mariana stoi pod strzelistym drzewem z rękoma opartymi na biodrach. Zadarła głowę i pokrzykuje na podopiecznego, który kompletnie nic sobie z tego nie robi.

W końcu się poddaje. Jutro jeszcze raz spróbuje przeprowadzić tę samą lekcję. Nie wytrzymuję i wybucham głośnym śmiechem.

Tylko grzeczne orangutany, czyli takie, które słuchają swoich opiekunów, zabierane są na codzienne wycieczki do lasu. A raczej wywożone. Pomagam pakować je po cztery-pięć sztuk na ogrodowe taczki. Gdy jadą, a widać, że sprawia im to wielką frajdę, śmiesznie podskakują im głowy.

Blisko 95 procent swojego życia orangutany spędzają od 20 do 50 metrów nad ziemią. Tam budują swoje wielkie gniazda, każdego dnia nowe, by przespać w nich nawet 12 godzin. Widać, że las to ich żywioł. Z niezgrabnych, jakimi wydają się na ziemi, momentalnie przeistaczają się w mistrzów akrobacji. Mogłabym godzinami oglądać ich popisy. Mocarne ramiona, znacznie dłuższe od nóg, oraz chwytne dłonie ułatwiają im salta, zwisy, wszelkiego typu ewolucje, o jakich nie śniło się naszym gimnastykom. Pozostaje zazdrościć orangutanom techniki poruszania się (a potrafią to robić naprawdę szybko) nazywanej brachiacją. Wygląda to tak: zamach ciałem niczym wahadłem na jednej ręce, chwyt drugą ręką i znowu zamach, chwyt i zamach.

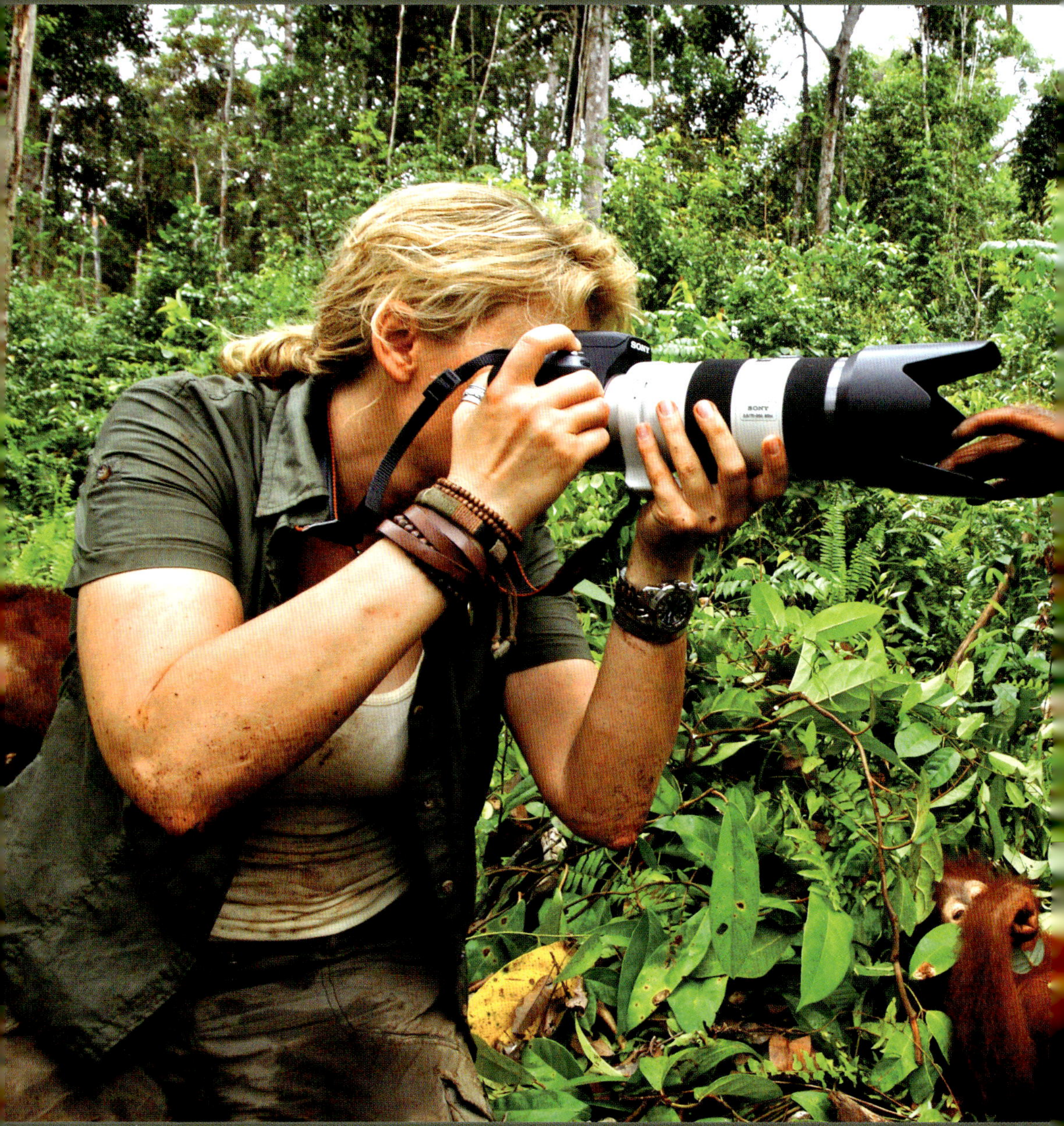
SONY
SONY

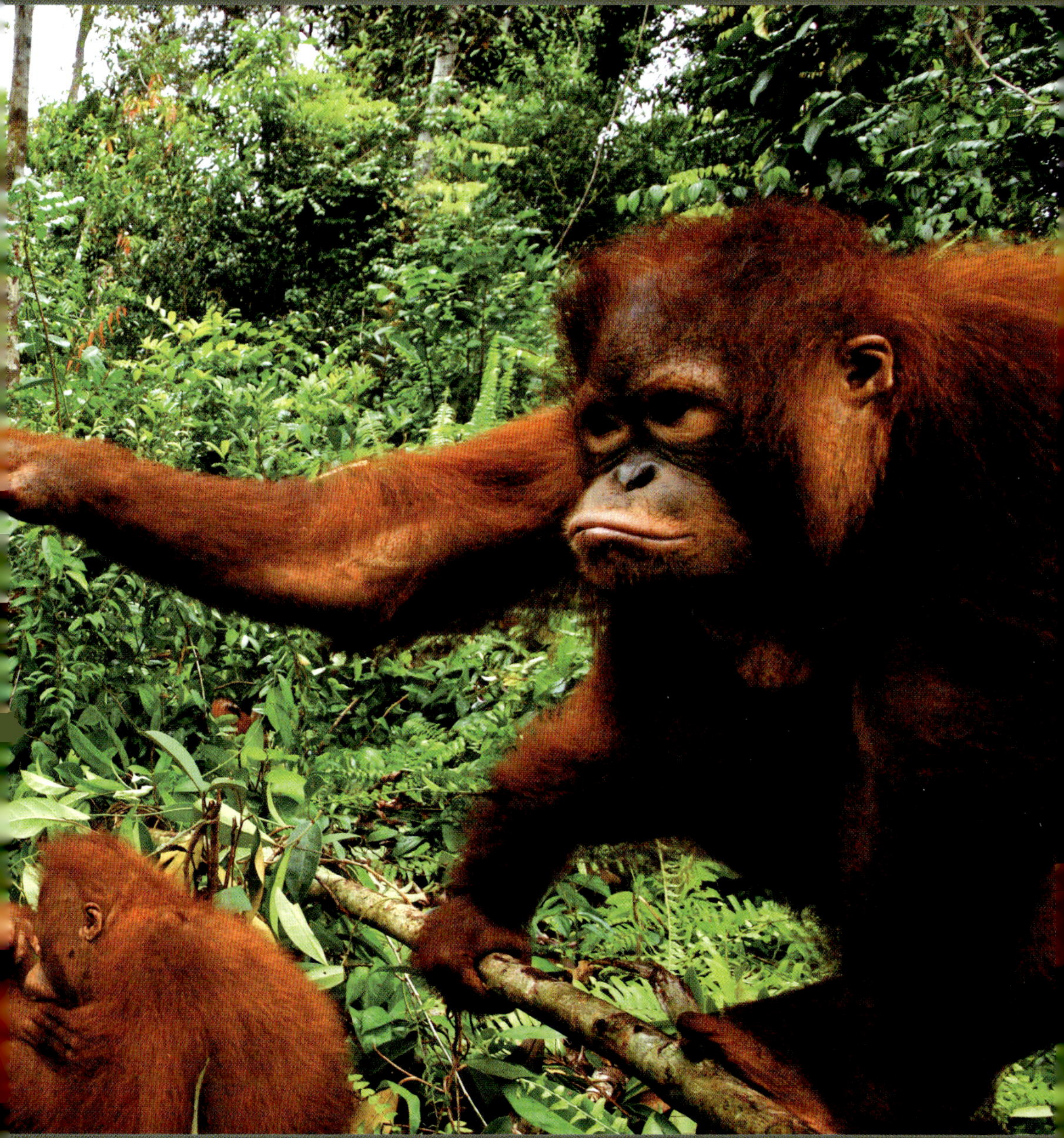

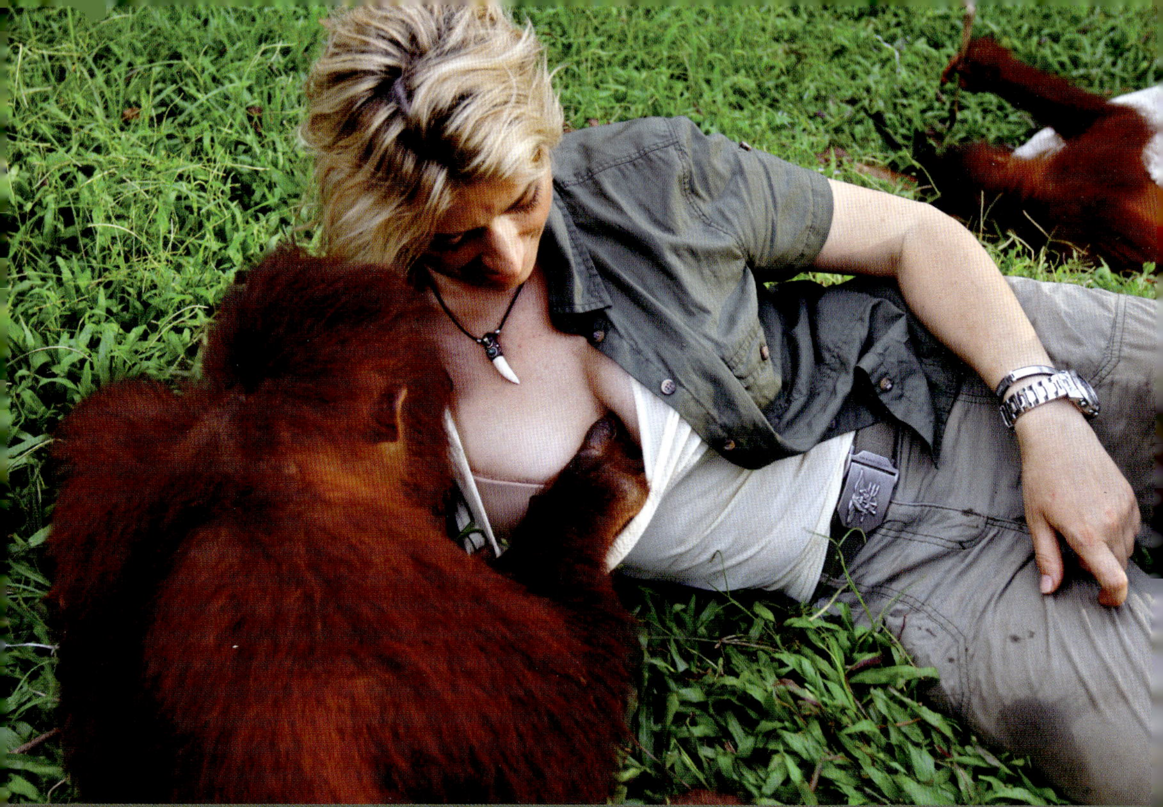

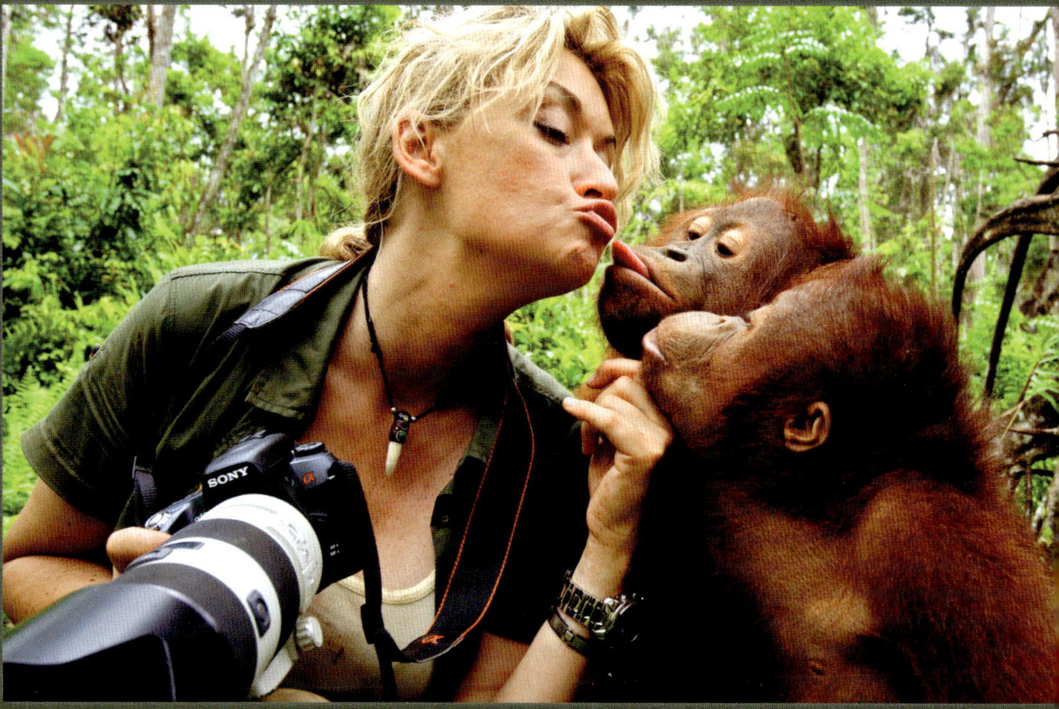
SONY

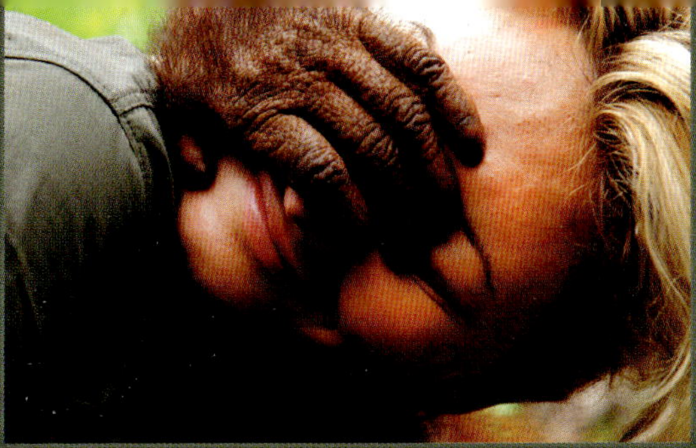

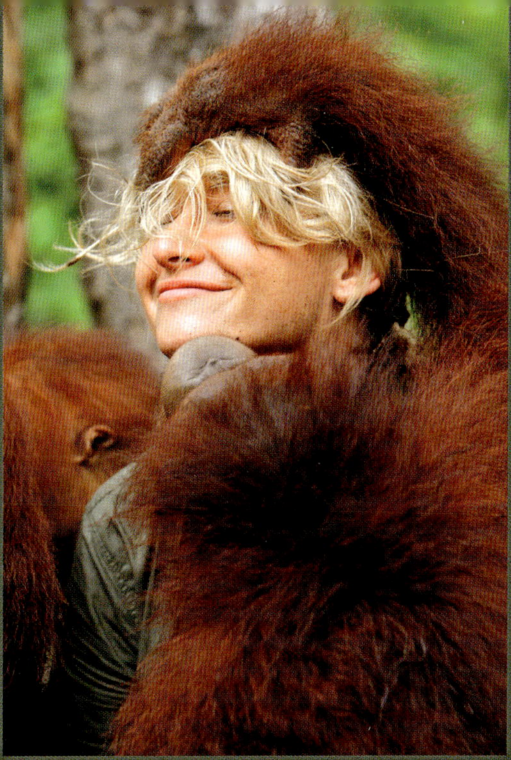

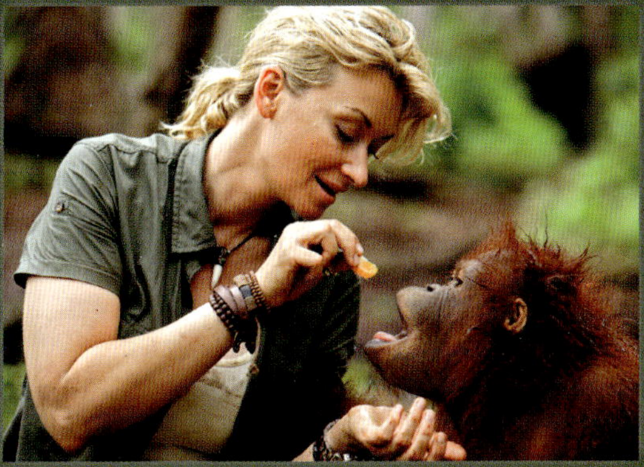

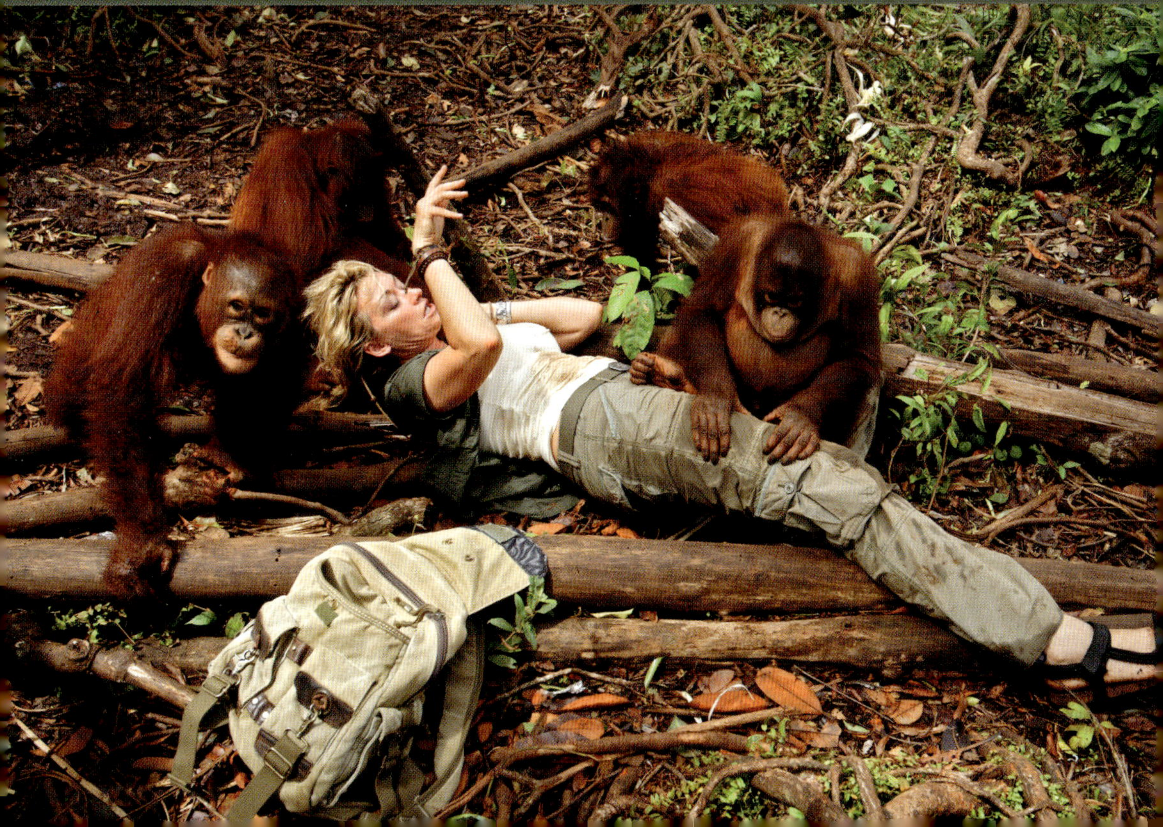

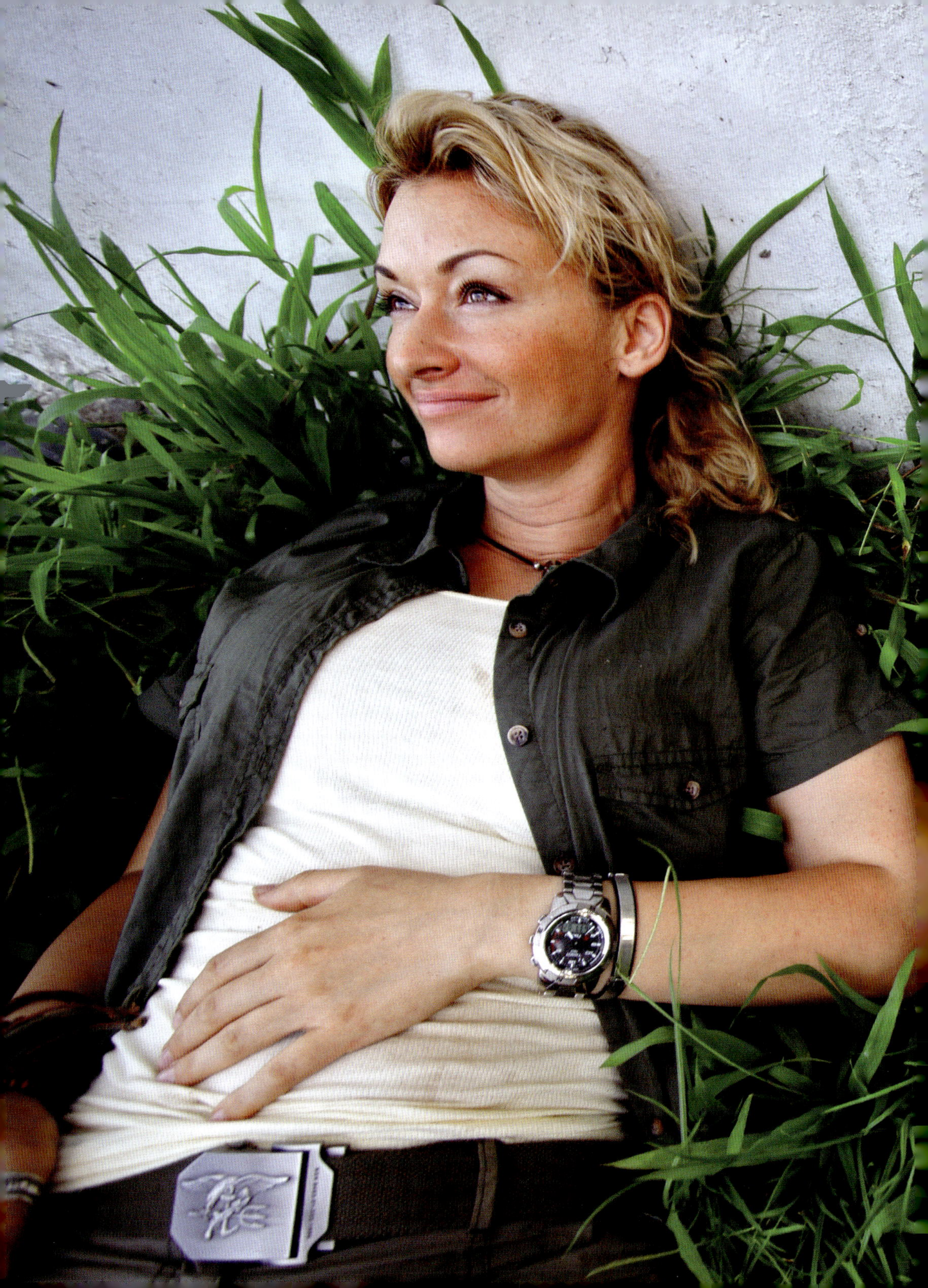

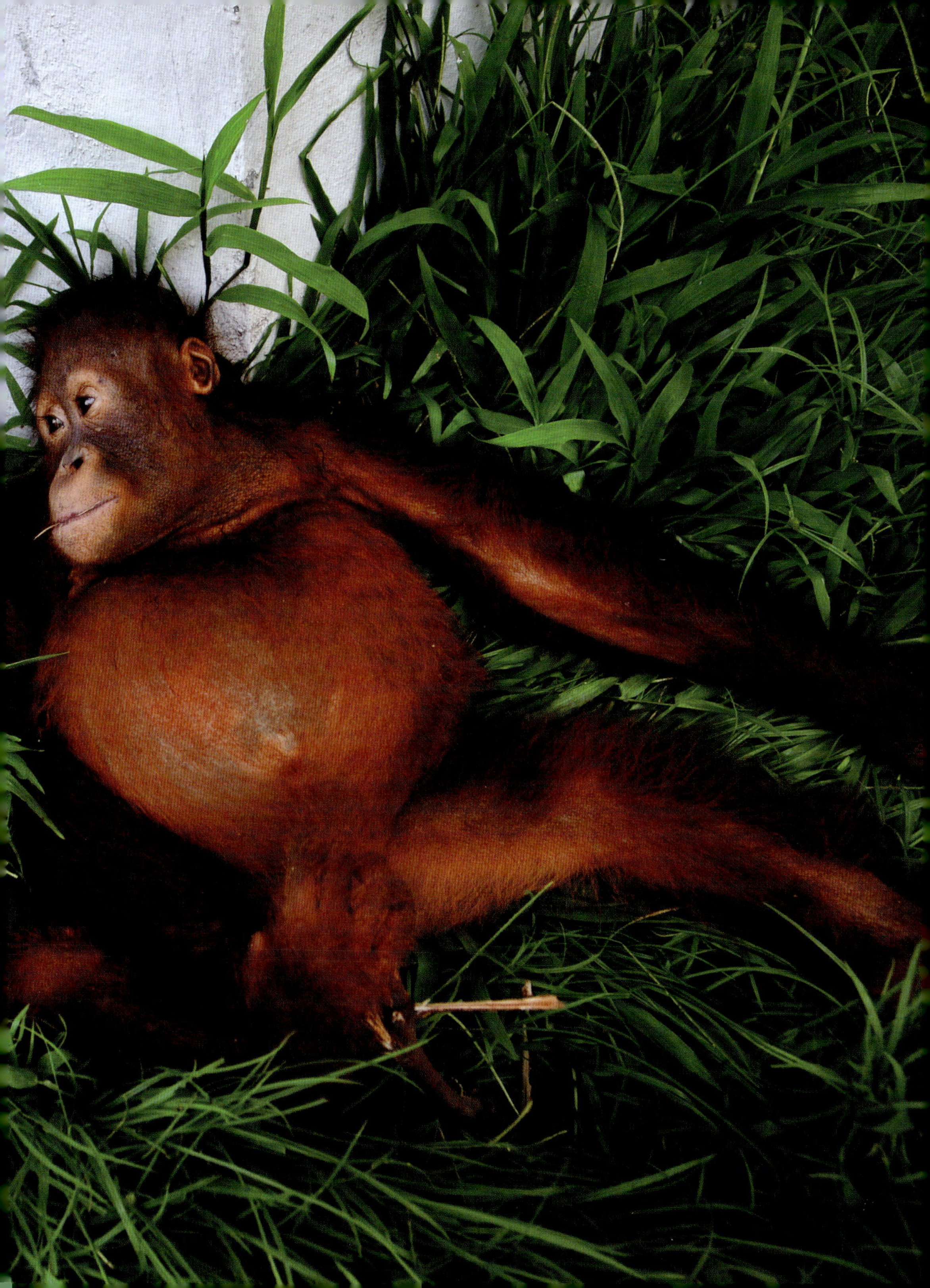

Pozwala to małpom płynnie przenosić się z gałęzi na gałąź. Wydaje się, jakby orangutany nie wkładały w to najmniejszego wysiłku. Ot tak, fruwają sobie po lesie.

Poniżej, na polance, obok której płynie strumyk, bawią się zwierzęta z młodszej grupy, na oko ze 30 sztuk. Atmosfera przypomina rodzinny piknik. Są tu zabawki, jedzenie, kocyki i dobre humory, które dopisują zarówno orangutanom, jak i ich ludzkim mamom. Małpy tarzają się w trawie, robią śmieszne miny, wygłupiają się, drapią się patykami, gryzą gałązki i ganiają się jak szalone. Zapalają się do kolejnych pomysłów i szybko nudzą, przerzucając zainteresowanie na inne atrakcje – zupełnie jak małe dzieci (jestem na bieżąco – moja córka ma dwa i pół roku).

Teraz sama staję się jedną z ciekawostek. Maluchy przewracają mnie na ziemię, wyjmują wszystkie rzeczy z kieszeni – straciłam zegarek, kolejną bransoletkę z koralików, gumkę do włosów. Właśnie setny raz rozsuwają błyskawiczny zamek w torbie fotograficznej. Macają całą twarz, dokładnie studiując układ moich brwi, rzęsy, usta, uszy.

– Ała! – dostaję pałką po głowie, a zaraz potem w nagrodę – mandarynkę, którą Samir wpycha mi do ust. Obraną!

Samiczka Cleo wdrapuje mi się na ręce, podwija bluzkę i zaczyna dobierać się do mojego biustu. Chyba właśnie ocenia, czy nadaję się na małpią matkę – ustami szuka sutka piersi w staniku. Odruch ssania jest u tych małpich dzieci nadal bardzo silny. Po chwili jednak zaczyna mnie całować i zanim jestem w stanie się zorientować – wkłada mi język do ust!

Zatrudniona przez nas opiekunka musi mieć instynkt macierzyński, zresztą większość z nich ma dzieci. Wymagamy od nich odpowiedzialności, opiekuńczości, cierpliwości i umiejętności dzielenia się miłością. Oraz oczywiście dyspozycyjności, bo to nie jest zwyczajna praca – dzień i noc trzeba być w gotowości, szczególnie kiedy przywozimy do ośrodka nowe sieroty albo policja właśnie odbije handlarzom jakieś maluchy.

Trzeciego czy czwartego dnia pobytu na Borneo na moich oczach podjeżdża pod bramę ośrodka samochód z żołnierzami w środku. Właśnie odebrali wieśniakom małego orangutana, który trzyma się teraz kurczowo ramienia Alego, menedżera Nyaru Menteng.

– Dziękuję panu. Proszę pamiętać, że zawsze możecie je do nas przywieźć, przyjmiemy każdego orangutana – Ali zwraca się do szefa małego oddziału i z wdzięcznością ściska rękę postawnego mężczyzny.

Matka tego malucha weszła na teren plantacji palmy olejowej i zjadła młode sadzonki. Zrobiła to, bo las deszczowy, który do niedawna był jej domem, został wycięty. Sama była głodna, ale przede wszystkim chciała nakarmić swoje młode.

– Albo została otruta przez zarządcę, albo po prostu niechcący zatruła się pestycydami, których na plantacjach używa się coraz więcej – mężczyzna relacjonuje wydarzenia z dzisiejszego poranka. – W każdym razie kiedy przyjechaliśmy, już nie żyła, może leżała tak nawet dwa czy trzy dni... A ten maluch był cały czas wczepiony w jej futro, pewnie widział też, jak umierała w męczarniach. Ech, szkoda go... Pojawiliśmy się w ostatniej chwili, bo już zgromadzili się miejscowi, żeby zabrać dziecko.

Maluch ma około dwóch, może dwóch i pół roku. Po zważeniu (niecałe 4 kilogramy) i zmierzeniu temperatury (37,4 stopni Celsjusza) okazuje się, że samczyk jest odwodniony, wycieńczony i wymaga hospitalizacji. Pomagam przy wypełnianiu karty przyjęcia do ośrodka.

– Wiek, waga, stan... – lekarz weterynarii mówi do siebie głośno, zapełniając równym pismem kolejne rubryczki. – Wyraz twarzy? – podnosi wzrok na malucha. – „SMUTNY" – wzdycha i kręci głową z rezygnacją.

– Jak mu dacie na imię? – pytam cicho, nie chcąc przeszkadzać przy wkłuwaniu kroplówki w drobną rączkę orangutana.

Doktor proponuje, żebym to ja go nazwała i zaadoptowała, w końcu byłam tu dokładnie w momencie, kiedy nowy podopieczny pojawił się w ośrodku. Po krótkiej chwili zastanowienia wybieram imię Happy. Dziś ten maluch jest przestraszony i nieufny w stosunku do ludzi, ale przecież miał dużo szczęścia, że trafił właśnie do Nyaru Menteng. Wierzę, że pewnego dnia będzie dorodnym, silnym samcem, którego uda się zwrócić Matce Naturze. I że będę mogła go odwiedzać. Na razie oprócz Marysi mam więc też dwuletniego syna.

Ali Munthaha ma 35 lat i od roku jest menedżerem ośrodka Nyaru Menteng. I wyjątkowo – nie jest kobietą. Ma kruczoczarne włosy z grzywką nieustannie zasłaniającą mu oczy. Wspaniale opowiada o swoich podopiecznych. Najpierw przyjechał tu jako operator kamery z ekipą telewizyjną, kiedy realizowali program dokumentalny o orangutanach. Rzucił media i zgłosił się do Nyaru Menteng jako wolontariusz. Teraz jest tu szefem i wykonuje tę pracę z pełnym poświęceniem.

– Praca przy orangutanach nigdy się nie kończy. Po prostu je kocham – no cóż, to już chyba dwudziesta osoba, która mi się do tego przyznaje. – Większość ludzi obdarza orangutany miłością, traktując je jak maskotki, ja jednak uwielbiam ich dziką część natury i robię wszystko, by mogły takimi pozostać.

– Dlaczego zatrudniacie tak wiele kobiet? – wypytuję go, próbując skupić uwagę na tym, co mówi. Skutecznie uniemożliwia mi to malec, który wlazł do wiadra, a drugim właśnie próbuje nakryć kolegę.

– To proste – odpowiada. – Tylko popatrz wokoło. Małe orangutany są jak dzieci, nieustannie domagają się uwagi, potrzebują matek, a nasze dziewczyny są w tym niezastąpione. Kobiety po prostu lepiej się w tym sprawdzają.

On sam przyznaje, że nie nadaje się na opiekuna, ponieważ nie potrafi okazywać miłości tak jak kobiety. – Wy to robicie instynktownie – mówi. – Wciąż jednak mamy zbyt mało opiekunek i potrzebujemy każdej pary rąk do pracy.

Zatrudniając kobiety, władze ośrodka sprawiają też, że zmienia się tu rola i znaczenie pań. Poznają one korzyści, jakie wynikają z posiadania własnych pieniędzy. Uniezależniają się więc od mężów. Zaczynają mieć własne zdanie, chociażby w kwestii liczby posiadanego potomstwa i domowych wydatków. Rośnie też ich poczucie własnej wartości. Można więc powiedzieć, że w tym ośrodku rehabilituje się nie tylko orangutany, ale też opiekujące się nimi kobiety.

Na przykład taka Trinsnanti. Ma 26 lat i jest wdową z pięcioletnim synem.

– Praca w Nyaru Menteng pomaga mi jakoś wiązać koniec z końcem i utrzymać rodzinę – mówi.

I cieszy się z niej, mimo że z tego powodu jej dziecko musi spędzać większość czasu u babci. Dziewczyna przychodzi do pracy każdego dnia o siódmej rano, przewija orangutany i karmi, a potem odprowadza do lasu. Co drugi tydzień bierze nocne zmiany, czasem zdarza jej się również zastępować inne opiekunki, ponieważ kobiety starają się sobie pomagać. Na drugiej zmianie pomaga przyprowadzać orangutany do domu. Młodsze wracają do ośrodka około trzeciej-czwartej po południu, starszym pozwala się zostać w lesie aż do zapadnięcia zmroku. Często rozrabiają jeszcze później na trawniku przed domem, są jednak też takie, które bardzo chcą wrócić do klatek. Orangutany kładą się spać o zachodzie słońca, czyli około piątej-szóstej, w zależności od pory roku.

Trinsnanti woli tę pracę niż zajmowanie się domem.

– Wiesz, może nie powinnam tak mówić, ale bardziej kocham te orangutany niż własne dziecko. Mojego syna kocha wiele osób, wszyscy noszą go na rękach, rozpieszczają, a te zwierzaki mają za sobą tak ciężkie doświadczenia… Kto miałby o nie dbać, jak nie ja? – pyta retorycznie i uśmiecha się sama do siebie.

Poza tym dzięki tej pracy zarabia miesięcznie około miliona rupii (blisko 110 dolarów – dużo jak na tutejsze warunki), ale kiedy bierze nadgodziny, wypłata znacząco wzrasta. Mówi, że zdarzają się tu zarówno radosne, jaki i niestety bardzo smutne chwile, takie jak śmierć jej ukochanego orangutana Angeli. Ocalona z pożaru radziła sobie bardzo dobrze w ośrodku, ale zachorowała na malarię i zmarła. Bywa też, że niektóre orangutany, nie wiadomo czemu, jej nie lubią, reagują agresją, próbują gryźć.

– Smuci mnie, że część z nich cały czas musi przebywać w klatkach – zwierza się. – Dużo częściej jednak płaczę z powodu niemiłego zachowania pozostałych opiekunek niż orangutanów.

Ostatni etap edukacji orangutanów w ośrodku, czyli małpie studia, odbywają się na należących do Nyaru Menteng pięciu wyspach. Odwiedzam jedną z nich o nazwie Kaja. Żyje tu 35 dorosłych orangutanów. Jest ze mną Ali, ponieważ najstarszymi podopiecznymi zajmują się wyłącznie mężczyźni. W końcu dorosły samiec orangutana wielkością i masą znacząco przerasta człowieka. Poza tym wielu z tych mężczyzn w zielonych uniformach to także ochroniarze i okazuje się, że są tutaj niezbędni. Po każdej akcji odbicia orangutanów z rąk handlarzy pojawiają się z ich strony pogróżki. Działalność centrum koliduje bowiem z bardzo dochodową gałęzią nielegalnego handlu tymi zwierzętami.

Opływamy wyspę łodzią i mam szansę z oddali obserwować kipiącą zielenią przyrodę. Pięknie tu! W zaroślach dostrzegam dorodnego samca. Ma ponad 80 kilogramów wagi i wygląda imponująco, kiedy tak dostojnie obserwuje okolicę, żując gałązki i przyglądając się mi z dezaprobatą. W końcu jestem tu tylko intruzem, który przypłynął i brzęczy silnikiem łodzi.

Na drzewie siedzi samica z dwoma młodymi. Małpiątka są niemal w tym samym wieku – mają około roku. Jestem tym zaskoczona, bo samice orangutanów rodzą zawsze jedno dziecko. Okazuje się, że jeden z maluchów został porzucony przez matkę, która nie potrafiła zająć się potomkiem. Ponoć czasem zdarza się to u zwierząt trzymanych przez jakiś czas w warunkach innych niż naturalne – małpy nie mają możliwości nauczyć się wszystkiego, co powinny wiedzieć, od swoich matek. Teraz patrzę, jak samica z trudem dźwiga dwójkę dzieciaków uczepionych jej futra. Podjęła się bardzo trudnego zadania i przez najbliższe kilka lat musi mu sprostać.

– Tutaj mogą żyć niemal samodzielnie, odkrywać okolicę, ale nie przestajemy ich dokarmiać dwa razy w ciągu dnia – wyjaśnia Ali. – Opiekunowie

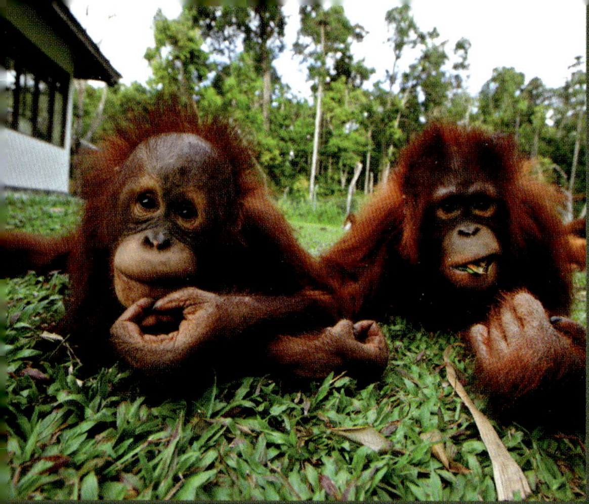
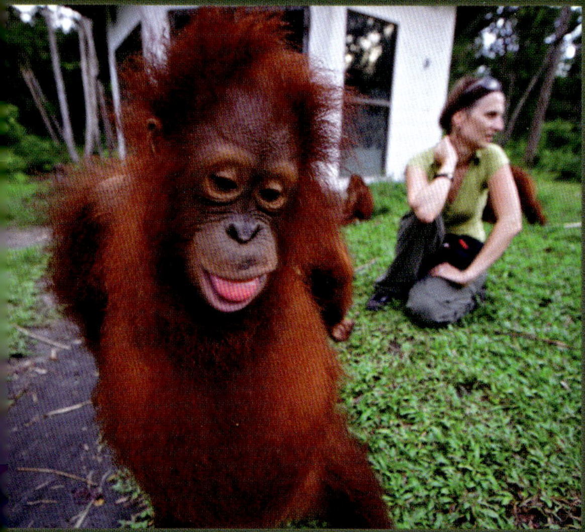
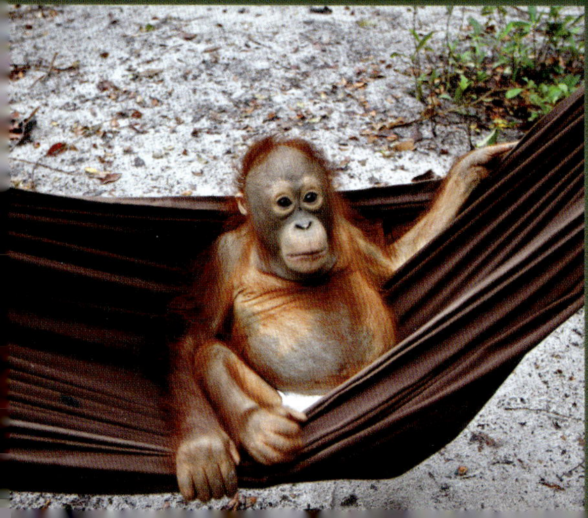
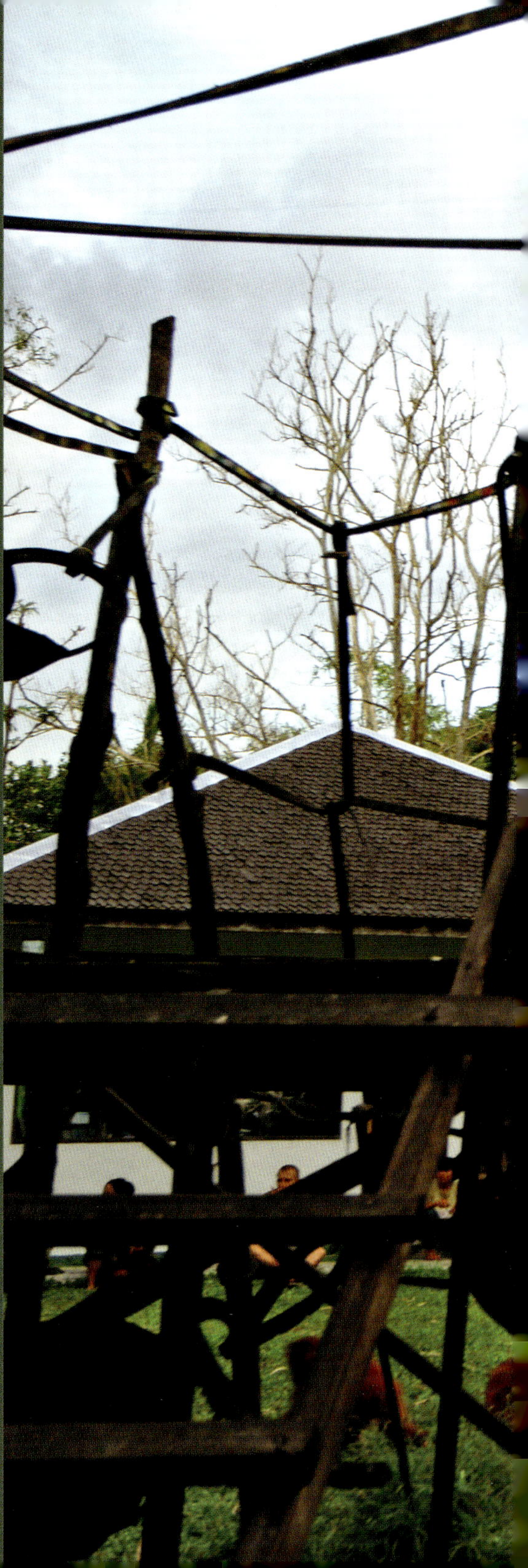

Beztroskie małpie popołudnie. Trochę na hamaku, trochę na linach, trochę z kumplem.

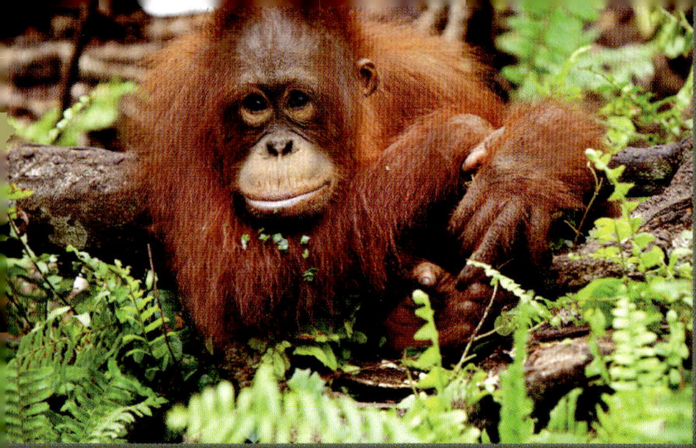
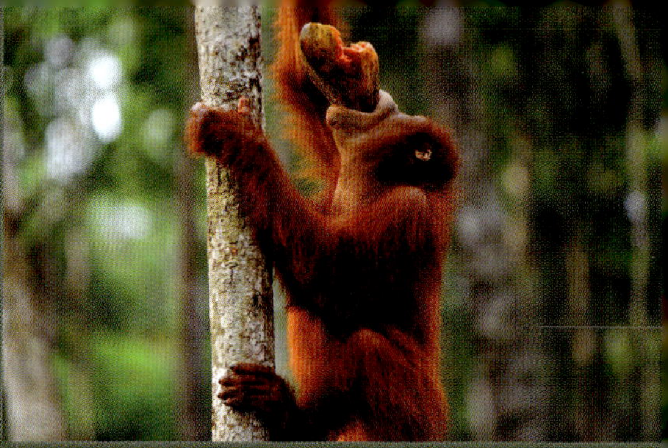
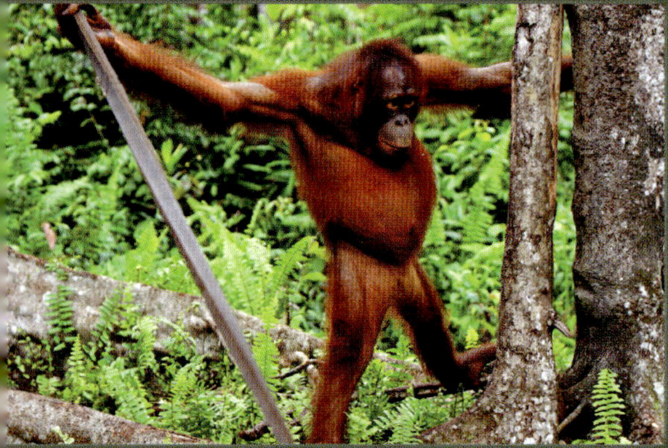
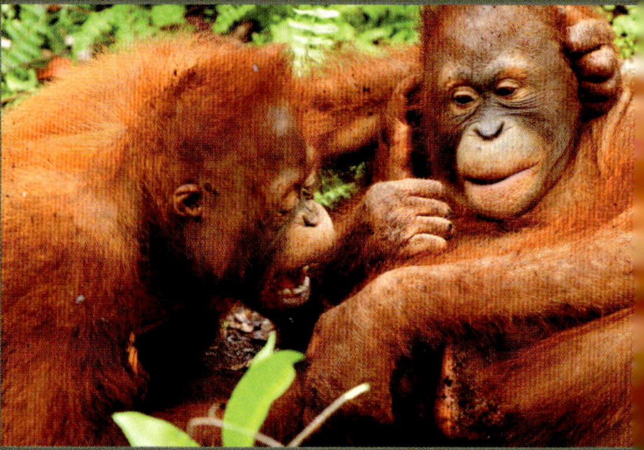
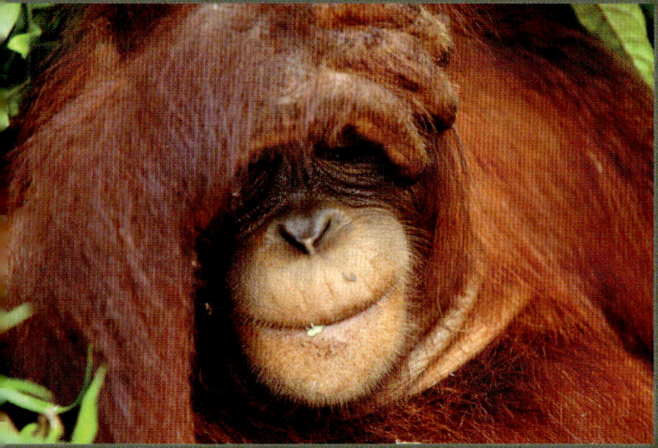
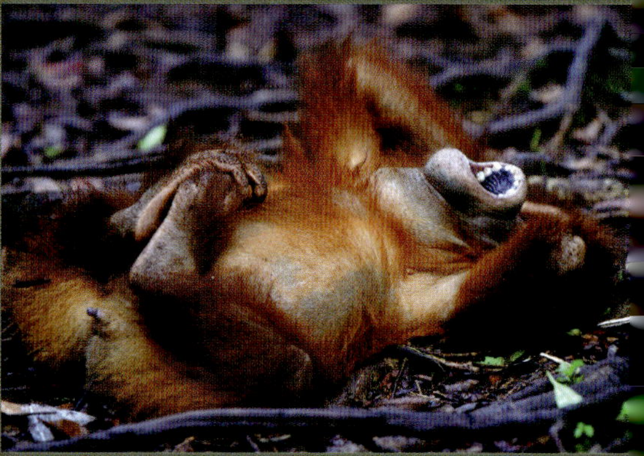
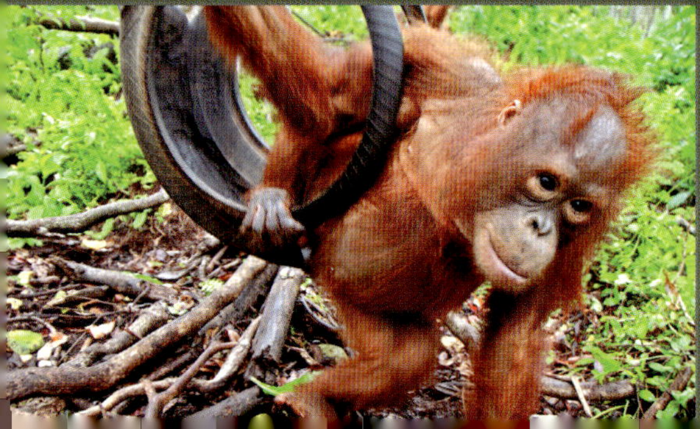
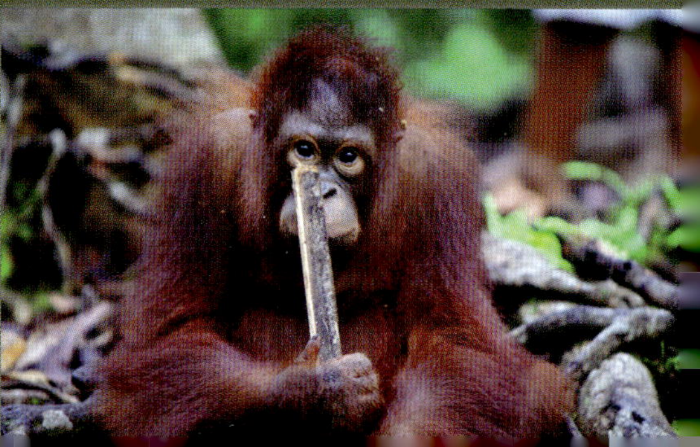

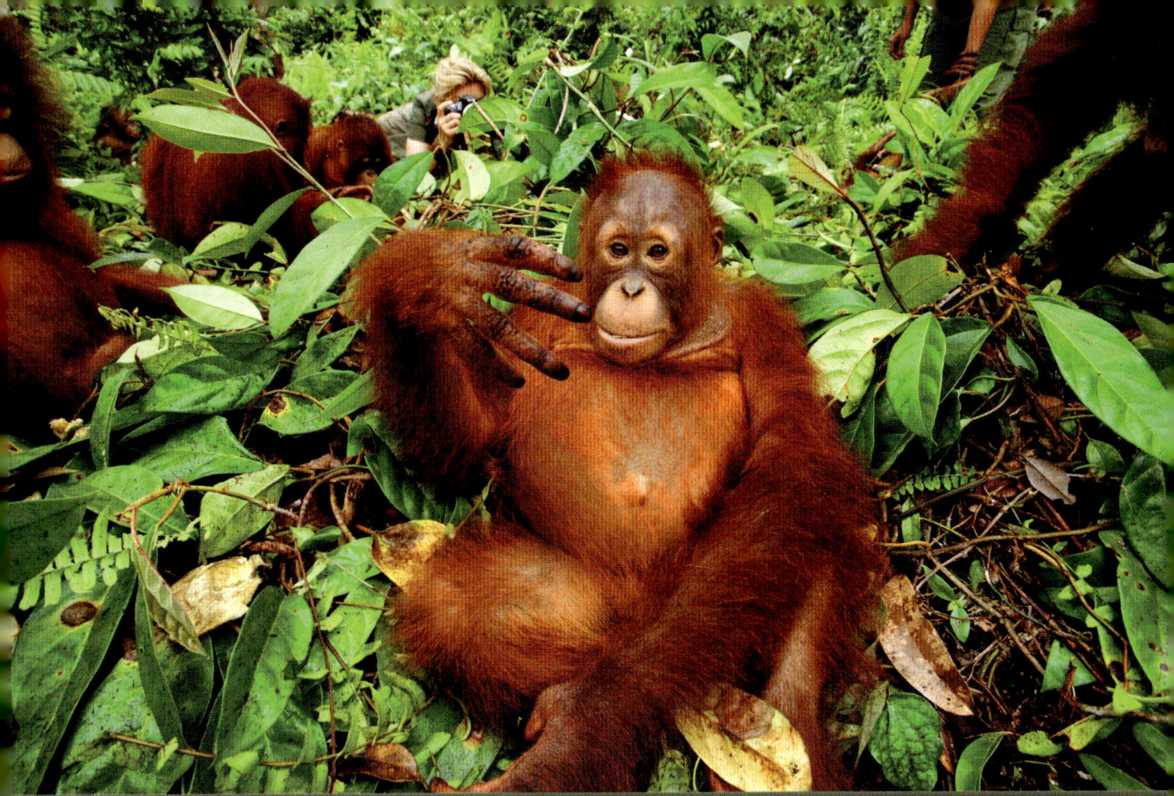

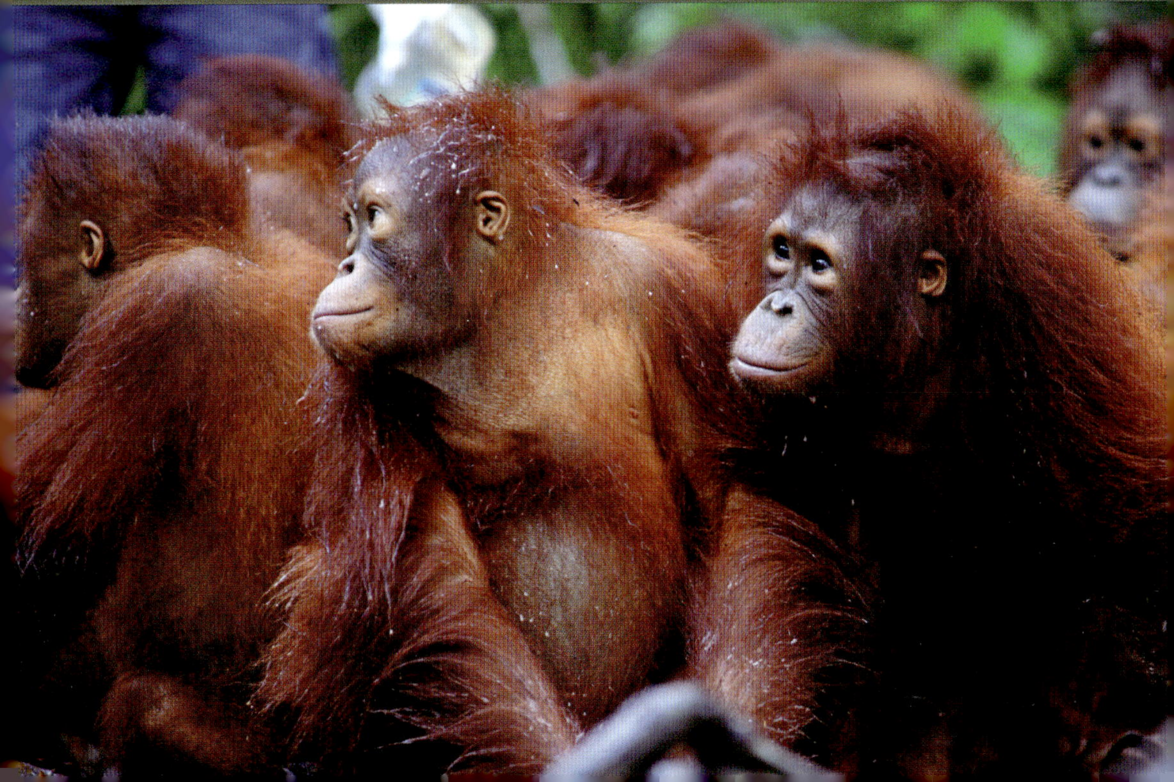

nie mogą jednak mieć żadnego kontaktu fizycznego z orangutanami, muszą się powstrzymywać od dotykania ich i głaskania. Chodzi przecież o to, żeby w trakcie pobytu tutaj uniezależniły się od ludzi.

Dlatego miejsce to nazywa się *half way home,* czyli „dom w połowie drogi". Oczywiście drogi na wolność.

Obecnie władze ośrodka starają się o szóstą już wyspę, porośniętą 3 tysiącami hektarów puszczy, gdzie mogłyby przebywać największe z orangutanów.
– Nie musiałyby tam walczyć o terytorium, dałoby im to olbrzymi komfort, a w fundacji znalazłoby się miejsce dla kolejnych zwierząt – tłumaczy mi Ali.
– Niestety cały proces jest ogromnie czasochłonny, wymaga długich negocjacji z władzami i jeszcze dłuższego oczekiwania na decyzję. No i potrzeba też olbrzymich funduszy na opłacenie wszystkich koncesji – wzdycha ciężko na koniec.

Nie walczymy z koncernami wycinającymi drzewa. Wręcz przeciwnie, próbujemy nawiązać jak najściślejszą współpracę z firmami produkującymi olej palmowy. Musisz zrozumieć, że należy on do ważnych, czasem niezbędnych składników wielu produktów. Indonezja wytwarza go najwięcej na świecie – 19 milionów ton rocznie. W 2009 roku wartość eksportu tego oleju to około 10 miliardów dolarów. Co najważniejsze, wcale nie trzeba go zdobywać kosztem pierwotnych lasów, bo równie dobre wyniki przynosi tworzenie plantacji palmowych na zdegradowanych terenach. Oczywiście jest spora grupa obrońców zwierząt domagająca się całkowitego zakazu produkcji oleju palmowego i jego sprzedaży, ale to są kompletnie nierealne pomysły. Nie da się tego osiągnąć, poza tym to tylko pogorszyłoby sytuację, zwiększając poziom biedy wśród mieszkańców Indonezji. A właśnie bieda jest główną przyczyną tak wielkiego wylesiania Borneo. Zresztą nawet jeśli Stany Zjednoczone czy Europa wprowadzą u siebie jakieś regulacje zakazujące handlu olejem palmowym, to i tak dwa główne rynki zbytu mieszczą się w Chinach i Indiach, a te kraje ciężko kontrolować…
Jeśli zakażemy używania oleju palmowego w Europie i USA, to Indonezyjczycy poszukają innych odbiorców. Moim zdaniem dużo lepsze jest przekonanie firm do produkcji opartej na poszanowaniu środowiska, która jednocześnie nie obniży ich zysków. Powinniśmy tworzyć specjalne strefy, w których wycinka będzie całkowicie zakazana, a zwierzęta będą mogły żyć bez narażania się na kontakt z człowiekiem. Powinniśmy pogodzić się z Matką Naturą.

Każdego roku niszczymy około 30 milionów hektarów dziewiczych lasów. To mniej więcej powierzchnia Polski. Jadąc do Nyaru Menteng Foundation mijaliśmy wielkie obszary, które wyglądały, jakby przeszła po nich trąba powietrzna – kikuty drzew, zwalone gałęzie, pustka po horyzont. Las deszczowy jest piękny, nieprzenikniony i pełen niespodzianek skrywających się pod zielonym baldachimem drzew. To dom dla tysięcy unikatowych gatunków roślin i zwierząt, wielka fabryka tlenu, żywności, olbrzymi pochłaniacz dwutlenku węgla i przede wszystkim – magazyn wody. A przynajmniej taki był, zanim pojawił się człowiek. Niszczenie wszystkiego dookoła mamy we krwi. Dzięki nam miejsce energetycznej zieleni zajmują smutny brąz i pustka.

Borneo dla wielu wciąż pozostaje ostoją dzikości. Nowe gatunki roślin i zwierząt odkrywane są tu setkami. Kiedyś tę trzecią co do wielkości wyspę świata w 75 procentach pokrywał tropikalny las. Dziś jego powierzchnia skurczyła się do 50 procent. Światowym liderem wylesiania jest niestety Indonezja.

Niegdyś mówiło się, że orangutany mogą przemierzyć Borneo ze wschodu na zachód, nie schodząc z drzew. Dziś to niemożliwe. Wyspa w każdej minucie traci las powierzchni dwóch boisk piłkarskich. A orangutany na wolności żyją tylko na Borneo i sąsiedniej Sumatrze. Pierwsza wyspa to dom orangutana borneańskiego *Pongo pygmaeus*, druga – sumatrzańskiego *Pongo abelii*, który od krewniaka ma nieco skromniejsze rozmiary, jaśniejsze futro i białe włosy na talerzach policzkowych. Dopiero badania genetyczne przeprowadzone w roku 1996 wykazały, że są to odrębne gatunki, które rozdzieliły się około 1,5–1,7 miliona lat temu, kiedy wyspy były jeszcze połączone.

Sto lat temu orangutanów było tu jeszcze ponad 300 tysięcy. Obecnie populacja borneańska liczy 50, a sumatrzańska 7 tysięcy. Oba gatunki są zagrożone wyginięciem. Jeżeli nic się nie zmieni, za 20 lat orangutany będzie można oglądać tylko w ogrodach zoologicznych – rocznie w wyniku działalności człowieka ginie ich 5 tysięcy.

Orangutany potrzebują przestrzeni – dla dorosłego, dominującego samca to 8 kilometrów kwadratowych. Samica z młodym lub słabszy samiec zadowalają się powierzchnią około półtora kilometra kwadratowego. Las jest ich domem, innego nie znają i w innym sobie nie poradzą. On je karmi, daje schronienie przed drapieżnikami, leczy. Spadek populacji orangutanów na Borneo jest spowodowany przede wszystkim kurczeniem się ich przestrzeni życiowej, karczowanej i przeznaczanej jako budulec oraz pod kolejne plantacje palmy olejowej. Oznacza to przymusową przeprowadzkę setek, jeśli nie tysięcy orangutanów zmuszonych dzielić między sobą coraz mniejszy teren.

Wzmaga to rywalizację między zwierzętami o ograniczoną ilość zasobów jedzenia. To zaś prowadzi do konfliktów.

Z natury orangutany to małpy wyjątkowo pokojowo nastawione. Właściwie są wybitnie łagodne, ale nie lubią zmian – samice często pozostają w miejscu, w którym się urodziły, nawet jeśli zostało ono wykarczowane. Z głodu jedzą sadzonki palmy olejowej, przez co niszczą ich uprawy. Zarządy niektórych firm wyznaczają nagrody za ich głowy, traktując te małpy jak szkodniki. Ich życie kosztuje jakieś 10, może 20 dolarów. Najłatwiej zabić samicę, a potem zabrać jej młode. Na tutejszym rynku kłusownicy za malucha mogą dostać jakieś 300 tysięcy rupii, czyli równowartość około 30 dolarów. To cena, jaką płaci się za przeciętną pamiątkę z Borneo, na przykład maskę z drewna czy inny drobiazg. Wystarczy jednak, żeby handlarze przemycili małego orangutana do Dżakarty, a zysk może sięgnąć nawet dwóch tysięcy dolarów. Szacuje się, że w taki sposób do niewoli może trafiać nawet tysiąc małych orangutanów rocznie.

Według pisma „Oil Trade" w 2008 roku globalna produkcja olejów i tłuszczy wynosiła około 160 milionów ton. Olej palmowy stanowił aż 30 procent tej sumy. Liderem w jego produkcji jest właśnie Borneo. Olej palmowy dodawany jest niemal do wszystkiego. Można go znaleźć w czekoladzie, chlebie, lodach, pizzie i herbatnikach, w gazowanych napojach, kosmetykach, proszkach do prania, farbach, świecach lub w atramencie... Jego zaletą jest to, że łatwo go przechowywać i transportować. Poza tym potrzebuje dziesięciokrotnie mniej terenu niż inne rośliny oleiste. Właściwie nie ma sposobu, żeby całkowicie zrezygnować z tego produktu... Coraz częściej jednak firmy, zwłaszcza europejskie, zwracają uwagę na etyczny aspekt jego produkcji.

– I o to nam właśnie chodzi – podkreśla Michelle. – To jest prawdziwa zmiana i postęp.

Po serii afer wokół Sinar Mas, jednego z największych producentów oleju palmowego, którego oskarżono o zanieczyszczanie środowiska, nielegalną wycinkę lasów i zabijanie zwierząt, ruszyła międzynarodowa kampania, która doprowadziła do tego, że najwięksi odbiorcy oleju, tacy jak Nestlé, wycofali się z umów z tą firmą. To wymusiło na pozostałych producentach zmianę podejścia do problemów degradacji środowiska.

– Mamy nadzieję, że właśnie dzięki tak dużym firmom jak Nestlé rynek ekologicznego oleju palmowego przestanie być niezbyt dochodową niszą – dodaje.

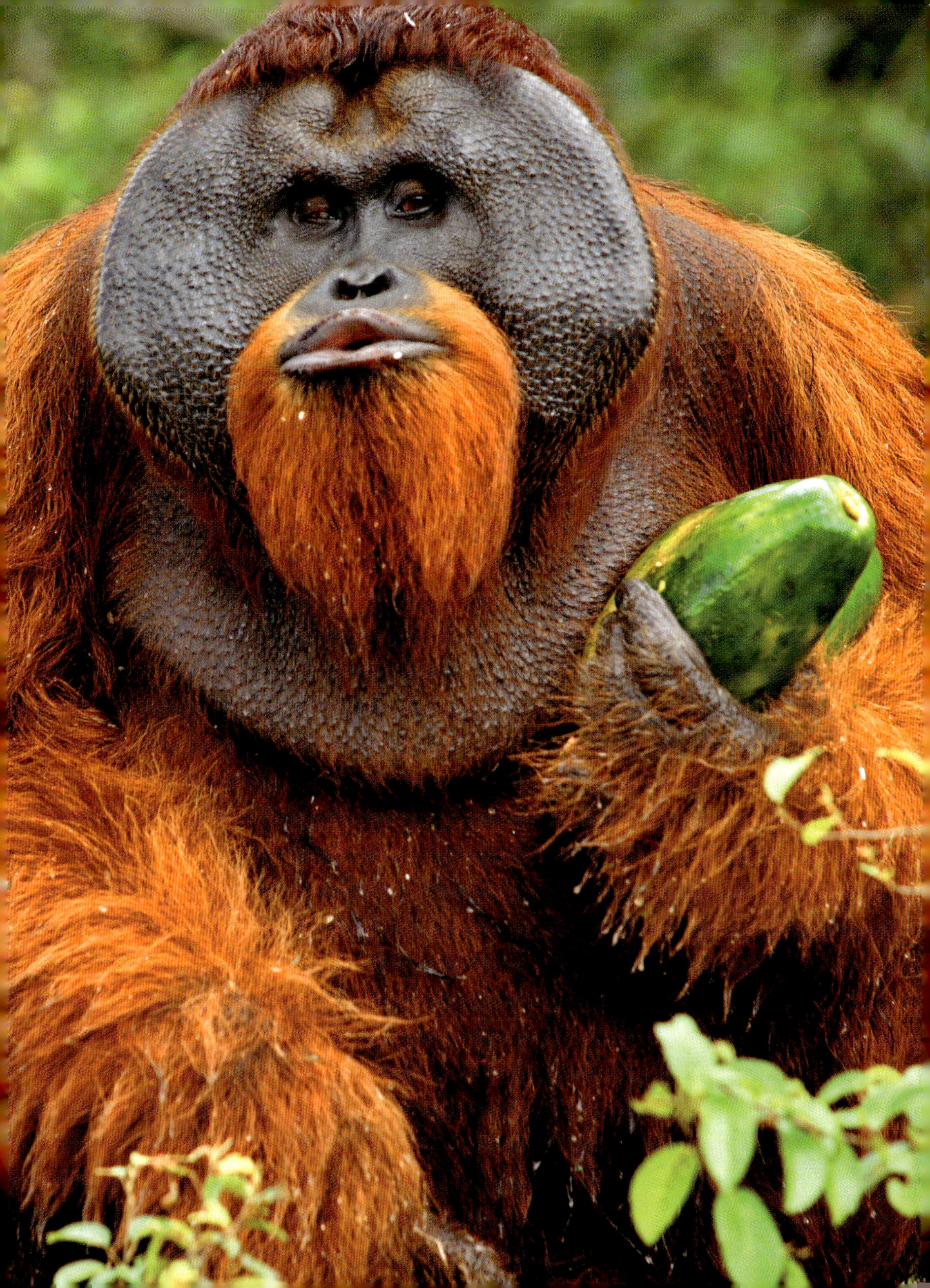

Ośrodek stworzył specjalną grupę ratunkową, zajmującą się wyłapywaniem orangutanów na terenach przeznaczonych pod wycinkę, plantację lub kopalnie. Po schwytaniu przerażonego zwierzęcia odtransportowuje się je w bezpieczne okolice.

– Błagam plantatorów, żeby dzwonili do nas, kiedy orangutany zjadają z głodu ich sadzonki – Ali mówi to smutnym, autentycznie proszącym głosem. – Ja przyjadę i je zabiorę. Zajmę się tym. Byle nie szli po linii najmniejszego oporu i nie zlecali tego miejscowym watażkom, którzy za grosze zastrzelą te piękne zwierzęta.

Zdarza się jednak, że kiedy Ali zaalarmowany przez informatorów dociera na miejsce, jest już za późno i zastaje zmasakrowane zwłoki małp.

– Wtedy opadają mi ręce i chce mi się zwyczajnie płakać – żali się. – Chodzi o te 10 dolarów, które można dostać za jedno trofeum?

Podobno najczęściej jest nim odcięta ręka orangutana. To dowód, za który otrzymuje się wypłatę od zarządcy plantacji.

– Ja im dam te cholerne pieniądze z własnej kieszeni, tylko niech nie zabijają orangutanów!

Z trudem przełykam ślinę, czuję, że łzy napływają mi do oczu. Po kilku dniach w ośrodku nie mam już siły słuchać o tym, jakie potworności robi na świecie człowiek. O gwałconych, mordowanych zwierzętach. Nie pojmuję i nigdy nie pojmę ludzkiej chciwości.

– Kiedy docierają do nas informacje o miejscowych przetrzymujących zwierzęta w klatkach lub o małpach krążących na terenach, gdzie może grozić im niebezpieczeństwo, zabieramy je do naszego ośrodka – Ali głęboko wierzy w sens tej pracy. – Wiem, że Nyaru jest już przepełnione, ale dzięki pomocy ludzi dobrej woli jakoś się tu pomieścimy. Damy tym zwierzętom schronienie.

Zespół ratunkowy musi działać błyskawicznie, ponieważ im później dotrze do orangutana, tym większe prawdopodobieństwo, że ktoś go zabije. A znalezienie tych małp w lesie to nie jest prosta sprawa. W swoim naturalnym środowisku poruszają się błyskawicznie i potrafią uciec w mgnieniu oka, skacząc po drzewach. Najgorzej sytuacja wygląda na obrzeżach plantacji.

– Tam znajdujemy czasem stare orangutany lub osierocone dzieci kryjące się pośród ostatnich strzępków lasu, gdzie nie ma miejsca dla żadnych zwierząt – opowiada Ali. – A teraz wyobraź sobie, że pod plantacje palmowe przeznaczono milion hektarów, i policz, ile zwierząt musiało zginąć z tego powodu.

Liczba ta jednak nie mieści mi się w głowie…

Na szczęście w tym morzu nieszczęścia pojawiają się promyki nadziei. Z inicjatywy World Wildlife Fund 220 tysięcy kilometrów kwadratowych bezcennego lasu tropikalnego porastającego centrum Borneo objęto ścisłą ochroną w ramach programu Serce Borneo. Władze Brunei, Malezji i Indonezji – trzech państw, do których należy wyspa – podpisały w tej sprawie porozumienie w lutym 2007 roku. Miejmy nadzieję, że przynajmniej ten fragment Borneo ocaleje.

> *Praktycznie każdy mały orangutan w naszej fundacji był świadkiem śmierci swojej matki, a właściwie brutalnego morderstwa. Często słyszy się, że zabijana samica upuszcza dziecko, ono ucieka i tyle. Ale jest zupełnie inaczej. Zazwyczaj mały orangutan widzi wszystko, nie zawsze jego matkę zabija jeden strzał z pistoletu, tylko maczeta. Jest to straszna walka, ponieważ samica jest bardzo silna.*
>
> *Znajdowaliśmy orangutany zatłuczone na śmierć pałkami i stalowymi prętami, posiekane maczetami, pobite do nieprzytomności i pogrzebane żywcem, oblewane benzyną i podpalane. Małe orangutany rzadko bywają zabijane, ponieważ są słodkie, mogą być czyjąś zabawką lub służyć jako towar. W niewoli takie małpki często przetrzymywane są w małych drewnianych pudełkach, bez światła. Karmi się je niewłaściwym jedzeniem – ciastkami, ryżem, colą. Często wdychają ogromne ilości dymu papierosowego. Ostatnio trafiła do nas orangutanica Melissa z przewiązanym w pasie sznurem, który wrósł jej w skórę po dwóch latach trzymania w niewoli.*

– Wyobraź sobie, że czasem aby wykraść jedno młode, trzeba zabić sześć czy siedem dorosłych, bo pozostali członkowie stada potrafią instynktownie walczyć o takiego malucha. Ale wiesz… – Michelle zamyśla się, jakby zastanawiała się, co powiedzieć – nad zwierzętami znęcają się ludzie na całym świecie, zarówno w Europie, jak i Ameryce czy Australii. Źli ludzie są wszędzie, robią okropne rzeczy zwierzętom, więc nie powiedziałabym, że to wpływ kultury. Ale to, co się tutaj dzieje, jest tak nieludzkie, okrutne, niehumanitarne… Na domiar złego ludzie potrafią czerpać z tego satysfakcję i chwalą się ratownikom, że włożyli głowę orangutana pod wodę, a on wierzgał nogami i że to było takie zabawne…

– Moim zdaniem winę ponosi jednak brak edukacji – do naszej rozmowy włącza się Hanni. – Większość mieszkańców Borneo Środkowego nie ma pojęcia, jak ważne są orangutany dla zachowania równowagi w przyrodzie. Traktują je tak jak pozostałe dzikie zwierzęta. Nawet mieszkańcy mojej wioski, moi sąsiedzi, polują na nie bez żadnego poczucia winy, a później je zjadają. Dużo łatwiej znaleźć kogoś z zagranicy, kogo obchodzi los orangutanów, niż miejscowego.

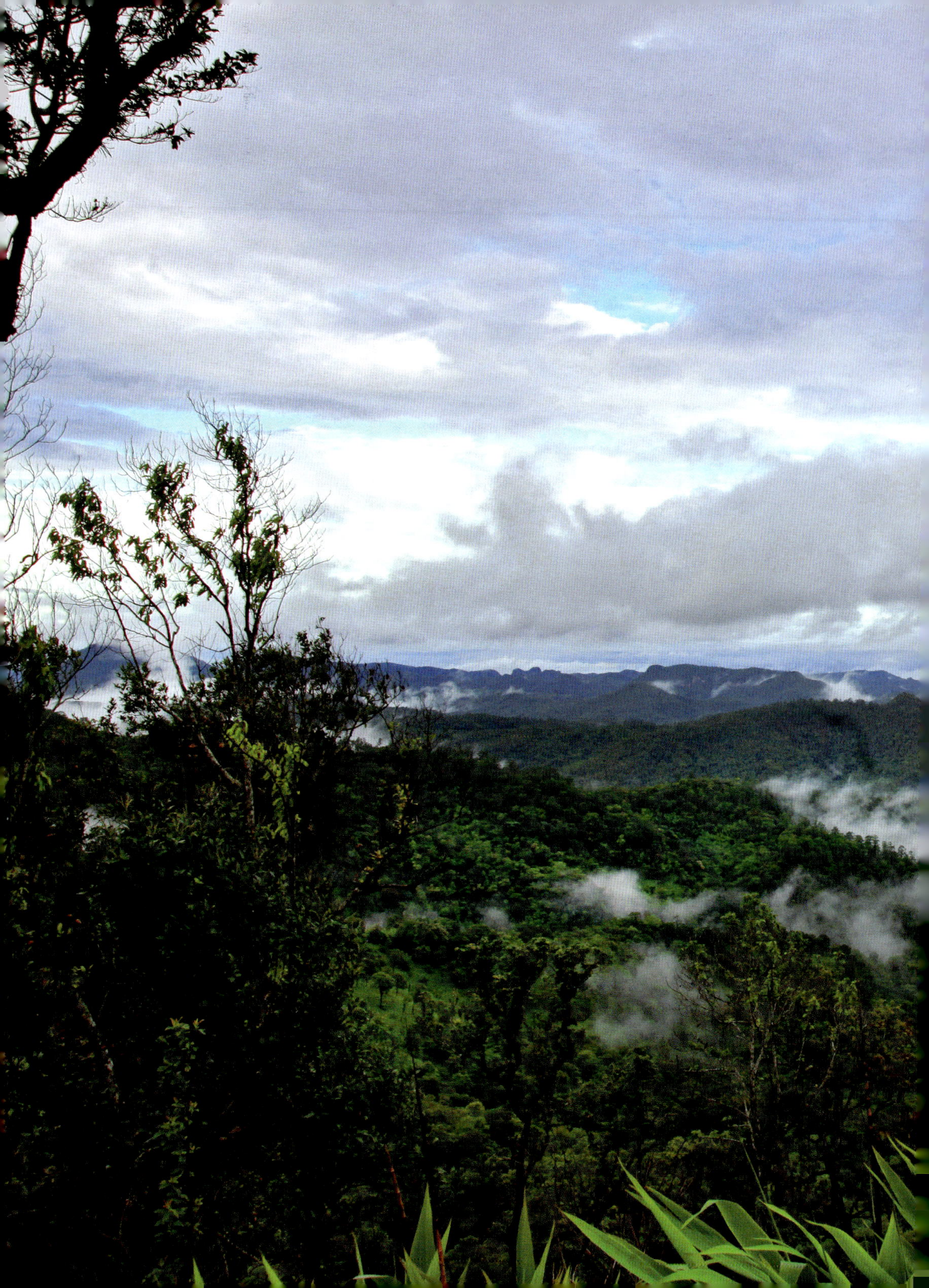

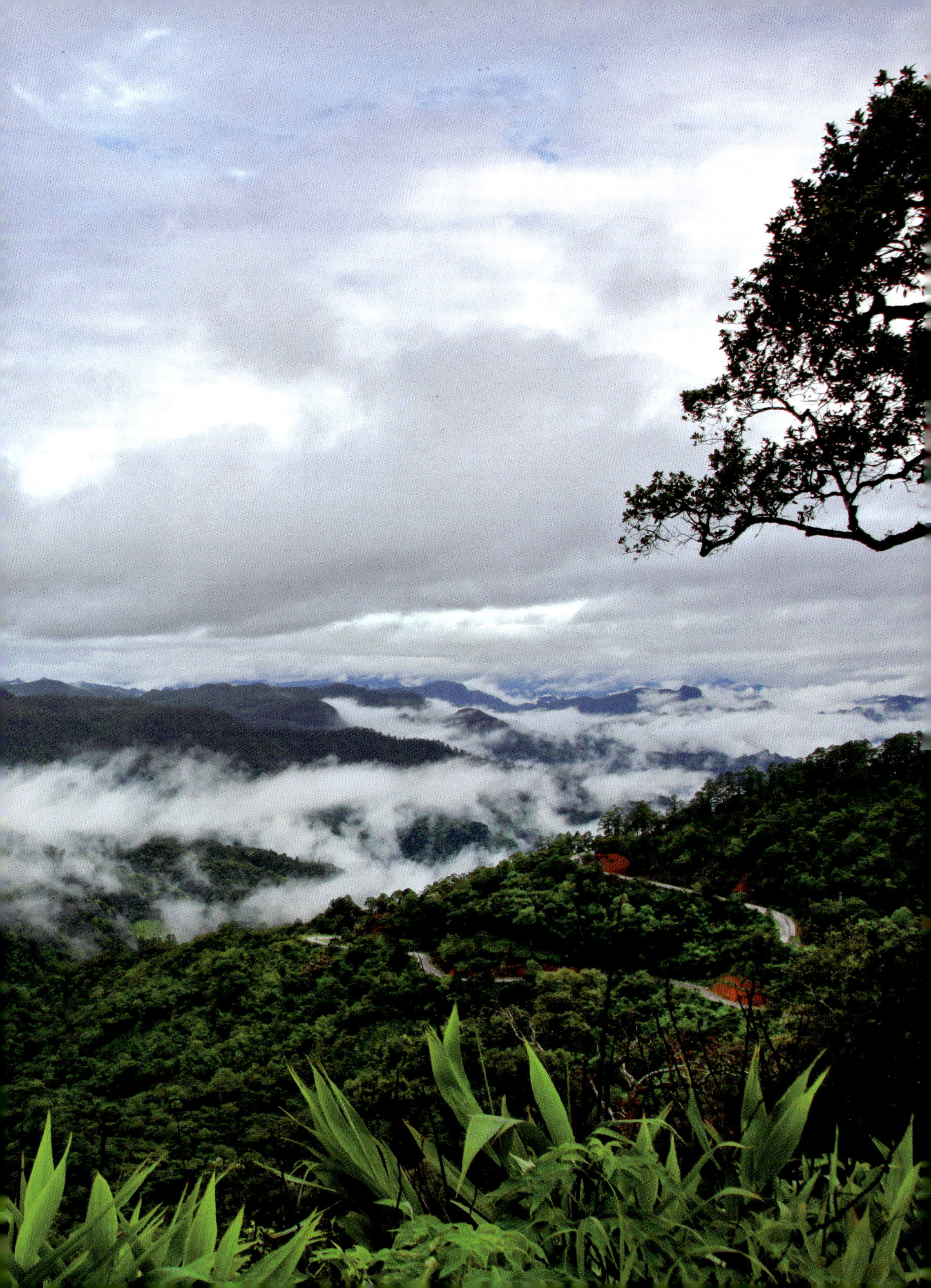

Indonezja wytwarza najwięcej oleju palmowego na świecie, blisko 19 mln ton rocznie. Niektóre plantacje powstają na zdegradowanych terenach, co roku jednak niszczonych jest wiele milionów hektarów dziewiczych lasów.
Gdyby nie bezmyślna działalność człowieka, tysiące gatunków roślin i zwierząt – w tym także orangutany – miałyby gdzie żyć.

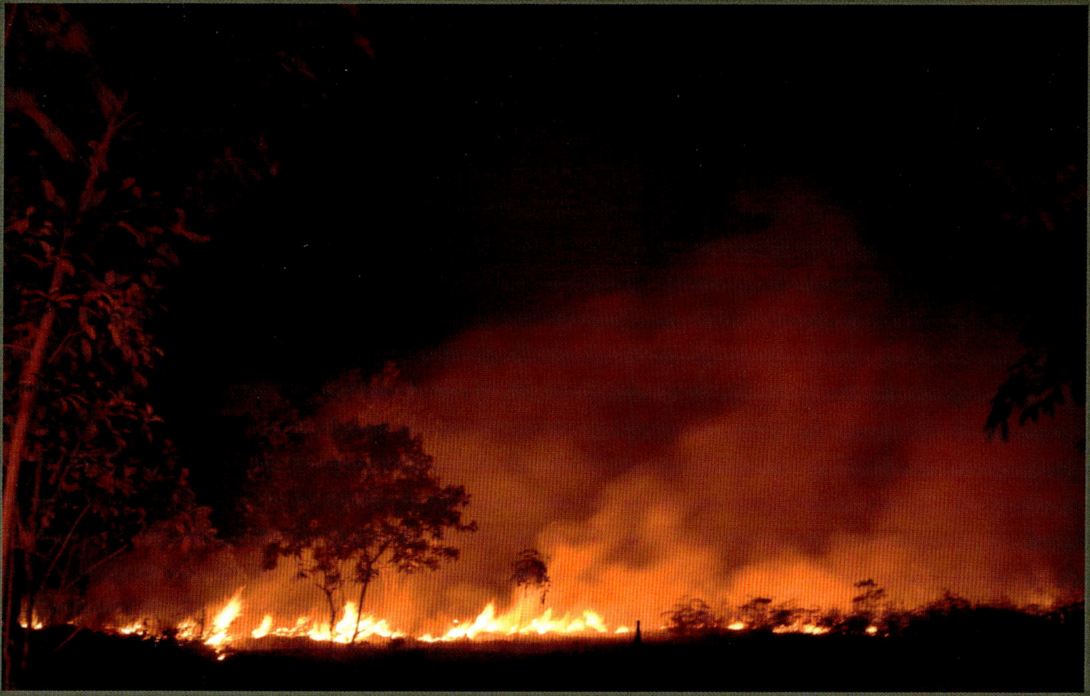

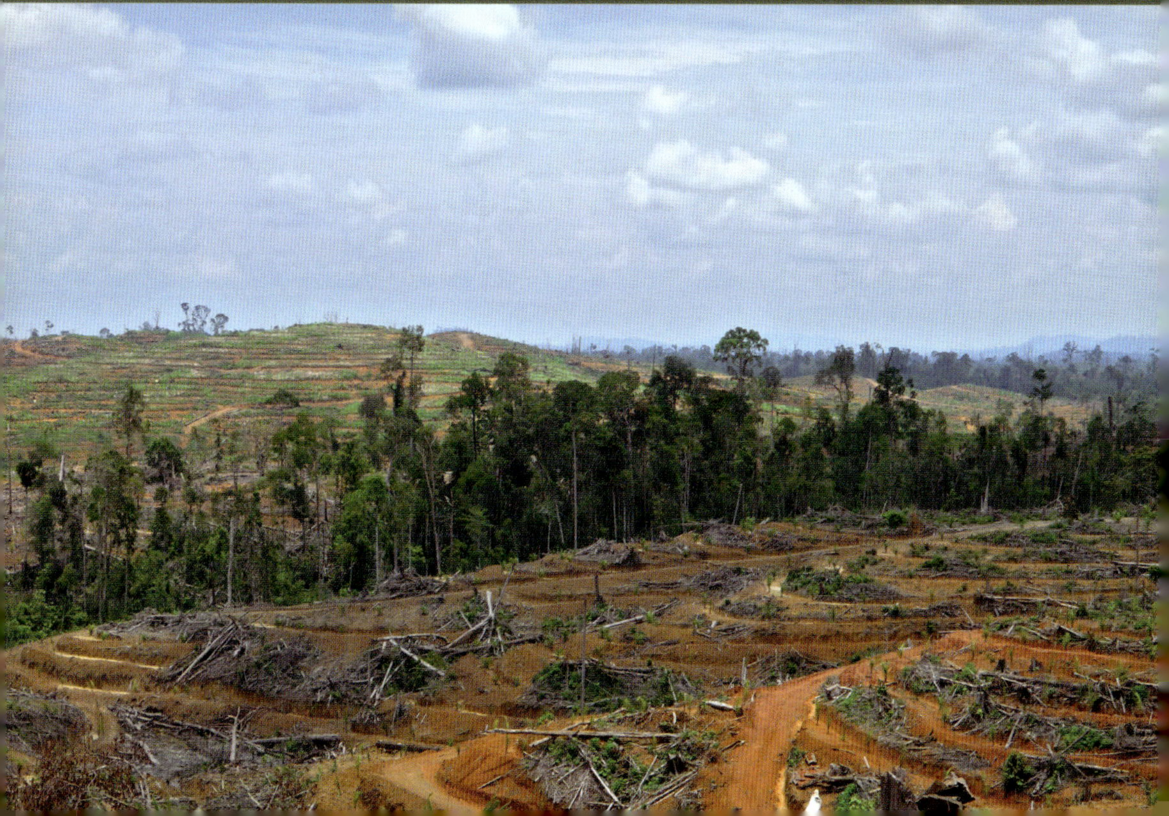

– A jakie jest twoje największe marzenie? – pytam Alego, który przysłuchuje się naszej rozmowie.

– Mam świadomość, że nie jestem nikim ważnym. Jestem zwykłym, prostym człowieczkiem. Ale robię wszystko, aby przekonać ludzi, że musimy ocalić nasz kraj i zwierzęta, które go zamieszkują. Pracuję od 14 lat w tym zawodzie tylko po to, by zapewnić mojemu synowi lepsze życie, lepsze powietrze, lepszą wodę. I żeby kiedyś miał szansę zobaczyć na wolności orangutany, które tak bardzo sobie ukochałem.

Ali chciałby uświadomić ludziom, że strzelanie do orangutanów tylko dlatego, że zjadają pędy roślin, jest czystym idiotyzmem. Przecież wystarczy je przenieść w inne miejsce, nie ma powodu ich zabijać.

– Skoro mamy tu tyle małpich matek, to czy czujesz się ojcem tych wszystkich orangutanów? – staram się rozładować napięcie.

– Nie! – Ali śmieje się szczerze, jakby sam poczuł ulgę, że zmieniam temat. – Zresztą rola ojca u orangutanów jest nikła, kończy się zaraz po zapłodnieniu. Ja natomiast staram się być ich przyjacielem, matką, wszystkim, czego im trzeba.

– A jak można wam pomóc? – pytam, bo będąc istotą ludzką, czuję się współodpowiedzialna za tę sytuację.

Nyaru Menteng Orangutan Rehabilitation Center nie jest finansowo wspierana przez indonezyjski rząd. Władze pomagają jedynie w zdobywaniu nowych terenów, na których można osiedlać orangutany, i to też chyba tylko dlatego, że potrzebują dobrego PR-u. Przecież czują liczne naciski ze strony europejskich krajów czy USA, a są to ważni partnerzy w biznesie.

– Niestety musimy mieć pieniądze na opłacenie wszystkich dzierżaw i czynszów i nie bardzo nas na to stać – mówi Michelle, ale w jej głosie nie wyczuwam żalu, raczej zapał do pracy. – Za teren, na którym obecnie najbardziej nam zależy, będziemy musieli zapłacić 1,5 miliona dolarów. Ale dzięki temu przez następnych 60 lat będzie naszą własnością. Wyobrażasz sobie, jaki to będzie raj dla naszych orangutanów?! – jest autentycznie podekscytowana tą myślą.

– A jakie są roczne koszty funkcjonowania tego ośrodka? – pytam.

Dowiaduję się że centrum pochłania rocznie jakieś 1,8 miliona dolarów. Dużo. Bardzo dużo.

– Pamiętaj, że zarządzamy jeszcze innymi ośrodkami, w różnych częściach Borneo Środkowego. W sumie wydajemy na to około 5 milionów dolarów rocznie – wylicza Michelle. – Pieniądze mamy wyłącznie dzięki datkom, pomocy od różnych fundacji oraz okazjonalnym grantom na badania naukowe.

Na szczęście w ostatnich latach międzynarodowa społeczność zaczęła wykazywać coraz większe zainteresowanie problemami ochrony środowiska. Zaczęto rozumieć olbrzymią wartość pierwotnej puszczy i jej ekosystemu, do wielu ludzi dotarło również, że zapewnienie jej przetrwania jest o wiele tańsze niż późniejsza walka z efektami globalnego ocieplenia.

– Współpracują z nami organizacje z 58 krajów, które zdołały zgromadzić 4,5 miliarda dolarów na walkę z wylesianiem – mówi Michelle. – A ratowanie lasów to także ratowanie żyjących w nich zwierząt, w tym orangutanów.

– No dobrze, to ile z nich dotąd uwolniliście? – próbuję dociec.

– Żadnego – odpowiada Michelle.

Nie ukrywam zdziwienia. Wyjaśnienie jest jednak proste. Wychowywane od małego w ośrodku orangutany nie są w pełni zdolne do życia na wolności. Nie mają szans w konfrontacji z tymi dziko żyjącymi, które są od nich sprytniejsze, o wiele bardziej doświadczone, konkurencyjne. Bezpieczeństwo może im zapewnić jedynie znacząca liczebnie przewaga. Ale i ona nie gwarantuje sukcesu. Do tej pory przesiedlano jedynie całkowicie dzikie orangutany z terenów przeznaczonych pod plantacje – ponad 200 osobników.

– Wciąż jednak je monitorujemy, a w razie jakichkolwiek problemów, zabieramy do naszego ośrodka – mówi Michelle. – Staramy się, by miały jak najmniejszy kontakt z ludźmi, upewniamy się jedynie, czy są zdrowe i nie potrzebują opieki medycznej, a następnie transportujemy je helikopterem w jak najbardziej odludne okolice. Jednak taka akcja kosztuje tysiące dolarów.

– Zastanawiam się, czy orangutany są w stanie wybaczyć krzywdę, którą ludzie im wyrządzają. Sądzicie, że są jeszcze w stanie nam zaufać?

– Jestem pewna, że nie zapomną tego, co im robimy – odpowiada Michelle. – Widzę, jak często dręczą je koszmary lub wzdrygają się na widok kogoś podobnego do osoby, która zrobiła im krzywdę. Dzięki opiekunkom, które są cierpliwe i kochające, na nowo uczą się ufać ludziom. Niestety jednym przychodzi to łatwiej, inne potrzebują tygodni, miesięcy, a nawet lat. Były również takie orangutany, które umierały, bo z cierpienia nie wytrzymywało ich serce.

Nieważne, czy jestem na Borneo czy 5 lub 6 tysięcy mil stąd, w Europie. Ilekroć dowiaduję się o śmierci orangutana, reaguję tak, jakbym wciąż miała 16 lat. Tyle że wtedy płakałam skrycie i nie dawałam po sobie poznać smutku. Teraz wybucham głośnym płaczem… Najbardziej boli mnie to, że często mimo trudnej drogi, jaką pokonały, żeby przeżyć, nie są już w stanie same funkcjonować. Co roku niepotrzebnie ginie tyle orangutanów, szczególnie tych najmłodszych. Gdyby nie były odłączane od matek, ryzyko, że umrą z głodu, z powodu chorób bądź jakichś urazów, byłoby znacznie mniejsze. Nie mogę pogodzić się z myślą, że my, ludzie, jesteśmy za to wszystko odpowiedzialni.

Mnie natomiast jest za to po prostu wstyd.

***

Każdy z nas może zaadoptować orangutana i tym samym pomóc w ratowaniu tych niezwykłych stworzeń. Informacji szukajcie na stronie *www.orangutan.or.id*

Więcej szczegów na temat dziewiczych lasów deszczowych znajdziecie w Internecie pod adresem *www.forest4orangutans.org*
Dzięki Waszym datkom Michelle i jej team będą mogli odkupić kolejne hektary puszczczy dla orangutanów.

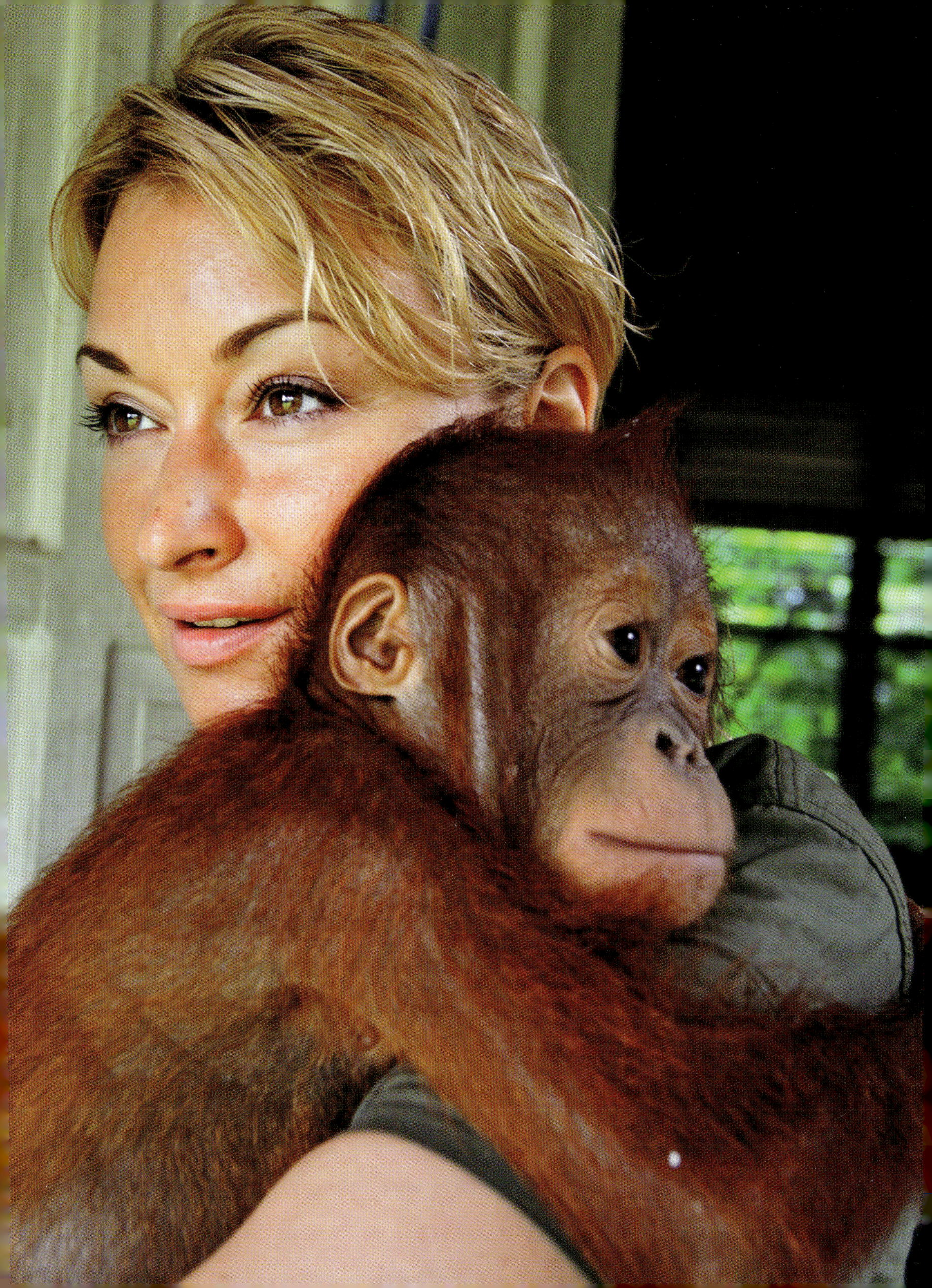

Kulisy

Mówi się, że telewizja rozleniwia. Dziwne to trochę, bo realizowanie czegoś DLA TELEWIZJI nie rozleniwia w ogóle. Powiedziałabym nawet, że wymaga ogromnej mobilizacji, zaangażowania i zaakceptowania warunków, w których niejednokrotnie przychodzi nam pracować. Tak więc jeśli marzy Wam się praca przy programie podróżniczym, to powinniście wiedzieć, że czasem nagrywamy od razu po dwóch dniach spędzonych w samolotach i na lotniskach, potem często jemy, co popadnie, i śpimy, gdzie popadnie. Sen w ogóle był w tej serii „Kobiety na krańcu świata" na wagę złota – operatorzy spali, filmując, ja posiadłam umiejętność spania przez 15 minut na trawie w pozycji siedzącej z głową opartą o krzesło... I ponoć cały czas zadawałam pytania naszej bohaterce – to jest coś! (W każdym razie ja tego nie pamiętam). Przydaje się też zmiksowanie umiejętności stylisty, makijażysty i fryzjera w jednym, żeby jakoś zadbać o swój wygląd o czwartej nad ranem. W tym czasie nasi chłopcy rozkładali już sprzęt, by filmować wschód słońca... Może więc gdyby pokazywać w telewizji głównie kulisy programów, to nie rozleniwiałaby ona widza, który mógłby zrozumieć, jaką pracą okupiony został zmontowany odcinek?!

Wracając do rzeczy. Jak było?

– zabawnie, kiedy przebywaliśmy w towarzystwie włochatych orangutanów wiszących nam na plecach i skaczących po głowach;

– trochę mniej zabawnie, kiedy nagle cofnięto nam pozwolenie na filmowanie na terenie Birmy;

– bajkowo, kiedy w Afryce popijaliśmy rano kawę z żyrafą niemal wkładającą nam nos do kubków;

– naprawdę marnie, kiedy pod koniec pobytu w Japonii ze zmęczenia już nikt na nikogo nie mógł patrzeć;

– bywało też relaksująco (!), kiedy po zdjęciach szliśmy na tajski masaż za równowartość kilku dolarów;

– było groźnie, kiedy w Etiopii nasza bohaterka niemal umarła podczas operacji…

Podczas 44 dni zdjęciowych, 16 startów i (na szczęście) 16 lądowań, 73 godzin i 20 minut spędzonych w powietrzu przebrnęliśmy przez chyba każdy rodzaj emocji. Pokonaliśmy 59 200 kilometrów, za każdym razem wożąc ze sobą około 120 kilogramów sprzętu oraz drugie tyle bagaży osobistych (tak, przyznaję – na mnie przypadła spora część tego limitu…). Lubię przeglądać te statystyki, bo dopiero po nich tak naprawdę widać, jaki to jest ogrom pracy, która… nie kończy się przecież wraz z ostatnim ujęciem na planie gdzieś daleko, na krańcu świata! Ktoś potem musi te ponad 10 tysięcy minut materiału, które zmieściło się na 180 dyskach PFD (teraz nagrywamy w formacie full HD), przejrzeć i zmontować. Potrzebne było 2088 godzin, żeby zamknąć każdy z odcinków w niespełna półgodzinną formę… Dacie wiarę?

Powiem Wam tak – po zrealizowaniu drugiej serii programu „Kobieta na krańcu świata" i napisaniu książki – znów przekonałam się, że wszystko jest możliwe :-)

Makijaż w asyście orangutanów, wizyta u fryzjera z gejszą, która postanowiła zostać operatorem kamery oraz striptiz, który regularnie robił przed nami Michał (przyznaję, że było 40 stropni Celsjusza). Życie naszej ekipy telewizyjnej bywa takie ekscytujące...

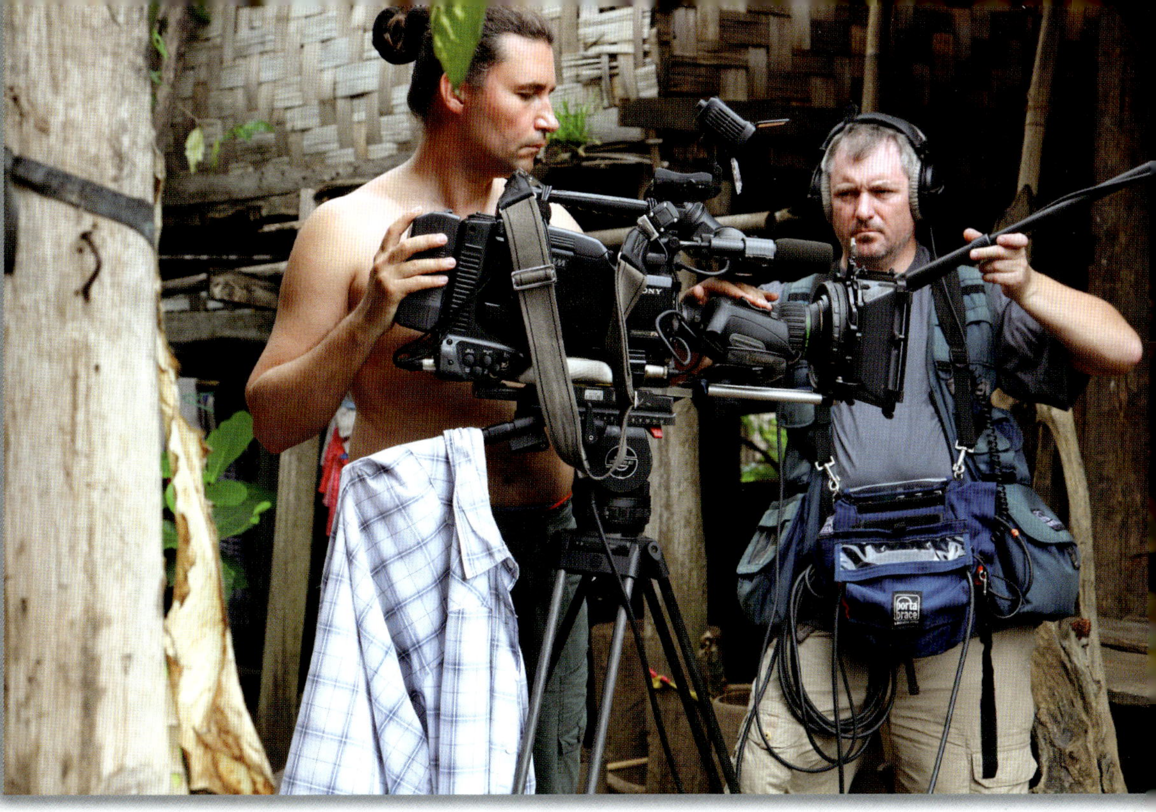

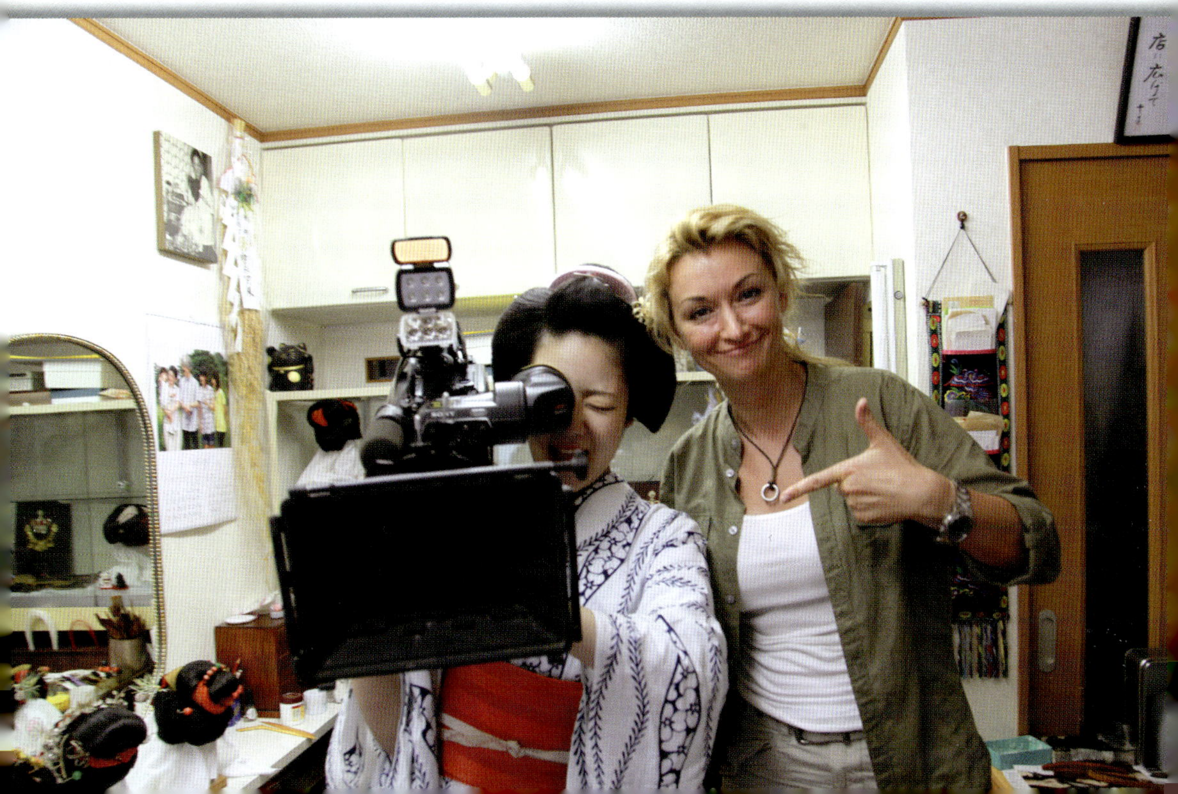

bo

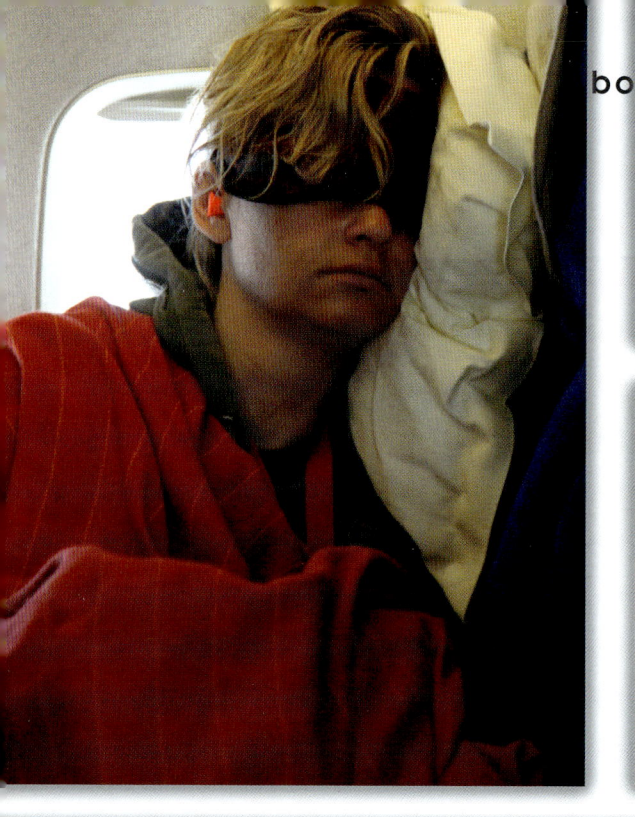

Ponieważ chcieliśmy oszczędzić czas, to postanowiliśmy spać podczas przelotów (ja, na górze z lewej) oraz **W TRAKCIE ZDJĘĆ** (Michał w prawym górnym rogu).

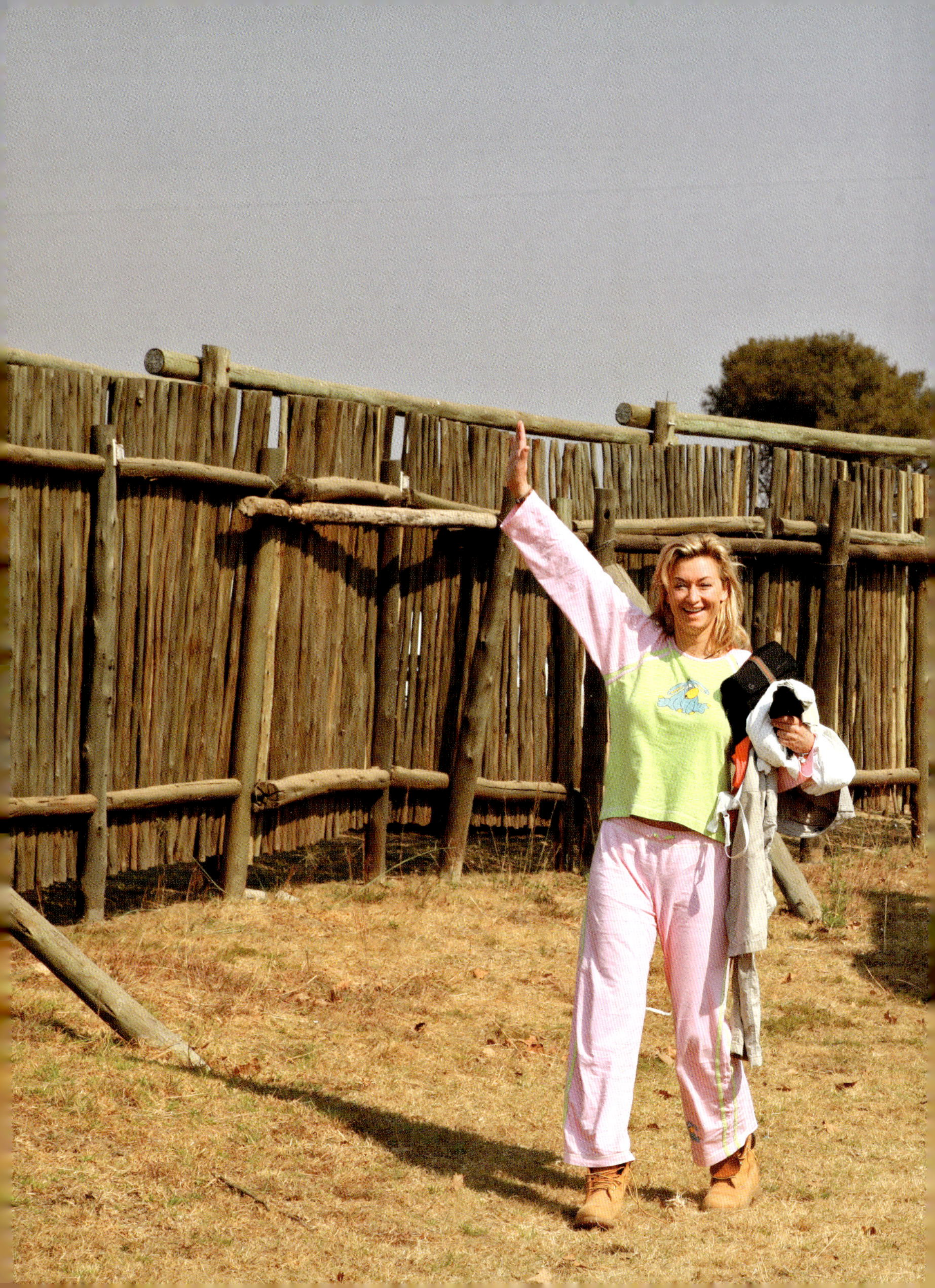

Zaraz po mnie
z damskiej toalety
skorzystała żyrafa.
Oto Afryka właśnie :-)

Ekipa

Nasza ekipa w Etiopii. Od lewej: Adaś, Dereje (tłumacz i kierowca), Sebastian (przewodnik), Michał, Jacuś. Na dole: Łupinka i ja.

NA WYJAZDACH:

Małgorzata Łupina – producent / reżyser
Michał Nowicki-Wysoski – operator kamery
Adam Lenart – operator kamery
Jacek Zakrzewski – realizator dźwięku

Sebastian Sielewicz – przewodnik w Afryce (RPA, Tanzania, Etiopia)
Jarosław Nowak – przewodnik w Birmie, Tajlandii oraz na Borneo
Gabriela Rzepecka – przewodniczka w Japonii

W POLSCE:

Monika Grotowska – kierownik produkcji
Monika Jeznach – kierownik postprodukcji
Jowita Baraniecka – realizator
Katarzyna Kozłowska – realizator
Bronka Nowicka – redakcja
Sylwia Kowalska – redakcja/research
Marlena Stasiak – asystent produkcji

Przemysław Gorlas – realizator dźwięku
Łukasz Żwirkowski – montaż
Filip Centkowski – montaż
Mikołaj Bartosz – montaż

oraz Kasia Frydrych
dobry duch, czyli „wszystkie osoby w jednej"
(koordynacja, stylizacja, psychoterapia, public relations :-)

Spis treści

Wstęp	6
RPA – MAMA HIPOPOTAMA	8
Tajlandia – 30 CENTYMETRÓW PIĘKNA	58
Tanzania – PONAD CHMURAMI	112
Etiopia – ŚLEPY LOS	156
Japonia, Kioto – NIEDZISIEJSZE GEJSZE	216
Japonia, Tokio – KSIĘŻNICZKA W WIELKIM MIEŚCIE	262
Borneo – LEŚNI LUDZIE	304
Kulisy – EKIPA	354

Podziękowania

Nienawidzę pisać książek. Serio! Jest to dla mnie tak trudny i bolesny proces, że za każdym razem obiecuję sobie, że „już nigdy więcej". Przez długie tygodnie nie mam kontaktu z rzeczywistością, nie mogę spać, staję się nieznośna… Dlatego chciałabym bardzo podziękować tym wszystkim, bez których ta książka nigdy by nie powstała. I którzy znoszą mnie i moje humory, kiedy jednak znowu piszę...

Moja Najukochańsza Mama pomaga mi tak bardzo na każdym kroku, że nawet nie potrafię wyrazić wdzięczności – jest tak ogromna! Mamuniu, po prostu kocham Cię najbardziej na świecie i obiecuję, że za te wszystkie problemy ze mną (nadal, a mam 36 lat…) postawię Ci pomnik Najdzielniejszej Matki!

Nieocenioną osobą jest dla mnie Agnieszka Franus. Ostatnio powiedziała mi: „Wiesz, ty piszesz jak facet, a ja jak baba. Może dlatego taka dobrana z nas para?". Pewnie coś w tym jest. W każdym razie to jedyna redaktorka, która ma odwagę tak jawnie i bezczelnie mnie krytykować :-) Uwielbiam Ją za to. Oraz za to, że kiedy ja mam kryzys, Ona zawsze mówi, że „jakoś damy radę". I dajemy!

Wojtek Franus co prawda już się chowa, kiedy mnie widzi, ale i tę książkę ubrał w formę graficzną i cierpliwie znosił miliony moich uwag (tak, tak, jestem tym typem, co to wszystko wie najlepiej i musi mieć po swojemu).

Chcę też podziękować Danusi Śmierzchalskiej za redakcję i wzorową koordynację pracy konsultantów. I przeprosić za to, że wysłałam zły plik z Tanzanii, trzeba było dwa razy wykonać tę samą pracę. Za te telefony w nocy też przepraszam…

Megabardzo dziękuję mojej agentce Kasi Frydrych za to, że stoi przy mnie murem i pomaga we wszelkich sprawach. Od tych najważniejszych po te mniej istotne, ale pozwala mi to skupić się na Celu. Na czas pisania powiesiła mi nad biurkiem kartkę z takim oto tekstem: „Ja ogarniam świat, a Ty zrób dla świata coś istotnego i napisz tę Książkę!". Mam nadzieję, że nie schrzaniłam roboty…

Martyna Wojciechowska

PS 1: Chcę też podziękować Agnieszce Radzikowskiej za opiekę nad tym projektem (nie wiem jak się odwdzięczę za tę cierpliwość i kojący spokój), a Idze Rembiszewskiej przypomnieć o naszym zakładzie :-)

PS 2: Jednak kiedy biorę do ręki gotową już książkę, pachnącą nowością, to czuję, że było warto. A kiedy Wy, czytelnicy, piszecie do mnie, że warto było ją też przeczytać, to czuję się po prostu szczęśliwa.

Największa na świecie organizacja naukowa i oświatowa – Towarzystwo National Geographic – powstała w 1888 roku, aby „rozwijać i upowszechniać wiedzę geograficzną". Od tego czasu Towarzystwo finansuje wyprawy naukowe, prace badawcze oraz popularyzuje wiedzę o świecie wśród ponad 9 milionów swoich członków.

Magazyn *National Geographic* oraz książki, programy telewizyjne, filmy, a także mapy i atlasy wydawane przez Towarzystwo National Geographic uczą i inspirują.

Członkami Towarzystwa są wszyscy prenumeratorzy magazynu, którzy opłacając prenumeratę, współfinansują jego działalność. Więcej informacji na temat działalności Towarzystwa można uzyskać na stronie internetowej *www.nationalgeographic.pl* oraz na łamach magazynu *National Geographic* po polsku.

Wydawnictwo G+J RBA Sp. z o.o. & Co. Spółka Komandytowa
Licencjobiorca National Geographic Society
ul. Marynarska 15
02-674 Warszawa

„Kobieta na krańcu świata" © copyright by TVN S.A., 2010
Copyright for Polish edition branded by National Geographic Society © 2010 National Geographic Society. All rights reserved
© 2010 Copyright for the text by Martyna Wojciechowska
© 2010 Copyright for the photos by Małgorzata Łupina

National Geographic i żółta ramka są zarejestrowanymi znakami towarowymi National Geographic Society.

Dział handlowy:
tel. (48 22) 360 38 38, 360 38 42
fax (48 22) 360 38 49
e-mail: handlowy@nationalgeographic.pl

Sprzedaż wysyłkowa
Dział obsługi klienta: tel. 022 360 37 77

Redakcja: Agnieszka Franus, Danuta Śmierzchalska

Projekt graficzny i okładka: Wojciech Franus

Zdjęcia: Małgorzata Łupina, Shutterstock (tła i elementy graficzne)

Fotoedycja: Agnieszka Franus, Katarzyna Frydrych, Martyna Wojciechowska

Konsultacja merytoryczna:
Tajlandia – dr Robert Andrzej Dul
Japonia – dr Robert Andrzej Dul, Zofia Fabjanowska-Micyk
Etiopia – dr Wojciech Kołodziejczyk, Katarzyna Hryćko
Borneo, RPA – prof. Tomasz Umiński
Tanzania – Krzysztof Moczulski
nazwy geograficzne – Joanna Kopka

Research: Jowita Baraniecka, Bronisława Nowicka, Ania Janik (Japonia)

Korekta: Iwona Karwacka, Aleksandra Sachanowicz, Tomasz Cholaś

Druk: Zapolex, Toruń

ISBN: 978-83-7596-110-2

Wszelkie prawa zastrzeżone. Reprodukowanie, kopiowanie w urządzeniach przetwarzania danych, odtwarzanie, w jakiejkolwiek formie oraz wykorzystywanie w wystąpieniach publicznych – tylko za wyłącznym zezwoleniem właściciela praw autorskich.